本书由北京第二外国语学院资助出版，

特此鸣谢！

汉语国际教育文献总目
（1905—2013）

总 主 编　常耀华

上卷主编　李洪波　郝京清　陈　煌　常　轲

下卷主编　王　勇　刘光婷　马宝民　付玉梅

编　　委（按姓氏音序排列）

常　轲　常耀华　陈　煌　付玉梅　郝京清　雷　彤

李洪波　梁　冰　刘光婷　马宝民　苗　双　田程程

王　勇　曾小珊　张晟韬　周　伟

General Bibliography of Teaching Chinese to Speakers of Other Languages (TCSOL)(1905–2013)

(Volume I)

汉语国际教育文献总目

(1905—2013)

(上)

总主编　常耀华

主　编　李洪波　郝京清　陈　煌　常　轲

北京语言大学出版社

BEIJING LANGUAGE AND CULTURE UNIVERSITY PRESS

图书在版编目（CIP）数据

汉语国际教育文献总目 ：1905-2013. 上 / 常耀华总主编 ；李洪波等主编. -- 北京 ：北京语言大学出版社，2023.9
ISBN 978-7-5619-6270-1

Ⅰ. ①汉… Ⅱ. ①常… ②李… Ⅲ. ①汉语－对外汉语教学－文献－专题目录 Ⅳ. ①Z88：H195

中国国家版本馆 CIP 数据核字 (2023) 第 089768 号

汉语国际教育文献总目（1905—2013）（上）
HANYU GUOJI JIAOYU WENXIAN ZONGMU (1905–2013) (SHANG)

责任编辑：周 鹂 孟画晴　　责任印制：周 燚
排版制作：李 越　　封面设计：春天书装

出版发行：北京语言大学出版社
社　　址：北京市海淀区学院路 15 号，100083
网　　址：www.blcup.com
电子信箱：service@blcup.com
电　　话：编 辑 部　8610-82303670
　　　　　国内发行　8610-82303650/3591/3648
　　　　　海外发行　8610-82303365/3080/3668
　　　　　北语书店　8610-82303653
　　　　　网购咨询　8610-82303908
印　　刷：北京富资园科技发展有限公司

版　　次：2023 年 9 月第 1 版　　印　　次：2023 年 9 月第 1 次印刷
开　　本：710 毫米 × 1000 毫米　1/16　　印　　张：28.75
字　　数：543 千字
定　　价：98.00 元

PRINTED IN CHINA
凡有印装质量问题，本社负责调换。售后QQ号1367565611，电话010-82303590

序

学术文献好比知识的江河湖流，它们来自四面八方，同时交汇聚集在一起。在汉语作为第二语言教学的领域承担学术文献汇编的工作，犹如在汪洋大海中驾驶一叶小舟，随波逐流，不知何去何从。但在一次次摸索中，舵手渐渐地熟悉了周边的自然环境，了解了水性，学会了掌舵驾驶，于是便能乘风破浪。

由常耀华教授领导的团队就如同这一叶乘风破浪的小舟。由他们着手编写的汉语作为第二语言教学研究的参考文献汇编《汉语国际教育文献总目（1905—2013）》是该领域的一项创举。这项成果为相关的参考文献与资源绘制了一幅名副其实的江河水系图。这张水系图为我们提供了汉语作为第二语言教学研究文献资料的清晰全景，正如《吕氏春秋·用民》中所说："壹引其纲，万目皆张。"绘制这样一幅全景地图，筛选至关重要，也就是说，不能遗漏汉语作为第二语言教学研究所涉及的任何一个相关"区域"：无论是论文、工具书、教材、视听产品、数字产品，还是出版的著作，包括硕士论文和博士论文，都应纳入其中。

常耀华教授主持编写的文献总目为这个领域的专家、教师和学习者的研究、教学及学习照亮了前行的道路。任教于北京第二外国语学院的常耀华教授不仅是一位杰出的汉语言文字学专家，还是中国文化与中国书法专家，他无疑是主持完成这项工程最恰当的人选。常教授在过去几十年的教学生涯中涉猎的领域十分广泛，包括汉语言文字学、中国文化、书法艺术等等。我有幸去过河南安阳并在常教授的陪同下参观了中国文字博物馆，看到了代表中国文字早期形式的殷墟甲骨文，并有幸聆听了常教授对刻在甲骨上的古老神谕的解释与评论，深受启发。

我相信，常教授以及他所带领的专家团队将会引导我们跨越汉语作为第二语言教学研究的知识网格，为我们设定航标，让我们在这个领域的知识海洋中放心大胆地前进。

〔法〕白乐桑

巴黎东方语言文化学院教授、博士生导师

法国国民教育部汉语总督学

PREFACE

Les références académiques sont autant de sources, ruisseaux, rivières et fleuves qui s'entremêlent et qui convergent tout à la fois. Celui qui s'engage dans le parcours de l'apprentissage du chinois langue seconde semble être dans un premier temps sur une frêle barque emporté par le courant, ne distinguant pas clairement la direction vers laquelle il est emporté. Peu à peu, il arrive à se familiariser avec les éléments naturels qui l'entourent, se familiarise avec l'eau qui le porte et devient maître de la conduite de sa barque.

C'est dire si le travail entrepris par le professeur CHANG Yaohua et son équipe de compiler les ouvrages et articles de référence nécessaires dans le domaine du chinois langue seconde est important et constitue une initiative majeure dans ce domaine. En effet, le résultat de ce chantier de la « Bibliographie encyclopédique du Chinois langue étrangère (1905-2013) » est la mise au point d'une véritable carte de ces ruisseaux et fleuves que sont les références et les ressources. Cette carte permet d'avoir une vision précise et d'ensemble, dans laquelle, pour reprendre l'expression du « Lüshi Chunqiu », dès que l'on soulève la corde du filet, toutes les mailles s'étirent. Un choix très pertinent a été fait de dessiner une carte globale, n'oubliant aucune des « régions » du savoir du chinois langue seconde, que ce soit les thèses, les usuels, les manuels, mais aussi les œuvres audiovisuelles et numériques, que ce soit également les ouvrages publiés, mais également les mémoires de Master ou les thèses de doctorat.

Le travail considérable entrepris par le professeur CHANG Yaohua permettra d'éclairer le chemin des spécialistes, des professeurs et des apprenants dans leur cheminement de recherche, d'enseignement ou d'apprentissage.

Le professeur CHANG Yaohua, de l'Institut des Langues étrangères de Beijing n°2, éminent spécialiste de la langue et de l'écriture chinoises, de culture chinoise et de calligraphie, était particulièrement qualifié pour guider et orienter cette entreprise. Son enseignement a couvert depuis quelques décennies des champs aussi variés que la philologie chinoise, la culture chinoise, l'art de la calligraphie, etc.. J'ai eu l'honneur et la chance de me rendre à Anyang en compagnie du professeur CHANG, afin de visiter le Musée de l'écriture chinoise et de bénéficier ainsi de ses commentaires et explications éclairés devant les antiques inscriptions oraculaires sur écaille et sur os (jiaguwen), les archives de Yinxu, qui représentent un des premiers stades de l'écriture chinoise.

Je crois que le professeur CHANG, secondé par une équipe de spécialistes compétents, nous guidera à travers les mailles des ressources du chinois langue seconde et fixera les repères qui permettront à l'usager d'avancer d'un pas assuré dans cet univers de connaissances.

Joël BELLASSEN

Directeur de recherche à l'INALCO (Paris, France)

Inspecteur général de chinois (Ministère de l'éducation nationale, France)

前　言

如今已是互联网时代，随着移动互联网的发展，信息的获取已摆脱地域和时间的限制，变得尤为便利且廉价。与此同时，各种基于网络和大数据的信息系统更是不断推陈出新，为各个专业领域带来了诸多变革，学术研究领域也不例外。那么，在这样的背景下，还有必要再编纂《汉语国际教育文献总目（1905—2013）》这样的传统工具书吗？本书立项之初即曾遭遇这样的质疑。其实，不只是本书，所有文献书目类工具书都无法回避同样的质疑。

一、编纂书目类工具书的必要性

的确，在数字信息爆炸式发展的当下，每天全世界有千万亿 PB（数据存储单位，1PB=1024TB）的数据被各种系统索引、分类。面对这样丰富的信息，还有多少人会抛开互联网而单纯去纸质书目类工具书中查找资料？即便是我本人，也不会这么做。然而，这并不意味着编纂书目工具书的“百年老店”从此就得关张了，互联网、大数据与书目编纂之间并非是“你死我活”的关系。大数据意味着海量的数据，意味着无所不有、无所不包，可正因为它无所不有、无所不包，检索起来也容易令人眼花缭乱。哪些是有用信息？哪些是冗余信息？这些都必须花大气力去甄别。面对杂乱无章的“大数据”，对于需要精准数据的研究者来说，每每只能徒兴望洋之叹。也就是说，海量文献的大数据因其既泛且杂而无法取代专业的分类处理。书目类工具书的编纂过程，正是对海量文献的大数据加以甄别筛选并进行专业分类的处理过程，书目类工具书正是这一处理过程的最终结果。没有分类处理的数据恰似乌合之众，数量虽多，但因得不到恰当的安排，最终也很难发挥其应有的作用。由此我们可以断言，只要各个专业的界限还存在，书目类工具书就有生存的空间。从文献的视角看，所谓大数据也不过是原始信息或略加分类处理过的信息而已，若说是一部巨大无比的数字化书目工具书亦无不可，只是其分类粗疏，多有舛误，很难满足特定领域内的专业需求；相应来说，不同专业的文献目录类工具书虽然载体较为传统，但也可以转换成数字化格式，进行网络化传播。质言之，二者的区别只是传播介质和侧重点的不同。当然，数字类的书目工具书因其便于利用，更新及时，所以更受欢迎。但无论是纸质文献书目工具书还是数字化工具书，都不是天上掉下来的，都是人们对大量的数据进行分类处理的结果，因此我们认为，互联网也好，大数据也好，它们与文献书目的编纂并不矛盾，即使在信息高度发达的今天，汉语国际教育文献书目的编纂也仍然是有必要的。

二、汉语国际教育文献目录类工具书出版现状

顾名思义，《汉语国际教育文献总目（1905—2013）》是关于“汉语国际教育”（或称“华语教学”“华文教学”“对外汉语教学”“世界汉语教学”“国际中文教育”）类文献的目录总集，同类的工具书已经出版三部。第一部是北京语言学院世界汉语教学交流中心信息资料部编纂的《世界汉语教学书目概览·第一分册（1899—1990.3）》（以下简称《概览》，国际文化出版公司，1991 年）。这是我国第一部著录汉语国际教育文献的工具书。它大致勾勒了汉语国际教育的研究框架，对我国汉语国际教育文献学的建立起到了奠基作用，虽然规模不大，然其披荆斩棘，开辟之功至伟。不过毕竟事属草创，资料遗漏很多。该书编例自言：“收书范围仅限于有关世界汉语教学方面的图书，不含中外期刊及国内为少数民族编写的汉语教材。”经逐条统计，该书所收资料（包括正式和非正式出版物）总计只有 2093 种。第二部是由李无未、陈珊珊、秦曰龙主编的《对外汉语教学论著指要与总目》（以下简称“李书”，

作家出版社，2008年）。第三部是由孙德金主编的《对外汉语教学研究论著索引（1950—2006）》（以下简称“孙书”，商务印书馆，2009年）。孙书收录了1950—2006年间在中国出版和发表的著作和论文共5700条，所收资料几乎是《概览》的3倍，其贡献不言自明。李书早于孙书一年出版，然而其著录资料却到2007年，仅“中国卷”所收著作和论文就有8727条，比孙书多收3027条；收专书298种，比孙书多收39种；如果再加上“日本卷”所收著作和论文4956条，李书所收总条目就达到13981条，数量超过孙书一倍还多。

实事求是地说，上述三部书中，就数量而言，李书的贡献最大。那么，李书是不是就面面俱到，已将相关文献尽收囊中了呢？非也。李书“前言”如是说：

> 《对外汉语教学研究论著·指要卷》，精选中国298部有代表性、对对外汉语教学学科发展发挥过重要作用的著作，按出版时间为序，以一题一书的形式逐一做出提要，包括该书作者、出版时间、内容简介、主要特点、最新研究成果，并予以实事求是的评价。

“精选”一词为编者自云，李书似乎不是在做对外汉语教学研究的目录索引，而是在做选本。“精选”就意味着挂一漏万，挂一漏万式的目录书，其功用价值值得商榷。孙书虽非选本，可所收条目尚不及李书之半，其“使用说明”叙述如下：

> 本书收录了新中国成立以来（1950—2006）在中国内地出版和发表的汉语作为第二语言（多称“对外汉语”）教学研究的著作和论文，共5700条。本书中的“对外汉语教学”是一个宽泛的概念，泛指汉语非第一语言的教学，包含对少数民族的汉语教学和海外华语教学。在收录范围上，只收研究性的文献，教材、辅助读物、工具书等不收。

李书虽未明言“教材、辅助读物、工具书等不收”，但实际上就是这么做的。教材、辅助读物、工具书缘何被拒之门外？这实在是令人费解。我们认为，鉴于专业的特殊性，不只是教材，各种各样的测试题、工具书还有其他辅助读物都应一并收录。教材对于汉语学习者和教学者来说至关重要，作为汉语教学的理论研究者，又岂可对其置之不理？教材是教学理论研究的原始材料，测试题是测试研究的原始材料，舍原始材料不录而只录研究论著，就像甲骨学论著目录只收研究论著而不收甲骨文著录资料、金文论著目录只收金文研究文献而不收金文拓本一样，是不科学的。如果不著录教材，就很难获知教材建设的得与失。著录试题不仅对汉语学习者很有帮助，对试题研究者也不无益处。著录工具书，则主要是为汉语初学者尤其是汉语自学者考虑的。很难想见，如果一个汉语学习者不知道有哪些字典、词典该如何学习，而且字典、词典编纂研究本身也是汉语教学研究的重要板块之一，不可不顾。

三、本书著录范围及基本内容

基于上述认识，本书拓宽了著录范围，不仅收录教材，还收录了教学辅助读物、HSK 图书及其他各种各样的测试题；不仅收录各类汉语国际教育研究方面的图书，还收录了政策法规、综述、通讯、序跋、海外汉学、海外华文教育、中外文化交流、中国文化、人物、杂记等相关资料。

本书所说文献与传统概念有别，既包括传统意义上的纸本文献，也包括音像制品、动漫产品等数字类现代文献；既包括正式出版物，也包括诸如博士、硕士学位论文等非正式出版物；既包括研究论文，也包括会议纪要及简讯等。

截至 2013 年，本书所收图书数千种，教材至少 2400 种，加上论文，总数近 18000 种。可即便如此，也不能说已“一网打尽”，“漏网之鱼”绝不会少，只能说，我们在资料的“打捞”上已经尽力。

四、本书定位

本书的服务对象不仅是汉语国际教育研究的专家，同时也包括从事汉语国际教育的教师、该领域的学习者、管理者及其他相关人员。

五、有关本书的两点想法

1. 更新观念，转换视角，尽可能多地“打捞”汉语国际教育的研究资料。汉语国际教育不同于其他学科的一个重要特点就在于它的实践性。理论研究固然重要，但教学实践活动本身也不容轻忽，否则就有本末倒置之虞。所以，汉语国际教育文献的著录观念需要更新。伴随着观念更新的是视角的转换。随着视角的转换，也就拓展了材料收集范围，本书将教材、试题、工具书等汉语国际教育研究的对象一并纳入“打捞”范围，同时，也尽可能地收录辅助汉语国际教育的音像资料、数字图书甚至教学卡片、图录等资料。

2. 开拓空间，合作共建，为建立汉语国际教育文献学贡献一些新思考。如前所述，我们主张，不应把汉语国际教育文献只限定在研究层面，还应该适当关注与教学相关的应用层面。以往的著录书只重视国内的汉语国际教育研究，并且只关注汉语国际教育本身，对相关的海外汉学及海外华文教育研究、汉语国际教育文献数据库、汉语国际教育文献本身的研究等都没有给予足够的思考。如今汉语国际教育发展态势之迅猛、取得成果之丰富，实在让人目不暇接。我们认为，在大力推进汉语国际教育事业的同时，也有必要做一些回顾整理工作，甚至可以考虑着手建立汉语国际教育文献学。

常耀华

2016 年 11 月 1 日于日本京都

著录体例及相关问题说明

一、本书文献收录原则

本书主要收录中国国内作者的论文，但也收有其他国家或地区作者的文章，如法国汉学家白乐桑先生的《汉语教材中的文、语领土之争：是合并，还是自主，抑或分离？》，原因是该文发表在国内刊物《世界汉语教学》上。

本书收录的主要是汉语国际教育文献，其中也有一些汉语本体研究文献，原因是汉语教学研究与汉语本体研究无法截然分开。如赵元任《汉语的字调跟语调》，既是汉语教学关注的问题，也是汉语本体研究的问题，将之视为“语音教学研究”或“汉语本体之语音研究”皆无不可。再如陆俭明《词汇教学与词汇研究之管见》，讨论的问题既涉及词汇教学，又涉及语言本体之词汇研究。又如邵菁《配价理论与对外汉语词汇教学》，配价理论当然属于汉语本体研究，但也可将之应用于对外汉语词汇教学，所以又是教学的。汉语教学的这种特殊性注定了教学研究与本体研究“你中有我，我中有你”，没有清晰的边界，因此，“越位”是极正常的现象。至于哪些该收，哪些不该收，只能由资料收集者自由裁量。

另外，考虑到汉语国际教育文献的语言交集点是汉语，无论是语言教学还是学术研究，大家的公共语言都是汉语，因此，其他语种的汉语文献的篇名（或其中的关键词）一般要译成汉语。至于刊物、出版社、作者等都不再翻译。

二、本书资料分类

由于范畴的边界原本就很模糊，而且汉语国际教育又具有交叉性，因此，有些文献在分类时让人颇为纠结。面对这种情况，我们的指导思想是看标题中各关键词的凸显度，以《〈汉语水平考试（HSK）词汇大纲〉中隐喻词汇教学研究》一文为例，我们认为此篇文献中“词汇教学”的凸显度要高于“大纲”，因此将其归为“词汇教学研究”而非“大纲研究”。

三、本书著录体例

1. 本书收录文献近18000种，依照内容分为16个大类、54个小类。文章、论集各以其实际情况分类，并不强求一致。凡论著内容可分属两类以上者，按尽量靠近的原则归类。

2. 正文部分以类相次，同一类的以发表时间先后为序。发表时间相同的，按照期刊论文、报纸文章、专著、年会论文集、论坛、博士论文、硕士论文的先后次序排列。

3. 论文著录次序：篇名、著译者（原文有国籍者标注国籍，下同）、刊物名称或出版单位、年份期数。例如：

《汉语水平词汇等级大纲》中的中韩同形词比较分析	〔韩〕朱英月	汉语学习	1996（5）

4. 连载文章如有子目，则附列子目。例如：

对外汉语教学概论	吕必松	世界汉语教学	1992（2）
对外汉语教学概论（讲义）（续二）	吕必松	世界汉语教学	1992（4）

5. 论文集（含大纲）所收论文一般拆开分类著录。著录次序依次为：篇名、著译者、书名 / 著者编者名 / 出版单位、年份。例如：

HSK 考生群体分布一致性研究	田清源	对外汉语研究（第二期）/ 上海师范大学《对外汉语研究》编委会编 / 商务印书馆	2006

6. 硕博士学位论文著录次序：篇名、著者、学校及论文类型、年份。例如：

初级商务汉语教材词汇分析研究	黄洁云	暨南大学（硕士）	2009

7. 本书统一在每一条目之前编上序号，并一贯到底，以方便统计和查询。

8. 本书中部分文献由于发表时间较早，篇名中难免存在一些表述方式与当下规范不相符合之处，刊物名称或出版单位也有不少已有变更，我们均未做修改，以期保留文献原始样貌。

9. 本书附有年份索引、篇名索引、著者索引，读者扫描二维码可自行下载。篇名索引、著者索引皆按音序排列，遇有多音字或姓氏专用字时，为方便计，按常用读音编排。如“曾”姓按“Céng”、“覃”姓按“Tán”读音处理。另外，著者标有国别的，排列在前。

目录

一、理论研究

大纲研究

00001	《汉语水平等级标准》（试行）对语言技能的要求	李景蕙	世界汉语教学	1988（4）
00002	《汉语水平等级标准和等级大纲》（试行）与国外一些标准和大纲的比较	盛炎	世界汉语教学	1988（4）
00003	谈《汉语水平等级标准和等级大纲》（试行）的使用	董明	世界汉语教学	1988（4）
00004	《汉语水平等级标准和等级大纲》（试行）的研究方法	刘英林	世界汉语教学	1989（1）
00005	《语法等级大纲》（试行）对几个关系的处理	贾甫田	世界汉语教学	1989（1）
00006	对外汉语教学的一项基本建设——《汉语水平等级标准和等级大纲》读后	程棠	语言教学与研究	1989（2）
00007	谈谈《汉语词汇等级大纲》（试行）中的轻声词和儿化词	钱学烈	深圳大学学报（人文社会科学版）	1991（1）
00008	对《语法等级大纲》（试行）的几点意见	吕文华	语言教学与研究	1992（3）
00009	论汉语教学字词的统计与分级（代序）	刘英林、宋绍周	汉语水平词汇与汉字等级大纲 / 国家对外汉语教学领导小组办公室汉语水平考试部 / 北京语言学院出版社	1992
00010	从“文化测试”说到“文化大纲”	陈光磊	世界汉语教学	1994（1）
00011	中高级汉语教学语法等级大纲的研制与思考	孙瑞珍	语言教学与研究	1995（2）
00012	制订《中级汉语课程词汇大纲》的原则及理论思考	陈灼	语言教学与研究	1995（4）

00013	对外非学历教育的汉语教学大纲讨论会在大连举行	/	语言教学与研究	1996（3）
00014	《汉语水平词汇等级大纲》中的中韩同形词比较分析	〔韩〕朱英月	汉语学习	1996（5）
00015	略论教学大纲	李杨	语言文化教学研究 / 李振杰主编 / 华语教学出版社	1996
00016	略谈《基础汉语教学词汇大纲》的研制	邱军	语言文化教学研究 / 李振杰主编 / 华语教学出版社	1996
00017	构建对外汉语教学的文化因素体系——研制文化大纲之我见	林国立	语言教学与研究	1997（1）
00018	《HSK 词汇等级大纲》中形容词和副词的词类标注问题	李晓琪	汉语学习	1997（4）
00019	关于《汉语水平词汇与汉字等级大纲》的几个问题	李英	中山大学学报论丛	1997（4）
00020	《语法等级大纲》的编制与定位	刘英林、李明	语言教学与研究	1997（4）
00021	《对外汉语初级阶段教学语法大纲》编写思路	杨寄洲、邱军	语言文化教学研究集刊（第一辑）/ 北京语言文化大学汉语学院编 / 华语教学出版社	1997
00022	《HSK 汉字等级大纲》中的汉字与韩国教育用汉字的字形比较	黄贞姬	汉语学习	1998（1）
00023	HSK 词汇大纲中汉日同形词的比较研究与对日本学生的汉语词汇教学	刘富华	汉语学习	1998（6）
00024	谈《对外汉语初级阶段功能——意念大纲》的研制	杨寄洲	语言文化教学研究集刊（第二辑）/ 北京语言文化大学汉语学院编 / 华语教学出版社	1998
00025	《汉语水平词汇与汉字等级大纲》的词汇量问题	李清华	语言教学与研究	1999（1）
00026	我们究竟需要什么样的语法大纲	竟成	世界汉语教学	1999（3）
00027	《汉语水平汉字等级大纲》中的汉字与韩国教育用汉字构词能力的比较	黄贞姬	汉语学习	2000（1）
00028	对汉语水平词汇等级大纲甲乙级词声调规律的调查	尚秀妍	世界汉语教学	2000（2）

00029	《汉语水平等级标准与语法等级大纲》中几个值得讨论的语法问题	吴春仙	暨南大学华文学院学报	2001（2）
00030	任务式大纲与汉语交际任务	马箭飞	语言教学与研究	2002（4）
00031	关于修订《（汉语水平）词汇等级大纲》的若干意见	赵金铭、张博、程娟	世界汉语教学	2003（3）
00032	《对外汉语教学语音大纲》初探	叶军	云南师范大学学报（对外汉语教学与研究版）	2003（4）
00033	从《现代汉语词典》和《普通话水平测试大纲》看儿化词的规范问题	孟繁杰	汉语学报·第4期（2001年下卷）/邢福义主编/湖北教育出版社	2003
00034	关于《汉语水平词汇与汉字等级大纲》的思考	姜德梧	世界汉语教学	2004（1）
00035	试论结构型语言教学大纲——兼论汉语教学语法体系分级排序问题	唐曙霞	世界汉语教学	2004（4）
00036	谈《汉语水平等级标准与语法等级大纲》中几个语法问题	文美振	云南师范大学学报（对外汉语教学与研究版）	2004（6）
00037	功能大纲的理论研究与基本框架——对外汉语教学功能—意念大纲研制的前期调研	吴勇毅	对外汉语教学探索/吴勇毅著/学林出版社	2004
00038	《汉语水平词汇与汉字等级大纲》形容词体系研究	刘芳	华中科技大学（硕士）	2004
00039	《汉语水平词汇与汉字等级大纲》收“语”分析	李红印	语言文字应用	2005（4）
00040	《汉语水平词汇与汉字等级大纲》名量词系源研究	伏学凤	语言文字应用	2005（S1）
00041	《汉语水平词汇与汉字等级大纲》动词体系研究	欧阳晓芳	华中科技大学（硕士）	2005
00042	《汉语水平词汇大纲》中的逆序词语	方绪军、薄文静	海外华文教育	2006（1）
00043	对外汉语词汇大纲与两种教材词汇状况的对比研究	苏新春	语言文字应用	2006（2）
00044	外国学生汉语字词学习的影响因素——兼论《汉语水平大纲》字词的选择与分级	江新、赵果、黄慧英、柳燕梅、王又民	语言教学与研究	2006（2）

00045	《（汉语水平）词汇等级大纲》双音合成词语素统计分析	邢红兵	世界汉语教学	2006（3）
00046	《等级大纲》与汉语教材生词的确定	李绍林	汉语学习	2006（5）
00047	《汉语水平词汇与汉字等级大纲》甲乙级复合式动词词义与语素义关系类型考察	朴京淑	北京语言大学（硕士）	2006
00048	《词汇大纲》与2005媒体高频词语比较研究	刘长征	云南师范大学学报（对外汉语教学与研究版）	2007（3）
00049	谈《入门水平英语》对汉语功能大纲编写的启示	刘弘、陆嘉栋	考试周刊	2007（7）
00050	《HSK词汇大纲》词的兼类问题通考	尹春梅	新疆师范大学（硕士）	2007
00051	商务汉语教材选词考察与商务词汇大纲编写	周小兵、干红梅	世界汉语教学	2008（1）
00052	唯频率标准的不自足性——论面向汉语国际教育的词汇大纲设计标准	马清华	世界汉语教学	2008（2）
00053	《汉语水平词汇与汉字等级大纲》问题研究综述	尹春梅	乌鲁木齐成人教育学院学报	2008（3）
00054	《大纲》中双音名词词义与语素义关系及其对外汉语教学	刘红姣	华中科技大学（硕士）	2008
00055	从语素义的复杂性看汉语国际推广之难——以《汉语水平词汇等级大纲》甲级词汇为参照	许艳平	孝感学院学报	2009（2）
00056	利用课前词汇大纲提高对外汉语词汇教学效率	季晶晶	商业文化（学术版）	2009（4）
00057	AP中文“5C”教学目标与《国际汉语教学通用大纲》之比较	何所思	今日南国（理论创新版）	2009（4）
00058	《HSK词汇大纲》中修辞造词考察及在词汇教学中的应用	于振霞	东北师范大学（硕士）	2009
00059	从《汉语水平词汇与汉字等级大纲》看对外汉语词汇教学中的异形词问题	王晓春	河北师范大学（硕士）	2009
00060	汉语作为第二语言教学的功能大纲及其应用研究	易峰	暨南大学（硕士）	2009
00061	《HSK大纲》甲乙级双音复合词所涉字、语素、词关系研究	唐琴	四川外语学院（硕士）	2010
00062	HSK大纲中的动宾组合带宾语研究	许丹	上海外国语大学（硕士）	2010

00063	《汉语水平词汇与汉字等级大纲》所收汉字构义系统研究	廖可佳	四川外语学院（硕士）	2010
00064	论汉语水平汉字等级大纲的研制	刘金珠	暨南大学（硕士）	2010
00065	《语法等级大纲》中的紧缩复句	刘洁	华中科技大学（硕士）	2010
00066	HSK《大纲》里的离合词	刘兰杰	华中科技大学（硕士）	2011
00067	《国际汉语教学通用课程大纲》中任务设计研究	包静	安徽大学（硕士）	2011
00068	《汉语水平词汇等级大纲》甲级词汇词性标注研究	孙博	华中科技大学（硕士）	2011
00069	《汉语水平词汇与汉字等级大纲》甲、乙级词汇网络研究	涂舟	华中科技大学（硕士）	2011
00070	《汉语水平词汇与汉字等级大纲》同素双音名词研究	罗艺潇	四川外语学院（硕士）	2011
00071	《汉语水平词汇与汉字等级大纲》中的名词教学策略研究	李晓晶	黑龙江大学（硕士）	2011
00072	《汉语水平词汇与汉字等级大纲》中动词配价研究——对德语配价理论的借鉴	牛长伟	华中科技大学（硕士）	2011
00073	《汉语水平考试 HSK（基础）大纲（甲乙级）》新词义研究	李明真	南京师范大学（硕士）	2011
00074	现行韩国高中汉语教学大纲研究——语法项目的梳理与编选探讨	金京爱	华东师范大学（硕士）	2011
00075	医学本科留学生汉语教学大纲的编写	刘枫、谭雅昕	科教导刊（上旬刊）	2013（7）

测试研究

00076	关于水平考试的一些设想	刘珣	对外汉语教学	1984（1）
00077	外国留学生二年级文选课测试之一二	陶宗侃	语言教学与研究	1984（3）
00078	多项选择答案测试——出题技巧与题目分析	鲁健骥	对外汉语教学	1984（4）
00079	短期汉语进修生的入学测试	贾守义	对外汉语教学	1985（2）

00080	汉语水平考试（HSK）的性质和特点	刘英林、郭树军、王志芳	世界汉语教学	1988（2）
00081	汉语水平考试（HSK）试卷（1986年度）	北京语言学院汉语水平考试设计小组	世界汉语教学	1988（2）
00082	汉语水平考试（HSK）试卷（1986年度）（续）	北京语言学院汉语水平考试设计小组	世界汉语教学	1988（3）
00083	汉语水平考试（HSK）试卷（1986年度）答案	北京语言学院汉语水平考试设计小组	世界汉语教学	1988（3）
00084	HSK 汉语水平考试听力录音材料（1986.6）	北京语言学院汉语水平考试设计小组	世界汉语教学	1988（4）
00085	略述汉语水平等级标准的制订	赵贤州	世界汉语教学	1988（4）
00086	汉语水平考试（HSK）的基本模式	刘英林	语言教学与研究	1989（1）
00087	两次汉语水平考试试卷的相关系数及其计算中的数值处理	卢湘鸿、傅建仁	语言教学与研究	1989（1）
00088	HSK 分数体系的由来与演变	刘英林	语言教学与研究	1990（1）
00089	汉语水平考试（HSK）通过鉴定	学书	世界汉语教学	1990（1）
00090	汉语水平考试的参照点与命题的定量化	刘英林	世界汉语教学	1990（1）
00091	汉语水平考试（HSK）述略	刘英林	中国语文	1990（4）
00092	延边三所学校汉语水平考试情况的分析——兼谈延边的汉语教学	张凤麟	汉语学习	1991（4）
00093	教学与考试八则	刘英林	汉语学习	1991（6）
00094	谈中级汉语课的测试	陈田顺	世界汉语教学	1992（4）
00095	从 HSK 摸底分析看新疆民族中学的汉语教学	赵学会	民族教育研究	1993（2）

00096	从我们的实践看 HSK 对对外汉语教学的重要指导作用	徐甲申	外语与外语教学	1993（2）
00097	汉语水平考试（HSK）综合评介	王朝中	新疆师范大学学报（哲学社会科学版）	1993（2）
00098	介绍一种中文口语能力考试——OPI	柯传仁、柳明	语言教学与研究	1993（2）
00099	关于高等汉语水平考试的设计	刘镰力、宋绍周、姜德梧	语言文字应用	1993（3）
00100	广东省首次汉语水平考试报告分析	周小兵	中山大学学报（社会科学版）	1993（4）
00101	高等汉语水平考试的设计原则和试卷构成	刘镰力、李明、宋绍周	语言教学与研究	1994（1）
00102	高等汉语水平考试的总体设计与理论思考	刘英林	语言文字应用	1994（1）
00103	关于报考硕士生的中文考试	王清源	语言教学与研究	1994（1）
00104	汉语水平考试（HSK）的理论基础探讨	刘英林	汉语学习	1994（1）
00105	伊犁师院民族预科班首次汉语水平考试（HSK）探析	吴锡昌、武金峰	伊犁师范学院学报（社会科学版）	1994（1）
00106	对外汉语教学课堂测试的准备工作	吴京汨	世界汉语教学	1994（2）
00107	HSK 的效应与对外汉语教学——华东师范大学用户调查报告	吴勇毅、余子	华东师范大学学报（哲学社会科学版）	1994（3）
00108	HSK 中国汉语水平考试试卷［高等］样卷	国家汉语水平考试委员会办公室	世界汉语教学	1995（1）
00109	高等汉语水平考试的性质和等级分数的划分	刘镰力	世界汉语教学	1995（1）
00110	汉语水平考试面向世界	解志红	中外文化交流	1995（1）
00111	汉语等距离完形填空测试报告	刘颂浩	世界汉语教学	1995（2）
00112	汉语语音测试字表研究	朱川	华东师范大学学报（哲学社会科学版）	1995（3）
00113	口语能力测试的另一种途径——汉语模拟面试之研制及其修改	江锡祥	语言教学与研究	1995（3）

00114	谈高等 HSK 的主观性考试	陈田顺	世界汉语教学	1995（3）
00115	关于“汉语水平等级标准”的几个问题	刘英林	语言文字应用	1995（4）
00116	汉语水平等级标准	国家对外汉语教学领导小组办公室汉语水平考试部	语言文字应用	1995（4）
00117	高等汉语水平考试的信度与效度	王芳	汉语水平考试研究论文选 / 北京语言学院汉语水平考试中心编 / 现代出版社	1995
00118	多项选择题应用中的一些问题	刘颂浩	语言文字应用	1996（1）
00119	中国汉语水平考试十年（一）	刘英林	汉语学习	1996（4）
00120	中国汉语水平考试十年（二）	刘英林	汉语学习	1996（5）
00121	中国汉语水平考试十年（三）	刘英林	汉语学习	1996（6）
00122	OPI 与汉语口语水平的测试	张和生	北京师范大学学报（社会科学版）	1996（6）
00123	BHK 的设计原则与题型	刘镰力	语言教学与研究	1997（1）
00124	HSK 与课型设置改革的尝试	高登峰	伊犁师范学院学报（社会科学版）	1997（1）
00125	HSK（高等）口试探索	刘镰力	世界汉语教学	1997（2）
00126	对一次留学生话语能力测试的分析	毛悦	世界汉语教学	1997（3）
00127	汉语水平考试与教学质量——对两次汉语水平考试成绩的分析	方玲	世界汉语教学	1997（3）
00128	HSK 水平考试成绩分析——兼谈听力教学在汉语学习中的重要性	寒宇	北京第二外国语学院学报	1997（4）
00129	谈语言能力及能力测试	张德鑫	语言文字应用	1997（4）
00130	对汉语水平考试质量控制的一点思考	任筱萌	汉语学习	1997（5）
00131	HSK 对少数民族学生的适用性分析	关辛秋	中央民族大学学报（哲学社会科学版）	1997（6）
00132	HSK：通向中国的桥梁	郜云雁	中国培训	1997（12）

00133	汉语水平考试的测试目标	李庆本	汉语水平测试研究 / 刘镰力主编；柴省三等著 / 北京语言文化大学出版社	1997
00134	以 HSK 成绩分班的试验报告	余文青	汉语速成教学研究（第一辑）/ 北京语言文化大学汉语速成学院编 / 北京大学出版社	1997
00135	HSK 存在的问题及在我区汉语教学中的应用策略	彭凤菊	语言与翻译	1998（1）
00136	汉语水平考试（HSK）对提高少数民族汉语水平的意义	马燕、何生财	青海民族学院学报	1998（1）
00137	也谈 HSK 与汉语教学	王新建	语言与翻译	1998（1）
00138	“HSK”填补汉语水平测试的空白	赖梅华	北京第二外国语学院学报	1998（2）
00139	HSK 与预科汉语教学协调问题探析	古丽尼萨·加玛勒	伊犁师范学院学报（社会科学版）	1998（2）
00140	对语言测试反作用于教学的再认识	张宝钧	语言教学与研究	1998（2）
00141	高考汉语考试与 HSK 的比较研究	兰彩苹	新疆师范大学学报（哲学社会科学版）	1998（2）
00142	写作能力测试与随意性命题作文	于丛杨	世界汉语教学	1998（2）
00143	BFT：理论与实践	方立、柴万里	语言教学与研究	1998（3）
00144	HSK（高等）挑错题的编制	杨翼	汉语学习	1998（3）
00145	关于 HSK 等值的试验研究	谢小庆	世界汉语教学	1998（3）
00146	试论 HSK 与成人高校汉语教学之关系	高会成、梁云	新疆职业大学学报	1998（3）
00147	大型对外汉语口语成绩测试的探索	陈昭玲	汉语学习	1998（4）
00148	对外汉语教学与 HSK	张增林、黄井江、林延君、鲍丽娟、王景丹	吉林教育科学：高教研究	1998（5）
00149	北大汉语中心 96 年入学测试分析及相关问题	刘超英、辛平	北大海外教育（第二辑）/ 郭振华主编 / 北京大学出版社	1998

00150	谈中高级对外汉语教学的成绩测试	陈田顺	语言文化教学研究集刊（第二辑）/北京语言文化大学汉语学院编/华语教学出版社	1998
00151	关于HSK（初中等）长度适当性的研究	谢小庆、李航	语言教学与研究	1999（1）
00152	推行HSK与高校汉语教学改革刍议	吴若愚	新疆师范大学学报（哲学社会科学版）	1999（1）
00153	HSK听力理解“对话”题型分析及应试技巧	李宝贵	汉语学习	1999（2）
00154	HSK听力理解“长段对话和讲话”题型分析及应试策略	李宝贵	教育探索	1999（2）
00155	HSK与中专汉语教学改革	董花荣	语言与翻译	1999（2）
00156	HSK（初中等）题库与试卷生成系统	谢小庆、许义强	世界汉语教学	1999（3）
00157	汉语水平考试题库的描述性参数	张凯	世界汉语教学	1999（3）
00158	中国汉语水平考试（HSK）的等级体制	刘镰力	世界汉语教学	1999（3）
00159	中国汉语水平考试（高等）口试评分的误差控制	李庆本、许雪立	世界汉语教学	1999（3）
00160	中国汉语水平考试（基础）的设计原则和试卷结构	姜德梧	世界汉语教学	1999（3）
00161	蒙语授课学生汉语水平考试（HSK）成绩分析及汉语教学改革	苏德、陶格图	内蒙古师大学报（哲学社会科学版）	1999（4）
00162	从HSK（基础）测试的数据统计看“把”字句的教学	姜德梧	汉语学习	1999（5）
00163	关于日本的“中国语检定试验”分析	马燕华	北京师范大学学报（社会科学版）	1999专刊
00164	监控测试与速成强化教学	李德钧	汉语速成教学研究（第二辑）/北京语言文化大学汉语速成学院编/华语教学出版社	1999
00165	谈成绩测试的科学化——从听力试卷的分数分布来检视成绩测试的现状	陈若凡	语言文化教学研究集刊（第三辑）/北京语言文化大学汉语学院编/华语教学出版社	1999
00166	HSK与短期强化训练	石睿	伊犁教育学院学报	2000（1）

00167	试论汉语水平考试的发展趋势	彭恒利	北语高教研究	2000（1）
00168	高等 HSK 命题、评分过程再解析	任筱萌	汉语学习	2000（2）
00169	预科汉语水平考试的设计和测试	杨德明	新疆师范大学学报（哲学社会科学版）	2000（2）
00170	从测试研究看基础语文训练在高等中文课程中的重要性	陈月红	世界汉语教学	2000（4）
00171	汉语水平考试（初中级）阅读理解命题中的效度考虑	李慧	汉语学习	2000（5）
00172	汉语水平考试（HSK）项目内部结构效度检验	刘珣	中国语言学年鉴（1995—1998）/《中国语言学年鉴》编辑部编 / 语文出版社	2000
00173	汉语水平考试结构效度初探	刘珣	中国语言学年鉴（1995—1998）/《中国语言学年鉴》编辑部编 / 语文出版社	2000
00174	从“B 卷”看入学分班测试	刘超英、赵延风、陈莉	北大海外教育（第三辑）/ 赵燕皎、李晓琪主编 / 华语教学出版社	2000
00175	对两个学期分班考试的观察和思考	刘超英	北大海外教育（第三辑）/ 赵燕皎、李晓琪主编 / 华语教学出版社	2000
00176	汉语口语分班水平测试的实践与探索	刘德联、钱旭菁、陈莉、赵昀晖	北大海外教育（第三辑）/ 赵燕皎、李晓琪主编 / 华语教学出版社	2000
00177	谈分班测试试题设计的若干问题	辛平	北大海外教育（第三辑）/ 赵燕皎、李晓琪主编 / 华语教学出版社	2000
00178	中国汉语水平考试（HSK）大事记	彭恒利	汉语水平考试研究文集 / 北京语言文化大学汉语水平考试中心编 / 经济科学出版社	2000
00179	HSK 考试成绩分析与思考	耿英春	青海师大民族师范学院学报	2001（1）
00180	成立测试机构，强化试卷分析——谈目前华文教学成绩测试工作中的问题	刘清平	海外华文教育	2001（1）
00181	语文测试里的语文问题	周清海	中国语文	2001（1）

00182	短期汉语水平考试培训的特点及其教学原则	杨子菁	海外华文教育	2001（2）
00183	留学生“汉语水平考试”成绩浅析	姜美子	东疆学刊	2001（2）
00184	中国汉语水平考试（HSK）的回顾、现状与展望	任筱萌	汉语学习	2001（2）
00185	HSK（自适应）命题中引入多媒体技术的设想	任筱萌	语言教学与研究	2001（3）
00186	计算机自适应测试及其在因特网第二语言测试中的应用	卢伟	海外华文教育	2001（3）
00187	口语测试的组织与实施探索	刘颂浩	暨南大学华文学院学报	2001（3）
00188	HSK 辅导与“学习策略培训”	勇毅、旭登、梅君	暨南大学华文学院学报	2001（4）
00189	HSK 活跃中国教育国际合作与交流	白瑜	神州学人	2001（11）
00190	HSK 成绩中关于女性考生公平性的分析	任杰、李航	中国对外汉语教学学会北京分会第二届学术年会论文集 / 北京语言文化大学出版社	2001
00191	关于 HSK（初中等）平行信度的实证研究	柴省三	汉语学习	2002（2）
00192	汉语水平考试（HSK）等级结构中的几个系统理论问题	金名、红尘	汉语学习	2002（2）
00193	交际策略与口语测试	刘颂浩、钱旭菁、汪燕	世界汉语教学	2002（2）
00194	谈成绩测试的科学化	陈若凡	世界汉语教学	2002（2）
00195	谈诊断性测试在少数民族汉语教学中的应用	罗花蕊、卢一平	语言与翻译	2002（2）
00196	中国少数民族考生与外国考生 HSK 成绩的公平性分析	任杰、谢小庆	心理学探新	2002（2）
00197	HSK 辅导与短期汉语培训	马玉汴	黄河科技大学学报	2002（3）
00198	从 HSK 到民族汉考——民族汉考刍议	姜德梧	汉语学习	2002（3）
00199	预科班教学与 HSK	刘超英	暨南大学华文学院学报	2002（3）
00200	在 HSK 考试中如何保证试题的公平性	任杰	汉语学习	2002（3）

00201	PSC 单字试题中语素字对测试目标的影响	简启贤	语言教学与研究	2002（4）
00202	词汇量测试研究初探	钱旭菁	世界汉语教学	2002（4）
00203	对外汉语教学中的文化传授——从 HSK 考试看跨文化交际教学的重要性	毛通文	海外华文教育	2002（4）
00204	方言语调量化测试的出路及办法	杨小锋	四川师范学院学报（哲学社会科学版）	2002（5）
00205	中国境内外 HSK 成绩公平性的分析	任杰	语言教学与研究	2002（5）
00206	第二语言测试中的语法测试问题	李桂梅	考试研究文集（第 1 辑）/谢小庆、鲁新民主编 / 经济科学出版社	2002
00207	对民族汉考作文评价的思考	张晋军	考试研究文集（第 1 辑）/谢小庆、鲁新民主编 / 经济科学出版社	2002
00208	关于民族汉考（三级）考试书面表达部分设计的思考	鲁新民	考试研究文集（第 1 辑）/谢小庆、鲁新民主编 / 经济科学出版社	2002
00209	关于民族汉考（三级）听力理解命题的思考	鲁新民	考试研究文集（第 1 辑）/谢小庆、鲁新民主编 / 经济科学出版社	2002
00210	关于排列句序题测查能力的分析	张晋军、任杰	考试研究文集（第 1 辑）/谢小庆、鲁新民主编 / 经济科学出版社	2002
00211	汉语能力测验客观化试题的命题原则	李慧	考试研究文集（第 1 辑）/谢小庆、鲁新民主编 / 经济科学出版社	2002
00212	汉语作为第二语言的听力考试考什么	谢小庆、张晋军	考试研究文集（第 1 辑）/谢小庆、鲁新民主编 / 经济科学出版社	2002
00213	HSK 中国汉语水平考试（高等）中的修辞问题	陈萍	云南师范大学学报（对外汉语教学与研究版）	2003（1）
00214	关于汉语写作水平等级标准的思考	张英	海外华文教育	2003（1）
00215	关于“日本中国语检定”	陆庆和	世界汉语教学	2003（2）
00216	论对外汉语口语测试中的提问技巧	邓秀均、丁安琪	云南师范大学学报（对外汉语教学与研究版）	2003（2）

00217	HSK（初中等）模拟测试分析	吴丽君	海外华文教育	2003（3）
00218	从韩国汉语水平考试的发展看韩国的汉语教学	〔韩〕李充阳	国外汉语教学动态	2003（3）
00219	当前 HSK 中若干值得进一步研究的课题探讨	鹿士义、余嘉元	汉语学习	2003（4）
00220	汉语水平口试信度的理论与实证研究	柴省三	语言教学与研究	2003（4）
00221	口语分班测试题型研究	李海燕、蔡云凌、刘颂浩	世界汉语教学	2003（4）
00222	日本的汉语检定考试	〔日〕李铮强	国外汉语教学动态	2003（4）
00223	“实用中文文书测试”的系统设计与操作	刘壮、陈宏	世界汉语教学	2003（4）
00224	对外汉语教学句群测试的分析与思考	陈萍	云南师范大学学报（对外汉语教学与研究版）	2003（5）
00225	HSK（高等）作文中日韩留学生体标记“了”的使用情况考察	吕欣航	北京语言大学（硕士）	2003
00226	HSK 等级分数问题	张凯	世界汉语教学	2004（1）
00227	关于 HSK 若干问题的思考	竟成	暨南大学华文学院学报	2004（1）
00228	试论学业成绩与 HSK 成绩的关系	丁险峰	海外华文教育	2004（1）
00229	概化理论及其在 HSK 测试中的应用	黄春霞	云南师范大学学报（对外汉语教学与研究版）	2004（2）
00230	日本“汉语交际能力考试”介绍	宋燕	世界汉语教学	2004（3）
00231	HSK 单双音同义动词研究	程娟、许晓华	世界汉语教学	2004（4）
00232	HSK 作文评分客观化探讨	任春艳	汉语学习	2004（6）
00233	词语结构组织与 HSK 词汇学习	莫修云	云南师范大学学报（对外汉语教学与研究版）	2004（6）
00234	HSK（初、中等）听力部分的分数解释研究	王洋	北京语言大学（硕士）	2004
00235	HSK 名词的图片可表达性和表达方法研究	陈文慧	北京语言大学（硕士）	2004
00236	“网上北语”考试系统研究与设计	苏芸	北京语言大学（硕士）	2004
00237	HSK 自动化词频统计分析	陶家骏	暨南大学华文学院学报	2005（1）

00238	HSK 预测样本变化对题目难易度的影响及相关问题	王小玲	世界汉语教学	2005（2）
00239	从 HSK（高等）成绩看言语技能的发展	朱锦岚	汉语学习	2005（2）
00240	中国汉语水平考试（HSK）的改革与发展——在世界汉语大会第二分会的主题发言	王路江	世界汉语教学	2005（3）
00241	汉语水平考试中的语段测试	张宝林	汉语学习	2005（4）
00242	HSK 甲级单双音同义动词部分不可替换的类型探析	季瑾	语言教学与研究	2005（5）
00243	HSK 听力强化训练	佟迅	云南师范大学学报（对外汉语教学与研究版）	2005（5）
00244	MHK（四级）“听后写”题型设计理念及实测	李桂梅	汉语学习	2005（5）
00245	汉语口语测试研究	许希阳	云南师范大学学报（对外汉语教学与研究版）	2005（5）
00246	外国留学生汉语进修班分班测试初探	陈作宏、邓秀均	云南师范大学学报（对外汉语教学与研究版）	2005（5）
00247	15 种测验等值方法的比较	谢小庆	语言测试及测量理论研究 / 北京语言大学汉语水平考试中心编；张凯主编 / 北京语言大学出版社	2005
00248	HSK（旅游）常用词语表选词原则及相关问题	刘慧清等	对外汉语研究（第一期）/ 上海师范大学《对外汉语研究》编委会编 / 商务印书馆	2005
00249	Performance 是“运用”还是“表现”	张凯	语言测试及测量理论研究 / 北京语言大学汉语水平考试中心编；张凯主编 / 北京语言大学出版社	2005
00250	汉语能力结构差异的检验与分析	陈宏	语言测试及测量理论研究 / 北京语言大学汉语水平考试中心编；张凯主编 / 北京语言大学出版社	2005
00251	HSK 双音多义名词义项引申情况考察	张立博	北京语言大学（硕士）	2005
00252	HSK 与对外汉语教学课程内容的调整	陈杰	沈阳工程学院学报（社会科学版）	2006（2）
00253	留学生 HSK 成绩“跛脚”现象分析	李玉军	语言教学与研究	2006（2）

00254	HSK［基础］阅读理解难度的影响因素研究	王佶旻	云南师范大学学报（对外汉语教学与研究版）	2006（3）
00255	HSK（旅游）命题材料选取原则	刘慧清、张素玲	云南师范大学学报（对外汉语教学与研究版）	2006（3）
00256	MHK（三级）的效度调查研究	李大东、张洁	汉语学习	2006（3）
00257	HSK（高等）题库参数体系研究	杨翼	语言教学与研究	2006（4）
00258	HSK（旅游）听力命题原则研究	蔡瑱	海外华文教育	2006（4）
00259	HSK 名词图片表达方法研究	郑艳群、陈文慧	世界汉语教学	2006（4）
00260	从 HSK 考试看述补词组的使用	宋丽娟	语文学刊（基础教育版）	2006（4）
00261	略谈对外汉语成绩考试的改进	崔颂人	语言教学与研究	2006（4）
00262	汉语文化测试（CCT）研究初探	张晋军	国际汉语教学动态与研究	2006（4）
00263	HSK（初中等）再测信度验证	聂丹	中国考试（研究版）	2006（5）
00264	HSK 表人同义名词的辨析角度	刘春梅	湖南师范大学社会科学学报	2006（5）
00265	HSK（初中等）效度研究报告	王小玲	语言教学与研究	2006（6）
00266	论初中级汉语水平考试中交际测试的介入	骆琳	云南师范大学学报（对外汉语教学与研究版）	2006（6）
00267	对外汉语口语课的成绩测试创新	张慧君	教育探索	2006（7）
00268	HSK（高等）作文评分差异考察	罗丹	世界汉语教学	2006 专号
00269	HSK 考试等值精度研究	田清源	世界汉语教学	2006 专号
00270	关于 HSK（初、中等）常模问题的研究和设想	黄春霞	世界汉语教学	2006 专号
00271	关于 HSK 等值改进的一项实验研究	谢小庆、任杰	世界汉语教学	2006 专号
00272	汉语初学者能力测验的题型设计与预测分析	王佶旻	世界汉语教学	2006 专号
00273	基于考生自我评价的 HSK（初、中等）分数解释研究	王佶旻	世界汉语教学	2006 专号
00274	考生对 HSK（初、中等）当前质量的评价	聂丹	世界汉语教学	2006 专号
00275	日本国内的汉语能力考试及其借鉴意义	贾笑寒	语言文字应用	2006（S2）

00276	HSK 考生群体分布一致性研究	田清源	对外汉语研究（第二期）/上海师范大学《对外汉语研究》编委会编 / 商务印书馆	2006
00277	初级汉语阅读教材练习题设计与 HSK 阅读理解试题	何韬	四川大学（硕士）	2006
00278	从新加坡中、小学华文教学与测试方式改革看华文阅读教学	孙墨燕	暨南大学（硕士）	2006
00279	汉语水平考试大纲（HSK）制订、调整的历史演变研究	吴玉荣	吉林大学（硕士）	2006
00280	CEFR 对汉语测试研发的启示	方绪军	世界汉语教学	2007（2）
00281	汉语水平考试（HSK）改进方案	北京语言大学汉语水平考试中心“HSK 改进工作”项目组	世界汉语教学	2007（2）
00282	汉语作为外语教学能力标准试说	赵金铭	语言教学与研究	2007（2）
00283	从 HSK 同素逆序词看对外汉语词汇教学	刘枫	云南师范大学学报（对外汉语教学与研究版）	2007（3）
00284	汉语水平考试（HSK）改革设想	杨承青、张晋军	语言文字应用	2007（3）
00285	汉语水平考试（HSK）的科学本质	孙德金	世界汉语教学	2007（4）
00286	初级阶段留学生个体背景因素与口语测验表现的关系	王佶旻	汉语学习	2007（5）
00287	汉语作为外语教学能力认定考试改革设想	张晋军、杨承青	中国考试（上半月）	2007（5）
00288	关于简化分班测试的实验研究	任春艳	语言教学与研究	2007（6）
00289	C.TEST 听力理解测验的诊断性评价研究	徐式婧	北京语言大学（硕士）	2007
00290	HSK 多义词义项的统计分析及留学生义项使用情况调查	傅佳	北京语言大学（硕士）	2007
00291	HSK 同义单音节动词及其构成的复合动词的语义考察	金美惠	上海师范大学（硕士）	2007
00292	多项正误判断题在外语词汇测试中的应用研究	刘占业	北京语言大学（硕士）	2007

00293	高等汉语水平考试及其阅读测试研究	闫蕾	吉林大学（硕士）	2007
00294	高考作文评分误差控制研究	娄庆华	浙江师范大学（硕士）	2007
00295	日本语教育考试制度和对外汉语教育考试制度的比较研究	关宜平	华东师范大学（硕士）	2007
00296	HSK 阅读理解试题的语料和命题	黄理兵、郭树军	世界汉语教学	2008（2）
00297	对外汉语口语成绩测试新模式之探索	许希阳	语言教学与研究	2008（4）
00298	论短期速成对外汉语口语测试	张秀红	岳阳职业技术学院学报	2008（5）
00299	浅议美国 AP 中文语言文化课程与考试	仲清	安徽农业大学学报（社会科学版）	2008（5）
00300	关于留学生 HSK 考试的分析与研究	宋莹	商业文化（学术版）	2008（8）
00301	基于 HSK 考试的对外汉语语法课堂教学设计	格·萨茹拉	内蒙古师范大学学报（教育科学版）	2008（9）
00302	浅论口语测试与教学	张莉洲	井冈山学院学报	2008（A2）
00303	华语阅读测试论	王汉卫	暨南大学（博士）	2008
00304	C.TEST 阅读理解测验的诊断性评价研究	王静	北京语言大学（硕士）	2008
00305	C- 试题在测量第二语言学习者英语能力方面的效度研究	王荷	华东师范大学（硕士）	2008
00306	HSK（初中等）与 TOP（初、中等）阅读测试部分的比较研究	蔡佳颖	暨南大学（硕士）	2008
00307	对外汉语成绩测试试题设计研究	陆晓红	华东师范大学（硕士）	2008
00308	汉语口语测试与教学——从汉语口语测试的调查看口语教学策略	李瑾	苏州大学（硕士）	2008
00309	论“华语测试”的三个基石	王汉卫	暨南大学华文学院学报	2009（1）
00310	HSK［中级］听力理解测验的诊断性评价研究	周霞	北京语言大学（硕士）	2009
00311	对外汉语中级听力测试难度研究	林筠	上海交通大学（硕士）	2009
00312	高等 HSK 考试中学生书面语能力考察与分析	张憬霞	北京语言大学（硕士）	2009
00313	汉语作为第二语言的阅读理解诊断性成绩测试研究	张宠	北京语言大学（硕士）	2009

00314	汉语作为第二语言的阅读理解测试的新加坡模式	钟国荣	世界汉语教学	2010（3）
00315	对外汉语教学成绩测试效度研究	陈炜	上海外国语大学（硕士）	2010
00316	越南高校汉语专业综合课成绩测试的考察与分析	阮翠霞	复旦大学（硕士）	2011
00317	高等汉考阅读试题语法点分布与阅读能力研究	陈秉江	渤海大学（硕士）	2012
00318	新 HSK 六级阅读部分选词填空题受试答题过程内省法研究	申钰文	重庆大学（硕士）	2012
00319	新 HSK 中近义性质形容词的研究	温馨	辽宁师范大学（硕士）	2012
00320	新汉语水平考试六级阅读第一部分病句试题统计与分析	李珠花	华中科技大学（硕士）	2012
00321	汉语水平考试（HSK）考生信息资源库的建设与应用	柴省三	语言教学与研究	2013（4）
00322	课程测验项目分析方法——以对外汉语课程测验为例	张军	考试研究	2013（4）
00323	对外汉语口语成绩测试形式试探	王晓君	首都师范大学学报（社会科学版）	2013（S1）
00324	对外汉语口语课成绩测试的思考——以首都师范大学国际文化学院为例	王环宇	首都师范大学学报（社会科学版）	2013（S1）
00325	对外汉语教育考试与评估的综述	朱麟	东南亚地区汉语国际教育趋势与前沿问题研究 / 邱鸣、谷天刚主编 / 中国社会科学出版社	2013
00326	对外汉语测试教学研究——以新汉语水平考试 HSK 六级模拟试题为例	杜彬	吉林大学（硕士）	2013
00327	对外汉语成绩测试题型分析研究报告——以某高校语言生综合课为例	席建辉	中央民族大学（硕士）	2013
00328	基于新 HSK 词汇大纲的高频词素研究	孙日环	山东大学（硕士）	2013
00329	新汉语水平考试（HSK）效度问题研究	孙佳	吉林大学（硕士）	2013
00330	《新汉语水平考试大纲》“手”族词研究	梁雪双	山东大学（硕士）	2013

学科与课程建设研究

00331	文科进修班汉语教学的课程设置	李更新	语言教学与研究	1984（4）
00332	对外汉语教学是一门新型的学科	路家琳	厦门大学学报（哲学社会科学版）	1986（4）
00333	我国对外汉语教学的现状和展望——访北京语言学院院长吕必松同志	/	语文建设	1986（5）
00334	二年制文科班课程设置计划及有关问题	北京语言学院来华留学生一系文科教学大纲编写组	汉语研究（第一辑）/ 南开大学对外汉语教学中心编 / 南开大学出版社	1986
00335	对课程设置纵横关系的思考	李忆民	世界汉语教学	1987（1）
00336	病句分析课，学生欢迎	李大忠	世界汉语教学	1987（2）
00337	对外汉语教学的学科地位和战略意义	王文虎、李阳庚	四川师范大学学报（社会科学版）	1988（2）
00338	1988—1990 年对外汉语教学科研课题指南	国家对外汉语教学领导小组办公室	语言教学与研究	1988（3）
00339	对外汉语教学中的烹饪课	黄奕谋	世界汉语教学	1989（3）
00340	积极开展对外汉语学科的研究	陆世光	天津师大学报（社会科学版）	1989（4）
00341	我国对外汉语教学事业的发展	吕必松	语言教学与研究	1989（4）
00342	我国对外汉语教学学科理论的发展	吕必松	语文建设	1990（3）
00343	巩固、完善、发展对外汉语教学专业	李润新	世界汉语教学	1991（2）
00344	论现代汉语专业课程体系	李杨	世界汉语教学	1992（3）
00345	对外汉语教学的形势和对策	程棠	语言文字应用	1993（1）
00346	加强学科建设，推动教育改革——在北京语言学院学科建设规划会上的报告	李更新	语言教学与研究	1993（1）

00347	设立面向外国学生的“中国语言文化专业（本科）”刍议	陈仁凤	汉语学习	1994（2）
00348	汉语教学走向新世纪	周奎杰、单瑛	对外大传播	1995（7）
00349	从战略上加强对外汉语教学学科建设——部分在京语言学家座谈对外汉语教学侧记	《世界汉语教学》特约记者	世界汉语教学	1996（2）
00350	要把对外汉语教学这门学科建设好	陈林成、刘冬	清华大学教育研究	1996（2）
00351	对外汉语教学任重而道远	贾寅淮	对外大传播	1996（3）
00352	对外汉语教学与研究的现状与前瞻	赵金铭	中国语文	1996（6）
00353	对外汉语教学学科概说	崔永华	中国文化研究	1997（1）
00354	试论汉语作为第二语言教学的基本原则——兼论海内外汉语教学的学科建设	刘珣	世界汉语教学	1997（1）
00355	对外汉语教学学科理论建设的里程碑——重读吕叔湘《通过对比研究语法》	赵永新	世界汉语教学	1997（2）
00356	关于汉语言专业建设几个问题的思考	李更新	世界汉语教学	1997（2）
00357	关于汉语言（对外）专业的培养目标	崔永华	语言教学与研究	1997（4）
00358	汉语教学研究的趋向	陈亚川	汉语集稿（二）/ 陈亚川、郑懿德著 / 北京语言文化大学出版社	1997
00359	对我校对外汉语教学工作的总结与思考	奚其智	北京广播电视大学学报	1998（1）
00360	1998—2000 年对外汉语教学科研课题指南	国家对外汉语教学领导小组办公室	世界汉语教学	1998（2）
00361	对外汉语教学事业方兴未艾	常殿元	北京第二外国语学院学报	1998（2）
00362	关于对外汉语教学学科的方法论问题	崔永华	语言教学与研究	1998（2）
00363	关于留学生汉语本科课程设置的思考	孟国	中国高教研究	1998（3）

00364	从两个《课题指南》看对外汉语教学的学科发展	张德鑫	语言文字应用	1998（4）
00365	规范和发展对外汉语学历教育的三点构想	孙晖、张筱平	语言教学与研究	1998（4）
00366	谈对外汉语教学历史的研究——对外汉语教学学科建设的一个重要课题	鲁健骥	语言文字应用	1998（4）
00367	谈我校国际文化交流中心对外现代汉语教学的课程设置	李青	玉溪师专学院学报（社会科学版）	1998（4）
00368	我国对外汉语教学体制发展态势	弓玲	云南师范大学学报（哲学社会科学版）	1998（4）
00369	背依齐鲁文化，面向东亚南亚——青岛大学人文学科建设与对外汉语教学双翼齐飞	/	中国成人教育	1998（11）
00370	对外汉语专业教育中语言知识课的定位问题	孙德金	语言教学与研究	1999（1）
00371	实用性·科学性·系统性——现代汉语教学改革的初步构想	周晓华	乌鲁木齐成人教育学院学报	1999（1）
00372	试论对外汉语教学的发展	胡军	北京青年政治学院学报	1999（1）
00373	西方语言文化教学的演变与发展——兼议对世界汉语教学的影响	陈申	世界汉语教学	1999（1）
00374	也论对外汉语教学的学科体系及其科学定位	刘珣	语言教学与研究	1999（1）
00375	对汉教中心工作的回顾与展望	奚其智	北京广播电视大学学报	1999（3）
00376	对外汉语教学学科理论建设的现状和面临的问题	吕必松	语言文字应用	1999（4）
00377	六十年代初教育部出国汉语师资培训钩沉	林建明	三明职业大学学报	1999（S3）
00378	谈中高级阶段的课程规范	陈田顺	语言文化教学研究集刊（第三辑）/北京语言文化大学汉语学院编/华语教学出版社	1999
00379	近20年对外汉语教育学科的理论建设	刘珣	世界汉语教学	2000（1）
00380	全球经济和科技一体化趋势与来华留学生教育展望	詹心丽	海外华文教育	2000（1）

00381	对外汉语学科建设中的汉日语法对比研究	顾顺莲	上海交通大学学报（哲学社会科学版）	2000（2）
00382	国际间合作办学中汉语课的设计与教学	陈小玲	武汉科技大学学报（社会科学版）	2000（2）
00383	机遇与挑战并存——中国对外汉语教学工作回顾与展望	禾丰	神州学人	2000（2）
00384	对外汉语教学学科的基本问题和基本方法	张凯	世界汉语教学	2000（3）
00385	对外汉语教学事业的展望和当前的任务	胡明扬	对外汉语教学：回眸与思考 / 张德鑫主编 / 外语教学与研究出版社	2000
00386	关于对外开设中国民俗课的调查与思考	舒燕	语言文化教学研究集刊（第四辑）/ 北京语言文化大学汉语学院编 / 华语教学出版社	2000
00387	研究生培养与对外汉语教学学科建设	李晓琪	北大海外教育（第三辑）/ 赵燕皎、李晓琪主编 / 华语教学出版社	2000
00388	对外汉语教学若干课程潜在关系研究	张美霞	世界汉语教学	2001（2）
00389	对外汉语教育的本质与功能	李世之	语言教学与研究	2001（6）
00390	对外汉语教学学科定位刍议	王恺	中国高教研究	2001（8）
00391	对外汉语教学的学科理论基础	李泉	海外华文教育	2002（1）
00392	试论对外汉语教学学科的科学属性及其内部结构	金立鑫	暨南大学华文学院学报	2002（1）
00393	对外汉语教学的学科理论体系	李泉	海外华文教育	2002（2）
00394	对外汉语教学的应用性	毛世桢	海外华文教育	2002（2）
00395	对外汉语教学的学科基本理论（上）	李泉	海外华文教育	2002（3）
00396	对外汉语教学的学科基本理论（下）	李泉	海外华文教育	2002（4）
00397	惟精惟一，志在高远——为我国对外汉语教学事业发展献芹	李大遂	北京大学学报（哲学社会科学版）	2002（4）
00398	应用语言学及其学科建设论略	陈汝东	暨南大学华文学院学报	2002（4）

00399	对外汉语教学的喜与忧	李静	中国文化报	2002-05-24
00400	对外汉语教学与研究前景广阔	赵金铭	人民日报（海外版）	2002-07-29
00401	北京语言大学的研究生教育与学科建设	李立诚	人民日报（海外版）	2002-08-29
00402	系统地将影视课纳入对外汉语教学	肖路	对外汉语教研论丛（第二辑）/ 潘文国主编 / 华东师范大学出版社	2002
00403	有关语言教育研究的几个问题——兼谈对外汉语教学的学科定位	李泉	汉语学报・第 3 期（2001 年上卷）/ 邢福义主编 / 湖北教育出版社	2002
00404	美英中文教育的历史与现状剪影——兼论对外汉语教学的改革	朱曼华	汉字文化	2003（1）
00405	由耶鲁大学中文项目的变化看中国对外汉语教学的走向	牟岭	国外汉语教学动态	2003（2）
00406	对外汉语学科建设新议	王路江	语言教学与研究	2003（2）
00407	世界汉语教学的新形势与新举措	严美华	世界汉语教学	2003（3）
00408	加强汉语言专业学历教育，推进对外汉语教学学科发展	张和生、李凤林	北京师范大学学报（社会科学版）	2003（6）
00409	高等教育国际化背景下的留学生教育研究	邓秀华	湖南大学（硕士）	2003
00410	论“对外汉语”的学科性	潘文国	世界汉语教学	2004（1）
00411	IES 北京中心汉语教学与管理情况	耿玲	国外汉语教学动态	2004（2）
00412	对外汉语教学专业建设刍议	王虹	海外华文教育	2004（2）
00413	汉语教学大发展形势下学科建设的断想	刘珣	国外汉语教学动态	2004（2）
00414	法国东方语言学院中文系课程设置简析	潘先军	海外华文教育	2004（3）
00415	对外汉语本科专业建设几个主要问题的思考	李铁范	淮北煤炭师范学院学报（哲学社会科学版）	2004（5）
00416	对外汉语教学学科发展说略	程棠	汉语学习	2004（6）
00417	论对外汉语教育中的文学课教学	涂文晖	高等函授学报（哲学社会科学版）	2004（6）
00418	留学生教育发展趋向与对外汉语教学	王培永	绍兴文理学院学报	2004（12）

00419	对外汉语教学前景广阔	高雁	人民日报（海外版）	2004-07-23
00420	科研课题和对外汉语教学学科建设	崔永华	汉语研究与应用（第二辑）/ 中国人民大学对外语言文化学院编 / 中国社会科学出版社	2004
00421	利用北外优势，推动对外汉语教学事业	陈乃芳	国际汉语教学动态与研究	2005（2）
00422	论对外汉语专业的学科分布	马明艳	绍兴文理学院学报	2005（2）
00423	也谈“对外汉语”及学科名称问题——与潘文国教授商榷	周健	世界汉语教学	2005（2）
00424	对外汉语专业的学科定位和课程设置	罗小东	国际汉语教学动态与研究	2005（3）
00425	以问题为导向的对外汉语教学学科建设刍议	崔永华	语言教学与研究	2005（3）
00426	对外汉语教学的学科体系	凌德祥	语言文字周报	2005-05-25
00427	不能把汉语教学作为营利的载体	贺春兰、王旭升	人民政协报	2005-08-03
00428	从事汉语教学前景广阔	陈扬渲	浙江日报	2005-10-27
00429	当前对外汉语学科建设需要什么样的理论框架	郑定欧	对外汉语研究（第一期）/ 上海师范大学《对外汉语研究》编委会编 / 商务印书馆	2005
00430	“十五”期间对外汉语学科建设研究	赵金铭	对外汉语研究（第一期）/ 上海师范大学《对外汉语研究》编委会编 / 商务印书馆	2005
00431	对外汉语教学的中国现代文学课规范化之研究	吴成年	云南师范大学学报（对外汉语教学与研究版）	2006（3）
00432	对外汉语教学专业的课程设计问题	蒋可心	黑龙江高教研究	2006（3）
00433	浅析高职院校设置对外汉语专业的可行性	赵娇	湖北职业技术学院学报	2006（3）
00434	中国对外汉语教育探析与展望	徐水平	时代潮	2006（3）
00435	对外汉语专业现代汉语课教学的探索与实践	孙春颖	语言文字应用	2006（4）

00436	从对外汉语到国际汉学“对外汉语教学学科建设专题研讨工作坊”在我校举行	郭汉文	陕西师范大学学报（哲学社会科学版）	2006（5）
00437	当前对外汉语教学研究之探讨与展望	罗进军	株洲工学院学报	2006（5）
00438	对外汉语教学展望（节选）	陆俭明	现代语文（语言研究版）	2006（6）
00439	对外汉语教学的发展	张哲	安徽文学（下半月）	2006（11）
00440	世界汉语教学的前景及对出版业的影响	李朋义	中国图书商报	2006-05-30
00441	对外汉语教育市场发展研究	赵莉	厦门大学（硕士）	2006
00442	谈对外汉语专业学生的汉语学习	罗润锋	绍兴文理学院学报（教育版）	2007（1）
00443	加强现代汉字学的学科建设——在现代汉字学学科建设高级专家研讨会上的讲话	李宇明	渤海大学学报（哲学社会科学版）	2007（2）
00444	对外汉语教学的课程设置及教学建设初探	李北辰	民营科技	2007（3）
00445	对外汉语专业建设的问题与应对措施	陆华、李业才	衡水学院学报	2007（3）
00446	江西高校对外汉语专业双语教学现状分析	谢敏、黄南南、李春华	宜春学院学报	2007（3）
00447	谈对外汉语教学的发展展望	张哲	双语学习	2007（3）
00448	对外汉语教学学科性质及定位新探	侯月阳	云南师范大学学报（对外汉语教学与研究版）	2007（4）
00449	高级母语教育与人文专业教育的有机融合——关于对外汉语专业“古代汉语”课程的定位与教改设想	王鸿滨	云南师范大学学报（对外汉语教学与研究版）	2007（4）
00450	事业开创时期的对外汉语教育政策与课程设置研究	杨秀华	长江大学学报（社会科学版）	2007（5）
00451	打造一流的对外汉语学科旗舰	禹达	中国高等教育	2007（8）
00452	对外汉语，前景与困境	李玥	国际人才交流	2007（12）
00453	对外汉语专业人才需求升温	吴文	中国教育报	2007-05-08

00454	新中国对外汉语教学课型设置变化研究	魏薇	吉林大学（硕士）	2007
00455	中级汉语课程设置研究	沈冬娜	吉林大学（硕士）	2007
00456	国家实力与语言发展的历史演变——汉语发展迎来春天：以孔子学院的发展为案例分析	杜刚、李亚光	高职论丛	2008（2）
00457	关于华文教学学科建设的若干理论思考	范开泰	暨南大学华文学院学报	2008（3）
00458	汉语教学的新变化、新问题、新任务、新意识	陆俭明	暨南大学华文学院学报	2008（3）
00459	对外汉语专业现代汉语课教学改革探索	钱道静	信阳师范学院学报（哲学社会科学版）	2008（5）
00460	强化特色学科建设，推进汉语走向世界	韩经太	中国高等教育	2008（5）
00461	“双校园”中外合作办学项目中的本科教学计划衔接探讨	孔峰、刘琦	高教论坛	2008（5）
00462	学科确立时期的对外汉语课程设置综述	杨秀华	长江大学学报（社会科学版）	2008（6）
00463	留学生教育发展趋势与对外汉语教学	孔丽华	四川教育学院学报	2008（8）
00464	地方院校对外汉语专业人才培养方案改革探析——以德州学院对外汉语专业为例	白朝霞	赤峰学院学报（汉文哲学社会科学版）	2008（10）
00465	对外国留学生文献检索课教学的探索与实践	邓亚文	图书馆工作与研究	2008（11）
00466	对外汉语专业双语教学初探	谢敏、李春华	科技信息（学术研究）	2008（29）
00467	理工科院校设置对外汉语专业的可行性探究	应学凤	杭州电子科技大学学报（社科版）	2008（S1）
00468	对外汉语教学管理过程刍议	张秀婷	北京高校来华留学生教育研究／贺向民、林凡、张国增主编／北京语言大学出版社	2008
00469	语文课程的时滞性及对策研究	荣玲	山东师范大学（硕士）	2008
00470	对外汉语教学发展之我见——以内蒙古师范大学对外汉语教学为例	周凤玲	内蒙古师范大学学报（教育科学版）	2009（1）

00471	对外汉语专业课程改革刍议	张晓涛、邹学慧	哈尔滨商业大学学报（社会科学版）	2009（1）
00472	港、台大学中国语言及文学专业的课程设置及启示	赵勇	临沂师范学院学报	2009（1）
00473	中国语言学期刊被引次数和被引广度分析——基于 CSSCI 的统计分析（2004—2006）	鞠秀芳	云南师范大学学报（哲学社会科学版）	2009（1）
00474	双赢：对外汉语本科毕业实习的探索	杨晓黎	安徽大学学报（哲学社会科学版）	2009（2）
00475	关于建立国际汉语教育学科的构想	李泉	世界汉语教学	2009（3）
00476	来华留学生汉语言专业建设新思维	赵菁	语言教学与研究	2009（3）
00477	论对外汉语专业教育的国际化	姜红	江淮论坛	2009（3）
00478	基于就业的对外汉语专业建设——以北京语言大学为例	耿淑梅	大学（研究与评价）	2009（4）
00479	对外汉语专业教学存在的问题及对策	张晓涛	教育探索	2009（6）
00480	对外汉语专业现状与未来发展的思考	齐琦	法制与社会	2009（13）
00481	汉语国际教育“三教”问题的核心与基础	崔希亮	世界汉语教学	2010（1）
00482	留学生汉语言本科专业课程设置初探	付甜甜	陕西师范大学（硕士）	2010
00483	对外汉语教学文言文课程设置与教学探索	李博闻	山东大学（硕士）	2012
00484	昆明对外汉语私立学校教学调查	米雪	云南大学（硕士）	2012
00485	在杭高校对外汉语（暨汉语国际教育）专业本科课程设置对比研究	陆崔崔	浙江大学（硕士）	2012
00486	中德语言推广机构的比较研究	蒋鑫鑫	西北师范大学（硕士）	2012
00487	论中医院校开展对外汉语教学的难点分析及对策	李鸿曜	社科纵横（新理论版）	2013（1）
00488	琼南地区对外汉语专业学生教学实践模式初探——以琼州学院对外汉语专业为例	应燕平	太原城市职业技术学院学报	2013（1）
00489	肇庆学院对外汉语专业的身份定位与方向发展——基于对外汉语与汉语言文学课程比较分析	肖娜	肇庆学院学报	2013（1）

00490	北部湾经济区对外汉语专业课程设置的思考	左凌姣	现代语文（学术综合版）	2013（2）
00491	广西高职院校对外汉语专业教学现状及对策	李柳芳	教育与职业	2013（2）
00492	河南高校对外汉语专业的定位与发展	刘秋瑞	现代语文（学术综合版）	2013（2）
00493	世界教育技术现状和趋势对汉语教学的启示	郑艳群	世界汉语教学	2013（2）
00494	提高对外汉语教学工作质量之我见	时萍	沈阳大学学报（社会科学版）	2013（2）
00495	关于我校文学院对外汉语专业的英语课程设置改革	王可	语文学刊（外语教育教学）	2013（3）
00496	论石油高校对外汉语教学发展策略	李美子	吉林广播电视大学学报	2013（3）
00497	新疆高校对外汉语教学发展现状与前景述评	范祖奎、范晓玲	新疆社科论坛	2013（3）
00498	发挥民族地域优势，创建对外汉语学科特色——广西高校对外汉语专业建设的调查分析	石琳、余杨	桂林师范高等专科学校学报	2013（4）
00499	新疆对外汉语本科专业面向中亚国家“走出去”培养模式探析	王静	民族教育研究	2013（4）
00500	地方工科院校对外汉语本科教育的困境及其反思	吴玲	黑龙江教育学院学报	2013（5）
00501	地方院校新建对外汉语专业的课程建设与发展思考——以兰州城市学院为例	冯玉	甘肃高师学报	2013（5）
00502	工科院校对外汉语特色教学与推广探索研究	张晓萍	中国电力教育	2013（5）
00503	从对外汉语教育现状看其发展趋势	李冉	剑南文学（经典教苑）	2013（6）
00504	关于地方院校对外汉语专业建设的思考与建议	吴莉	教育教学论坛	2013（6）
00505	河南部分高校对外汉语本科课程设置现状及对策分析	王笑艳	河南科技学院学报	2013（6）
00506	河南省高校对外汉语专业教学概况	贺洁	河南教育（高教）	2013（6）
00507	湖北文理学院对外汉语专业人才培养模式的改革与探索	王丹荣	湖北文理学院学报	2013（6）
00508	新疆高校汉语国际教育专业发展现状调查与对策探讨	范晓玲	新疆师范大学学报（哲学社会科学版）	2013（6）

00509	地方性院校对外汉语专业课程设置探析	张莹	教育教学论坛	2013（11）
00510	论对外汉语命名说的合理性	张飒	理论界	2013（11）
00511	对外汉语本科专业课程设置研究	李丹、张静	科技风	2013（16）
00512	论职业院校对外汉语培训体系的建构	张华	科技视界（学术刊）	2013（29）
00513	国际汉语教学可持续发展所面临的问题与解决之道	吕玉兰	首都师范大学学报（社会科学版）	2013（S1）
00514	我国高校对外汉语教学的课程设置分析	刘荣、徐蔚、魏海平	中国高等教育	2013（Z1）

方法与理论研究

00515	本国语言和学习外语的关系	王力	俄文教学	1954（4）
00516	教外国留学生学习汉语遇到的困难问题	邓懿	现代汉语规范问题学术会议文件汇编 / 现代汉语规范问题学术会议秘书处编 / 科学出版社	1956
00517	试论对留学生讲授汉语的几个基本问题	王学作、柯炳生	教学与研究	1957（2）
00518	谈谈对俄罗斯学生的汉语教学法	扎多延柯，Т.П.、鲁勉斋，М.К.著；高祖舜译	中国语文	1958（7）
00519	比较教学法是苏联外语教学体系的指导性原则——兼谈比较教学法在我国俄语教学中的实际运用	蔡建	俄语教学与研究	1959（4）
00520	短文阶段的三种教学方法	程善文	语言教学与研究（第一集）	1977
00521	汉语作为外语教学的实践性原则	吕必松	语言教学与研究（第一集）	1977

00522	浅谈汉语的特点与汉语教学	黄政澄	语言教学与研究（第二集）	1977
00523	外国进修生汉语文选教学中的几个问题	徐缦华、王继志	语言教学与研究	1979（1）
00524	课堂教学的“死”与“活”	杨俊萱	语言教学与研究	1979（2）
00525	教学小札	李忆民	语言教学与研究	1979（2）
00526	日本把日语作为外语教学的理论和实践	王武军	语言教学与研究	1980（1）
00527	错在哪儿，为什么？（三）	崔奉春	汉语学习	1980（3）
00528	教具设计:《汉语拼音表》	陈之昌	语言教学与研究	1980（3）
00529	成年人的汉语（作为外语）教学问题	徐缦华	语言教学与研究	1980（4）
00530	对外国进修生进行中国文学教学的几个问题	吴欢章	语言教学与研究	1980（4）
00531	对外国学生的基础汉语教学	李景蕙、程美珍、刘英林	语言教学与研究	1980（4）
00532	论古代汉语教学	王力	语言教学与研究	1980（4）
00533	美国的语言教学法——兼谈汉语教学	〔美〕黎天睦（Timothy Light）、姚道中	语言教学与研究	1980（4）
00534	试谈高年级文选课教学的原则和方法	李玉敬、孙瑞珍	语言教学与研究	1980（4）
00535	文学在把汉语作为第二语言教学中的作用	〔美〕王靖宇	语言教学与研究	1980（4）
00536	程序教学简介	盛炎	语言教学与研究	1981（3）
00537	丰富的课外活动，良好的学习形式——北京语言学院外国留学生二系汉语课外活动一瞥	柯苗	语言教学与研究	1981（3）
00538	汉语作为外语教学中的几个问题	常宝儒	语言教学与研究	1981（3）
00539	关于基础汉语教学中的课堂操练	施光亨	语言教学与研究	1981（4）
00540	“听说法”评介	吕必松	语言教学与研究	1981（4）

00541	如何使学生积极地参加课堂学习活动	王瑶琨	对外汉语教学	1983（1）
00542	谈谈对外汉语教学的性质和特点	吕必松	语言教学与研究	1983（2）
00543	科技汉语教学法之一——渗透法	万志敏、温洁、王颖、佟慧君	语言教学与研究	1984（2）
00544	漫谈语言教学法的研究	吕必松	语言教学与研究	1984（3）
00545	拿出 60% 的时间给学生说话——谈课堂教学	赵燕皎	对外汉语教学	1984（3）
00546	谈谈对外汉语教学的三个环节	钱倚云	上海师范大学学报（哲学社会科学版）	1984（3）
00547	谈谈为外国留学生改写中国文学名著的问题	刘镰力	语言教学与研究	1984（3）
00548	现代外语教学法——理论与实践（第五讲） 外语学习错误之来源——对比分析与错误分析	黎天睦	对外汉语教学	1984（3）
00549	北京语言学院六十年代对外汉语教学法回顾	任远	对外汉语教学	1984（3）
00550	国外汉语教学与研究资料	刘青然	语言教学与研究	1984（4）
00551	从结构到功能法的语言教学	邬展云译	南京师大学报	1984 增刊
00552	"形式的语言教学"与"功能的语言教学"	钟式嵘	北京语言学院第二届教学经验科研成果交流会论文选 / 北京语言学院	1984
00553	适应形势需要，大力开展对外汉语教学	钱积学	外国语（上海外国语学院学报）	1985（1）
00554	语言学、心理学和外语教学法	吴本立	宁波师院学报（社会科学版）	1985（1）
00555	对外函授文学教学	蔡铁民	对外汉语教学	1985（2）
00556	关于预科留学生的汉语教学	史世庆、吴勇毅	语言教学与研究	1985（2）
00557	如何有针对性地进行课堂教学——从意大利学生学习汉语的难点谈起	邓崇谟、阎德早	对外汉语教学	1985（2）
00558	香港地区对外汉语教学情况考察报告	张维耿	高等教育研究	1985（2）

00559	速成对外汉语教学法初探	金梦茵	山西大学学报（哲学社会科学版）	1985（3）
00560	谈汉语课程与科技课程的同步结合	洪材章	语言教学与研究	1985（3）
00561	谈近年来对外汉语教学的研究——从《语言教学与研究》编辑工作中看到和想到的	朱一之	语言教学与研究	1985（4）
00562	初级阶段所使用的一种教学法——“生成句子教学法”	张朋朋、董玉国	第三届科学报告会论文选/北京语言学院	1985
00563	非语言交际理论在对外汉语教学中的指导作用	熊文华	语言教学与研究	1986（1）
00564	学习汉语也并不难	陈贤纯	语言教学与研究	1986（1）
00565	对外汉语教学中的板书艺术	阎德早、佟慧君	语言教学与研究	1986（2）
00566	基础汉语教学中的信息传递	贺淑秀	语言与翻译	1986（4）
00567	零起点一年制留学生基础汉语教学总体设计	上海外国语学院对外汉语系	语言教学与研究	1986（4）
00568	试论对外汉语教学的总体设计	吕必松	语言教学与研究	1986（4）
00569	试论对外汉语教学工作的评估	韩孝平	语言教学与研究	1986（4）
00570	关于加强对外汉语教学与研究的几个问题	滕维藻	汉语研究（第一辑）/南开大学对外汉语教学中心编/南开大学出版社	1986
00571	对外汉语教法学之研讨	张亚军	世界汉语教学	1987（1）
00572	对外汉语教学的紧迫任务	吕必松	世界汉语教学	1987（1）
00573	对外汉语教学鳞爪	石泉	世界汉语教学	1987（1）
00574	国外对外汉语教学印象记	〔美〕黎天睦（Timothy Light）、张占一	世界汉语教学	1987（1）
00575	基础汉语还是分技能设课好——记留学生三系一次座谈会	詹怡、李晓光	语言教学与研究	1987（1）
00576	近年来我国对外汉语教学法研究述评	吴勇毅、徐子亮	世界汉语教学	1987（1）

00577	论对初级班日本学生的汉语教学法	〔日〕郭春贵	世界汉语教学	1987（1）
00578	文言作为外语教学刍议	章纪孝	语言教学与研究	1987（1）
00579	对外汉语教学和标准语教学的异同	〔香港〕缪锦安	世界汉语教学	1987（2）
00580	柳暗花明又一村——重视近代汉语研究是提高现代汉语教学质量的途径之一	张清常	世界汉语教学	1987（2）
00581	第二语言教学法与对外汉语教学	何子铨	暨南学报（哲学社会科学版）	1987（3）
00582	课堂教学的“讲”与“练”	佟慧君	世界汉语教学	1987（4）
00583	世界部分国家汉语教学一瞥	王振礼	世界汉语教学	1987（4）
00584	《医古文》词汇教学三法	王惠明	世界汉语教学	1987（4）
00585	关于对外科技汉语教学的几个问题	吕必松	对外汉语教学探索 / 吕必松著 / 华语教学出版社	1987
00586	关于“自己”的指代问题——谈约束理论	徐思益	新疆大学学报（哲学社会科学版）	1988（1）
00587	课堂提问	马欣华	世界汉语教学	1988（1）
00588	心理需要和规范需要在对外汉语教学中的运用	于康	世界汉语教学	1988（1）
00589	汉语的地域差异与对外汉语教学	张德鑫	世界汉语教学	1988（2）
00590	关于强化教学法的几个问题	肖增智	语言教学与研究	1988（2）
00591	浅谈对外汉语教学的特点	郝本发	外语与外语教学	1988（2）
00592	对外汉语教学中的环境利用	王文虎	世界汉语教学	1988（3）
00593	对外文言教学的方法问题	章纪孝	世界汉语教学	1988（3）
00594	外语教学法流派、教学方法和模式	王德春	世界汉语教学	1988（3）
00595	幽默在对外汉语教学中的应用	杨俊萱	语言教学与研究	1988（3）
00596	加强对外汉语教学的理论研究	吕必松	语言教学与研究	1988（4）
00597	Gerhard Helbig 的价语法理论及其实用语法模式	朱小雪	国外语言学	1989（1）
00598	模糊理论和对外汉语教学	王珊	汉语学习	1989（1）
00599	内、外汉语教学的分野——寻找对外汉语教学机制时的思考	孙钧政	世界汉语教学	1989（1）

00600	如何帮助外籍留学生学好汉语	陆蓉秀	江汉大学学报（社会科学版）	1989（1）
00601	外语教学法流派的发展趋势与汉语教学理论研究	盛炎	语言教学与研究	1989（1）
00602	对外汉语教学中的两个问题——为纪念《语言教学与研究》创刊10周年而作	胡裕树、郑国雄	语言教学与研究	1989（2）
00603	关于对外汉语教学法的进一步探索	刘珣	世界汉语教学	1989（3）
00604	谈对外汉语教学中的无意识心理	梁继超	吉林师范学院学报（哲学社会科学版）	1989（3）
00605	谈谈对外汉语教学——祝贺《语言教学与研究》创刊10周年	詹伯慧	语言教学与研究	1989（3）
00606	吕叔湘的第二语言教学原理及其在对外汉语教学中的意义	孙钧政	语言教学与研究	1989（4）
00607	中国对外汉语教学法的发展	吕必松	世界汉语教学	1989（4）
00608	对日汉语教学的初步探索	石慧敏	上海师范大学学报（哲学社会科学版）	1990（1）
00609	关于教学内容与教学方法问题的思考	吕必松	语言教学与研究	1990（2）
00610	“双语教学”应该单语化	马德元	汉语学习	1990（2）
00611	“悬念”在对外基础汉语教学中的运用	黄振英	世界汉语教学	1990（2）
00612	把语言教学研究引向深入——在北京语言学院科学报告会上的讲话	杨庆华	语言教学与研究	1990（3）
00613	对外汉语翻译教学的理论指导与具体实践	孙慧双	语言教学与研究	1990（3）
00614	日本人可以很快学会汉语吗？——一种新的教学方法的探索	李行健、〔日〕折敷濑兴	语言教学与研究	1990（3）
00615	用语言对比方法进行汉语教学点滴——能愿动词“能”和“可以”教学札记	宁姗	世界汉语教学	1990（3）
00616	中高级汉语教学呼唤“航标”	施光亨	语言教学与研究	1990（4）
00617	汉语教学漫议三题	王德春	汉语学习	1990（4）
00618	对外汉语教学漫议之二（三篇）	王德春	汉语学习	1990（5）
00619	对外汉语教学漫议之三（三篇）	王德春	汉语学习	1990（6）

00620	对外汉语教学论的几个问题	刘英林	汉语学习	1990（6）
00621	对外汉语教学漫议之四（三篇）	王德春	汉语学习	1991（1）
00622	王力先生和对外汉语教学	方人	世界汉语教学	1991（1）
00623	对外汉语教学漫议之五（三篇）	王德春	汉语学习	1991（2）
00624	对外汉语教学中级阶段的“电视短剧”课	李淑清	世界汉语教学	1991（2）
00625	高级阶段汉语教学散论	王晓澎、倪明亮	语言教学与研究	1991（2）
00626	关于课堂教学评估的实践与认识	黄祥年	世界汉语教学	1991（2）
00627	课堂教学技巧略说	杨寄洲、崔永华	语言教学与研究	1991（2）
00628	中高级阶段对外汉语教学的理论探讨	刘英林	语言教学与研究	1991（2）
00629	对外汉语教学漫议之六（三篇）	王德春	汉语学习	1991（3）
00630	对外汉语教学漫议之七（三篇）	王德春	汉语学习	1991（4）
00631	汉语研究与汉语教学	吕必松	世界汉语教学	1991（4）
00632	会诵法和对话教学	王清源	语言教学与研究	1991（4）
00633	教授成人学习中文的教材与教学法	胡希明	语言教学与研究	1991（4）
00634	克服学生的母语干扰，改进对外汉语教学	刘小湘	上海师范大学学报（哲学社会科学版）	1991（4）
00635	系统地解决培养语言交际能力问题	于延	汉语学习	1991（4）
00636	对比语言学与外语教学中的对比——教学法流派的对比观比较研究	俞约法	外语学刊	1991（5）
00637	对外汉语教学漫议之八（三篇）	王德春	汉语学习	1991（5）
00638	汉语研究和对外汉语教学	程棠	汉语学习	1991（5）
00639	对外汉语教学漫议之九（二篇）	王德春	汉语学习	1991（6）
00640	对外汉语课堂教学艺术琐议	张玉娥	对外汉语教学研究 / 张维耿、何子铨、黄皇宗主编 / 中山大学出版社	1991
00641	基础汉语教学中的课堂教学设计	何子铨	对外汉语教学研究 / 张维耿、何子铨、黄皇宗主编 / 中山大学出版社	1991

00642	谈谈课堂控制的技巧	张世涛	对外汉语教学研究 / 张维耿、何子铨、黄皇宗主编 / 中山大学出版社	1991
00643	对比教学的实践与体会	耿伯华	常州工业技术学院学报（社会科学版）	1992（1）
00644	对外汉语教学漫议之十（三篇）	王德春	汉语学习	1992（1）
00645	对外汉语教学概论（讲义）	吕必松	世界汉语教学	1992（2）
00646	对外汉语教学研究的几个新趋向	何子铨	暨南学报（哲学社会科学版）	1992（2）
00647	对外汉语课堂教学特殊性之分析	王珊	汉语学习	1992（2）
00648	关于开展课堂教学活动研究的一些设想	孙德坤	世界汉语教学	1992（2）
00649	将揭示语引入对外汉语教学的设想	张宁志	世界汉语教学	1992（2）
00650	词本位教学法和字本位教学法的比较	张朋朋	世界汉语教学	1992（3）
00651	关于当前对外汉语教学中的几个问题	程棠	语言教学与研究	1992（3）
00652	日本留学生汉语教学探略	陈炯、仲虹	江南大学学报（自然科学版）	1992（3）
00653	对外汉语教学概论（讲义）（续一）	吕必松	世界汉语教学	1992（3）
00654	对外汉语教学概论（讲义）（续二）	吕必松	世界汉语教学	1992（4）
00655	对外汉语教学漫议之十一（二篇）	王德春	汉语学习	1992（4）
00656	中高级汉语教学理论研究评述	李杨	语言教学与研究	1992（4）
00657	建立科学的训练体系——中高级阶段汉语教学技能训练问题	李杨	汉语学习	1992（6）
00658	语言交际训练	杨红华	广西大学学报（哲学社会科学版）	1992（6）
00659	“中介语”的产生与言语行为主体的思维活动	王魁京	北京师范大学学报（社会科学版）	1992（6）
00660	语言国情学与对外汉语教学	何寅	中国文化与世界（论文集）/ 耿龙明、何寅主编 / 上海外语教育出版社	1992
00661	把文化因素引进语言教学——提倡语言与文化相结合的教学思想	金路	复旦教育	1993（1）

00662	对外汉语教学概论（讲义）（续三）	吕必松	世界汉语教学	1993（1）
00663	对外汉语教学漫议之十二（两篇）	王德春	汉语学习	1993（1）
00664	关于中高级汉语教学的几个问题	吕必松	语言教学与研究	1993（1）
00665	论对外汉语教学的实践性原则	赵春英	上海师范大学学报（哲学社会科学版）	1993（1）
00666	从对外汉语教学看"语言""言语"划分的必要性	邢公畹	世界汉语教学	1993（2）
00667	从实践中确立对外汉语教学的方向	李文生	语言教学与研究	1993（2）
00668	对外汉语教学概论（讲义）（续四）	吕必松	世界汉语教学	1993（2）
00669	对外汉语教学概论（讲义）（续五）	吕必松	世界汉语教学	1993（3）
00670	分班、入系的标准和原则问题刍议	杨德峰	世界汉语教学	1993（3）
00671	汉语文教学与索绪尔的贡献和局限	徐德江	汉字文化	1993（3）
00672	交际能力与交际语言教学	黄国文	现代外语	1993（3）
00673	试论对外汉语教学的课程设计	李爽	世界汉语教学	1993（3）
00674	苏俄语言学习理论研究评介	俞约法	语言教学与研究	1993（3）
00675	对外汉语教学概论（讲义）（续六）	吕必松	世界汉语教学	1993（4）
00676	零起点汉语教学的难点透视及对策	赵顺国	中国人民大学学报	1993（4）
00677	对外汉语教学漫议之十三（三篇）	王德春	汉语学习	1993（5）
00678	语言关于时间的认知特点与第二语言习得	刘宁生	汉语学习	1993（5）
00679	对外汉语教学中的汉语规范问题	陈满华	语文建设	1993（11）
00680	中国对外汉语教学学会	鲁健骥	中国语言学年鉴（1992）/李行健主编/语文出版社	1993
00681	对外汉语教学概论（讲义）（续七）	吕必松	世界汉语教学	1994（1）
00682	对外汉语教学法研究的回顾与展望	任远	语言教学与研究	1994（2）
00683	对外汉语教学概论（讲义）（续八）	吕必松	世界汉语教学	1994（2）
00684	汉外对比研究与对外汉语教学——兼评汉外语言对比的若干论著	赵永新	语言文字应用	1994（2）
00685	交际法运用例析	晏懋思	世界汉语教学	1994（2）
00686	吕叔湘先生与对外汉语教学	吕必松	中国语文	1994（2）

00687	拓展对外汉语教学问题的思考	皮远长	汉语学习	1994（2）
00688	中级汉语教学的思考与探索	李绍林	语言教学与研究	1994（2）
00689	“主持人”式教学法——对外汉语教学中的新尝试	李白坚、丁迪蒙	上海大学学报（社会科学版）	1994（2）
00690	Transferred Epithet 与“移就”的比较分析	周方珠	安徽大学学报（哲学社会科学版）	1994（3）
00691	从现代科学研究的特点看语言学和语言教学研究	张斌	语言教学与研究	1994（3）
00692	对外汉语教学概论（讲义）（续九）	吕必松	世界汉语教学	1994（3）
00693	简论教学模式	李雁冰	山东教育科研	1994（3）
00694	语言教学若干问题管见	俞约法	世界汉语教学	1994（3）
00695	语言社会化过程与初级汉语作为外语教学	周明朗	语言教学与研究	1994（3）
00696	从学科文献角度看北京语言学院的对外汉语教学研究	齐沛	语言教学与研究	1994（4）
00697	对外古文教学初探	王锡三	天津师大学报（社会科学版）	1994（4）
00698	对外汉语教学概论（讲义）（续十）	吕必松	世界汉语教学	1994（4）
00699	关于“对外汉语教学”的思考	瓯齐	汉语学习	1994（4）
00700	关于对外汉语教学的几个问题	张志公	汉语学习	1994（4）
00701	汉语课堂，引进歌唱	赵守辉、罗青松	汉语学习	1994（4）
00702	留学生毕业论文选题的统计与分析	王晓澎、方玲	世界汉语教学	1994（4）
00703	对比分析、错误分析和中介语研究中的若干问题——外语教学理论研究之二	戴炜栋、束定芳	外国语（上海外国语大学学报）	1994（5）
00704	将京剧介绍给外国朋友	樊星	中国京剧	1994（5）
00705	对外汉语课堂教学的独特性	杨俊萱	语文建设	1994（7）
00706	对外基础汉语教学法创新之路	刘英林、李景蕙	汉语水平考试研究（续集）/ 刘英林主编 / 现代出版社	1994
00707	对外汉语教学的定性、定位、定量问题座谈会侧记	疏影	语言文字应用	1995（1）

00708	对外汉语教学概论（讲义）（续十一）	吕必松	世界汉语教学	1995（1）
00709	谈对外汉语教学中的“第二课堂”活动	夏敏	沈阳师范学院学报（社会科学版）	1995（1）
00710	对外汉语教学的实践性原则	康平	沈阳师范学院学报（社会科学版）	1995（2）
00711	对外汉语教学点滴谈	张莉	黑河教育	1995（2）
00712	对外汉语教学概论（讲义）（续十二）	吕必松	世界汉语教学	1995（2）
00713	关于对外汉语教学的若干议论和思考	施光亨	汉语学习	1995（2）
00714	浅谈对外汉语教学	蒋可心、金春花	外语学刊	1995（2）
00715	提高对外汉语教学质量的几点思考	刘冬	清华大学教育研究	1995（2）
00716	小议初级班教学的幽默语言策略	陈满华	世界汉语教学	1995（2）
00717	对外汉语教学概论（讲义）（续十三）	吕必松	世界汉语教学	1995（3）
00718	关于教学环境的几个理论问题的思考	邬志辉	东北师大学报（哲学社会科学版）	1995（3）
00719	关于语言学习与教学的思考	包古松、邱兆杰	青岛大学师范学院学报	1995（3）
00720	浅议汉语文教学的新思维	李炬	语言与翻译	1995（3）
00721	事业·责任·素质——关于对外汉语教学的几点认识	武灵	北京第二外国语学院学报	1995（3）
00722	谈谈对外汉语资料工作	马锦萍	津图学刊	1995（3）
00723	对外汉语教学概论（讲义）（续十四）	吕必松	世界汉语教学	1995（4）
00724	关于语言教学的若干问题	吕必松	语言教学与研究	1995（4）
00725	研究外国学生信息接受偏好的重要意义	王珊	唐都学刊	1995（5）
00726	蒙古语授课生高级汉语教学的思考与探索	王秀珍	前沿	1995（10）
00727	外国人学中国语	郁苓	中国出版年鉴（1995）/ 中国出版年鉴社编辑 / 中国出版年鉴社	1995

00728	关于对外汉语教学实践的几个问题	宋春阳	黑龙江高教研究	1996（1）
00729	话题讨论式教学——来华修学旅游学生教学方式探讨	吕可风	旅游研究与实践	1996（1）
00730	认知法理论在预科中级阶段教学中的应用	刘秀明	喀什师范学院学报	1996（1）
00731	对外汉语教学的几项基础研究工作	张旺熹	世界汉语教学	1996（2）
00732	对外汉语教学概论（讲义）（续十五）	吕必松	世界汉语教学	1996（2）
00733	加强民族汉语教学学科理论建设	郭卫东	新疆社科论坛	1996（2）
00734	试论对外汉语函授教育	岳维善、种国胜、杜厚文	世界汉语教学	1996（2）
00735	几种用于强化班的教学方法及练习形式	〔德〕海迪·布瑞克逊多夫	世界汉语教学	1996（3）
00736	论“教学有法而无定法”	杨惠元	语言教学与研究	1996（3）
00737	论对外汉语教学的“母语化”方法	凌敏	上海大学学报（社会科学版）	1996（3）
00738	目的语环境中的强化教学一例——北京师范大学“普北班”评介	朱志平	语言教学与研究	1996（3）
00739	对外汉语教学概论（讲义）（续十六）	吕必松	世界汉语教学	1996（4）
00740	话题讨论法在对外汉语教学中的运用	吕可风	杭州大学学报（哲学社会科学版）	1996（4）
00741	浅谈对外汉语教学面临的问题	王立	外交学院学报	1996（4）
00742	对外汉语课堂教学的理论思考	李泉	中国人民大学学报	1996（5）
00743	关于对外汉语教学与高等教育改革的随想	陈晓燕	江苏高教	1996（6）
00744	留学生教育与对外汉语教学		天津大学年鉴（1995）/ 陈士俊主编 / 天津大学出版社	1996
00745	对韩汉语教学方法新探	金健人	当代韩国	1997（1）
00746	对外汉语教学概论（讲义）（续十七）	吕必松	世界汉语教学	1997（1）
00747	对外汉语教学中的几个语言学习问题	佟乐泉	语言文字应用	1997（1）

00748	关于外国留学生素质教育问题的思考	张金和、金春花、曹成龙	中国高教研究	1997（1）
00749	对外汉语教学研究的方法论思考	周思源	语言教学与研究	1997（2）
00750	我区预科汉语教学现状及对策	巴哈尔古丽、古丽尼萨·加玛勒	伊犁师范学院学报（社会科学版）	1997（3）
00751	从语言教学观点论台湾中学的教学语法	王培光	语言文字应用	1997（4）
00752	对外汉语教学的复述训练	张晓慧	世界汉语教学	1997（4）
00753	汉语的对外教学探讨	林晓红	广东教育学院学报	1997（4）
00754	集合概念在对外汉语教学中的应用	彭志平、万志敏	语言教学与研究	1997（4）
00755	提高外国留学生管理工作水平的新尝试	金春花	中国高教研究	1997（5）
00756	试论对外汉语教学课程规范	王钟华	语言文化教学研究集刊（第一辑）/ 北京语言文化大学汉语学院编 / 华语教学出版社	1997
00757	关于特别教学	武云霞、翟艳	汉语速成教学研究（第一辑）/ 北京语言文化大学汉语速成学院编 / 北京大学出版社	1997
00758	观其大略，务于精纯——略谈汉语教学的学术研究与交流	陈亚川	汉语集稿（二）/ 陈亚川、郑懿德著 / 北京语言文化大学出版社	1997
00759	交流工作：对外汉语教学	赵国成	中国教育年鉴（1997）/ 中国教育年鉴编辑部编 / 人民教育出版社	1997
00760	课堂教学十忌	杨惠元	汉语速成教学研究（第一辑）/ 北京语言文化大学汉语速成学院编 / 北京大学出版社	1997

00761	课堂提问刍议	周翠琳	汉语速成教学研究（第一辑）/ 北京语言文化大学汉语速成学院编 / 北京大学出版社	1997
00762	试论教学模式的建立及意义	陈莉	北大海外教育（第一辑）/ 郭振华主编 / 北京大学出版社	1997
00763	21 世纪的对外汉语教学	陈光磊	语言文字应用	1998（1）
00764	东南亚地区华裔儿童学习汉语的特点及其教学对策	金宁	华侨大学学报（哲学社会科学版）	1998（1）
00765	对外汉语教学的几个原则	姜国钧、李滟波	有色金属高教研究	1998（1）
00766	对外汉语教学中的影像资料利用	祝秉耀	外语电化教学	1998（1）
00767	发挥优势，找准角度，深入开展学科理论研究——第二语言（汉语）教学理论与方法研讨会总结	成燕燕	民族教育研究	1998（1）
00768	汉语言的艺术化教育	王德明、陈锦辉	云南师范大学学报（哲学社会科学版）	1998（1）
00769	课堂交际技能训练的一种方法——谈“分组”	蒋以亮	汉语学习	1998（1）
00770	暗示教学法与汉语教学	李素贤	世界汉语教学	1998（2）
00771	对外汉语教学科研小议	钱炜	北京第二外国语学院学报	1998（2）
00772	对外汉语教学理论研究的新思路——对外汉语教学认知规律的探索	徐子亮	世界汉语教学	1998（2）
00773	对外汉语教学语言特点及量化分析	饶勤	外语与外语教学	1998（2）
00774	对外汉语教学中值得研究的一个问题	朱务诚	国外外语教学	1998（2）
00775	汉语教学的教学类型	崔永华	语言文字应用	1998（2）
00776	将中国民歌引入对外汉语教学	赵方禹	北京第二外国语学院学报	1998（2）
00777	教学模式的定位及其特点	李晓华	青海师范大学学报（哲学社会科学版）	1998（2）
00778	我院对外汉语教学的发展及前景	赵旭	北京第二外国语学院学报	1998（2）

00779	不用媒介语从事对外汉语课堂教学的探讨	梁宁辉	汉语学习	1998（3）
00780	对外汉字教学的特点、难点及其对策	费锦昌	北京大学学报（哲学社会科学版）	1998（3）
00781	面向21世纪中高级汉语进修生培养目标和培养规格的定位与教学思路的思考	陈昌娟、钟英华	语言文字应用	1998（3）
00782	“愉快教学”：对外汉语教学的一种新思路	余维钦	四川教育学院学报	1998（3）
00783	对外汉语教学与其他语言教学的异同	徐甲申	语言文字应用	1998（4）
00784	对外汉语教学中的几个问题	郭振华	语言文字应用	1998（4）
00785	对外汉语教学中经常要思考的问题——为什么？是什么？怎么样？	陆俭明	语言文字应用	1998（4）
00786	汉语的非母语学习与教学策略	董萃	辽宁教育学院学报	1998（4）
00787	建立一个比较开放的对外汉语教学观	周思源	语言教学与研究	1998（4）
00788	日本学生学习中国古代诗歌的思维导向	陈台丽	上海金融学报	1998（4）
00789	“随意学汉语”教学模式初探	杜秀丽、刁小卫	伊犁师范学院学报（社会科学版）	1998（4）
00790	对外汉语教师课堂体态语言浅论	时健	临沂师专学报	1998（5）
00791	“高原期现象”与对外汉语教学	金志刚	汉语学习	1998（5）
00792	影响对外汉语教学效率的因素	金贞子、金桂月	汉语学习	1998（5）
00793	浅谈对外汉语教学中遇到的语言差异问题	洪芸	北京第二外国语学院学报	1998（6）
00794	面向21世纪的对外汉语教学	汪榕培	外语与外语教学	1998（12）
00795	对外汉语教学馆藏结构初探	牟淑媛	北大海外教育（第二辑）/郭振华主编/北京大学出版社	1998
00796	利用语境是中级对外汉语教学的重要手段	李林立	北大海外教育（第二辑）/郭振华主编/北京大学出版社	1998

00797	留学生教育概述	潘国刚	《石油大学》(华东)年鉴(1996)/校长办公室编/石油大学出版社	1998
00798	浅谈“双语法”教学	王顺洪	北大海外教育(第二辑)/郭振华主编/北京大学出版社	1998
00799	通过讲演比赛提高初级班学生的写作和朗读能力	钱华	北大海外教育(第二辑)/郭振华主编/北京大学出版社	1998
00800	对外汉语的情感教学	叶景林、张东旭	辽宁工学院学报(社会科学版)	1999(1)
00801	经贸汉语教学初探	刘丽瑛	世界汉语教学	1999(1)
00802	扩展式教学法初探	姜丽萍	语言教学与研究	1999(1)
00803	谈对外汉语入门阶段的教学	杨奕榕	黔东南民族师专学报	1999(1)
00804	中高级汉语言语技能训练与交际能力培养阐微	于逢春、王晓坤、沈玲	长春大学学报	1999(1)
00805	对外汉语课堂教学论略	李宝贵	辽宁师范大学学报(社会科学版)	1999(2)
00806	以图片为基础的课堂交际练习实验——一次交际法的实践	〔美〕卢百可、邓秀均	世界汉语教学	1999(2)
00807	初级阶段汉语教学四题	王钟华	语言教学与研究	1999(3)
00808	对外汉语教学对象的特点与教学对策	杨怡	汉字文化	1999(3)
00809	关于对外汉语教学目的的理论探索	程棠	世界汉语教学	1999(3)
00810	谈对外汉语教学中的几个问题	李美子	石油大学学报(社会科学版)	1999(3)
00811	消极心态与话语设计	杜永道	语言教学与研究	1999(3)
00812	要不要学点“骂人话”	宋玉柱	汉语学习	1999(3)
00813	二十年对外汉语教学研究文章的定量分析——纪念《语言教学与研究》创刊二十周年	孙德金	语言教学与研究	1999(4)
00814	方言研究与对外汉语教学	张振兴	语言教学与研究	1999(4)

00815	关于开展对外汉语教学基础研究之管见	陆俭明	语言文字应用	1999（4）
00816	论成人外语教学有关问题	娄兆麟	郑州牧业工程高等专科学校学报	1999（4）
00817	浅谈对比教学法在对外汉语教学中的积极作用	李青	玉溪师范高等专科学校学报	1999（4）
00818	谈谈对初中级对外汉语教学的几点体会	张高翔	云南高教研究	1999（4）
00819	对外汉语教学主体的思维定势	鲍丽娟	长春大学学报	1999（5）
00820	对比分析、对比教学法与对外汉语教学	刘富华	吉林师范学院学报	1999（6）
00821	汉语“三式”的对外教学	邵龙青、刘谦功	东北财经大学学报	1999（6）
00822	试论对外汉语教学语言	彭利贞	北京大学学报（哲学社会科学版）	1999（6）
00823	用汉语架设友谊的桥梁	贾寅淮	对外大传播	1999（6）
00824	对外汉语教学中非预设因素的意义及引导	张冠夫	汉语速成教学研究（第二辑）/ 北京语言文化大学汉语速成学院编 / 华语教学出版社	1999
00825	发挥联想在语言教学中的作用	刘松江	汉语速成教学研究（第二辑）/ 北京语言文化大学汉语速成学院编 / 华语教学出版社	1999
00826	功能情景教学谈	子亮、勇毅	对外汉语教研论丛 / 吴碧莲主编 / 华东师范大学出版社	1999
00827	《汉语速成学院教学总体设计》说明	马箭飞	汉语速成教学研究（第二辑）/ 北京语言文化大学汉语速成学院编 / 华语教学出版社	1999
00828	积极利用语言环境，提高学生汉语水平	吴玉如	对外汉语教研论丛 / 吴碧莲主编 / 华东师范大学出版社	1999
00829	基础汉语阶段一种高效的教学方法初探——扩展式教学法	姜丽萍	语言文化教学研究集刊（第三辑）/ 北京语言文化大学汉语学院编 / 华语教学出版社	1999

00830	纠误反馈与学习者的理解回应——交际课堂中的形式商谈	Roy Lyster & Leila Ranta；张莉译	语言文化教学研究集刊（第三辑）/ 北京语言文化大学汉语学院编 / 华语教学出版社	1999
00831	论对外汉语的文学教学	潘先军	大连外国语学院35周年校庆学术系列丛书——对外汉语卷 / 校庆丛书编委会编 / 长春出版社	1999
00832	论情景练习	华霄颖	对外汉语教研论丛 / 吴碧莲主编 / 华东师范大学出版社	1999
00833	漫说对韩基础汉语教学	吉元	双语双文化论丛（第四辑）/ 崔健主编 / 延边大学出版社	1999
00834	面向世界，面向未来——再论海外华人子弟及外国学童的汉语教学	吴碧莲	对外汉语教研论丛 / 吴碧莲主编 / 华东师范大学出版社	1999
00835	试谈启发式教学	张晓明	汉语速成教学研究（第二辑）/ 北京语言文化大学汉语速成学院编 / 华语教学出版社	1999
00836	我们能够把汉语教得更好——对外汉语教学中级阶段总体设计改革构想	陈贤纯	语言文化教学研究集刊（第三辑）/ 北京语言文化大学汉语学院编 / 华语教学出版社	1999
00837	以质量求发展——谈谈我校的留学生工作	杨伟民	对外汉语教研论丛 / 吴碧莲主编 / 华东师范大学出版社	1999
00838	Kramsch 的后结构主义语言文化观	陈申	语言教学与研究	2000（1）
00839	对外汉语教学点滴谈	刘利民	黔东南民族师专学报	2000（1）
00840	逻辑推理在对外汉语教学中的应用	李晓亮	语言教学与研究	2000（1）
00841	迈向21世纪的汉语作为第二语言教学	刘珣	语言教学与研究	2000（1）
00842	浅谈对外汉语教学中基础教学的技巧——态势语和直观教具教学	李春玲	沈阳师范学院学报（社会科学版）	2000（1）

00843	试论汉语书面语言教学	吕必松	华文教学与研究	2000（1）
00844	提问在对外汉语课堂教学中的运用	刘晓雨	世界汉语教学	2000（1）
00845	体裁教学法述评	秦秀白	外语教学与研究	2000（1）
00846	导演·主角·配角——对外汉语教学的一种有益尝试	商拓	西南交通大学学报（社会科学版）	2000（2）
00847	汉语言文字应用面面观	陆俭明	语言文字应用	2000（2）
00848	教学动力的本质与特征	李森	四川师范大学学报（社会科学版）	2000（2）
00849	普通话—方言的互动变异与对外汉语教学	李建国、边兴昌	华侨大学学报（哲学社会科学版）	2000（2）
00850	试论“学术级汉语”教学理念的特色与借鉴意义	丁夏	清华大学教育研究	2000（2）
00851	试论多元智慧与汉语教学	〔美〕姚道中	世界汉语教学	2000（2）
00852	谈课堂教学中教师运用语调的技巧	黄正发	安徽教育科研	2000（2）
00853	把语、文、道整合于教学中	王丹红	海外华文教育	2000（3）
00854	从语文教学向语言教学的转变	杨美美	海外华文教育	2000（3）
00855	对外汉语教学三昧	林元桂	南平师专学报	2000（3）
00856	呼唤对外汉语教学的现代化	孟国、温象羽、徐家宁	中国高教研究	2000（3）
00857	“九五”期间的对外汉语教学研究	赵金铭	世界汉语教学	2000（3）
00858	香港教学语言的问题及对策	陈立中	语言文字应用	2000（3）
00859	把实用性放在第一位	周健	海外华文教育	2000（4）
00860	错误分析理论及其在外语教学中的作用	王鲜杰	河南大学学报（社会科学版）	2000（4）
00861	对外汉语情感教学的课堂实施	马兰	天津外国语学院学报	2000（4）
00862	“结构——功能——文化”相结合教学法试说	陶炼	语言教学与研究	2000（4）
00863	论中国特色交际法的生命力	胡鉴明	五邑大学学报（社会科学版）	2000（4）
00864	传统华文教学与华文结合资讯科技教学的差异	吴大顺	外国教育资料	2000（5）

00865	浅谈汉语交际教学法	王振来、张竞志	大连大学学报	2000（5）
00866	学练一体：对外汉语教学的有效方法	朴正顺	佳木斯大学社会科学学报	2000（5）
00867	竞争意识对日本留学生学习汉语的影响	王学松	北京师范大学学报（人文社会科学版）	2000（6）
00868	论来华留学生的道德素质教育	王吉芳	首都师范大学学报（社会科学版）	2000（S3）
00869	试论汉语作为第二语言教学的基本原则	崔永华	中国语言学年鉴（1995—1998）/《中国语言学年鉴》编辑部编 / 语文出版社	2000
00870	初级汉语教学中主动纠错行为的负效应	夏小芸	汉语学报·第 1 期（2000 年上卷）/ 邢福义、萧国政主编 / 湖北教育出版社	2000
00871	从留学生文言翻译中的问题谈对外文言教学	李海燕	北大海外教育（第三辑）/ 赵燕皎、李晓琪主编 / 华语教学出版社	2000
00872	对外汉语教学的理论基础	王振昆	对外汉语教学：回眸与思考 / 张德鑫主编 / 外语教学与研究出版社	2000
00873	对外汉语教学是汉语本体研究的试金石	陆俭明	对外汉语教学：回眸与思考 / 张德鑫主编 / 外语教学与研究出版社	2000
00874	对外汉语教学与汉语教学、外语教学的沟通	佟乐泉	对外汉语教学：回眸与思考 / 张德鑫主编 / 外语教学与研究出版社	2000
00875	教什么？怎么教？——对外汉语教学理论与实践	郭振华	北大海外教育（第三辑）/ 赵燕皎、李晓琪主编 / 华语教学出版社	2000
00876	来华留学生及对外汉语教学工作		2000 河南教育年鉴 / 河南省教育史志年鉴编纂委员会编 / 大象出版社	2000
00877	推动对外汉语教学事业的内在动力	吕必松	对外汉语教学：回眸与思考 / 张德鑫主编 / 外语教学与研究出版社	2000
00878	系统论与双语研究	戴庆厦、关辛秋	双语学研究（《民族教育研究》2000 年增刊）	2000

00879	从一次观摩课谈教师的课堂教学意识和教学行为	金株希	北京语言文化大学（硕士）	2000
00880	对外汉语教学电子教案编制研究	陈小玲	武汉科技大学学报（社会科学版）	2001（1）
00881	汉语学习的基本数学模式及其应用	张美霞	语言教学与研究	2001（1）
00882	从教学论的角度审视对外汉语教学的教学目的	李世之	海外华文教育	2001（2）
00883	对外汉语教学中的板书设计	蔡整莹	暨南大学华文学院学报	2001（2）
00884	介绍两种用电脑成批获取例句的简易方法	晏懋思	暨南大学华文学院学报	2001（2）
00885	踏出国门——关于中国对外汉语电视教学的报告	周伟	中国远程教育	2001（2）
00886	谈图像在跨母文化的语言教学中的特殊作用	张淑贤	汉语学习	2001（2）
00887	对外汉语教学法述评——兼谈第二语言教学的交际性原则	金志刚	辽宁师范大学学报（社会科学版）	2001（3）
00888	对外汉语教学现状及对策研究	沈荭	重庆大学学报（社会科学版）	2001（3）
00889	对外汉语教学与学生思维能力的培养	刘德燊	八桂侨刊	2001（3）
00890	对外汉语研究的基本框架	赵金铭	世界汉语教学	2001（3）
00891	对外语言教学中的语言学问题	朱虹	天津外国语学院学报	2001（3）
00892	关于对外汉语教学的思考	李逸安	清华大学学报（哲学社会科学版）	2001（3）
00893	关于对外汉语教学改革的几点体会	钱文华	开封大学学报	2001（3）
00894	汉语留学生高级班课堂教学法探讨	段爱萍、石凯民、刘小军	西北工业大学学报（社会科学版）	2001（3）
00895	基础汉语课教学要突出“基础”特点	努尔巴·司马义	语言与翻译	2001（3）
00896	论对韩汉语教学目标常量和变量的分析与把握	于逢春	长春大学学报	2001（3）
00897	论对外汉语高级阶段教学法	金志刚	辽宁广播电视大学学报	2001（3）
00898	论对外汉语教学中的素质教育	舒燕	中国高教研究	2001（3）

00899	论突出以目标为导向的交际能力训练	周健	世界汉语教学	2001（3）
00900	情景法在汉语教学中的运用	窦曼玲	语言与翻译	2001（3）
00901	对外汉语教学的趣味性	裴维襄	天津市工会管理干部学院学报	2001（4）
00902	对外汉语教学方法初探	陈在东、蒙坚	石油大学学报（社会科学版）	2001（4）
00903	对外汉语教学专栏：主持人的话	陈绂	语言文字应用	2001（4）
00904	对外汉语课堂教学策略探微	李华珍	合肥联合大学学报	2001（4）
00905	教学理论与实践关系研究20年：从定位到联盟	王鉴	教育理论与实践	2001（4）
00906	“旅游汉语”教学——对外汉语教学的一个重要课题	石慧敏	暨南大学华文学院学报	2001（4）
00907	谈对外汉语教学中纠正错误的技巧与方法	翟英华	佳木斯大学社会科学学报	2001（4）
00908	对外汉语教学的几个问题	张继矿	内江师范学院学报	2001（5）
00909	对外汉语教学几个问题的思考探索	孙汉萍	湖南教育学院学报	2001（5）
00910	试论对外汉语教学过程中的主客体关系	于克凌	人文杂志	2001（5）
00911	中高级水平韩国学生的教学重点	方欣欣	汉语学习	2001（5）
00912	提高对外汉语教学效率的有效模式——初级阶段相对强化教学实验报告	刘川平、萧莉、康庆玮	外语与外语教学	2001（6）
00913	对外汉语教学新模式刍议	李世之	语言文化教学与研究（二〇〇一年卷）/北京语言文化大学汉语学院编/人民教育出版社	2001
00914	和对外汉语教师谈治学方法	邢公畹	汉语言文化研究（第8辑）/谢文庆、孙晖主编/天津人民出版社	2001
00915	用数学方法解读汉语教学	彭志平	语言文化教学与研究（二〇〇一年卷）/北京语言文化大学汉语学院编/人民教育出版社	2001
00916	论交际法在中国国情下的应用	常国鸿	哈尔滨工程大学（硕士）	2001

00917	对外汉语教学 CAI 课件的版面设计	罗萍	海外华文教育	2002（1）
00918	汉语的当代变迁与对外汉语教学	刁晏斌	辽宁师范大学学报（社会科学版）	2002（1）
00919	加强外国留学生素质教育的几点认识	韩晓明	河南教育学院学报（哲学社会科学版）	2002（1）
00920	“弱势”“强势”互倚：对外汉语教学发展策略构想	王志刚	高等工程教育研究	2002（1）
00921	试论对外初级汉语快节奏教学	郝敏	海外华文教育	2002（1）
00922	“四字结构模块认知法”在对外汉语教学中的作用	邹洪民、刘向晖	深圳教育学院学报	2002（1）
00923	谈谈对外汉语教学中的课堂提问	傅索雅	北京广播电视大学学报	2002（1）
00924	迁移理论对外语教学的影响	苏雅勤	徐州教育学院学报	2002（2）
00925	浅谈对外汉语教学的“因材施教”	金幼华	杭州师范学院学报（自然科学版）	2002（2）
00926	日本留学生教育政策及其借鉴	于桂玲、吕晓伟	哈尔滨工业大学学报（社会科学版）	2002（2）
00927	谈对外汉语教学的情感化与多样化	刘道英	青海师范大学学报（哲学社会科学版）	2002（2）
00928	对外汉语教学初级阶段模具化教学法的应用	王珊	唐都学刊	2002（3）
00929	对外汉语教学中词汇教学技巧	张慧君	齐齐哈尔大学学报（哲学社会科学版）	2002（3）
00930	关于对外汉语教学中“弹性编班制”的思考和构想	王珊	西安外国语学院学报	2002（3）
00931	含意理论在对外汉语教学中的运用	宗世海	语言教学与研究	2002（3）
00932	教学行动研究在对外汉语课堂小组讨论中的应用	张笑难	北京第二外国语学院学报	2002（3）
00933	论对外汉语教学的几个问题	哈军华	云南师范大学学报（教育科学版）	2002（3）
00934	英语国家教学论流派中典型的主体参与思想析解	赵双玉	石家庄师范专科学校学报	2002（3）
00935	汉语学习难！专家指出：只因教学路子不对头	翟帆	汉字文化	2002（4）
00936	建构主义学习理论与汉语教学	李遐	民族教育研究	2002（4）
00937	如何在课堂教学中实施外语学习策略训练	周卫京	江苏大学学报（高教研究版）	2002（4）

00938	沙特来华本科生 2+2 教学及其管理	余自中	海外华文教育	2002（4）
00939	试谈对留学生的古代诗词教学	高惠敏	华侨大学学报（哲学社会科学版）	2002（4）
00940	意象理论与对外汉语教学	缑瑞隆	郑州大学学报（哲学社会科学版）	2002（4）
00941	对外汉语教学法研究再探讨	杨丽姣	云南师范大学学报（哲学社会科学版）	2002（6）
00942	“两种信号系统”学说与对外汉语教学	董明、吕崙辉	北京师范大学学报（人文社会科学版）	2002（6）
00943	论对外汉语教学的中国现代文学课	吴成年	北京师范大学学报（人文社会科学版）	2002（6）
00944	浅析交际教学中的几种误解	景晓萍	天水师范学院学报	2002（6）
00945	对外汉语教学之管见	汤勤	语言研究	2002（S1）
00946	非言语行为在对外汉语教育中的作用	张云艳	西南林学院学报	2002（S1）
00947	谈信息转换教学法的言语转化率问题	赵春利	语言研究	2002（S1）
00948	继续发扬优势办出特色，提高对外汉语教学质量——访北京语言大学校长曲德林	朱文琴	光明日报	2002-09-05
00949	从课堂到个别——转换的困境和策略	石旭登	对外汉语一对一个别教授研究 / 吴仁甫主编 / 中国社会科学出版社	2002
00950	翻译在汉语个别授课中的作用及其使用范围	王晓凌	对外汉语一对一个别教授研究 / 吴仁甫主编 / 中国社会科学出版社	2002
00951	非院校对外汉语教学对象析	吴仁甫	对外汉语一对一个别教授研究 / 吴仁甫主编 / 中国社会科学出版社	2002
00952	非院校对外汉语教学中补充练习问题	陈中美	对外汉语一对一个别教授研究 / 吴仁甫主编 / 中国社会科学出版社	2002
00953	非院校对外汉语教学中的八大关系	吴仁甫	对外汉语一对一个别教授研究 / 吴仁甫主编 / 中国社会科学出版社	2002

00954	非院校对外汉语教学中对学生认知差异的应策	王玲玲	对外汉语一对一个别教授研究 / 吴仁甫主编 / 中国社会科学出版社	2002
00955	课堂教学中的非语言交际研究	温秀杰	南京师范大学（硕士）	2002
00956	对比研究与对外汉语教学——兼论对比研究的三个时期、三个目标和三个层面	潘文国	暨南大学华文学院学报	2003（1）
00957	关于语言教育的改革	李如龙	云南师范大学学报（对外汉语教学与研究版）	2003（1）
00958	汉语教学路子研究刍议	吕必松	暨南大学华文学院学报	2003（1）
00959	互动教学策略在华文教学上的应用	陈之权	华文学刊	2003（1）
00960	加强对外汉语教育——中国和世界的需要	谭一红	云南师范大学学报（对外汉语教学与研究版）	2003（1）
00961	立体语言观与融叠教学法——兼论高级阶段教学的误区与得失	李建国、顾颖	云南师范大学学报（对外汉语教学与研究版）	2003（1）
00962	一年制零起点留学生汉语教学初探	李建军	昌吉学院学报	2003（1）
00963	韵律制约的书面语与听说为主的教学法	冯胜利	世界汉语教学	2003（1）
00964	从武汉留学生的情况看我国的对外汉语教学	何干俊	内蒙古师范大学学报（教育科学版）	2003（2）
00965	错误分析理论与课堂纠错原则	郝晓梅	云南师范大学学报（对外汉语教学与研究版）	2003（2）
00966	加强对外汉语教学之我见	谭一红	昆明理工大学学报（社会科学版）	2003（2）
00967	建构主义学习理论与对外汉语教学	曹贤文、高荣国	云南师范大学学报（对外汉语教学与研究版）	2003（2）
00968	教学模式论在丰富与拓展对外汉语教育市场上的应用	王际平	海外华文教育	2003（2）
00969	口笔语分科，精泛读并举——对外汉语教学改进模式构想	鲁健骥	世界汉语教学	2003（2）
00970	论对外汉语教学中的主体认识图式建构	王育杰	首都师范大学学报（社会科学版）	2003（2）
00971	浅论对外汉语教学中的导入设计	杨文惠	中山大学学报论丛	2003（2）
00972	语法、词汇与功能结合的教学模式刍议	丁崇明	云南师范大学学报（对外汉语教学与研究版）	2003（2）

00973	对外汉语教学目的新论	张艳萍	云南师范大学学报（对外汉语教学与研究版）	2003（3）
00974	对外汉语教学研究中统计方法运用状况调查	王若江	汉语学习	2003（3）
00975	对外汉语教学语言研究刍议	孙德金	语言文字应用	2003（3）
00976	对外汉语教学中的课外指导问题	姚瑾	重庆交通学院学报（社会科学版）	2003（3）
00977	二十一世纪对外汉语教学：机遇与挑战	杨丽姣、李敏	未来与发展	2003（3）
00978	关于对外汉语教学的若干建议	马庆株	世界汉语教学	2003（3）
00979	基础汉语长期进修强化教学的定位	肖莉	云南师范大学学报（对外汉语教学与研究版）	2003（3）
00980	目的语文化移入与外语教学理论模式	梁燕华	广西中医学院学报	2003（3）
00981	浅谈对外汉语教学的几点体会	范晓玲	语言与翻译	2003（3）
00982	谈对外汉语教学质量的多元评估模式	张宝玲	首都经济贸易大学学报	2003（3）
00983	言语心态、方式与对外汉语教学	杨述、龙翔	云南师范大学学报（对外汉语教学与研究版）	2003（3）
00984	“应用哪些”与“怎样应用”——谈对外汉语教学对相关理论的应用	朱志平	海外华文教育	2003（3）
00985	对外汉语教学的柔性原则	孟国	天津师范大学学报（社会科学版）	2003（4）
00986	对外汉语教学运用两种语言“过渡式”教学方法初探	欧阳万钧	天津成人高等学校联合学报	2003（4）
00987	关于实况汉语教学的几个问题	孟国	语言教学与研究	2003（4）
00988	韩国学生汉语学习特点与教学技巧探讨	李大农	海外华文教育	2003（4）
00989	建构主义学习理论与对外汉语教学	李柏令	云南师范大学学报（对外汉语教学与研究版）	2003（4）
00990	教学模式的特点和构建	余小明	福建教育学院学报	2003（4）
00991	论经济全球化中的对外汉语教学组织策略	李世之	海外华文教育	2003（4）
00992	乒乒乓常用的游戏教学方法	〔韩〕萧素秋	国外汉语教学动态	2003（4）

00993	文化导向型外语教学模式	李先进、江瑞	河北理工学院学报（社会科学版）	2003（4）
00994	我省加快对外汉语教学大量吸引留学生的迫切性与可行性	张波、周大镯、吴建君	河北经贸大学学报（综合版）	2003（4）
00995	对外国留学生讲授《中医内科学》教学实践与探索	方显明	高教论坛	2003（5）
00996	对外汉语教学难点分析及对策	徐丽华	浙江师范大学学报（社会科学版）	2003（5）
00997	非语言交际手段在对外汉语教学中的运用	尉万传、张鲁昌	云南师范大学学报（对外汉语教学与研究版）	2003（5）
00998	关于第一堂汉语课的语言模式创建	张航	语言教学与研究	2003（5）
00999	论对外成人汉语教学中的两个障碍	匡锦	云南师范大学学报（对外汉语教学与研究版）	2003（5）
01000	如何实现对外汉语课堂教学的交际化	赵宏	黑龙江教育学院学报	2003（5）
01001	课堂教学中的教师行为研究	范瑾	云南师范大学学报（对外汉语教学与研究版）	2003（6）
01002	论汉语方言与对外汉语教学的关系	丁启阵	语言教学与研究	2003（6）
01003	民俗文化对日本留学生高级汉语学习的影响	黎敏	语言教学与研究	2003（6）
01004	身势语言与对外汉语教学	陈子骄	牡丹江师范学院学报（哲学社会科学版）	2003（6）
01005	浅谈对外汉语的教学方法	董新	牡丹江大学学报	2003（7）
01006	让世界认识西部了解西部——西部民族院校对外汉语教学设想	叶南	西南民族大学学报（人文社科版）	2003（10）
01007	教学模式理论建构的逻辑定位解析	闫守轩	教学与管理	2003（19）
01008	教学模式研究20年：历程、问题与方向	郝志军、徐继存	教育理论与实践	2003（23）
01009	伯利兹（Berlitz）外语教学法评介	赵守辉	汉语研究与应用（第一辑）/ 中国人民大学对外语言文化学院编 / 中国社会科学出版社	2003
01010	对外汉语教学理论和实践的若干问题	李泉	对外汉语研究的跨学科探索 / 赵金铭主编 / 北京语言文化大学出版社	2003

01011	对外汉语教学整体设计再思考及其他	施光亨	汉语研究与应用（第一辑）/ 中国人民大学对外语言文化学院编 / 中国社会科学出版社	2003
01012	关于建立词汇—语法教学模式的思考	李晓琪	对外汉语教学语法探索 / 国家汉办教学处编 / 中国社会科学出版社	2003
01013	留学生本科论文指导的几个问题	岑玉珍	汉语研究与应用（第一辑）/ 中国人民大学对外语言文化学院编 / 中国社会科学出版社	2003
01014	论教案及相关问题	赵金铭	汉语研究与应用（第一辑）/ 中国人民大学对外语言文化学院编 / 中国社会科学出版社	2003
01015	试论对外汉语交互性课堂教学	罗青松	汉语研究与应用（第一辑）/ 中国人民大学对外语言文化学院编 / 中国社会科学出版社	2003
01016	谈对外汉语初级阶段教学语言	荣继华	汉语研究与应用（第一辑）/ 中国人民大学对外语言文化学院编 / 中国社会科学出版社	2003
01017	谈谈对外汉语教学语法的体系与方法问题	卢福波	对外汉语教学语法探索 / 国家汉办教学处编 / 中国社会科学出版社	2003
01018	课堂教学伦理问题研究	胡斌武	西北师范大学（博士）	2003
01019	对外汉语课堂教学语言中词语和句子的使用情况探究	王祖嫘	北京语言大学（硕士）	2003
01020	互动教学中的活动设计原则与技巧	董利华	东北师范大学（硕士）	2003
01021	可理解输入研究及其对外语教学的启迪	魏向红	福建师范大学（硕士）	2003
01022	试论传统语文教学给对外汉语教学的启示	朱宇清	华东师范大学（硕士）	2003
01023	中国高校发展留学生教育和泰中合作汉语教育中的问题及对策研究	郑碧群	重庆大学（硕士）	2003
01024	对外汉语教学初探	孙琳琳、郝燕妮	沈阳教育学院学报	2004（1）

01025	汉语教学的模式化研究初论	马箭飞	语言教学与研究	2004（1）
01026	建构主义学习理论与课堂讨论	周国鹏	暨南大学华文学院学报	2004（1）
01027	论多元文化教育理念下的“文学课”教学	王洋	云南师范大学学报（对外汉语教学与研究版）	2004（1）
01028	论行动研究在对外汉语教学中的应用	丁安琪	云南师范大学学报（对外汉语教学与研究版）	2004（1）
01029	认知观与对外汉语教学	卢英顺	汉语学习	2004（1）
01030	社会语言学的言语交际研究与对外汉语教学	吴琳	理论界	2004（1）
01031	增强学科意识，发展对外汉语教学	陆俭明	世界汉语教学	2004（1）
01032	对外汉语教学功能项目表的综合量化研究——兼论“结构—功能—文化”统一体量化新途径	倪传斌、王志刚、王际平、汪腊萍	现代外语	2004（2）
01033	建构主义在对外汉语高级阶段教学设计中的体现	刘晓海、徐娟	云南师范大学学报（对外汉语教学与研究版）	2004（2）
01034	日本早稻田大学 Tutorial 汉语远程教学模式评析	郑艳群	世界汉语教学	2004（2）
01035	如何提高参与式教学在对外汉语教学中的应用效果	许丹	高等教育研究	2004（2）
01036	试论对外汉语课堂教学实践研究	吕玉兰	世界汉语教学	2004（2）
01037	体验文化教学法若干原则（上）	〔美〕吴伟克、王建琦；杨双杨编译	国外汉语教学动态	2004（2）
01038	对外汉语教学的备课艺术	黄晓颖	汉语学习	2004（3）
01039	对外汉语教学应强化实习实践环节	夏明菊	乌鲁木齐成人教育学院学报	2004（3）
01040	对外汉语教学中值得注意的一个问题	刁晏斌	鞍山师范学院学报	2004（3）
01041	“对外汉语学”说略	郭熙	汉语学习	2004（3）
01042	基于互联网对外汉语教学模式的研究	张丹、钟绍春、程晓春、严小卫	广西师范大学学报（自然科学版）	2004（3）

01043	论言语配置在语言教学中的重要性	张剑波	云南师范大学学报（对外汉语教学与研究版）	2004（3）
01044	试论课堂教学研究	杨惠元	语言教学与研究	2004（3）
01045	谈对外汉语教学三种教学模式	金美	海外华文教育	2004（3）
01046	体验文化教学法若干原则（下）	〔美〕吴伟克、王建琦；杨双杨编译	国外汉语教学动态	2004（3）
01047	晚清英语教学法及其在对外汉语教学中的借鉴	张凤娟	云南师范大学学报（对外汉语教学与研究版）	2004（3）
01048	语言教学和对外汉语教学对话	王希杰、钟玖英	南京晓庄学院学报	2004（3）
01049	从学习的角度看对外汉语教学组织	王永德、史初例	宁波大学学报（教育科学版）	2004（4）
01050	对外汉语教学的经济原则	陆丙甫、谢天蔚	汉语学习	2004（4）
01051	对外汉语学习理论研究二十年	徐子亮	世界汉语教学	2004（4）
01052	关于构建对外汉语教学艺术体系的几个问题	黄晓颖	现代教育科学（高教研究）	2004（4）
01053	任务教学法课堂实验报告	欧阳国泰	海外华文教育	2004（4）
01054	体验文化教学法学习手记：Performance	〔美〕虞莉	国外汉语教学动态	2004（4）
01055	汉语预备教育中过渡阶段的缺失与重构	马国彦	云南师范大学学报（对外汉语教学与研究版）	2004（5）
01056	课堂教学评估的作用、原则和方法	杨惠元	汉语学习	2004（5）
01057	论面向对外汉语教学的基础研究	郑定欧	汉语学习	2004（5）
01058	浅析对外汉语教学效果的影响因素及对策	汪宁	琼州大学学报	2004（5）
01059	谈《中国概况》课的教学思路	韩秀梅	云南师范大学学报（对外汉语教学与研究版）	2004（5）
01060	以汉语为例谈第二语言教学活动的经济原则	何振科	山东省青年管理干部学院学报	2004（5）
01061	充分发挥情感因素在对外汉语教学中的作用	韩秀梅	云南师范大学学报（对外汉语教学与研究版）	2004（6）

01062	《国家通用语言文字法》与对外汉语教学	李宝贵	吉林师范大学学报（人文社会科学版）	2004（6）
01063	论医学专业留学生的汉语教学	卜海艳	河南中医学院学报	2004（6）
01064	论语言产业与对韩汉语教学观的现代化	于逢春	长春师范学院学报（人文社会科学版）	2004（6）
01065	新加坡教学法革新有意向中国引进资源	力清	出版参考	2004（9）
01066	试论对外汉语教学中看图说话教学的主要方法	郭晓燕	太原城市职业技术学院学报	2004（S3）
01067	对外成人汉语教学中两个障碍的分析	匡锦	汉语教学新理念 / 丛铁华主编 / 北京大学出版社	2004
01068	关于中高级影视课教学的思考	刘继红	数字化对外汉语教学理论与方法研究 / 张普等主编 / 清华大学出版社	2004
01069	教室汉语：一个假想的标准语	张洪年	汉语教学新理念 / 丛铁华主编 / 北京大学出版社	2004
01070	关于对外汉语教学的几点新思考	张利红	黑龙江省语言学会 2004 年年会论文集	2004
01071	论教学中的生命关怀	闫守轩	南京师范大学（博士）	2004
01072	动机理论分析及其在外语教学中的应用	张松龙	江西师范大学（硕士）	2004
01073	课堂教学中教师互动性决策的初步研究	占丰菊	华东师范大学（硕士）	2004
01074	试论多元智能视野中的对外汉语教学	王敏	华东师范大学（硕士）	2004
01075	延边朝鲜族中小学三语教学中若干问题研究	李世业	延边大学（硕士）	2004
01076	对外汉语教学初级阶段课堂语言刍议	白朝霞	当代教育科学	2005（1）
01077	对外汉语教学初级阶段课堂语言的特点和组织原则	白朝霞	德州学院学报	2005（1）
01078	对外汉语教学与汉语本体研究的关系	陆俭明	语言文字应用	2005（1）
01079	对外汉语课堂教学实录资料的编撰及应用价值	吕玉兰、张若莹	语言教学与研究	2005（1）
01080	关于对外汉语教学语言的思考	刘慧清	云南师范大学学报（对外汉语教学与研究版）	2005（1）

01081	内容教学法在对外汉语教学中的运用	曹贤文	云南师范大学学报（对外汉语教学与研究版）	2005（1）
01082	浅谈中医院校的中高级对外汉语教学	薄彤	天津中医学院学报	2005（1）
01083	情感教育与对外汉语教学	张晓郁	沈阳教育学院学报	2005（1）
01084	谈“中外是非”，论“古今通塞”——古汉语教学对象分类及其相关的教学法意义	张洪明、宋晨清	语言教学与研究	2005（1）
01085	“有错必纠”与“因材施教”	卢铁澎	海外华文教育	2005（1）
01086	“字本位”理论和对外汉语教学	王骏	云南师范大学学报（对外汉语教学与研究版）	2005（1）
01087	读者反应论在对外汉语教学中的应用	褚江波	语言教学与研究	2005（2）
01088	歌词教学模式在越南留学生汉语习得中的运用	杨刚	云南师范大学学报（对外汉语教学与研究版）	2005（2）
01089	回顾与展望——广西师范大学中文系十年对外汉语教学工作的总结和思考	关英伟	高教论坛	2005（2）
01090	简论民族文化对语言理解的影响	周殿龙	社会科学战线	2005（2）
01091	建构主义视域下的对外汉语教学	张灵芝	海外华文教育	2005（2）
01092	拓宽对外汉语教学学术视野	张西平	国际汉语教学动态与研究	2005（2）
01093	研究性学习实践——在北大预科班进行的“接轨项目”试验	张园	暨南大学华文学院学报	2005（2）
01094	用语言的价值观指导第二语言的教与学	周莉	齐齐哈尔师范高等专科学校学报	2005（2）
01095	从“3P模式”到“任务教学法”——任务教学法研究之三	吴中伟	国际汉语教学动态与研究	2005（3）
01096	对外汉语教学概论	赵金铭	汉语学报	2005（3）
01097	方兴未艾的对外汉语教学及汉语输出	洪青皎	宁波教育学院学报	2005（3）
01098	论对外汉语教学中模拟情景的创设	方艳	金陵科技学院学报（社会科学版）	2005（3）
01099	外语教学法流派对汉语作为第二语言教学的课堂教学启发	王鹿	和田师范专科学校学报	2005（3）

01100	用任务型学习理论指导美国学生的汉语学习	〔美〕陈东东	国际汉语教学动态与研究	2005（3）
01101	对外汉语教学的课堂组织管理艺术	黄晓颖	云南师范大学学报（对外汉语教学与研究版）	2005（4）
01102	对外汉语课堂教学策略探微	李华珍	合肥学院学报（社会科学版）	2005（4）
01103	功能教学法在对外汉语教学中的应用研究	吴艳	沈阳教育学院学报	2005（4）
01104	“汉语热”的冷思考——兼谈对外汉语教学	许光烈	学术界	2005（4）
01105	汉语研究与对外汉语教学	陆俭明	苏州市职业大学学报	2005（4）
01106	论教学理念	刘颂浩	国际汉语教学动态与研究	2005（4）
01107	双语教学存在的问题及教学模式评价	刘卓林	南京理工大学学报（社会科学版）	2005（4）
01108	我国外国留学生教育与对外汉语教学的现状	夏青	浙江树人大学学报	2005（4）
01109	以“词块理论”为原则的对外汉语教学	王玲	安徽工业大学学报（社会科学版）	2005（4）
01110	Tutorial 汉语远程教学模式中的教学	黄荣荣	云南师范大学学报（对外汉语教学与研究版）	2005（5）
01111	功能释义法在汉语教学中的意义和运用	海珂	河南教育学院学报（哲学社会科学版）	2005（5）
01112	基于“需要分析”的特殊目标汉语教学设计	王静	语言教学与研究	2005（5）
01113	记忆规律在对外汉语教学中的应用	陈郁	黑龙江教育学院学报	2005（5）
01114	论传统翻译教学模式下的句法分析教学	张枝	六盘水师范高等专科学校学报	2005（6）
01115	趣味性原则在对外汉语教学中的作用和地位	孟国	语言教学与研究	2005（6）
01116	如何提高非汉语环境下汉语教学的效果	汪娓娓	云南师范大学学报（对外汉语教学与研究版）	2005（6）
01117	对外汉语课堂教学交际化问题的探讨	魏耕耘	内蒙古师范大学学报（教育科学版）	2005（7）
01118	对外汉语教学四大重点、八项措施	华玉	课程·教材·教法	2005（9）
01119	论启发式在对外汉语教学中的运用	孙海丽、张慧君	中国科技信息	2005（11）

01120	巧用感知觉规律来组织对外汉语教学	陈郁	中国科技信息	2005（11）
01121	“汉语热”与对外汉语教学	王红梅	黑龙江高教研究	2005（12）
01122	论建构主义理论在对外汉语教学中的启示	王丑	语文学刊	2005（23）
01123	对外汉语课堂教学语言中的词句特点	张婧	语言文字应用	2005（S1）
01124	我国积极推进对外汉语教学	吴晶	中国国门时报	2005-07-01
01125	对外汉语教学：中国缺什么——访法国教育部汉语总督学白乐桑先生	王东	中国图书商报	2005-07-22
01126	“快捷汉语”：跑得有多快	王东	中国图书商报	2005-07-22
01127	汉语教育存在“外热内冷”	艾启平、刘中兴	人民日报（海外版）	2005-12-05
01128	汉语“内冷”源于工具化语言教学	陈芳	中华新闻报	2005-12-07
01129	关于语言教学和对外汉语教学的对话	王希杰、钟玖英	王希杰修辞思想研究续辑/聂焱主编/中国文联出版社	2005
01130	对日本留学生教育管理工作的心得	葛起超	对外汉语论丛（第四集）/王德春主编/学林出版社	2005
01131	对外国留学生汉语言本科学历教育的几点思考	徐宝妹	对外汉语论丛（第四集）/王德春主编/学林出版社	2005
01132	开放式口语教学模式探索——语言实践课	耿京茹	南开语言学刊（第五辑）/南开大学文学院、南开大学汉语言文化学院、南开大学外国语学院编/南开大学出版社	2005
01133	留学生培养及对外汉语教学	/	北京科技大学年鉴（2005）/《北京科技大学年鉴》编辑委员会编/中国大百科全书出版社	2005
01134	浅析印度尼西亚来华留学生市场	王征	对外汉语论丛（第四集）/王德春主编/学林出版社	2005
01135	“任务”的性质和特点——任务教学法研究之一	吴中伟	汉语研究与应用（第三辑）/中国人民大学对外语言文化学院编/中国社会科学出版社	2005

01136	语言教学中形式与意义的平衡——任务教学法研究之二	吴中伟	对外汉语研究（第一期）/上海师范大学《对外汉语研究》编委会编 / 商务印书馆	2005
01137	汉语课堂话语模式分析及其教学启示	陈小英	暨南大学（硕士）	2005
01138	论“中间型”任务教学法在英语课堂中的应用	宋文莺	福建师范大学（硕士）	2005
01139	论传统讲台的超越和语文教学的革新	周小金	湖南师范大学（硕士）	2005
01140	任务型教学法在初级对外汉语教学中的运用初探	王燕	北京语言大学（硕士）	2005
01141	以交际法为指导改进翻译法教学	张晓航	湖南师范大学（硕士）	2005
01142	运用外语立体教学法探究多样化课堂教学策略	原悦	东北师范大学（硕士）	2005
01143	在上海的韩国青少年留学生的汉语教育现况	朴宣姝	华东师范大学（硕士）	2005
01144	任务型教学中的模糊容忍	袁辉珍	江西师范大学（硕士）	2005
01145	吹面不寒杨柳风——浅谈对外汉语教师的课堂评价语言	张文莉、池会军	教学研究	2006（1）
01146	对外汉语教学初探	霍建	辽宁行政学院学报	2006（1）
01147	对外汉语教学和研究中的量化问题	郑艳群	国际汉语教学动态与研究	2006（1）
01148	国际学校学生特点及汉语教学策略	单韵鸣	海外华文教育	2006（1）
01149	汉语作为二语的课堂教学语言	旷娟	四川师范大学学报（社会科学版）	2006（1）
01150	环境语言及其对外语教学的影响	李淑康、李克	河北理工大学学报（社会科学版）	2006（1）
01151	教什么？怎么教？——对外汉语教学理论与实践	郭振华	吉林华桥外国语学院学报	2006（1）
01152	留学生毕业论文的写作特点与规范化指导	亓华	云南师范大学学报（对外汉语教学与研究版）	2006（1）
01153	试论对外汉语教学目标分类	杨金成	汉语学习	2006（1）
01154	试论朱舜水的汉语教学理论与实践	林敏洁	中国典籍与文化	2006（1）
01155	谈留学生的古代汉语教学	黄爱华	大连教育学院学报	2006（1）

01156	中介语理论研究概述——兼谈对对外汉语教学的启示	张婷	现代语文（语言研究版）	2006（1）
01157	插班：对外汉语教学形式的新探索——以韩国中文系留学生的汉语教学为例	仝小琳	云南师范大学学报（对外汉语教学与研究版）	2006（2）
01158	从“词本位”到“字中心”——对外汉语教学的战略转移	张德鑫	汉语学报	2006（2）
01159	对外汉语教学与母语教学的比较分析	应兰茴	高教与经济	2006（2）
01160	对外汉语教学中非语言交际手段的使用	姚芳	青海师专学报（教育科学）	2006（2）
01161	关于外国留学生随堂翻译工作的研究与探索	胡振威	南京理工大学学报（社会科学版）	2006（2）
01162	国外外语课堂教学研究对开展对外汉语课堂教学研究的启示	周士平、张林军	暨南大学华文学院学报	2006（2）
01163	间接言语行为理论在对外汉语教学中的应用	吴丽君、宋薇	云南师范大学学报（对外汉语教学与研究版）	2006（2）
01164	江南地区对外汉语专业发展刍议	马明艳	绍兴文理学院学报（教育版）	2006（2）
01165	人本主义心理学在对外汉语教学中的运用	郑丹	现代语文（语言研究版）	2006（2）
01166	认知负荷理论及其在外语教学设计中的应用	刘连娣	语言教学与研究	2006（2）
01167	首批来华的德国留学生介绍	〔德〕梅薏华；任仲伟译	国际汉语教学动态与研究	2006（2）
01168	谈对外汉语教学的基本教学原则	蒋可心	黑龙江教育学院学报	2006（2）
01169	中高级对外汉语教学实践的范式选择	周萍	宁波大学学报（教育科学版）	2006（2）
01170	中加教学方式的差异——商务谈判课程的剖析	吴显英	教学研究	2006（2）
01171	广西南宁普通话对对外汉语教学的影响及其对策	许艳艳	广西师范学院学报（哲学社会科学版）	2006（3）
01172	“后方法时代”语言教学观与对外汉语教学法体系构建	陶健敏	暨南大学华文学院学报	2006（3）
01173	教学目标的有效陈述与对外汉语教学	王添淼	汉语学习	2006（3）

01174	论课堂教学中的教学留白	黄均凤、程乐乐	海外华文教育	2006（3）
01175	索绪尔“语言”和“言语”的区分与对外汉语教学	霍晶莹	陕西职业技术学院学报	2006（3）
01176	语言和内容的整合：内容教学法的辩证思考	周红	国际汉语教学动态与研究	2006（3）
01177	对外汉语教学个案研究——新疆农业职业技术学院吉尔吉斯留学生汉语教学体会	孙宝	新疆农业职业技术学院学报	2006（4）
01178	对外汉语教学情境的立体化探讨	周红	语言文字应用	2006（4）
01179	对外汉语教学效果评估运行机制的实施与反思	张灵芝	海外华文教育	2006（4）
01180	对外汉语教学中的多样性问题	刘颂浩	暨南大学华文学院学报	2006（4）
01181	对外汉语教学中的空缺理论应用与空缺消除方法的探讨	汪灵灵	湖南科技学院学报	2006（4）
01182	二十一世纪汉语作为外语教学研究方向与理论建构刍议	柯传仁	世界汉语教学	2006（4）
01183	关于有效陈述对外汉语教学目标的思考	姜丽萍	云南师范大学学报（对外汉语教学与研究版）	2006（4）
01184	留学生经贸汉语课程中的术语教学	吴淑姣	暨南大学华文学院学报	2006（4）
01185	留学生课外语言实践过程中的几个问题	李玉军	暨南大学华文学院学报	2006（4）
01186	陆俭明：以科学发展观思考汉语教学问题	郭莉敏	暨南大学华文学院学报	2006（4）
01187	王德春：对外汉语教学论	匡小荣	暨南大学华文学院学报	2006（4）
01188	对外汉语教学的多层次模糊综合评价方法研究	杜艳青、韩延成	郑州航空工业管理学院学报（社会科学版）	2006（5）
01189	对外汉语教学重塑中国“软实力”	吴双	国际人才交流	2006（5）
01190	论对外汉语课堂教学的评价体系	江傲霜	云南师范大学学报（对外汉语教学与研究版）	2006（5）
01191	欧美留学生对课堂活动有效性评价的分析——对外汉语课堂活动系列调查之三	丁安琪	汉语学习	2006（5）
01192	浅谈留学生古代汉语教学	韩梅	现代语文（语言研究版）	2006（5）
01193	应该从根本上转变中文教学的理念	张朋朋	汉字文化	2006（5）

01194	论汉语的人文性与对外汉语教学	李雯、李涛	重庆三峡学院学报	2006（6）
01195	对外汉语教学语言的运用艺术	于天昱、李云霞	现代教育科学	2006（7）
01196	浅谈对外汉语教学的“十法一议”	段克宁	玉溪师范学院学报	2006（8）
01197	从学生认知的特点看对外汉语教学	刘慧	辽宁教育行政学院学报	2006（9）
01198	试论对外汉语教学过程的交际化	张竞楠、宋月波	辽宁教育行政学院学报	2006（9）
01199	对外汉语教学中的情景教学探析	刘红	中国成人教育	2006（10）
01200	韩国在华公司职员汉语教学特点分析	魏英丽	现代语文（语言研究版）	2006（11）
01201	由结构主义看对外汉语教学	范媛媛	现代语文（语言研究版）	2006（11）
01202	试论对外汉语教学中的课堂提问技巧	杨文惠	中山大学学报论丛	2006（12）
01203	给老外上汉语课	李胜利	语文教学通讯	2006（15）
01204	国内对外汉语教学传播现状研究——以武大国际教育学院相关调查为样本	张文洁	青年记者	2006（22）
01205	论对外汉语教学中的格式教学	程乐乐	语文学刊	2006（22）
01206	浅谈配价语法理论和对外汉语教学	徐冰若	科技资讯	2006（27）
01207	对国内对外汉语教学的反思——AP 汉语与文化课及美国教学实况给我们的启发	陈绂	语言文字应用	2006（S1）
01208	对外汉语单篇语料的教学单元分析	卢华岩	语言文字应用	2006（S2）
01209	对外汉语教学中本族语的运用	张洋	语言文字应用	2006（S2）
01210	浅谈中级汉语课交际性原则的贯彻	许俐珍	语言文字应用	2006（S2）
01211	区分言语和语言对对外汉语教学的意义	张洁	语言文字应用	2006（S2）
01212	试论汉语作为第二语言教学集体备课方式	刘智伟	语言文字应用	2006（S2）
01213	试论对外汉语初级阶段教学方法	阮艳花、刘建新	中国电力教育	2006（S4）
01214	汉语为何会“外热内冷”	陈芳	中国文化报	2006-01-18

01215	湖北对外汉语教学热起来	韩晓玲	湖北日报	2006-02-10
01216	对外汉语教学也应走自主创新之路	李润新	语言文字周报	2006-09-27
01217	从交际语言教学到任务型语言教学	吴勇毅	对外汉语研究（第二期）/上海师范大学《对外汉语研究》编委会编/商务印书馆	2006
01218	汉语：世界汉语教学与研究丛书	关蕾	中国图书年鉴（2006）/柳斌杰、邬书林、阎晓宏主编/湖北人民出版社	2006
01219	任务型教学法——理论与实践	蔡永强	汉语研究与应用（第四辑）/中国人民大学对外语言文化学院编/中国社会科学出版社	2006
01220	以辅助专业教学为目的的汉语作为第二语言的教学：实践与思考	郭熙	对外汉语研究（第二期）/上海师范大学《对外汉语研究》编委会编/商务印书馆	2006
01221	从事对外汉语教学的体会与建议	文涛	哈尔滨工业大学首届“老有所为”论坛	2006
01222	对全球化背景下对外汉语教学的若干思考	陶黎铭	全球化背景下的多元文化教育国际论坛	2006
01223	对外汉语教师课堂提问的初步考察	曾玉	北京语言大学（硕士）	2006
01224	对外汉语教学系统的研究与实现	顾颖	沈阳工业大学（硕士）	2006
01225	对外汉语教学与方言环境略论	张仲霏	天津大学（硕士）	2006
01226	对外汉语课堂教师纠正性反馈研究	张欢	北京语言大学（硕士）	2006
01227	韩国汉语教学法研究	崔秉珍	吉林大学（硕士）	2006
01228	交互式教学在对外汉语课堂教学中的运用	车俊英	天津师范大学（硕士）	2006
01229	教学中的体验对学生生命成长的意义	易丽	华东师范大学（硕士）	2006
01230	论交际策略教学	林素芬	福州大学（硕士）	2006
01231	论语文教育中人际关系的理念及其实现	龚宏燕	湖南师范大学（硕士）	2006

01232	任务教学法在大学语法教学中的效度研究	吴慧娟	华中师范大学（硕士）	2006
01233	任务类型对中国 EFL 课堂配对互动影响的研究	蔡小丽	广东外语外贸大学（硕士）	2006
01234	心理学理论的发展与外语教学法流派的形成	于洋	东北师范大学（硕士）	2006
01235	以案例为基础的汉语教学法初论	王轩	北京语言大学（硕士）	2006
01236	中国语境下中外教师课堂互动的对比研究	张奕	西北工业大学（硕士）	2006
01237	以学生为中心、以市场为导向的针对海外汉语教学的课程总体设计	颜婉琳	上海交通大学（硕士）	2006
01238	关于对外汉语教学的几点思考	唐晓英	赤峰学院学报（汉文哲学社会科学版）	2007（1）
01239	关于构建“以培养交际能力为目标”的对外汉语教学框架的思考	姜丽萍	汉语学习	2007（1）
01240	关于日本本科留学生对汉语课堂活动有效性评价的分析——对外汉语课堂活动系列调查之四	丁安琪	世界汉语教学	2007（1）
01241	基于“任务教学法”的旅游汉语教学流程和操作策略	那英志、杜小平	青岛职业技术学院学报	2007（1）
01242	教学媒介语折射出的外语教师教学环境观——基于国内外语课堂教学媒介语研究现状	张宏虹	新疆教育学院学报	2007（1）
01243	论高校越南留学生的审美教育	陈雪军	科教文汇（中旬刊）	2007（1）
01244	美国学生汉语课堂教学策略探讨	李云霞	云南师范大学学报（对外汉语教学与研究版）	2007（1）
01245	日本来华中学生汉语学习心理及教学法研究	石慧敏	海外华文教育	2007（1）
01246	小组活动的任务形式和设计方式及其在对外汉语教学中的应用	王瑞烽	语言教学与研究	2007（1）
01247	学唱民歌与学习汉语	张杰	海外华文教育	2007（1）
01248	以学为本，因学论教——从传统与现代双重视角看外语学习与“行为—认知”教学法	李蜜	云梦学刊	2007（1）
01249	“准家庭”教学模式的教学原则和实施办法	刘亚辉	广西师范大学学报（哲学社会科学版）	2007（1）

01250	对外汉语教学中的语言学功用	胡清国	东华大学学报（社会科学版）	2007（2）
01251	对外汉语教学专题研究书系	/	民族语文	2007（2）
01252	概化理论在汉语初学者口语测验中的应用	王佶旻	云南师范大学学报（对外汉语教学与研究版）	2007（2）
01253	教师的课堂行为对学生外语学习焦虑的影响	张艳	晋中学院学报	2007（2）
01254	论沟通在对外汉语教学中的重要性——一位前中学语文老师的经验之谈	薛亚青	现代语文（语言研究版）	2007（2）
01255	浅论中高级阶段汉语教学的性质与任务	李北辰	科技信息	2007（2）
01256	浅谈对外汉语教学中的情感教育	邓美玲	八桂侨刊	2007（2）
01257	任务式教学法给对外汉语教学的启示	刘壮、戴雪梅、阎彤、竺燕	世界汉语教学	2007（2）
01258	社会语言学与对外汉语教学	吴琳	海外华文教育	2007（2）
01259	也谈对于任务型语言教学的几点思考	周中兴	乌鲁木齐职业大学学报（汉文版）	2007（2）
01260	从AP中文课程看美国外语教学的标准	陈绂	语言文字应用	2007（3）
01261	对舶来教学法说“不”——我国当今外语教学现状考察与反思	张绍杰	中国外语	2007（3）
01262	对外汉语教学理念管见	赵金铭	语言文字应用	2007（3）
01263	对外汉语教学中的古汉语教学	朱焱炜	上海大学学报（社会科学版）	2007（3）
01264	汉语的“专化现象”与对外汉语教学初探	肖贤彬、吴向眉	暨南大学华文学院学报	2007（3）
01265	基于任务的对外汉语课堂教学	盛双霞	中国大学教学	2007（3）
01266	论汉语国际推广背景下的课堂教学	程乐乐	长江学术	2007（3）
01267	任务型教学模式下留学生汉语语用能力培养之我见	戴黎红	商情（教育经济研究）	2007（3）
01268	对外汉语教学中的变换理论与特征理论	彭靖	文学教育（下）	2007（4）

01269	对外汉语课堂教学量化工具的设计构想	高立群、孙慧莉	世界汉语教学	2007（4）
01270	利用海外当地资源：把“真实”的汉语引进课堂	张燕吟	世界汉语教学	2007（4）
01271	浅论“和谐”在对外汉语教学中的教化	张曦	红河学院学报	2007（4）
01272	浅析对外汉语中的情景教学	张哲	科技咨询导报	2007（4）
01273	谈理工类院校的对外汉语教学	李卿、张振康	煤炭高等教育	2007（4）
01274	地方高校对外汉语教学管窥	吉照远	语文学刊	2007（5）
01275	对外汉语教学目标的定位、分层与陈述	郭风岚	汉语学习	2007（5）
01276	对外汉语课堂教学中的纠错策略研究综述	毛丽	湘潭师范学院学报（社会科学版）	2007（5）
01277	黑龙江文化资源与对外汉语教学	邵华	继续教育研究	2007（5）
01278	临摹性原则对对外汉语教学的启示	张婧	河南教育学院学报（哲学社会科学版）	2007（5）
01279	浅议对外汉语教学中的因材施教	郭宪春	鞍山师范学院学报	2007（5）
01280	初级汉语教学中“主动纠错行为”的负效应	杨立琴、李立臣	教育艺术	2007（6）
01281	解释学与对外汉语教学	陶黎铭	汉语学习	2007（6）
01282	对外汉语教学中遇到的问题及教学改革建议	高彦怡	吉林省教育学院学报	2007（7）
01283	浅谈幽默在对外汉语教学课堂上的应用	刘亚、邹文	科教文汇（上旬刊）	2007（8）
01284	透视内地对外汉语的现状和发展	晋爱荣	消费导刊	2007（8）
01285	基于蒙古留学生汉语学习的课堂教学设计	张瑞芳	内蒙古师范大学学报（教育科学版）	2007（9）
01286	任务型教学理论及其在对外汉语教学中的应用	叶祥桂、汪小琴	现代语文（教学研究版）	2007（9）
01287	试论对外成人汉语教学的柔性原则	苏岩	黑龙江高教研究	2007（9）
01288	行为主义心理学在对外汉语教学中的实践	王川	双语学习	2007（9）
01289	汉语歌曲在对外汉语教学中的应用	韩瑜	吉林省教育学院学报	2007（10）

01290	试析对外汉语教学中阶的原则和方法	李北辰	黑龙江科技信息	2007（11）
01291	关于对外汉语教学发展环境的思考	周矿先	双语学习	2007（12）
01292	论对外汉语教学中心理的影响	徐琰	大众科学（科学研究与实践）	2007（15）
01293	谈综合教学法在对外汉语教学中的应用	王素梅	教育与职业	2007（24）
01294	本是同根生，花开不一样——浅谈汉语作为母语的教学与汉语作为第二语言的教学的区别	齐雅荻	科技信息（科学教研）	2007（26）
01295	论汉语的特点与对外汉语教学	焉德才	文教资料	2007（27）
01296	对外汉语——教育游戏发展实现的突破口	张魁元、文笑雨	科技信息（科学教研）	2007（35）
01297	东方文学教学之重要性刍议	邓国琴	河池学院学报	2007（S1）
01298	建立在认知基础上的对外汉语语段思维训练	王晨	广西大学学报（哲学社会科学版）	2007（S1）
01299	论语境理论在对外汉语教学中的运用	杨淑云	广西民族大学学报（哲学社会科学版）	2007（S1）
01300	导入方法：设计与应用——兼论导入设计与对外汉语教学质量的关系	杨文惠	广西民族大学学报（哲学社会科学版）	2007（S2）
01301	论对外汉语教学中差异共享的教学策略	杨文惠	山西财经大学学报（高等教育版）	2007（S2）
01302	面对全球汉语热，专家提醒两大瓶颈制约汉语“出口”	冯瑄	语言文字周报	2007-03-28
01303	汉语外教成“白金”职业	徐慧	北京商报	2007-06-20
01304	汉英语作为第二语言的教学法体系对比研究	陶健敏	华东师范大学（博士）	2007
01305	对外汉语初级阶段教师课堂提问研究	许苇	暨南大学（硕士）	2007
01306	对外汉语教学中的成都话研究	徐锋	四川大学（硕士）	2007
01307	对外汉语教学中应注重的英汉语言思维方式差异	徐焕如	华东师范大学（硕士）	2007
01308	对外汉语课堂上的口语纠错研究	刘美玲	北京语言大学（硕士）	2007
01309	对外汉语民俗兴趣教学	王海玲	四川大学（硕士）	2007

01310	哈佛大学汉语讲练课课堂活动研究	王秋雨	北京语言大学（硕士）	2007
01311	汉语作为第二语言学习中练习的理据性探索——兼谈练习编写与教学法的关系	马晓文	华东师范大学（硕士）	2007
01312	合作教学中的师师互动研究	李翠华	山东师范大学（硕士）	2007
01313	基于COLT量表的对外汉语课堂观察量化工具研究	孙慧莉	北京语言大学（硕士）	2007
01314	基于胜任特质理论的对外汉语课堂教学评估量表	李靖华	北京语言大学（硕士）	2007
01315	“结果法”与“过程法”	闫婧	暨南大学（硕士）	2007
01316	课堂教学中交际策略的实证研究	彭宁	山东大学（硕士）	2007
01317	匡亚明教育思想与实践研究	佟有才	吉林大学（硕士）	2007
01318	论“接引语”——以零起点汉语教学为例，看第二语言教学教师语言的根本特性	蔡立予	华东师范大学（硕士）	2007
01319	论言语交际的得体性与语境及对外汉语教学的关系	阮氏幸	北京语言大学（硕士）	2007
01320	试论中国音乐在对外汉语教学中的应用	胡琴	四川大学（硕士）	2007
01321	通过课堂提问培养学生成段表达能力的中级阶段语段教学模式初探	彭岚	北京语言大学（硕士）	2007
01322	现代汉语规范化与对外汉语教学研究	宁芳	辽宁师范大学（硕士）	2007
01323	语言点解释与汉语研究	刘潇蔚	四川大学（硕士）	2007
01324	语言输入理论研究与对外汉语教学	王全义	四川大学（硕士）	2007
01325	对外汉语教学探索与实践	张彤	西北医学教育	2008（1）
01326	关于湖南发展对外汉语教学的几点思考	蔡慧清	湖南社会科学	2008（1）
01327	汉语作为第二语言教学：理念与模式	赵金铭	世界汉语教学	2008（1）
01328	交际能力理论对对外汉语教学的启示	毕彦华	和田师范专科学校学报	2008（1）
01329	谨防“他山之石”——对外汉语教学中听力能力的训练内容及方法刍议	郭宪春	辽宁经济职业技术学院（辽宁经济管理干部学院学报）	2008（1）

01330	克拉申“语言输入假设”对对外汉语教学的启示	刘红	潍坊学院学报	2008（1）
01331	课堂教学中的教师引入内容分析	吕玉兰	世界汉语教学	2008（1）
01332	略论陈鹤琴教学法与蒙台梭利教学法的一致性及特色	田景正	教师教育研究	2008（1）
01333	浅谈对外汉语教学课堂和谐氛围的创设	易鸿灵、易惠丽	安徽文学（下半月）	2008（1）
01334	认知语言学与汉语教学	谢新卫	新疆大学学报（哲学人文社会科学版）	2008（1）
01335	外国建筑史教学之道——跨文化教学与研究的思考	刘先觉	南方建筑	2008（1）
01336	从韩国人学汉语看对零起点学生的对外汉语教学	乐守红	盐城师范学院学报（人文社会科学版）	2008（2）
01337	对外汉语课堂教学中姿态语初探	傅秋敏、齐冲	长江学术	2008（2）
01338	对外汉语教学课堂答疑的误区与对策	陈双玉	长江大学学报（社会科学版）	2008（3）
01339	对外汉语教学语料处理的教学行为策略研究	卢华岩、许嘉璐	语言文字应用	2008（3）
01340	交互策略在促进知识转化中的作用研究——以“对外汉语可视化教学管理平台”实践为例	卢强、周平红、张屹	江苏广播电视大学学报	2008（3）
01341	教学法和教学模式的解析与重组——兼及日本汉语教学中的相关课题	史有为	世界汉语教学	2008（3）
01342	人体隐喻理论及其在对外汉语教学中的运用	郭宪春	辽宁经济职业技术学院（辽宁经济管理干部学院学报）	2008（3）
01343	有助于减轻外国留学生课堂焦虑的提问模式初探	邓秀均	民族教育研究	2008（3）
01344	“结构—功能—文化”教学法在对外汉语教学应用中的反思——兼谈对外汉语教材文化因素的定位	李巍	长春工业大学学报（高教研究版）	2008（4）
01345	论历史教育在对外汉语教学中的作用	谢南燕	山西广播电视大学学报	2008（4）
01346	浅谈原型理论与外语教学	付瑶	山西科技	2008（4）

01347	情景教学在对外汉语教学中的应用探索	赵玉霞	湖北成人教育学院学报	2008（4）
01348	日本语教育与对外汉语教学的学科特点比较	刘元满	暨南大学华文学院学报	2008（4）
01349	以学生为主体创设语境——对外汉语课堂教学研究	于红、刘海咏	徐州师范大学学报（哲学社会科学版）	2008（4）
01350	“字本位”与“词本位”教学方法结合质疑——兼与刘颂浩先生商榷	管春林	暨南大学华文学院学报	2008（4）
01351	对外汉语教育游戏的总体设计之实证研究	张妮、张屹、张魁元	开放教育研究	2008（5）
01352	根据对外汉语教学的特点加强情感教学	王江	中国成人教育	2008（6）
01353	论对外汉语教学对留学生教育发展的影响	陈远明	重庆文理学院学报（社会科学版）	2008（6）
01354	如何进行有效的对外汉语教学	王奕月	辽宁教育行政学院学报	2008（7）
01355	基于抛锚式教学的对外汉语教育游戏模式设计	张魁元、文笑雨、张妮	科教文汇（中旬刊）	2008（8）
01356	普遍语法理论在对外汉语教学中的启示	王艺澄	中国成人教育	2008（9）
01357	中介语理论及其对对外汉语教学的启示	朱卓	辽宁教育行政学院学报	2008（9）
01358	加强对外汉语教学，促进中医药对外教育	周志彬、汤朝晖、谢克庆	江苏中医药	2008（10）
01359	浅谈对外汉语教学中的综合教学法	丁孝莉	安徽文学（下半月）	2008（10）
01360	试析对外汉语教学节目的策划	来云鹤	中国电视	2008（10）
01361	对外汉语教学的探索	王洪岩	科教文汇（下旬刊）	2008（11）
01362	论对外汉语课堂教学中教师的教学意识和教学行为	周凤玲	黑龙江教育学院学报	2008（11）
01363	“听说法”在对外汉语教学中存在的问题及对策	王杨琴、周金声	科教文汇（上旬刊）	2008（11）
01364	认知语言学与对外汉语教学	杨婧	文学教育（上）	2008（12）
01365	试论对对外汉语教师课堂教学的几点要求	蒋雯	大众文艺（理论）	2008（12）

01366	对外汉语教学的理念与教学法	宋莹	华商	2008（15）
01367	“默示教学法”在对外汉语教学中的应用	雍茜	消费导刊	2008（17）
01368	试论游戏在对外汉语课堂教学中的运用	冯冬梅	消费导刊	2008（17）
01369	韩国学生初学汉语时出现的几个问题	侯玲玲	科技信息（科学教研）	2008（18）
01370	论对中小学生的对外汉语教学课堂管理	李满兰	华商	2008（18）
01371	影响对外汉语教学教学法因素的探索和研究	朱丽叶	科技信息（科学教研）	2008（21）
01372	因势利导在对德汉语教学中的应用	崔文	科技信息（学术研究）	2008（24）
01373	对外汉语教学的决定因素和教学方法初探	马洪波	黑龙江科技信息	2008（33）
01374	对外汉语教学理论与国外外语教学理论比较研究	王玉英、蔡鹏飞	求实	2008（S1）
01375	奖学金理工科学历留学生汉语补习的难点及解决办法	张秀婷、尤浩杰、杨琪	北京高校来华留学生教育研究/贺向民、张凡、张国增著/北京语言大学出版社	2008
01376	来华留学生汉语言本科学历教育总体设计的意义	李立成	北京高校来华留学生教育研究/贺向民、张凡、张国增著/北京语言大学出版社	2008
01377	试论对外汉语教学质量评估的实效性	张宝玲	北京高校来华留学生教育研究/贺向民、张凡、张国增著/北京语言大学出版社	2008
01378	汉韩双向语言教学解难	洪小熙	山东大学（博士）	2008
01379	案例教学法在中高级商务汉语教学中的应用研究	李铭娜	吉林大学（硕士）	2008
01380	对外汉语课堂问题行为考察	彭丽	北京语言大学（硕士）	2008
01381	儿童英语教材中的任务型活动考察	陈曦	北京语言大学（硕士）	2008
01382	关联理论视角下的误解成因探析	张晓丹	河南大学（硕士）	2008
01383	活动教学的探索与实践	李忠才	河南大学（硕士）	2008

01384	基于学习者的对外汉语课堂教学纠偏方式研究	李莣怡	北京语言大学（硕士）	2008
01385	计算语言学在对外汉语教学中的应用研究	韩占东	河北大学（硕士）	2008
01386	来华韩国学生汉语课堂学习问题研究	李玉玉	北京语言大学（硕士）	2008
01387	论对外汉语语素教学法	侯宇	陕西师范大学（硕士）	2008
01388	日本人性格特征与对日汉语课堂教学	季露璐	华东师范大学（硕士）	2008
01389	心理学理论的发展与外语教学流派的形成	关立红	长春理工大学（硕士）	2008
01390	中国大学英语教学与“行为—认知”教学法	李蜜	西华大学（硕士）	2008
01391	注意理论在对外汉语课堂教学中的应用研究	袁海萍	华东师范大学（硕士）	2008
01392	对外汉语教学法探索	栗叶	今日南国（理论创新版）	2009（1）
01393	“哈北班”四年级学生评价方式研究	李倩	科教文汇（上旬刊）	2009（1）
01394	试论对外汉语教学中语言输入的主要来源	王全义	湖北函授大学学报	2009（1）
01395	听说教学法和沟通式教学观应用于初级华语教学之探究	罗得荣	暨南大学华文学院学报	2009（1）
01396	图画符号在对外汉语教学中的运用	逄萌佳	文学教育（下）	2009（1）
01397	依托战略优势发展新疆对外汉语事业	范晓玲	新疆社科论坛	2009（1）
01398	把合作学习模式引进对外汉语课堂	张捷鸿	山东师范大学学报（人文社会科学版）	2009（2）
01399	对外汉语教学性质概论	贾树学、李月如	时代文学（双月上半月）	2009（2）
01400	对外汉语教学中的任务设计与应用探析	张幼冬	山东师范大学学报（人文社会科学版）	2009（2）
01401	关于泰国学生汉语教学问题的思考	孙晶	读与写（教育教学刊）	2009（2）
01402	汉语作为第二语言 / 外语教学模式的演变与发展	吴勇毅	华东师范大学学报（哲学社会科学版）	2009（2）
01403	汉语作为第二语言“脚手架”教学法初探	陈忠	世界汉语教学	2009（2）

01404	基于认知风格理论的对外汉语教学策略	王添淼	汉语学习	2009（2）
01405	论对外汉语教学与河北“软实力”的提升——语言经济学的视角	刘刚、焦亚葳、韩建民	河北经贸大学学报（综合版）	2009（2）
01406	浅谈对外汉语课堂教学中的课件使用问题	许超	科教文汇（下旬刊）	2009（2）
01407	社会语言学理论与对外汉语教学实践	吴伟平	语言教学与研究	2009（2）
01408	试论戏剧化教学法在汉语作为第二语言教学中的运用——以澳大利亚的一个课堂教学为例	王永阳	世界汉语教学	2009（2）
01409	数字化对外汉语教学的进展与深化——以“长城汉语”多媒体教学模式为例	格桑央京	民族教育研究	2009（2）
01410	现代教具在留学生汉字教学中的新尝试	田胜男	安徽文学（下半月）	2009（2）
01411	隐性课程研究与对外汉语教学	张红蕴	语言教学与研究	2009（2）
01412	当代语言学理论与汉语教学	陆俭明	世界汉语教学	2009（3）
01413	对外汉语教师课堂用语浅论	关春芳	东北财经大学学报	2009（3）
01414	对外汉语教学运用任务型教学理论问题研究	陆华、李业才	菏泽学院学报	2009（3）
01415	对外汉语教学中的信息冗余	王喆彬、何所思	今日南国（理论创新版）	2009（3）
01416	对外汉语小班型教学特色与优势探析	张桂芳	辽宁师专学报（社会科学版）	2009（3）
01417	论对外汉语教学中的知识传授与能力培养	万业馨	世界汉语教学	2009（3）
01418	以科研引航使汉语教学事业健康地向前发展	陆俭明	语言文字应用	2009（3）
01419	不同认知风格留学生的汉语课堂学习需求分析	吴思娜、刘芳芳	语言教学与研究	2009（4）
01420	江西文化资源与来赣留学生教育研究	袁慧玲、侯桃	江西金融职工大学学报	2009（4）
01421	浅谈教学手段和教学方法在对外汉语教学中的运用	关秋红	长春理工大学学报（高教版）	2009（4）

01422	趣味教学——对外汉语教学中的重要方法	李艳娟	辽宁工业大学学报（社会科学版）	2009（4）
01423	对外汉语游戏型互动教学模式探析	张妮、张屹、张魁元	现代教育技术	2009（5）
01424	试析外语在对外汉语教学中的地位和作用	李艳娟	科技创新导报	2009（5）
01425	运用任务型教学法进行第二语言教学的实践与思考	顾弦	科教文汇（中旬刊）	2009（5）
01426	关联理论视角下的唐诗对外汉语教学	王冬霞	科技信息	2009（6）
01427	对比分析和错误分析在语言教学中的作用	李德敏	安徽文学（下半月）	2009（7）
01428	对外汉语教学运用任务型教学理论的优势	陆华、李业才	继续教育研究	2009（7）
01429	对外汉语教学中的“因材施教”	洪波	韶关学院学报	2009（7）
01430	对外汉语教学中课堂节奏变换谈	王惠	科教文汇（上旬刊）	2009（8）
01431	谈对外汉语课堂教学的几点经验	胡莲美	成功（教育）	2009（8）
01432	情感教育在对外汉语教学中的意义及实施	刘波、欧阳恩剑	科技创新导报	2009（9）
01433	对外汉语教学中真实情景的创设	方艳	中国成人教育	2009（11）
01434	西方交际法对中国外语教学的影响及思考	朱枫	教育理论与实践	2009（12）
01435	谈话法在对外汉语教学中的运用	范雅洁	现代经济信息	2009（13）
01436	论对外汉语教学语言	蔡立予	科技资讯	2009（23）
01437	试论对外汉语课堂教学的艺术性	杜红玉	广西大学学报（哲学社会科学版）	2009（S1）
01438	对外汉语教学从“精英化”走向“大众化”	丁可宁、吴晶	中国改革报	2009-04-02
01439	教学理论建设的方法论比较	路书红	山东师范大学（博士）	2009
01440	新中国来华留学教育结构研究（1950—2007年）	程家福	华东师范大学（博士）	2009
01441	对外汉语教学的现状及对策研究	赵子健	东北师范大学（硕士）	2009
01442	对外汉语教学问题探析	李静波	山东大学（硕士）	2009

01443	对外汉语教学中的情感策略分析	徐煜虹	复旦大学（硕士）	2009
01444	对外汉语教育游戏的设计与开发研究	张妮	华中师范大学（硕士）	2009
01445	对外汉语课堂观察表的设计与实证研究	沙茜	北京语言大学（硕士）	2009
01446	对外汉语课堂纠误反馈研究	仲清	华东师范大学（硕士）	2009
01447	对外汉语课堂有效教学行为研究	汤莉娜	华东师范大学（硕士）	2009
01448	对外汉语培训设计	孟群	上海外国语大学（硕士）	2009
01449	对外汉语与英语课堂教学比较研究初探	王丽	天津师范大学（硕士）	2009
01450	韩国学生汉语课堂回避现象研究	邓小鹏	四川师范大学（硕士）	2009
01451	基于惑论的探究教学研究	杨志英	西南大学（硕士）	2009
01452	《美和汉语教程》（初级第二册）课堂活动设计	陈怡	复旦大学（硕士）	2009
01453	内容教学法在轮机英语教学中的应用研究	孙增军	大连海事大学（硕士）	2009
01454	试论对外汉语教学媒介语	常晓晋	陕西师范大学（硕士）	2009
01455	试论游戏教学法在小学初中对外汉语教学中的应用	韩鑫兴	华东师范大学（硕士）	2009
01456	“苏格拉底圈”讨论式教学法在国际学校中文课堂教学中的应用研究	陈惠芳	华东师范大学（硕士）	2009
01457	体验式教学在泰国初中汉语课堂的应用研究	陈剑	暨南大学（硕士）	2009
01458	“听中文歌学汉语”课程设计探索	梁晓丹	复旦大学（硕士）	2009
01459	语文知识问题浅探——来自对外汉语教学的启示	李志英	江西师范大学（硕士）	2009
01460	“摘要填空”题在中级汉语综合课练习中的运用	孔倩倩	北京语言大学（硕士）	2009
01461	中级汉语综合课课堂打断研究	李安娜	北京语言大学（硕士）	2009
01462	对外汉语文本易读性公式研究	郭望皓	上海交通大学（硕士）	2009
01463	汉语作为第二语言教学和评估任务的工作分析	鹿士义、王二平	世界汉语教学	2010（1）
01464	初级留学生问句输出研究——基于建构主义理论指导的课堂对话语料研究	孙雁雁	世界汉语教学	2010（2）

01465	对外汉语教学法回视与再认识	赵金铭	世界汉语教学	2010（2）
01466	课堂教学中学生思维的启迪与语言潜能的开发	杨惠元	世界汉语教学	2010（4）
01467	AF 高中法语教学对高中对外汉语教学的启示	王婷婷	上海外国语大学（硕士）	2010
01468	初级阶段教学中情景教学法的研究	李平	黑龙江大学（硕士）	2010
01469	初中级汉语会话课堂提问分析	付金芳	北京师范大学（硕士）	2010
01470	对外汉语教学有效备课的策略——基于初级汉语听说课教学案例的分析	倪佳	浙江大学（硕士）	2010
01471	对外汉语课堂教学技巧研究	王钧蓉	四川师范大学（硕士）	2010
01472	对外汉语课堂教学探析	朱云	浙江大学（硕士）	2010
01473	对外汉语中“户外非商业性标语口号”的教学——基于跨文化交际和田野调查的研究	吴丹梅	华东师范大学（硕士）	2010
01474	对外汉语中高级阶段古诗词教学初探	钱汝琦	浙江大学（硕士）	2010
01475	高等院校中游戏辅助对外汉语课堂教学的运用及实例探析	应雪婷	浙江大学（硕士）	2010
01476	歌曲教学模式在汉语夏令营中的应用	李俊卿	山东大学（硕士）	2010
01477	汉语课堂情绪调节策略研究	岳霞	山东大学（硕士）	2010
01478	基于蒙台梭利教育理念的外籍儿童汉语教学探析	王琳	山东大学（硕士）	2010
01479	论对外汉语教学的软实力传播	易乐芳	湖南师范大学（硕士）	2010
01480	泰国汉语课堂任务型教学模式设计	徐敏	山东大学（硕士）	2010
01481	《我听过钢琴协奏曲〈黄河〉》教学设计	曹阳	吉林大学（硕士）	2010
01482	印度尼西亚高中汉语教学研究	LESTARI PUSPIT-ANING-SIH（傅碧达）	东北师范大学（硕士）	2010
01483	语文新课改给对外汉语教学的启示	王永涛	华东师范大学（硕士）	2010

01484	浙江省对外汉语教学的发展战略研究——基于在杭高校相关现状的SWOT分析	陶国霞	浙江大学（硕士）	2010
01485	中餐菜名英译及其对外汉语教学研究	何燕萍	广州大学（硕士）	2010
01486	中学阶段留学生汉语教学研究	冯海燕	黑龙江大学（硕士）	2010
01487	中学语文课堂教学与对外汉语课堂教学的对比研究	宋芳	黑龙江大学（硕士）	2010
01488	对外汉语有效教学研究	黄晓颖	东北师范大学（博士）	2011
01489	汉语作为第二语言教学案例研究	邓杉杉	武汉大学（博士）	2011
01490	MTCSOL研究生教学中的案例教学研究	姜阁	辽宁师范大学（硕士）	2011
01491	TPR教学法在对外汉语教学中的应用	杜建勇	上海师范大学（硕士）	2011
01492	贝立兹教学法在对外汉语教学中的实际运用	杜红梅	华东师范大学（硕士）	2011
01493	参与型教学设计对对外汉语教学的启示	王欣	东北师范大学（硕士）	2011
01494	初级对外汉语综合课课堂更正性反馈研究	赖海燕	华东师范大学（硕士）	2011
01495	初级汉语综合课课文教学设计研究	陈氏武心	华东师范大学（硕士）	2011
01496	初级综合汉语复习课引入语篇教学的方式探究	赵丹	南京师范大学（硕士）	2011
01497	大连市国际学校学生对汉语的态度调查报告	李姃恩	辽宁师范大学（硕士）	2011
01498	狄考文的汉语教学	李木谢子	华东师范大学（硕士）	2011
01499	动画片在韩国高中汉语课堂教学中的应用	李景玉	山东大学（硕士）	2011
01500	对土库曼学生的汉语教学研究	马威	华中师范大学（硕士）	2011
01501	对外汉语初级阶段课堂教学游戏设计	齐晓玲	黑龙江大学（硕士）	2011
01502	对外汉语初级精读课新课导入研究	吴建军	暨南大学（硕士）	2011
01503	对外汉语初级综合课课堂教学的提问技巧研究（对俄）	董晶晶	黑龙江大学（硕士）	2011
01504	对外汉语初级综合课课堂提问研究	钟桂兰	中国海洋大学（硕士）	2011

01505	对外汉语分组讨论法的教学研究	郑玉红	华中师范大学（硕士）	2011
01506	对外汉语高级话题课堂教学设计	柴贺	东北师范大学（硕士）	2011
01507	对外汉语教学分班标准研究——以华中师范大学为例	王静	华中师范大学（硕士）	2011
01508	对外汉语教学模式发展研究	杨里娟	西南大学（硕士）	2011
01509	对外汉语教学中的课堂活动	范彩霞	黑龙江大学（硕士）	2011
01510	对外汉语教学中游戏的应用	司轶旸	黑龙江大学（硕士）	2011
01511	对外汉语教学作业的布置与批改研究	李孝贞	东北师范大学（硕士）	2011
01512	对外汉语课堂非预设事件及应对策略探析	刘际东	复旦大学（硕士）	2011
01513	对外汉语课堂教学情景设计案例分析	邵莉娟	南京师范大学（硕士）	2011
01514	对外汉语课堂教学与个别教学的对比分析	于海英	浙江大学（硕士）	2011
01515	对外汉语课堂教学中的逆向设计	敬雅兰	华东师范大学（硕士）	2011
01516	对外汉语课堂教学中的隐性课程调查与分析	苏延青	山东大学（硕士）	2011
01517	对外汉语课堂提问策略研究	刘永娜	东北师范大学（硕士）	2011
01518	对外汉语课堂小组活动研究	施丹丹	华东师范大学（硕士）	2011
01519	对外汉语课堂中学生对非语言符号接收效果的考察与分析	胡明燕	复旦大学（硕士）	2011
01520	对外汉语趣味教学法研究	乔柠	黑龙江大学（硕士）	2011
01521	对外汉语影视教学研究	李惠渊	东北师范大学（硕士）	2011
01522	关于任务型教学模式及前期任务的案例研究	朱慧杰	首都师范大学（硕士）	2011
01523	海外华裔儿童网络汉语教学研究	周茜茜	山东师范大学（硕士）	2011
01524	海外孔子学院教学模式研究	田迎春	山东大学（硕士）	2011
01525	韩国汉语课堂中影视教学法的问题及其改善方案	柳在俊	浙江大学（硕士）	2011
01526	韩国中小学汉语课堂教学调研报告	宋莹	黑龙江大学（硕士）	2011
01527	汉语电视广告语在中高级来华留学生汉语学习中的应用研究	李璇	重庆师范大学（硕士）	2011

01528	汉语国际教育教学实践及实践基地构建调查分析	郑青琳	广西大学（硕士）	2011
01529	汉语作为第二语言语法教学的 PPP 模式和 PACE 模式对比研究	郭晓冬	华东师范大学（硕士）	2011
01530	互动教学在对外汉语课堂教学中的运用	王建强	南京师范大学（硕士）	2011
01531	基于多元智能理论的差异化教学探索	尹莹	复旦大学（硕士）	2011
01532	基于内容型教学法的课程设计	杜芯宁	复旦大学（硕士）	2011
01533	基于任务式教学法的 4A 模式教学设计	郑蕾	山东大学（硕士）	2011
01534	基于任务型教学法的专业用途汉语教学设计	张梦蝶	山东大学（硕士）	2011
01535	基于行动导向的对外汉语教学法研究	宋莉莹	东北师范大学（硕士）	2011
01536	基于学习效果的对外汉语课堂游戏教学研究	刘越	黑龙江大学（硕士）	2011
01537	《吉利的数字》教学设计	郭笛	黑龙江大学（硕士）	2011
01538	家庭差异化教学的实践与探索	唐洁	复旦大学（硕士）	2011
01539	角色扮演活动在对外汉语教学中的应用研究	肖倩	华东师范大学（硕士）	2011
01540	来华留学生汉语教育现状及问题研究	高天丽	华南理工大学（硕士）	2011
01541	来华留学生实施趋同教学管理模式之研究	徐卓	兰州大学（硕士）	2011
01542	来华外国中学生汉语综合课课堂活动研究	顾弦	华东师范大学（硕士）	2011
01543	零起点水平汉语教学设计初探	黄令侃	华东师范大学（硕士）	2011
01544	论大学汉语教学中语言环境的创设和优化	阮玉琉璃	重庆大学（硕士）	2011
01545	全球教育联盟上海财大项目中文教学模式分析	朱世恒	华东师范大学（硕士）	2011
01546	任务型教学理论及其在对外汉语教学中的应用	居珈璇	华中师范大学（硕士）	2011
01547	任务型语言教学法的行动研究	李婧	东北师范大学（硕士）	2011

01548	手绘简笔画在对外汉语初级班课堂教学中的应用	张永上	吉林大学（硕士）	2011
01549	泰国初级汉语课堂纠正性反馈的实证研究	樊泽媛	暨南大学（硕士）	2011
01550	体态语在对外汉语教学中的作用及中哈体态语的异同	Aubak-irova Ainur（阿娜）	陕西师范大学（硕士）	2011
01551	体验式教学在第二语言教学中的应用研究	马丽云	山东大学（硕士）	2011
01552	网络资源在对外汉语教学中的应用	肖笛	黑龙江大学（硕士）	2011
01553	《我比你更喜欢音乐》教学设计	刘东雁	吉林大学（硕士）	2011
01554	我国对外汉语教学研究的分析与建议（2001年—2010年）	刘璐	山东大学（硕士）	2011
01555	无媒介语对外汉语教学	赫丹丹	南京师范大学（硕士）	2011
01556	新疆高校中亚本科留学生汉语言专业教学现状调查研究	史小芳	新疆师范大学（硕士）	2011
01557	学唐诗在汉语作为第二语言教学中的效果研究	曲桂敏	华东师范大学（硕士）	2011
01558	以情景喜剧为资源的对外汉语视听教学探析	马晓虹	山东大学（硕士）	2011
01559	影响留学生汉语学习的情感因素及教学策略	李京	黑龙江大学（硕士）	2011
01560	游戏在对外汉语少儿教学中的应用	王慧清	山东大学（硕士）	2011
01561	语文教学与对外汉语教学中的教学语言对比研究	王洪丽	山东大学（硕士）	2011
01562	语言能力的三大模块与对外汉语教学的策略	孙斐斐	华中师范大学（硕士）	2011
01563	语言学能研究及其对对外汉语教学的启示	胡立忠	广州大学（硕士）	2011
01564	运用课堂游戏开展有效汉语教学	王连辉	华东师范大学（硕士）	2011
01565	在对外汉语教学中如何培养美国学生的汉语思维方式	景超	华东师范大学（硕士）	2011
01566	在汉语教学中开设影视课程的研究与探索	曹芝恩	山东师范大学（硕士）	2011

01567	中俄汉语教学方法比较	玛丽娜（KUSH-NAREN-KO MA-RINA）	黑龙江大学（硕士）	2011
01568	中国古代蒙学教育对对外汉语教学的启示	左玉霞	东北师范大学（硕士）	2011
01569	中韩两国作为外语的汉语教学对比研究	俞准东	上海外国语大学（硕士）	2011
01570	中文电视剧在韩国中高级汉语视听说教学中的应用	李振宇	山东大学（硕士）	2011
01571	中文电影在中高级汉语视听说教学中的运用	张艺	山东大学（硕士）	2011
01572	注意理论在对外汉语课堂教学中的应用研究	宋宏楠	黑龙江大学（硕士）	2011
01573	作为真实语料的商品名称调查及其在对外汉语教学中的应用	杨媛	云南大学（硕士）	2011
01574	体态语在对外汉语教学中的运用	张舒杰	黑龙江大学（硕士）	2011
01575	认知功能教学法：理论、设计和程序	邵菁	华东师范大学（博士）	2012
01576	巴基斯坦来华医学留学生（英语授课）的汉语教学研究	赵娟	山东大学（硕士）	2012
01577	《北京人与上海人》教学设计	王聪	吉林大学（硕士）	2012
01578	标点符号在对外汉语教学中的应用研究	游素华	黑龙江大学（硕士）	2012
01579	差异教学在对外汉语教学中的应用研究	郭慧晶	山东大学（硕士）	2012
01580	初级对外汉语看图说话课程的问题及对策	金镐俊	上海师范大学（硕士）	2012
01581	初级对外汉语课堂话语交际分析及其运用策略思考	苑洋	广西民族大学（硕士）	2012
01582	初级汉语课堂小组活动有效性行动研究	毕琦琳	中央民族大学（硕士）	2012
01583	初级结构型教材语言点与课文内容匹配关系的考察与分析	查文进	复旦大学（硕士）	2012
01584	促进对外汉语中级综合课课堂互动的有效提问研究	龚瑶	辽宁大学（硕士）	2012

01585	大连民族学院国际文化交流学院对外汉语教学调查研究	吴广志	吉林大学（硕士）	2012
01586	对韩儿童汉语教学策略研究	谭铮	兰州大学（硕士）	2012
01587	对韩小学汉语游戏教学策略研究	孟洋	吉林大学（硕士）	2012
01588	对日汉语教学中存在的问题及情感教育的运用	刘佩琼	兰州大学（硕士）	2012
01589	对泰大学生古代汉语情境教学模式设计	杨珍	山东大学（硕士）	2012
01590	对泰汉语教学中的唐诗教学方法探索	王春玲	云南大学（硕士）	2012
01591	对泰中学生汉语教学课堂有效教学行为研究	刘亚东	广西师范大学（硕士）	2012
01592	对外汉语初级阶段综合课教师课堂提问有效性的初步考察	朱晔娉	中央民族大学（硕士）	2012
01593	对外汉语个性化教学研究	杨伊凡	上海师范大学（硕士）	2012
01594	对外汉语教学法简析	李雪梅	郑州大学（硕士）	2012
01595	对外汉语教学模式的对比及探讨	王金枫	兰州大学（硕士）	2012
01596	对外汉语教学中的“小组互动竞争型”教学模式研究	弓晔	东北师范大学（硕士）	2012
01597	对外汉语教学中古诗歌的使用	金孝仁	浙江大学（硕士）	2012
01598	对外汉语教学中课堂提问现状分析	侯晓慧	西北大学（硕士）	2012
01599	对外汉语课堂的师生互动模式探究	黄卫萍	郑州大学（硕士）	2012
01600	对外汉语课堂交流现象研究	杨硕	兰州大学（硕士）	2012
01601	对外汉语课堂教师提问效果调查研究	段俏	东北师范大学（硕士）	2012
01602	对外汉语课堂教学中的汉英语码转换研究	陈翼	广州大学（硕士）	2012
01603	对外汉语课堂教学中学习者目的语输出特点研究	慈龙梅	南京师范大学（硕士）	2012
01604	对外汉语课堂中 TPR 教学法的应用研究——以苏丹喀土穆大学孔子学院初级汉语教学为例	张昱	西北师范大学（硕士）	2012
01605	对外汉语课堂中学生的隐性反馈	侯晓明	中央民族大学（硕士）	2012
01606	对外汉语民歌辅助教学实验报告	谢筱敏	云南大学（硕士）	2012

01607	对外汉语情境互动教学相关问题探讨	陈勇京	天津师范大学（硕士）	2012
01608	对外汉语网络教学与虚拟教室的调查研究	曾怡兰	苏州大学（硕士）	2012
01609	对外汉语之李白诗歌教学	冯艳丽	兰州大学（硕士）	2012
01610	对外幼儿汉语教学研究	樊效均	东北师范大学（硕士）	2012
01611	多元智能理论指导下“学唱中文歌曲”课程的教学设计	武奕	辽宁大学（硕士）	2012
01612	翻译教学法在汉语教学中的运用	小阿（Amrih Patrio-tomo）	华中科技大学（硕士）	2012
01613	非语言交际在对外汉语教学中的应用	周文文	吉林大学（硕士）	2012
01614	古代诗词以现代歌曲形式进入泰国中学汉语教育之研究	林晓清	广西大学（硕士）	2012
01615	广西民族大学国际教育学院对外汉语教学调查研究	李琦	广西民族大学（硕士）	2012
01616	广州地区国际学校汉语二语教学状况调查报告	赖春平	暨南大学（硕士）	2012
01617	国际文凭大学预科项目指导下之IB中文教学的考察分析	冯洋	中山大学（硕士）	2012
01618	国际学校（中学阶段）对外汉语分层教学初步研究	蔡婷婷	吉林大学（硕士）	2012
01619	哈萨克斯坦阿拉木图市高校汉语教学现状	赛兰别克·古丽娜	中央民族大学（硕士）	2012
01620	韩国釜山地区开花小学汉语游戏教学的行动研究	田鑫	东北师范大学（硕士）	2012
01621	韩国釜山九德初等小学汉语课《你喝什么？》课堂教学设计	李明星	吉林大学（硕士）	2012
01622	韩国高中汉语课程混合式教学模式研究	车和庭	山东师范大学（硕士）	2012
01623	韩国京畿道高中汉语协作教学模式中的课堂教学意识研究	秦琳	广西师范大学（硕士）	2012
01624	韩国中学课堂教学提问研究	张雨薇	吉林大学（硕士）	2012
01625	《寒假你打算去哪儿旅行》教学设计	甘培	河南大学（硕士）	2012

01626	汉语初级阶段教师课堂语言的考察和分析	郑重	上海师范大学（硕士）	2012
01627	汉语的母语教育与对外汉语教育的比较研究	王璐	扬州大学（硕士）	2012
01628	《汉语会话 301 句》教学设计	张翾子	新疆师范大学（硕士）	2012
01629	汉语教学中的语言游戏	吴真姬	黑龙江大学（硕士）	2012
01630	汉语课堂教学分析	张培培	云南大学（硕士）	2012
01631	汉语网络语言与对外汉语教学	席文	黑龙江大学（硕士）	2012
01632	汉语综合课课堂小组活动设计与实践初探	陆晓伟	广西大学（硕士）	2012
01633	汉语作为素质拓展课的教学设计研究	蒋谦	云南大学（硕士）	2012
01634	合作语言学习教学法和整体语言教学法在汉语作为第二语言的海外教学案例及分析	许锦	郑州大学（硕士）	2012
01635	基于网络资源的任务型汉语教学设计	祁蒙蒙	山东大学（硕士）	2012
01636	基于游戏教学法的低龄学习者对外汉语教学设计与实践	孙荣	中山大学（硕士）	2012
01637	基于语块教学法的中级汉语精读课设计	龚静	西北大学（硕士）	2012
01638	基于粤语人文现象对粤方言区对外汉语教学的探讨	丁艾	暨南大学（硕士）	2012
01639	《吉利的数字》教学设计	沈倩	河南大学（硕士）	2012
01640	《吉利的数字》教学设计	余亚征	河南大学（硕士）	2012
01641	吉林省高校汉语国际教育与文化推广问题调查与研究	陈智勇	吉林大学（硕士）	2012
01642	结合任务法的来华预科生医学汉语课教学设计	赵姗姗	山东大学（硕士）	2012
01643	结合任务型教学的对泰旅游汉语教学设计	侯春晓	山东大学（硕士）	2012
01644	看电影学汉语——论对外汉语教学中电影课程的设置	俞小霞	兰州大学（硕士）	2012
01645	肯尼亚初中级汉语课堂教学技巧探析	邓晓凤	兰州大学（硕士）	2012

01646	跨文化背景下对泰汉语课堂教学	尹青华	云南大学（硕士）	2012
01647	来华预科留学生课堂环境的调查研究	王宪伟	山东大学（硕士）	2012
01648	零基础泰国中学生第一周汉语课教学设计	张维阳	广西师范大学（硕士）	2012
01649	零起点泰国中学生汉语教学策略研究	王星歌	吉林大学（硕士）	2012
01650	留学生古代汉语教学设计研究	杨婷婷	吉林大学（硕士）	2012
01651	《楼兰古国》教学设计	王慧	吉林大学（硕士）	2012
01652	论初级阶段对外汉语课堂上的课文教学	路珊珊	云南大学（硕士）	2012
01653	论对外汉语课堂教学技巧	刘纯旺	西北大学（硕士）	2012
01654	论对外汉语课堂教学中三种艺术性辅助语	叶云芳	兰州大学（硕士）	2012
01655	论高年级留学生的经济学汉语课程教学	陈沛	陕西师范大学（硕士）	2012
01656	论控制式操练法在对外汉语高年级教学中的局限性及其改进	张博	陕西师范大学（硕士）	2012
01657	论唐宋诗词对外教学——以《静夜思》、《清明》、《水调歌头》为例	翟其琛	上海外国语大学（硕士）	2012
01658	蒙特梭利教学法在幼儿对外汉语教学中的应用	张维	吉林大学（硕士）	2012
01659	密西西比大学在北京（MIB）暑期项目个案研究	郭亚男	陕西师范大学（硕士）	2012
01660	面向初级汉语学习者的汉语教学常用交际项目图式研究	殷晓琴	中央民族大学（硕士）	2012
01661	明德模式海内外项目对比研究及国内汉语教学对其的借鉴	王睿昕	云南大学（硕士）	2012
01662	培训机构对外汉语教学特点及其教学方法初探	郭艳洁	上海师范大学（硕士）	2012
01663	《旗袍》教学设计	邵宇婷	吉林大学（硕士）	2012
01664	浅谈对外汉语教学的汉语绕口令教学	常彬	华中师范大学（硕士）	2012
01665	浅谈对外汉语教学中的宗教隔阂及教学对策	杨仲岨	华中师范大学（硕士）	2012

01666	浅谈课堂游戏作为鹰架在对外汉语课堂教学中的有效应用	吕娟娟	山东师范大学（硕士）	2012
01667	浅谈趣味性原则在对外少儿汉语教学中的应用	郭新亚	苏州大学（硕士）	2012
01668	浅析流行歌曲对对外汉语教学的辅助作用	戴懿菡	云南大学（硕士）	2012
01669	情境式教学法在对外汉语教学中的应用	李盈	云南大学（硕士）	2012
01670	《请把护照和机票给我》教学设计	姚博文	河南大学（硕士）	2012
01671	趣味性原则在对外少儿汉语教学中的应用	杨亚新	苏州大学（硕士）	2012
01672	任务型教学法研究	李木子	吉林大学（硕士）	2012
01673	任务型教学法在旅游汉语教学中的应用	张旖旎	辽宁师范大学（硕士）	2012
01674	任务型教学中的任务设计研究	张芳	吉林大学（硕士）	2012
01675	少年儿童对外汉语教学中教学游戏的应用	邬鹏	陕西师范大学（硕士）	2012
01676	试论多元智能理论下的对外汉语语言要素教学	吴珮	华中科技大学（硕士）	2012
01677	试论听说法在对外汉语教学中的运用	杨曼	云南大学（硕士）	2012
01678	试论音乐在对外汉语教学中的应用	陈晓	上海师范大学（硕士）	2012
01679	试析“连环式”游戏在对外汉语课堂教学中的运用	庄园	云南大学（硕士）	2012
01680	泰国高中汉语课堂教学中的情境教学	孙青	云南大学（硕士）	2012
01681	泰国广告启示下的对泰汉语古诗词课程教学模式探索	王燕	山东大学（硕士）	2012
01682	泰国小学汉语教学课堂活动探讨	邹德贞（THAN-VALAI SANYA-KHAN）	中央民族大学（硕士）	2012
01683	泰国中学汉语课堂教学设计研究	赵金	华中科技大学（硕士）	2012
01684	泰国中学主题式汉语教学模式建构与研究	王彬	山东大学（硕士）	2012

01685	谈对外汉语教学中的古代汉语教学	郑姝	辽宁大学（硕士）	2012
01686	谈语言的工具性和对外汉语教学	王月明	曲阜师范大学（硕士）	2012
01687	陶渊明诗歌英译比较与教学	冉迅迅	苏州大学（硕士）	2012
01688	题画诗在汉语作为第二语言教学中的作用	李一帅	浙江大学（硕士）	2012
01689	体态语言在初级对外汉语课堂教学中的运用和意义	聂洪梅	吉林大学（硕士）	2012
01690	外籍小学生汉语课堂教学实效性的相关策略研究	崔玲	吉林大学（硕士）	2012
01691	网络段子及其在对外汉语教学中的应用	任启	广州大学（硕士）	2012
01692	《我看见了飞蝶》教学设计	刘爽	河南大学（硕士）	2012
01693	《我来了两个多月了》教学设计	江秀艳	吉林大学（硕士）	2012
01694	《我来了两个多月了》教学设计	张玉婕	河南大学（硕士）	2012
01695	《我们生活在人群里》教学设计	齐晓东	河北师范大学（硕士）	2012
01696	《五色土》教学设计	韩影	吉林大学（硕士）	2012
01697	《五色土》教学设计	李思霖	吉林大学（硕士）	2012
01698	“信息差”在对外汉语听说课堂教学中的应用	张晓峰	西安外国语大学（硕士）	2012
01699	“学导式”教学法在对外汉语教学中的尝试	朱琳	吉林大学（硕士）	2012
01700	以旅游观光为例浅谈基于任务的汉语课外实践教学设计	吕丽红	暨南大学（硕士）	2012
01701	意大利汉语课堂师生互动研究	马青	华东师范大学（硕士）	2012
01702	影视欣赏在对外汉语教学中的应用	杨雪茜	河南大学（硕士）	2012
01703	游戏式教学在泰国中学生汉语课堂上的应用分析	孙晓飞	云南大学（硕士）	2012
01704	《有困难找警察》教学设计	梁雅婵	河南大学（硕士）	2012
01705	有针对性地实施有效教学行为之研究	陈颖	暨南大学（硕士）	2012
01706	《愉快的傣乡行》教学设计	金镝	吉林大学（硕士）	2012

01707	语言教学之汉语教学及英语教学——第二语言教学相关理论及英语教学案例对对外汉语教学的启发	马妙红	郑州大学（硕士）	2012
01708	在华留学生汉语课堂中隐性课程的调查与分析	陈琼	华东师范大学（硕士）	2012
01709	在华外国儿童的汉语教学法探索	吴蓉（Carolyn Ramsey）	云南大学（硕士）	2012
01710	《在家办公》教学设计	陈金晶	吉林大学（硕士）	2012
01711	针对初中级水平学生的听说一体化教学模式研究	于小溪	山东师范大学（硕士）	2012
01712	中高级留学生汉语完形填空题的答题策略研究	曾燕	暨南大学（硕士）	2012
01713	中国儿童文学在对外汉语初级阶段教学中的应用	常文心	兰州大学（硕士）	2012
01714	中国概况课的教学调查、分析及建议	林慧秀	上海师范大学（硕士）	2012
01715	中国古典诗歌与对外汉语教学	齐心	兰州大学（硕士）	2012
01716	中国强交际语境下的对外汉语教学策略研究	张云	河南大学（硕士）	2012
01717	中级班汉语课课堂操练研究	刘津含	东北师范大学（硕士）	2012
01718	中文歌辅助对外汉语教学探究	周彦含	辽宁大学（硕士）	2012
01719	中文歌曲在泰国小学汉语教学中的应用调查与研究	王莎	广西师范大学（硕士）	2012
01720	中西思维差异对汉语课堂提问的影响	李现翠	陕西师范大学（硕士）	2012
01721	中学语文教学与对外汉语教学的对比分析	张志伟	重庆师范大学（硕士）	2012
01722	中亚伊斯兰学生汉语教学的研究	唐倩	陕西师范大学（硕士）	2012
01723	综合教学法在泰国中学汉语教学中的应用	闫雪	中央民族大学（硕士）	2012
01724	作为真实语料的中式菜名调查分析及其在对外汉语教学中的应用	李霞	云南大学（硕士）	2012
01725	对外汉语互动教学初探	吴文杰	赤峰学院学报（汉文哲学社会科学版）	2013（1）

01726	对外汉语教学板书初探	李夙云	黑龙江教育（高教研究与评估）	2013（1）
01727	高校对外汉语教育的若干思考	于晓日	江苏高教	2013（1）
01728	高校境外生科学管理对策管窥	隋昌鹏	长江大学学报（社科版）	2013（1）
01729	汉语和汉语教学的再认识	王希杰	渤海大学学报（哲学社会科学版）	2013（1）
01730	卡片的妙用——对外汉语教学法探析	李娜	学周刊	2013（1）
01731	零起点对外汉语教学技巧运用——以军事经济学院为例	刘婵、白琰媛、靳风华	企业导报	2013（1）
01732	论对外汉语教学评价的基本原则	高若瑜	中国电力教育	2013（1）
01733	目标任务型教学法在线上华语教学中的应用	钱颖	长江学术	2013（1）
01734	浅析对外汉语教学中的情感因素	曾小燕	漯河职业技术学院学报	2013（1）
01735	试论对外汉语字词系联教学法	焦浩	河南教育学院学报（哲学社会科学版）	2013（1）
01736	疑问句的疑问焦点与对外汉语课堂提问	东文娟	现代语文（语言研究版）	2013（1）
01737	音乐元素在对外汉语课堂中的运用	杨蓓蓓	中国—东盟博览	2013（1）
01738	肢体语言在初级对外汉语教学中的运用	赵德荣	科教导刊（上旬刊）	2013（1）
01739	从课堂教学行为看新教师的课堂教学意识——个案研究	刘枫	教育教学论坛	2013（2）
01740	对外汉语教师服饰对课堂教学的影响——基于多元文化背景留学生的实证调查分析	亓华、陈振艳、王方宇	云南师范大学学报（对外汉语教学与研究版）	2013（2）
01741	对外汉语教学初级阶段的融合型教学模式	孟艳丽、池杨琴	现代语文（语言研究版）	2013（2）
01742	对外汉语教学的有效性研究	王振洪	语文建设	2013（2）
01743	对外汉语专业“中国古代文学”教学模式改革初探	查金萍	安庆师范学院学报（社会科学版）	2013（2）
01744	功能法在对外汉语教学中的特点	娄桂岩	现代语文（语言研究版）	2013（2）

01745	古代文学课程在国际汉语教学中的作用	冯庆磊	现代交际	2013（2）
01746	交际教学法与对外汉语教学	于淼	文学教育（中）	2013（2）
01747	模拟课堂低效教学手势语的调查及培训策略分析	吕明	东北师大学报（哲学社会科学版）	2013（2）
01748	浅谈对外汉语教学中的课堂提问	李小峰	学理论	2013（2）
01749	试论任务型教学法在对外汉语课堂中的实施	张利蕊	郑州铁路职业技术学院学报	2013（2）
01750	显著提升对外汉语教学质量的途径与方法探索——关于对外汉语教学的深层理论思考	何克抗、王冰洁	电化教育研究	2013（2）
01751	增强认识，提高成效——对外汉语教学的实践与思考	王作新	三峡论坛（三峡文学·理论版）	2013（2）
01752	中国笑话不好笑？——谈对外汉语教学中幽默的引入	崔培玲	现代语文（语言研究版）	2013（2）
01753	“SILL 教学法”在对外汉语教学中的效用评估（英文）	陈思博	*Chinese Journal of Applied Linguistics*	2013（3）
01754	从文化理解到文化表达——对外汉语专业英语教学模式研究的新视角	韩晓秋、线宏力	理论观察	2013（3）
01755	对外汉语教师课堂积极反馈语研究	刘弘、王冰	语言教学与研究	2013（3）
01756	对外汉语教学的方法与技巧探讨	阿衣努尔·达吾提	科技信息	2013（3）
01757	对外汉语教学在海外开展的现状分析——基于《中国文化印象调查》数据的分析	王丽雅	教育科学	2013（3）
01758	对外汉语早期教学倾向性调查	赵润、娄振强、盛晓雯	通化师范学院学报	2013（3）
01759	论电视宣传在对外汉语教学中的重要作用	倪烁	新闻传播	2013（3）
01760	浅谈零起点对外汉语教学中媒介语的使用	陈夏瑾	现代语文（学术综合版）	2013（3）
01761	浅谈中介语理论对对外汉语教学策略的启示	刘浩平	普洱学院学报	2013（3）

01762	从“词本位”到“字本位”——对外汉语教学思路的一场变革	史方园	现代交际	2013（4）
01763	动之以情，事半功倍——对外汉语教学中的情感因素研究	时萍	现代语文（学术综合版）	2013（4）
01764	对当前汉语教学过程对外讲授方法的思考	李冉	文学教育（中）	2013（4）
01765	对外汉语游戏教学问卷调查及实验报告——以渤海大学国际交流学院韩国留学生为例	丁赟、姜丽萍	辽宁医学院学报（社会科学版）	2013（4）
01766	对外汉语专业实践教学模式探索——以黑龙江外国语学院为例	李红、马赫	现代语文（语言研究版）	2013（4）
01767	关于留华大学生对外汉语教学的几点讨论	焦琳	河南科技	2013（4）
01768	关于提高对外汉语专业古代文学教学效果的几点思考	杨华	教育教学论坛	2013（4）
01769	论对外汉语课堂的游戏教学策略	屠莎莎	怀化学院学报	2013（4）
01770	论诗词读诵吟唱法在对外汉语教学中的应用	祝东	重庆三峡学院学报	2013（4）
01771	浅谈认知语言学在对外汉语教学中的应用	庄小保	民族高等教育研究	2013（4）
01772	浅谈微电影与对外汉语教学	张丹丹	中国传媒科技	2013（4）
01773	小议英语在对外汉语教学初级阶段中的媒介语作用和方法	彭杰	湖北科技学院学报	2013（4）
01774	远程国际汉语教育课程规划与教学机制初探	刘永权、张铁道	中国远程教育	2013（4）
01775	对外实用汉语游戏性学习系统研究	何建锋、黄雪丹、杜妮香、沈靖喃	软件导刊	2013（5）
01776	功能翻译理论视角下的对外汉语韩汉翻译教学	孙红娟	湖南科技大学学报（社会科学版）	2013（5）
01777	关于对外汉语语言实践课实施步骤的几点思考	白迪迪	教育教学论坛	2013（5）
01778	论对外汉语教学中的古代文学教学	李锦	西南农业大学学报（社会科学版）	2013（5）
01779	浅析电视场景剧在对外汉语教学中的教学模式	杜菲	河南教育学院学报（哲学社会科学版）	2013（5）

01780	浅析对外汉语教师课堂体态语言教学	吴小月	艺术科技	2013（5）
01781	文学圈圈理论的课程设计	沈红丹	牡丹江大学学报	2013（5）
01782	愉快教学法在对外汉语教学中的实践初探	金吉华	吉林省教育学院学报（中旬）	2013（5）
01783	对外汉语“动态词本位”教学模式	李德鹏	云南师范大学学报（对外汉语教学与研究版）	2013（6）
01784	关注课堂导入，提高教学效率——以短期夏令营中泰国学生的一次汉语课为例	张慧敏	楚雄师范学院学报	2013（6）
01785	黑龙江方言语境下的对外汉语教学策略刍议	刘宇	绥化学院学报	2013（6）
01786	论地方高校对外汉语专业“中国古代文学史”教学方案设计与实施的优化	郑升、张婧	兰州教育学院学报	2013（6）
01787	论对外汉语课堂教学机智	刘萍、金祥林	理论界	2013（6）
01788	浅论对外汉语教学法的选择	仲瑶	安徽文学（下半月）	2013（6）
01789	微型课堂中教师的课堂控制问题	杨婧	新西部（理论版）	2013（6）
01790	在大国学观下透视对外汉语教学改革	王樱颐、苑慧香	文学教育（上）	2013（6）
01791	基于社会性网络的对外汉语教学IAST-A模型	徐品香	中国电化教育	2013（7）
01792	浅论对外汉语教学的“愉快教学”	刘师如	现代教育科学	2013（7）
01793	我们应当给外国人教些什么——小议当前对外汉语教学内容设置误区兼与陈昌来先生商榷	邱唐	科教文汇（上旬刊）	2013（7）
01794	以民族音乐为载体的对外汉语教学研究	孙轲	现代语文（语言研究版）	2013（7）
01795	不同教学环境下的对外汉语教学	汤雯雯	学理论	2013（8）
01796	对外汉语教学开设实践活动课的实施设计	张睿	南阳师范学院学报	2013（8）
01797	对外汉语教学视角下的集体主义与个人主义价值观浅析	高泽洵	现代语文（学术综合版）	2013（8）
01798	对外汉语课堂教学中应把握的交际教学原则	张传双	现代语文（语言研究版）	2013（8）

01799	浅谈情境教学法在对外汉语教学中的应用	李松梅	黑河学刊	2013（8）
01800	浅析项目交际法语言教学引入对外汉语课堂	李纯玮	语文建设	2013（8）
01801	对外汉语相对直接法教学模式探讨	周婷婷、师会敏、杨帆	重庆科技学院学报（社会科学版）	2013（9）
01802	对外汉语专业中国现当代文学课教学方法探讨	娄佰彤	吉林省教育学院学报（上旬）	2013（9）
01803	浅谈对外汉语课堂注入文学元素的方法	陈飞	名作欣赏	2013（9）
01804	从“北美模式”的对外汉语教学课堂看母语的作用	邢龙飞	辽宁行政学院学报	2013（10）
01805	对外汉语教学案例与分析	李萍	中国—东盟博览	2013（10）
01806	浅谈对外汉语教学中如何激发学生的学习兴趣	国莉	中国校外教育	2013（10）
01807	浅谈体态语在对外汉语课堂中的运用	刘颖	语文教学通讯·D刊（学术刊）	2013（10）
01808	项目教学法给对外汉语教学的启示	周燕	现代语文（语言研究版）	2013（10）
01809	关于对外汉语教学词典研编的一些思考	赵刚	出版发行研究	2013（11）
01810	基于对外汉语课堂的教师话语研究	关春芳	现代语文（学术综合版）	2013（11）
01811	浅论高校对外汉语教学中的课堂教学艺术	曹慕源	经济研究导刊	2013（11）
01812	对外汉语阅读与写作课堂教学探讨	王峰	大学教育	2013（13）
01813	合作学习理论在对外汉语网络教学中的应用	赵越	学周刊	2013（13）
01814	对外汉语教学经验谈	何萍	职业	2013（14）
01815	浅谈对外汉语教学法的选择——从四对关系进行多维度探讨	王爽	才智	2013（14）
01816	河北省对外汉语教学现状、问题及发展策略研究	焦亚葳、李燕凌	教育教学论坛	2013（17）
01817	国际交流学院阅览室如何更好地辅助对外汉语教学——以齐齐哈尔大学国际交流学院阅览室为例	赵德春	内蒙古科技与经济	2013（18）

01818	浅析《论语》对对外汉语教学的启示	王姣艳、王欣	学理论	2013（21）
01819	歌曲赏析在对外汉语教学中的可行性实践研究	谭方黎	价值工程	2013（23）
01820	对外汉语视域下课内外语言实践的几点探索——以哈尔滨师范大学为例	刘辰洁、孙潇雨、王继红	学理论	2013（24）
01821	试论使用游戏手段提升对外汉语课堂教学的趣味性	刘辉	中国校外教育	2013（27）
01822	对外汉语教学中隐性课程建设的调查研究	高媛媛	东南亚地区汉语国际教育趋势与前沿问题研究 / 邱鸣、谷天刚主编 / 中国社会科学出版社	2013
01823	谈提高中学对外汉语课堂教学效果的几点体会	杨秦茹	东南亚地区汉语国际教育趋势与前沿问题研究 / 邱鸣、谷天刚主编 / 中国社会科学出版社	2013
01824	对外汉语课堂教师互动调整有效性研究：语码转换视角	王召妍	上海外国语大学（博士）	2013
01825	AGE 汉语教学模式研究及海外推广	时彦良	上海外国语大学（硕士）	2013
01826	澳大利亚中小学本土汉语教师课堂教学调查	郜淑君	河南师范大学（硕士）	2013
01827	《北京的四季》的教学设计	郑慧琼	吉林大学（硕士）	2013
01828	《北京的四季》教学设计	高慧磊	内蒙古师范大学（硕士）	2013
01829	表演式教学在对外汉语教学中的应用研究	孙晓淼	山东大学（硕士）	2013
01830	《出租车司机什么都知道》教学设计	张皎	吉林大学（硕士）	2013
01831	初级对外汉语课堂教师提问的分析	王振玉	山东师范大学（硕士）	2013
01832	初级汉语趣味性教学法研究	史雨轩	兰州大学（硕士）	2013
01833	答非所问在对外汉语教学中的研究	申丹丹	吉林大学（硕士）	2013
01834	对泰汉语综合课《邮局在哪儿》教学设计	潘熙	吉林大学（硕士）	2013
01835	对外汉语教学与中小学语文教学的对比分析	武文	郑州大学（硕士）	2013

01836	对外汉语教学中传播《论语》思想研究	张啸森	兰州大学（硕士）	2013
01837	对外汉语教学中的体态语探析	张美娟	苏州大学（硕士）	2013
01838	对外汉语教学中的专门用途汉语教学研究	梁颖哲	上海外国语大学（硕士）	2013
01839	对外汉语教学中古典诗歌教学的教法探究	雷蕾	吉林大学（硕士）	2013
01840	对外汉语课堂游戏设计与应用分析	王永娇	吉林大学（硕士）	2013
01841	对外汉语综合课教学设计案例——《你在哪儿学习》	黄洁	华中师范大学（硕士）	2013
01842	多元智能理论在韩国儿童汉语课堂教学中的应用研究	郑俊模	山东大学（硕士）	2013
01843	复合式口语教学法视角下的《打招呼》教学设计	孙文婧	吉林大学（硕士）	2013
01844	关于韩国高中汉语课堂游戏教学的研究	杨志君	沈阳师范大学（硕士）	2013
01845	国际汉语教学课堂游戏教学活动实证研究	王成鑫	吉林大学（硕士）	2013
01846	韩国高中汉语课堂训练的调查与分析	崔焱	沈阳师范大学（硕士）	2013
01847	韩国普通高中初级汉语教学课堂用语研究	杜磊	鲁东大学（硕士）	2013
01848	韩国小学汉语课堂教学研究	史迪	沈阳师范大学（硕士）	2013
01849	韩国中小学汉语课堂游戏教学法研究	王岩	吉林大学（硕士）	2013
01850	韩国中学课堂上的初级汉语教学	李慧一	鲁东大学（硕士）	2013
01851	基于情景教学法的对外汉语“唐诗教学”课程设计	宋晓航	吉林大学（硕士）	2013
01852	柬埔寨学生华文课教学设计	夏慧	华中师范大学（硕士）	2013
01853	《旧梦》教学设计	王群	吉林大学（硕士）	2013
01854	《可可西里》教学设计	李皓阳	吉林大学（硕士）	2013
01855	《快乐汉语》电视汉语教学分析	任芳慧	吉林大学（硕士）	2013
01856	论对外汉语教学中的主题式教学	王彦润	中央民族大学（硕士）	2013
01857	论儿童文学在少儿汉语课堂游戏教学中的运用	程嘉妮	兰州大学（硕士）	2013

01858	论古诗词在对外汉语教学中的应用	孙婷	吉林大学（硕士）	2013
01859	论人本主义教育理念在对外汉语课堂中的应用	郭传玉	中央民族大学（硕士）	2013
01860	闽语在对外汉语教学中的应用研究	黄朝涨	吉林大学（硕士）	2013
01861	明德模式下的国内汉语教学	常昊	河南师范大学（硕士）	2013
01862	《你看过京剧吗？》教学设计	戴冰	吉林大学（硕士）	2013
01863	《你想吃什么？》教学设计	乔钰涵	吉林大学（硕士）	2013
01864	逆向设计在对韩初中课堂教学中的应用	张思睿	吉林大学（硕士）	2013
01865	绕口令在短期初级学生课堂中的应用研究	郭保	浙江大学（硕士）	2013
01866	任务型教学法在初级汉语读写课中的运用	王云颖	上海外国语大学（硕士）	2013
01867	瑞典林奈大学“汉语课堂”教学效果分析	周沁	吉林大学（硕士）	2013
01868	赏析小说人物，开展汉语教学	杨进	吉林大学（硕士）	2013
01869	试论音乐在对外汉语教学中的应用	徐琴	山东师范大学（硕士）	2013
01870	《他咳嗽是抽烟抽的》教学设计	付红珊	吉林大学（硕士）	2013
01871	《我的朋友》教学设计	蔡彬	吉林大学（硕士）	2013
01872	《我来中国两个多月了》教学设计	赵丛丛	山东师范大学（硕士）	2013
01873	《我学习汉语》教学设计	刘娟	华中师范大学（硕士）	2013
01874	乌克兰汉语教学中媒介语使用情况调查研究	杨焱	兰州大学（硕士）	2013
01875	羡余现象与对外汉语教学初探	邓忠群	上海外国语大学（硕士）	2013
01876	新疆高校对外汉语教学法研究	许俊霞	新疆大学（硕士）	2013
01877	游戏教学法在小学留学生汉字教学中的应用研究	杜汀汀	上海外国语大学（硕士）	2013
01878	游戏在蒙古国民族大学汉语课堂教学中的应用研究	庞博	内蒙古师范大学（硕士）	2013
01879	有关对外汉语教学中课堂教学语言的研究	曾玉娟	兰州大学（硕士）	2013
01880	中韩教师协作下的韩国初高中对外汉语课堂	黄媛媛	山东师范大学（硕士）	2013

01881	中文歌曲在韩国高中汉语课堂中的应用	马慧鑫	沈阳师范大学（硕士）	2013
01882	中文歌舞在对外汉语教学中的应用研究	高博书	吉林大学（硕士）	2013
01883	中文影视作品在韩国汉语教学中的辅助性应用研究	刘皓	山东师范大学（硕士）	2013
01884	主题教学法在夏令营教学中的应用	蒋蕾	山东大学（硕士）	2013

教学模式研究

01885	一个速成汉语实验教学的总结	傅懋绩、童玮	中国语文	1953（18）
01886	关于短期汉语教学的几个问题	赵金铭、杨俊萱	语言教学与研究	1981（2）
01887	外国人短期汉语教学浅谈	徐缦华	语言教学与研究	1981（2）
01888	我们的短期汉语教学	上海外院对外汉语教研室	对外汉语教学	1984（3）
01889	教短期班日本人学汉语	王元兆	对外汉语教学	1985（3）
01890	短期对外汉语教学研讨会论文举要	吴叔平	世界汉语教学	1987（3）
01891	浅谈对日本学生的短期汉语教学	张丕谦	世界汉语教学	1988（2）
01892	谈特短期对日汉语教学	李延瑞	福建师范大学学报（哲学社会科学版）	1988（2）
01893	短训班留学生的心理特点分析与“程序”教学设想	孙秋秋	语言教学与研究	1988（3）
01894	浅谈对外汉语短期班的教学	胡春惠	中央民族学院学报（1988 年·汉语言文学增刊）	1988（S1）
01895	实践性原则在短期班汉语教学中的运用	徐永龄	对外汉语教学研究 / 张维耿、何子铨、黄皇宗主编 / 中山大学出版社	1991
01896	汉语速成教学的几个问题	马箭飞	语言教学与研究	1995（3）
01897	试论短期对外汉语教学	宿丰	沈阳大学学报	1995（3）

01898	速成汉语教学方法论思考	黄永健	深圳大学学报（人文社会科学版）	1996（3）
01899	短期对外汉语教学的新趋势及我们对教学特点的再认识	卢晓逸、朱子仪	汉语速成教学研究（第一辑）/ 北京语言文化大学汉语速成学院编 / 北京大学出版社	1997
01900	对日本和韩国学生进行的一次短期速成教学实验	张朋朋	汉语速成教学研究（第一辑）/ 北京语言文化大学汉语速成学院编 / 北京大学出版社	1997
01901	对速成汉语教学原则及其特点的再认识	李德钧、翟艳	汉语速成教学研究（第一辑）/ 北京语言文化大学汉语速成学院编 / 北京大学出版社	1997
01902	汉语速成教学的最优化策略	马箭飞	汉语速成教学研究（第一辑）/ 北京语言文化大学汉语速成学院编 / 北京大学出版社	1997
01903	课程研究与短期汉语教学的教学系统	朱子仪	汉语速成教学研究（第一辑）/ 北京语言文化大学汉语速成学院编 / 北京大学出版社	1997
01904	略论汉语速成教学的设计	崔永华	汉语速成教学研究（第一辑）/ 北京语言文化大学汉语速成学院编 / 北京大学出版社	1997
01905	速成汉语教学模式设计	洪芸	北京第二外国语学院学报	1998（2）
01906	商贸汉语中洽谈语言的特性及其教学	刘乃华	南京大学学报（哲学·人文科学·社会科学版）	1998（3）
01907	对外汉语教学思想与教学模式摭谈	杨捷	辽宁高等教育研究	1999（1）
01908	基础汉语教学模式的改革	崔永华	世界汉语教学	1999（1）
01909	论速成教学的四个基本要素	杨惠元	语言教学与研究	1999（2）
01910	对外汉语教学的模式构建	徐子亮	华东师范大学学报（哲学社会科学版）	1999（4）

01911	掌握学习法教学模式在对外汉语教学中的应用	萧海薇	华南师范大学学报（社会科学版）	1999（5）
01912	短期汉语教学模式和课程设计	刘川平	大连外国语学院35周年校庆学术系列丛书：对外汉语卷 / 校庆丛书编委会编 / 长春出版社	1999
01913	对外汉语的语流教学——谈一个班教学实践的几点体会	蒋以亮	语言文化教学研究集刊（第三辑）/ 北京语言文化大学汉语学院编 / 华语教学出版社	1999
01914	关于短期留学生基本情况的调查报告	毛悦	汉语速成教学研究（第二辑）/ 北京语言文化大学汉语速成学院编 / 华语教学出版社	1999
01915	关于速成班学生学习情况的调查及应对方法	翟艳	汉语速成教学研究（第二辑）/ 北京语言文化大学汉语速成学院编 / 华语教学出版社	1999
01916	对外汉语教学的模式匹配	徐子亮	汉语学习	2000（2）
01917	对外汉语教学中的“1+1”教学模式	王玮	天津师大学报（社会科学版）	2000（2）
01918	汉语速成教学的时间观	翟艳	语言教学与研究	2000（2）
01919	试论“短期华文教学”	李金钞	华侨大学学报（哲学社会科学版）	2000（2）
01920	对比在短期强化教学中的应用	赵秀英	外语与外语教学	2000（3）
01921	以“交际任务”为基础的汉语短期教学新模式	马箭飞	世界汉语教学	2000（4）
01922	从留学生的生源特点谈短期班的教学管理规律	李冬青	首都师范大学学报（社会科学版）	2000（S3）
01923	“1对1”对外汉语教学模式浅探	郭肖华	海外华文教育	2001（3）
01924	关于对外汉语教学模式的初探	裴维襄	天津外国语学院学报	2002（1）
01925	论实施汉语速成教学的对策	张晓涛	黑龙江高教研究	2002（3）
01926	刍议汉语个别教学	吴勇毅	对外汉语一对一个别教授研究 / 吴仁甫主编 / 中国社会科学出版社	2002

01927	个别教育条件下学习主体认知汉语的特点	徐子亮	对外汉语一对一个别教授研究 / 吴仁甫主编 / 中国社会科学出版社	2002
01928	汉语个别授课的教学内容探讨	吴仁甫	对外汉语一对一个别教授研究 / 吴仁甫主编 / 中国社会科学出版社	2002
01929	汉语个别授课中运用学生母语作比较教学的一些思考	郑静	对外汉语一对一个别教授研究 / 吴仁甫主编 / 中国社会科学出版社	2002
01930	汉语一对一个别授课听力技能的训练	杨海康	对外汉语一对一个别教授研究 / 吴仁甫主编 / 中国社会科学出版社	2002
01931	互动法在一对一教学组织形式中的运用	凌敏	对外汉语一对一个别教授研究 / 吴仁甫主编 / 中国社会科学出版社	2002
01932	商务人员汉语教学中词汇教学得失谈	易源	对外汉语一对一个别教授研究 / 吴仁甫主编 / 中国社会科学出版社	2002
01933	商务人员汉语教学中的文化渗透轨迹	易源	对外汉语一对一个别教授研究 / 吴仁甫主编 / 中国社会科学出版社	2002
01934	谈话法在汉语一对一个别式教学中的运用	王玲玲	对外汉语一对一个别教授研究 / 吴仁甫主编 / 中国社会科学出版社	2002
01935	短期留学生学习动机的调查分析	冯小钉	云南师范大学学报（对外汉语教学与研究版）	2003（2）
01936	商务汉语的特点及其教学	朱黎航	暨南大学华文学院学报	2003（3）
01937	对短期汉语教学的探索与思考	孟长勇	云南师范大学学报（对外汉语教学与研究版）	2003（4）
01938	对外短期汉语教学浅议	宿丰、黄丽	丹东师专学报	2003（4）
01939	商务汉语词汇教学重点浅析	罗燕玲	暨南大学华文学院学报	2003（4）
01940	谈留学生非常规个别教学的文化内涵导入	黎小力	云南师范大学学报（对外汉语教学与研究版）	2003（4）
01941	短期汉语进修班学生认知能力的发展	杨春	云南师范大学学报（对外汉语教学与研究版）	2003（6）

01942	浅议短期汉语班教学的四要素	刘蕊	云南师范大学学报（对外汉语教学与研究版）	2003（6）
01943	汉语主体意识与对外商务汉语教学	楼益龄	云南师范大学学报（对外汉语教学与研究版）	2004（1）
01944	谈东西方教学模式与外语教学	席兴发	陇东学院学报（社会科学版）	2004（1）
01945	短期中文强化教学的运作模式及它与日常循序教学的衔接	〔美〕张美青	国外汉语教学动态	2004（2）
01946	关于“商务汉语”课程、教学和教材的设想	袁建民	云南师范大学学报（对外汉语教学与研究版）	2004（2）
01947	论在商务汉语教学中实施“绩效管理”的必要性	张红	海外华文教育	2004（3）
01948	对外汉语一对一教学的几个问题	曹成龙、王国文	黑龙江高教研究	2004（4）
01949	“理解后听”教学模式探讨	谭春健	云南师范大学学报（对外汉语教学与研究版）	2004（4）
01950	对外商务汉语与基础性对外汉语的教学比较	万谊娜	云南师范大学学报（对外汉语教学与研究版）	2004（6）
01951	短期对外汉语教学探讨	金敏	语言学新思维 / 钟玖英主编 / 中国文联出版社	2004
01952	学习化社会学生主体性教育新教学模式的理论建构	符荣华	云南师范大学（硕士）	2004
01953	关于商务汉语课程性质的探讨	李菡幽	海外华文教育	2005（2）
01954	浅析美国高校汉语教学模式与特点	胡文成	甘肃科技纵横	2005（3）
01955	泰国华欣远程教育电视台汉语教学模式及特点之思考	邓小琴	国际汉语教学动态与研究	2005（4）
01956	谈对外汉语个别教学	王巧足	文教资料	2005（36）
01957	汉语作为第二语言的教学模式探析	戴云娟	云南师范大学学报（对外汉语教学与研究版）	2006（3）
01958	商务汉语教学需求分析	张黎	语言教学与研究	2006（3）
01959	东南亚华裔青少年群体特征与短期汉语教学特点	黄海蓉	广西教育学院学报	2006（4）
01960	论对外汉语教学模式的构建——由美国明德大学汉语教学谈起	汲传波	汉语学习	2006（4）
01961	对外商务汉语与基础性对外汉语衔接问题探讨	曾学慧	边疆经济与文化	2006（6）

01962	论“规约——开放”任务教学模式——国内对外汉语教学中的一种新模式的探讨	吴铮	云南师范大学学报（对外汉语教学与研究版）	2006（6）
01963	初级阶段对外汉语阅读教学模式初探	王尚臻	北京语言大学（硕士）	2006
01964	从《新编基础汉语》看“语文分开”的初级对外汉语教学模式	张莉娜	四川大学（硕士）	2006
01965	美国 AP 中文教学模式探析	张媛媛	北京语言大学（硕士）	2006
01966	以读促听的教学模式研究	杨茗茗	四川大学（硕士）	2006
01967	浅谈留学生汉语短期班存在的问题与解决对策	孙毅	沈阳教育学院学报	2007（1）
01968	语文分开、语文分进的教学模式	张朋朋	汉字文化	2007（1）
01969	关于海外华文教育中第二语文教学模式的探讨——以老挝万象寮都公学为例	李叔飞	云南师范大学学报（对外汉语教学与研究版）	2007（2）
01970	据“情感过滤假说”确立对外汉语教学模式	赵明	继续教育研究	2007（2）
01971	利用同源文化建立对韩汉语教学的特异模式	陈立萍	长春大学学报	2007（3）
01972	对外汉语“一对一教学”分析	罗兰京子	洛阳师范学院学报	2007（4）
01973	明德模式与中国大陆高校基础汉语教学常规模式之比较——兼谈汉语教学的精英模式与大众模式的差异和互补	曹贤文	暨南大学华文学院学报	2007（4）
01974	对外汉语一对一个别教学对教师的要求与挑战	林佳	文教资料	2007（8）
01975	浅析中国入世后的对外商务汉语	张彤	商场现代化	2007（10）
01976	浅议零起点班短期汉语教学	董小琴	语文学刊	2007（17）
01977	HBA 的教学模式探析	黄自然	北京语言大学（硕士）	2007
01978	“哥伦比亚在北京”暑期汉语项目个案研究	高晨	北京语言大学（硕士）	2007
01979	关于词汇—语法教学模式的研究	车智慧	四川大学（硕士）	2007
01980	“字本位”理论与对外汉语文教学模式研究	王红君	北京语言大学（硕士）	2007

01981	试论融“教”与“学”为一体的对外汉语教学模式	钱道静	江西金融职工大学学报	2008（1）
01982	商务汉语教学需求分析的内涵和框架	陈芳、郭鹏	沈阳师范大学学报（社会科学版）	2008（4）
01983	探索以任务为中心的体验式对外汉语课堂教学模式	陈作宏、田艳	民族教育研究	2008（4）
01984	对外汉语教学“课堂教学与师资培养质量保障双效模式”	王学松	中国高等教育	2008（5）
01985	从商务汉语的本质看零起点商务汉语教学	李柏令	商场现代化	2008（24）
01986	扶助式对外汉语教学模式的理论与实践	芮茵	厦门大学（博士）	2008
01987	初中信息技术差异教学模式的研究	王艳艳	南京师范大学（硕士）	2008
01988	基础汉语以语法为纲教学模式及其改革创新研究	陈群	暨南大学（硕士）	2008
01989	基于对比实验的泰国儿童汉语教学模式研究	程爽	山东大学（硕士）	2008
01990	美国在华中文项目教学模式探析	修玉霞	北京语言大学（硕士）	2008
01991	关于来华留学生汉语短期班教学管理的几点思考	王忠	科教文汇（上旬刊）	2009（2）
01992	中国小城市对外汉语教学模式浅析	陈洁	广西教育学院学报	2009（2）
01993	以元认知为主导、信息科技为辅的口语教学模式探索	陈育焕、陈成志、张永慧	世界汉语教学	2009（4）
01994	海外企业人员短期汉语教学模式研究	毛悦	世界汉语教学	2010（1）
01995	对外汉语一对一教学浅析	杨婧	陕西师范大学（硕士）	2010
01996	个别化教学在对外汉语教学中的应用	李茉	吉林大学（硕士）	2010
01997	汉语国际推广背景下的汉语作为第二语言 / 外语教学的教学模式研究与探索	张皎雯	华东师范大学（硕士）	2010
01998	合作学习模式在商务汉语教学中的尝试	丁宇俏	浙江大学（硕士）	2010
01999	ESP 理论用于对外商务汉语教学的实用性研究	王敏	西安外国语大学（硕士）	2011

02000	短期汉语培训任务型教学探析	李新玲	华中师范大学（硕士）	2011
02001	基于商务汉语改革的商务汉语需求调查分析	崔妙莹	华东师范大学（硕士）	2011
02002	美国留学生商务汉语短期班教学初探	刘佳宁	黑龙江大学（硕士）	2011
02003	面向外国商务人士的零起点商务汉语教材的编写	陈香香	华中师范大学（硕士）	2011
02004	任务型教学法在商务汉语教学中的应用研究	张丹华	沈阳师范大学（硕士）	2011
02005	对外汉语“一对一”教学模式浅析	李筱岚	暨南大学（硕士）	2011
02006	商务汉语词汇研究	吴海燕	中央民族大学（博士）	2012
02007	对外汉语一对一教学模式下离合词教学的优化研究	张灵琳	曲阜师范大学（硕士）	2012
02008	国内对外汉语一对一教学与班级教学比较研究	俞静	云南大学（硕士）	2012
02009	货币词语的文化和语义研究及其在商务汉语教学中的应用	陈思宇	南京师范大学（硕士）	2012
02010	零起点商务汉语教学特殊性与教材个案研究	王思博	辽宁师范大学（硕士）	2012
02011	浅析商务对外汉语的教学	王倩茹	陕西师范大学（硕士）	2012
02012	商务汉语口语教材词汇分析	吴丹	四川外语学院（硕士）	2012
02013	中文歌曲在短期对外汉语培训教学中的探索与实践	魏芳	浙江大学（硕士）	2012
02014	对外汉语小班型教学模式探析	张飞祥	长春教育学院学报	2013（1）
02015	土库曼籍石油员工赴中国的短期对外汉语教学	张帆	石油教育	2013（4）
02016	关于来华留学生汉语长期班教学及教学管理的实证研究——以吉林师范大学为例	曹冬雪	剑南文学（经典教苑）	2013（9）
02017	任务型教学在来华初级汉语短期培训中的运用	谭赞	价值工程	2013（10）
02018	初级汉语一对一正音训练的行动研究	刘韬	上海外国语大学（硕士）	2013
02019	对韩一对一汉语教学实践分析	张悦	沈阳师范大学（硕士）	2013

02020	个别化教学模式在对外汉语教学中的运用	刘珠	兰州大学（硕士）	2013
02021	基于语料库的商务汉语话题库及话题词表构建	喻雪玲	暨南大学（硕士）	2013
02022	试论情景教学在对外汉语一对一课堂上的应用	史雪媛	苏州大学（硕士）	2013
02023	在华北美汉语短期强化教学模式探析	纪雯阕	中央民族大学（硕士）	2013

研究综述

02024	第二届国际汉语教学讨论会论文介绍	赵金铭	世界汉语教学	1987（3）
02025	第二届国际汉语教学讨论会论文撮要	赵金铭	语言教学与研究	1987（4）
02026	台湾社会语言学史五十年述评	张振兴	语言教学与研究	1988（2）
02027	近十年对外汉语教学研究述评	赵金铭	语言教学与研究	1989（1）
02028	香港教育署语文教育学院举办第五届国际研讨会	汉综	世界汉语教学	1990（1）
02029	北京语言学院第二届青年科研报告会述评	陈贤纯	语言教学与研究	1991（3）
02030	“中国文化与世界”国际学术讨论会综述	晶磊	外国语（上海外国语学院学报）	1991（5）
02031	新加坡汉学研究之回顾与前瞻国际会议文学研究概述	朱桦	文艺理论研究	1991（6）
02032	弘扬中华文化的盛会——“汉学研究之回顾与前瞻国际会议”综述	詹伯慧	岭南文史	1992（1）
02033	台湾语文教学述评	郭国英	海外华文教育	1992（1）
02034	许学研究的现状及其发展趋向——“许慎与‘说文学’国际学术研讨会”论文述评	范进军	齐齐哈尔师范学院学报（哲学社会科学版）	1992（2）
02035	中国对外汉语教学学会第四届学术讨论会论文介绍	张德鑫	世界汉语教学	1992（2）
02036	十年来明清在华耶稣会士研究述评	何桂春	中国史研究动态	1992（5）

02037	1991 年对外汉语教学研究述要	张德鑫	语文建设	1992（12）
02038	汉语教学与研究的发展和创获——第四届国际汉语教学讨论会论文综述	赵金铭	语言教学与研究	1993（4）
02039	1992 年对外汉语教学研究述要	张德鑫	语文建设	1993（7）
02040	第四届国际汉语教学讨论会述要	晓光	语文建设	1993（10）
02041	汉语汉字文化的深入探讨——第三届全国文化语言学研讨会述评	金海澜	汉字文化	1994（4）
02042	明泾阳王徵先生行实述评	张中政	史学集刊	1994（4）
02043	1993 年的对外汉语教学研究	张德鑫	语文建设	1994（9）
02044	本世纪中国学者对马尔蒂尼（卫匡国）的介绍和研究	顾卫民	社会科学	1994（9）
02045	参予：中国文化语言学的当代意识——第三届全国文化语言学研讨会述评	李葆嘉	解放军外语学院学报	1995（1）
02046	中国对外汉语教学学会第五届学术讨论会综述	本刊特约记者	世界汉语教学	1995（3）
02047	近年明清中外文化交流研究述评	陈伟明	中国史研究动态	1995（12）
02048	1993 年对外汉语教学研究综述	张德鑫	中国语言学年鉴（1994）/李行健主编 / 语文出版社	1995
02049	对外汉语教学中的文化因素研究述评	卢伟	世界汉语教学	1996（2）
02050	汉语第二语言习得研究述评	陈前瑞、赵葵欣	汉语学习	1996（5）
02051	第 30 届国际汉藏语言及语言学会议侧记	龙岩	语言教学与研究	1997（3）
02052	天儒同异：明末清初中西文化学说述评	李天纲	复旦学报（社会科学版）	1997（3）
02053	克拉申第二语言习得理论述评	李莉	郑州大学学报（哲学社会科学版）	1997（4）
02054	《四库全书》载录传教士撰译著作述论	陈占山	文献	1998（1）

02055	中国对外汉语教学学会第六届学术讨论会侧记	本刊记者	世界汉语教学	1998（3）
02056	中国对外汉语教学学会第六届学术讨论会论文述要	张旺熹	世界汉语教学	1998（3）
02057	第三篇 华人经济文化研究（专论）海外华文教育概观及相关问题	丘进	华人经济年鉴（1997—1998）/ 华人经济年鉴编辑委员会编 / 社会科学文献出版社	1998
02058	一个新起点的标志——中西文化交流史（1500—1840）国际学术研讨会述评	谢方	中国文化研究	1999（1）
02059	世界汉语教学学会第五届理事会第一次常务理事会记要	/	世界汉语教学	1999（3）
02060	第六届国际汉语教学讨论会论文述评	张旺熹	世界汉语教学	2000（1）
02061	第三届东南亚华文教学研讨会综述	萧北婴	华侨大学学报（哲学社会科学版）	2000（1）
02062	第四届东南亚华文文学研讨会综述	刘华	华文文学	2000（1）
02063	中国跨文化交际学发展的一次检视——中国第三届跨文化交际学国际学术研讨会综述	何世健	深圳大学学报（人文社会科学版）	2000（1）
02064	时间顺序原则和时间范围原则述评	阚哲华	韶关大学学报（社会科学版）	2000（5）
02065	“对以英语为母语者的汉语教学讨论会”述评	刘颂浩	北京大学学报（哲学社会科学版）	2000（6）
02066	国外汉语研究与教学综述：1994—1997 年菲律宾汉语研究与教学综述	沈文	中国语言学年鉴（1995—1998）上、下册 /《中国语言学年鉴》编辑部编 / 语文出版社	2000
02067	国外汉语研究与教学综述：1994—1997 年新加坡汉语研究与教学综述	云惟利	中国语言学年鉴（1995—1998）上、下册 /《中国语言学年鉴》编辑部编 / 语文出版社	2000
02068	汉语专著：汉外语言文化对比与对外汉语教学	游汝杰	中国语言学年鉴（1995—1998）上、下册 /《中国语言学年鉴》编辑部编 / 语文出版社	2000

02069	对外汉语听力教学研究述评	刘颂浩	世界汉语教学	2001（1）
02070	暨南大学第一届海外华人国际学术研讨会综述	张应龙	华侨华人历史研究	2001（1）
02071	唐朝的对外汉语传播简介	高霞	楚雄师专学报	2001（2）
02072	第二语言教学的可喜成果——侨中学院作文观摩课述评	蒋守谦、赵敏成	海外华文教育	2001（3）
02073	21 世纪大学开展国际合作与交流的大趋势	和福生、胡雷、甘雪春、张宝昆	思想战线	2001（6）
02074	新中国对日汉语文化教学与研究述评	亓华	北京师范大学学报（人文社会科学版）	2001（6）
02075	对外汉语研究的跨学科探索——汉语学习与认知国际学术研讨会论文述要	陈前瑞	世界汉语教学	2002（1）
02076	国外第二语言词汇习得研究综述	宋刚	语言教学与研究	2002（1）
02077	儿童词汇习得理论述评	曾衍桃、蔡蔚	暨南大学华文学院学报	2002（2）
02078	二十世纪汉字文化研究评述	章琼	语言教学与研究	2002（2）
02079	汉语被动句功能研究述评	邵桂珍	暨南大学华文学院学报	2002（2）
02080	近 20 年对外汉语教材编写和研究的基本情况述评	李泉	语言文字应用	2002（3）
02081	修辞学是否属于边缘学科讨论述评	曹德和	毕节师范高等专科学校学报（综合版）	2002（3）
02082	对外汉语教学语法体系研究思路述评——从语言共性与个性的视角	祖人植	北京大学学报（哲学社会科学版）	2002（4）
02083	回顾与展望：美国汉语教学理论研究述评	柯传仁、沈禾玲	语言教学与研究	2003（3）
02084	近 4 年对外汉字教学研究述评	潘先军	汉字文化	2003（3）
02085	中国对外汉语教学界文化研究 20 年述评	亓华	北京师范大学学报（社会科学版）	2003（6）

02086	现代汉语新词语的整理和研究述评	刘晓梅	汉语学报·第4期（2001年下卷）/ 邢福义主编 / 湖北教育出版社	2003
02087	第三届全国语言文字应用研讨会综述	樊小玲、蔡立予、林界军、马小玲	修辞学习	2004（1）
02088	口语体研究述评	幺书君	海外华文教育	2004（1）
02089	20世纪80年代中期以来的动趋式研究述评	杨德峰	语言教学与研究	2004（2）
02090	汉语普通话的轻重音研究述评	王素平	云南师范大学学报（对外汉语教学与研究版）	2004（3）
02091	对外汉语研究学术讨论会论文综述	张旺熹	世界汉语教学	2004（4）
02092	研究与方法——石毓智两本书的研究方法述评	徐盛桓	暨南大学华文学院学报	2004（4）
02093	语言耗损研究述评	蔡寒松、周榕	心理科学	2004（4）
02094	国际汉语教学2004年学术研讨会综述	翟讯、程乐乐	武汉大学学报（人文科学版）	2004（6）
02095	对外汉语阅读教学与研究现状述评	徐承伟	汉语研究与应用（第二辑）/ 中国人民大学对外语言文化学院编 / 中国社会科学出版社	2004
02096	第三届中国社会语言学国际学术研讨会综述	张世方	语言教学与研究	2005（1）
02097	对外汉语声调教学研究述评	池杨琴	解放军外国语学院学报	2005（1）
02098	“海外华人与侨民教育”国际学术研讨会综述	李其荣、李永	华侨华人历史研究	2005（1）
02099	近二十年汉语语篇研究述评	田然	汉语学习	2005（1）
02100	离合词研究综述	周丽萍	南开语言学刊	2005（1）
02101	南澳华联会中文学校综述	靳丽华	海外华文教育	2005（1）
02102	加强国际汉语教学信息研究，为学科基础建设和汉语走向世界服务——《国际汉语教学动态与研究》出版座谈会综述	黄宏	国际汉语教学动态与研究	2005（2）

02103	对外汉语教学中修辞教学与修辞能力的培养——第二届对外汉语修辞教学国际学术研讨会综述	侯友兰	绍兴文理学院学报（社科版）	2005（3）
02104	对外汉语词汇教学研究述评	张和生	语言文字应用	2005（S1）
02105	国外语言测验领域对语言能力的研究述评	王佶旻	语言测试及测量理论研究 / 北京语言大学汉语水平考试中心编；张凯主编 / 北京语言大学出版社	2005
02106	90 年代以来对外汉语虚词教学研究综述	彭玉兰、魏艳丽	景德镇高专学报	2006（1）
02107	对外汉语教学语法研究述评	李泉	世界汉语教学	2006（2）
02108	21世纪汉语第二语言教学展望——第八届国际汉语教学讨论会暨西方学习者汉字认知研讨会述评	朱志平	北京师范大学学报（社会科学版）	2006（3）
02109	近十年对外国学生习得汉语篇章的研究述评	陈晨	海外华文教育	2006（4）
02110	词汇量测试述评	张如梅	大理学院学报	2006（5）
02111	商贸类汉语教材编写和研究的基本情况述评	路志英	云南师范大学学报（对外汉语教学与研究版）	2006（5）
02112	“疯狂汉语”席卷全球，对外汉语教学任重道远	张慧茹	中国报道	2006（12）
02113	中国中介语研究 20 年述评	宋华玲	成都教育学院学报	2006（12）
02114	高校对外汉语教学与研究综述	刘兵、卢伟、徐子亮、施家炜、高顺全、张建民、全香兰、郑玮、张彤辉	中国语言学年鉴（1999—2003）上、下册 / 中国社会科学院语言研究所《中国语言学年鉴》编委会编 / 商务印书馆	2006
02115	国外汉语教学综述	〔菲律宾〕沈文	中国语言学年鉴（1999—2003）上、下册 / 中国社会科学院语言研究所《中国语言学年鉴》编委会编 / 商务印书馆	2006

02116	国外汉语教学综述	〔新西兰〕陈若凡、黄宏、丁安琪、刘继红	中国语言学年鉴（1999—2003）上、下册 / 中国社会科学院语言研究所《中国语言学年鉴》编委会编 / 商务印书馆	2006
02117	国外汉语教学综述：德语区	〔德〕柯彼德	中国语言学年鉴（1999—2003）上、下册 / 中国社会科学院语言研究所《中国语言学年鉴》编委会编 / 商务印书馆	2006
02118	国外汉语教学综述：泰国	巴屏	中国语言学年鉴（1999—2003）上、下册 / 中国社会科学院语言研究所《中国语言学年鉴》编委会编 / 商务印书馆	2006
02119	第二语言口语考试评分方法述评	王佶旻	暨南大学华文学院学报	2007（1）
02120	普通话中介语研究述评	肖劲松	郧阳师范高等专科学校学报	2007（2）
02121	现代汉语中字母词研究综述	薛笑丛	汉语学习	2007（2）
02122	对外汉语词汇教学研究述评	刘树桢	邢台学院学报	2007（3）
02123	国内外第二语言词汇习得研究综述	孙晓明	语言教学与研究	2007（4）
02124	《老乞大》等朝鲜时代汉语教科书语言研究综述	曾昭聪	绵阳师范学院学报	2007（4）
02125	汉语成句问题研究述评	张雪平	汉语学习	2007（5）
02126	Kumaravadivelu“后方法”语言教育理论述评	陶健敏	语言教学与研究	2007（6）
02127	对外汉语词汇教学记忆研究述评	蔡露	陕西师范大学学报（哲学社会科学版）	2007（S2）
02128	对外汉语教学中近义词辨析方法述评	方清明	景德镇高专学报	2008（1）
02129	对外汉语修辞研究现状述评	秦惠兰	浙江树人大学学报（人文社会科学版）	2008（1）
02130	“语言学及应用语言学”2006年学科发展综论	周文德、朱英姿	重庆三峡学院学报	2008（2）
02131	2007年中国语言生活状况述要	李宇明	世界汉语教学	2008（3）

02132	1998—2008 十年对外汉语教材述评	朱志平、江丽莉、马思宇	北京师范大学学报（社会科学版）	2008（5）
02133	《质疑“现代汉语规范化”》讨论综述	杨文波	语言教学与研究	2008（5）
02134	2000 年以来的对外汉语教学方法研究述评	杨春雪	绵阳师范学院学报	2008（12）
02135	2000 年以来对外汉语教学方法研究述评	谭海、唐亮	科教文汇（下旬刊）	2008（12）
02136	对外汉语视听说教学的现状综述	单海花	科技促进发展	2008（12）
02137	徐通锵字本位理论述评	邹爱琴	中国海洋大学（硕士）	2008
02138	《语言教学与研究》30 年回顾与展望：汉语国际传播视角	吴英成、罗庆铭	语言教学与研究	2009（5）
02139	“语言教学与研究国际学术研讨会暨《语言教学与研究》创刊 30 周年庆典”综述	张世方	语言教学与研究	2009（5）
02140	汉语动量词研究述评	方寅	常熟理工学院学报	2009（7）
02141	新加坡华文教育述评	徐雪瑛	外国中小学教育	2009（11）
02142	现代汉语重动句研究述评	姜丹丹	吉林大学（硕士）	2009
02143	“毕竟”类语气副词研究综述	王天姣	东北师范大学（硕士）	2010
02144	汉语句法语义歧义研究综述	刁艳红	东北师范大学（硕士）	2010
02145	对外汉语语音教学研究综述	黄丹丽	科教文汇（上旬刊）	2011（5）
02146	动态助词“过”研究综述	闫妍	东北师范大学（硕士）	2011
02147	对外汉语课堂游戏教学法研究综述	马智	东北师范大学（硕士）	2011
02148	对外汉语离合词教学研究	刘舍	东北师范大学（硕士）	2011
02149	“连”字句研究述评	陈琛	吉林大学（硕士）	2011
02150	旁称代词“人家”研究述评	刘虹宇	东北师范大学（硕士）	2011
02151	疑问代词“什么”非疑问用法研究述评	王倩倩	东北师范大学（硕士）	2011
02152	对外汉语成语教学与习得研究综述	张长宝	重庆第二师范学院学报	2013（1）
02153	国外会话交际策略研究综述	刘珊珊	时代文学（上半月）	2013（2）

02154	对外汉语教学中的离合词研究综述	李曦	沈阳师范大学学报（社会科学版）	2013（5）
02155	新理论视野下的词缀观及词缀应用研究问题综述	崔平	现代语文（语言研究版）	2013（5）
02156	近三十年对外汉语教学中文化教学研究述评	李修斌、臧胜楠	教育与教学研究	2013（7）
02157	对外汉语教材生词英译研究综述	徐品香	现代语文（语言研究版）	2013（8）
02158	对美汉语教学中文化教学研究综述	李莉	卫生职业教育	2013（10）
02159	更正性反馈研究综述	卫斓	首都师范大学学报（社会科学版）	2013（S1）

二、习得研究

习得研究

02160	母语与第二语言的学习	顾越	汉语学习	1981（6）
02161	谈第二语言教学	邢公畹	汉语学习	1981（6）
02162	散论语言习得中的“自我表现”	周继圣	世界汉语教学	1987（3）
02163	从第二语言习得规律看教学方法的改进	田士琪、梅立崇、韩红	世界汉语教学	1987（4）
02164	思维习惯的嬗变——寻找第二语言习得机制时的思考	孙钧政	语言教学与研究	1988（4）
02165	应当重视母语在外语教学中的作用	徐仲华、缪小放	世界汉语教学	1988（4）
02166	浅谈影响第二门语言学习的四大因素	胡美珠	安庆师院学报（社会科学版）	1989（1）
02167	关于“学习”与“习得”的区别	孙德坤	世界汉语教学	1989（2）
02168	关于第二语言比较教学的几个问题	贾寅淮	语文建设	1989（2）
02169	“习得”的含义和用法	史有为	世界汉语教学	1989（2）
02170	影响学习效果的主要因素	〔津巴布韦〕安德生	世界汉语教学	1989（4）
02171	错误分析、中介语和第二语言习得研究述评	Jack C. Richards 著；孙德坤译	语言教学与研究	1990（1）
02172	语言习得论——兼论对外汉语教学的几个问题	吴叔良	上海师范大学学报（哲学社会科学版）	1990（1）
02173	错误分析、中介语和第二语言习得研究述评（续）	Jack C. Richards 著；孙德坤译	语言教学与研究	1990（2）

02174	充分发挥学生母语在对外汉语教学中的作用——兼论母语在第二语言教学中的地位和作用	张正石、鲁晓琨	黑龙江高教研究	1990（2）
02175	谈汉语作为第二语言学习的特性	王魁京	世界汉语教学	1990（2）
02176	对外汉语教学与心理学中的兴趣因素	毛惜珍	上海师范大学学报（哲学社会科学版）	1990（4）
02177	再论语言习得——兼论提高对外汉语教学效率问题	吴叔良	天津师大学报（社会科学版）	1991（5）
02178	语言习得研究概述	温晓虹、张九武	世界汉语教学	1992（1）
02179	语言习得研究概述（续）	温晓虹、张九武	世界汉语教学	1992（2）
02180	习得第一语言和第二语言之比较	温晓虹	语言教学与研究	1992（3）
02181	谈谈日本学生学习汉语的一些问题	魏继东	北京师范大学学报（社会科学版）	1992（6）
02182	语言和语言学习	胡明扬	世界汉语教学	1993（1）
02183	语言学习异同论	李宇明	世界汉语教学	1993（1）
02184	儿童语言学习若干问题研究	佟乐泉、张一清	世界汉语教学	1993（2）
02185	论对外汉语教学的学习、习得整合观——由克拉申的第二语言习得理论说起	吴叔良	上海师范大学学报（哲学社会科学版）	1993（4）
02186	如何发现并解决留学生汉语学习中的难点	张德尧	中国人民大学学报	1993（4）
02187	语言和文化的关系与第二语言的教学	王魁京	北京师范大学学报（社会科学版）	1993（6）
02188	谈谈第二语言教学与第二文化教学	李润新	语言与文化多学科研究——第三届社会语言学学术讨论会文集 / 陈建民、谭志明主编 / 北京语言学院出版社	1993
02189	从维吾尔人学汉语看第二语言习得的几个问题	高莉琴	语言文字运用	1994（1）
02190	多语混合现象与中介语浅析	翟汛	武汉大学学报（哲学社会科学版）	1994（1）
02191	菲华青少年学习汉语的特点与华文教学改革	张绍滔	海外华文教育	1994（1）

02192	汉语对西班牙语教学的负迁移及对策	张永泰	首都师大外国语学院学报	1994（2）
02193	华裔学生学习汉语特点浅析	何子铨	海外华文教育	1994（2）
02194	日本人性格的若干特点对其汉语学习的影响	梁霞	世界汉语教学	1994（2）
02195	多元化的第二语言习得研究	吴增生	中山大学学报（社会科学版）	1994（3）
02196	中介语产生的诸因素及相互关系	王建勤	语言教学与研究	1994（4）
02197	外国留学生在短时记忆中理解汉语句子的实验报告	刘威	世界汉语教学	1995（3）
02198	汉语（第二语言）教学理论研究的新进展——读《汉语学习》上刊载的几篇文章	疏影	汉语学习	1995（5）
02199	学习主体与外部条件	王钟华	汉语学习	1995（5）
02200	日本留学生汉语学习中的疑难问题分析	刘艳、亢世勇	唐都学刊	1995（6）
02201	汉语中介语的分阶段特征及教学对策	王珊	世界汉语教学	1996（1）
02202	“自然习得顺序”质疑	戴曼纯	外语教学与研究	1996（4）
02203	母语与第二外语的冲突	宋军	西南民族学院学报（哲学社会科学版）	1996（S6）
02204	从中介语现象反观汉语语言习惯	符其武、梁鲜	四川外语学院学报	1997（1）
02205	日本留学生汉语学习的感知结构分析	王珊	语言教学与研究	1997（1）
02206	论第二语言教学中的简化原则	熊文	世界汉语教学	1997（3）
02207	浅谈俄罗斯学生在汉语学习初级阶段的难点	翟英华	齐齐哈尔师范学院学报（哲学社会科学版）	1997（3）
02208	试论第二语言学习中口语交际能力的培养	张和生	北京师范大学学报（社会科学版）	1997（6）
02209	“临界”现象与第二语言学习	范建民	汉语速成教学研究（第一辑）/北京语言文化大学汉语速成学院编/北京大学出版社	1997

02210	日本学生汉语学习中的母语影响	周阅	汉语速成教学研究（第一辑）/ 北京语言文化大学汉语速成学院编 / 北京大学出版社	1997
02211	高级汉语学习者的学习策略与学习效果的关系	杨翼	世界汉语教学	1998（1）
02212	过渡语与外语教学	司联合	外语与外语教学	1998（12）
02213	日、韩留学生汉语学习中的正负迁移	张喜荣	西安外国语学院学报	1999（1）
02214	语言获得与对外汉语课堂教学	刘晓雨	语言文字应用	1999（1）
02215	朝鲜族学生个体双语现象分析及汉语教学	黄玉花、金花子	中国民族教育	1999（2）
02216	外国留学生学习汉语时的焦虑	钱旭菁	语言教学与研究	1999（2）
02217	试论学习迁移与对外汉语教学	姜丽萍	天津师大学报（社会科学版）	1999（3）
02218	学习动机与课堂教学	刘晓雨	汉语学习	1999（3）
02219	语言环境与第二语言获得	张崇富	世界汉语教学	1999（3）
02220	外国学生汉语学习策略的认知心理分析	徐子亮	世界汉语教学	1999（4）
02221	英美人学汉语难点分析	蒋静文、张颖	南通师范学院学报（哲学社会科学版）	1999（4）
02222	语境与第二语言教学	崔新丹	语言与翻译	1999（4）
02223	语言习得理论研究的重要突破——读《汉语句法结构习得研究》	王葆华	世界汉语教学	1999（4）
02224	外国人汉语学习过程中的回避策略分析	罗青松	北京大学学报（哲学社会科学版）	1999（6）
02225	日本学生与欧美学生汉语习得差异分析	朱志平	北京师范大学学报（社会科学版）	1999 专刊
02226	本族语对第二语言词汇记忆的影响	杨欣欣	解放军外国语学院学报	1999（S1）
02227	从儿童习得第一语言与成人学习第二语言的对比中谈对外汉语教学	肖路	对外汉语教研论丛 / 吴碧莲主编 / 华东师范大学出版社	1999
02228	对以朝鲜语为母语的学生汉语体标记习得的研究	曹秀玲	双语双文化论丛（第四辑）/ 崔健主编 / 延边大学出版社	1999

02229	语言习得理论在口语教学中的应用	李戎	汉语速成教学研究（第二辑）/ 北京语言文化大学汉语速成学院编 / 华语教学出版社	1999
02230	汉语作为第二语言学习策略初探	江新	语言教学与研究	2000（1）
02231	印尼学生汉语学习二题	欧阳国泰	海外华文教育	2000（1）
02232	历史回眸：早期的中介语理论研究	王建勤	语言教学与研究	2000（2）
02233	非智力因素在对外汉语教学中的应用初探	涂文晖	华侨大学学报（哲学社会科学版）	2000（3）
02234	关于中介语研究方法的思考	王建勤	汉语学习	2000（3）
02235	跨文化交际意识与第二语言习得研究	施家炜	世界汉语教学	2000（3）
02236	从索绪尔的言语观看第二语言教学	李江	北京第二外国语学院学报	2000（4）
02237	日本留学生对汉语部分称谓的适应与认同	郭风岚、〔日〕松原恭子	语言教学与研究	2000（4）
02238	日本留学生汉语语段表达中母语“た”的特殊迁移现象分析	亓华	北京师范大学学报（人文社会科学版）	2000（6）
02239	谈英语及对外汉语教学中的负迁移现象	施云	楚雄师专学报	2001（1）
02240	外国学生的汉语中介语现象再认识	徐子亮	汉语学习	2001（1）
02241	伴随学习第二语言词汇的研究进展	谢影	福建外语	2001（3）
02242	非华广告语文对华语学习的正负迁移作用	刘中泰	海外华文教育	2001（3）
02243	留学生汉语学习焦虑感与口语流利性关系初探	张莉	语言文字应用	2001（3）
02244	对理论的应用与互动——论汉语第二语言教学的研究	朱志平	语言文字应用	2001（4）
02245	高级汉语学习者话语中的简约与繁复现象	郭茜	世界汉语教学	2001（4）
02246	汉语“学习策略”的描述性研究与介入性研究	吴勇毅	世界汉语教学	2001（4）
02247	来华日本留学生汉语学习情况调查	王学松	语言文字应用	2001（4）

02248	语言习得与文化习得	王建平	外语与外语教学	2001（12）
02249	东南亚华裔学生语言与文化背景调查研究方法述论	王爱平	华侨大学学报（哲学社会科学版）	2002（1）
02250	儿童和成人学习语言能力的比较	陈珺	高等函授学报（哲学社会科学版）	2002（1）
02251	关于第二语言课外延伸教学的思考	刘亚飞	新疆财经学院学报	2002（1）
02252	从第二语言教学谈语言教学与文化的关系	翟英华	齐齐哈尔大学学报（哲学社会科学版）	2002（2）
02253	普遍语法框架下“母语迁移”作用的争论	郭魏、韩晓惠	外语学刊	2002（2）
02254	留学生的几项个体差异变量与学习成就的相关分析	曹贤文、吴淮南	暨南大学华文学院学报	2002（3）
02255	少数民族学生汉语词语理解障碍分析及对策	张梅	语言与翻译	2002（3）
02256	师生互动与学习者语言交际能力的发展	张林军	北京语言文化大学（硕士）	2002
02257	外国留学生汉语学习策略研究	陶凤鸣	重庆大学（硕士）	2002
02258	文化思维模式对二语写作的影响	戴春燕	南京师范大学（硕士）	2002
02259	二语习得与年龄因素探讨	姚雪椿	株洲工学院学报	2003（1）
02260	关于 Krashen 第二语言习得理论的五个假设及相关思考	姜倩	外交学院学报	2003（1）
02261	扩与减的辩证教学刍议——谈避免留学生学习能力僵化的对策	蓝小玲	海外华文教育	2003（1）
02262	日本和韩国留学生对汉语句子主观感知距离研究	王永德	现代外语	2003（2）
02263	日本留学生心理词典表征结构的实验研究	高立群、孟凌、刘兆静	当代语言学	2003（2）
02264	避免学习能力僵化的对策析略	蓝小玲	语言教学与研究	2003（3）
02265	儿童空间维度形容词发展顺序的理论解释	胡德明	世界汉语教学	2003（3）
02266	儿童母语习得和成人外语学习的比较	张忻	中南大学学报（社会科学版）	2003（3）
02267	普通话中介语研究初探	董洁茹	新乡师范高等专科学校学报	2003（3）

02268	文化差异对学生学习外语的干扰	刘改琳、张卫国	西安教育学院学报	2003（3）
02269	合作学习：克服外语学习者焦虑情感的有效策略	刘金梅	湖北师范学院学报（哲学社会科学版）	2003（4）
02270	华裔学生汉语学习动机分析	夏明菊	乌鲁木齐成人教育学院学报	2003（4）
02271	外语习得中语义范畴差异导致的跨语言影响	王俐	武汉交通管理干部学院学报	2003（4）
02272	中介语发展规律与外语教学	卜杰民	绍兴文理学院学报	2003（11）
02273	关于留学生汉语学习动机的几点思考	向平	汉语学报·第4期（2001年下卷）/邢福义主编/湖北教育出版社	2003
02274	韩国学生汉语习得情况的调查与研究	金明淑	苏州大学（硕士）	2003
02275	汉语语素义在留学生词义获得中作用的实验研究	郭胜春	北京语言大学（硕士）	2003
02276	佤汉交际中介语语音特征及其发展规律个案研究	张鹏	云南师范大学（硕士）	2003
02277	谈对外汉语学习中的错误及如何纠正	胡丹	辽宁税务高等专科学校学报	2004（1）
02278	留学生汉语学习中“高原现象”的成因及对策	于鹏、焦毓梅	云南师范大学学报（对外汉语教学与研究版）	2004（2）
02279	关于留学生汉语学习策略的调查报告	李丽娜	汉语学习	2004（3）
02280	韩国学生汉语习得的中介语现象初探	〔韩〕甘瑞瑗	国外汉语教学动态	2004（3）
02281	浅谈对外汉语教学中迁移策略的培养	刘庆委	经济与社会发展	2004（3）
02282	实践课与第二语言（汉语）教学	格桑央京	江西师范大学学报（哲学社会科学版）	2004（3）
02283	外国留学生汉语学习目的研究	王志刚、倪传斌、王际平、姜孟	世界汉语教学	2004（3）
02284	应用语言学还是教育语言学？——对二语习得研究学科属性的思考	俞理明、袁平华	现代外语	2004（3）
02285	第二语言学习策略研究的现状与前瞻	钱玉莲	暨南大学华文学院学报	2004（3）

02286	边注和查词典等输入调整对留学生伴随性词汇学习的作用	朱勇	世界汉语教学	2004（4）
02287	东南亚华裔留学生汉语学习背景浅探	尉万传	东南亚纵横	2004（4）
02288	外国留学生的汉语语言态度调查	倪传斌、王志刚、王际平、姜孟	语言教学与研究	2004（4）
02289	中介语理论视野下的维族学生汉语学习	康健	喀什师范学院学报	2004（4）
02290	放射状词汇教学法与留学生中文心理词典的建构	马玉汴	云南师范大学学报（对外汉语教学与研究版）	2004（5）
02291	一个基于连通主义的二语习得认知过程模型	王薇	语言教学与研究	2004（5）
02292	汉语语素义在留学生词义获得中的作用	郭胜春	语言教学与研究	2004（6）
02293	试论对外汉语教学学习主体的特点	李宝贵	辽宁税务高等专科学校学报	2004（6）
02294	任务型外语学习的研究	程可拉	华东师范大学（博士）	2004
02295	从第二语言习得学习策略的角度理解口译学习策略	郑志华	四川大学（硕士）	2004
02296	二语习得研究与外语教学	马卉	黑龙江大学（硕士）	2004
02297	远程对外汉语教学的学习者特征分析及应对策略	董政	北京语言大学（硕士）	2004
02298	中级水平韩国留学生语言学习策略与汉语听力理解的关系研究	周磊	北京语言大学（硕士）	2004
02299	迁移对预科学生汉语学习的影响	李新惠	和田师范专科学校学报	2005（1）
02300	香港国际学校华裔子弟学习汉语汉文化个案研究	黄婉芬、梁长城	语言教学与研究	2005（1）
02301	学习者的个体因素对对外汉语教学的影响	杨光	北京市经济管理干部学院学报	2005（1）
02302	在穗印尼留学生汉语学习情况调查研究	郝红艳、张念	广东外语外贸大学学报	2005（1）
02303	中介语多变性的表现层次	丁雪欢	海外华文教育	2005（2）
02304	个性差异与对外汉语教学	陈郁	宜春学院学报	2005（3）

02305	汉语作为二语习得的语境习得研究刍议	李柏令	绍兴文理学院学报（社科版）	2005（3）
02306	论母语负迁移对中介语石化现象的影响	陈俊、杨云峰、王蕾	金陵科技学院学报（社会科学版）	2005（3）
02307	课堂互动在学习者语言发展中的作用	周军平	甘肃联合大学学报（社会科学版）	2005（4）
02308	论外语习得中母语的迁移	曾丽珠	福建商业高等专科学校学报	2005（4）
02309	越南留学生汉语学习策略分析	林可、吕峡	暨南大学华文学院学报	2005（4）
02310	从二语习得的角度看大学专业课程的双语教学：理据与模式	庞继贤、丁展平	浙江大学学报（人文社会科学版）	2005（5）
02311	浅析学习动机和外语学习之间的关系	邹鹏举	保山师专学报	2005（6）
02312	关于汉语作为第二语言教学能力认定的思考	谢小庆、张洁、王艳、马新芳	对外汉语研究（第1期）/上海师范大学《对外汉语研究》编委会编/商务印书馆	2005
02313	初级阶段越南留学生学习动机和学习策略研究	邢程	广西师范大学（硕士）	2005
02314	二语习得中的概念迁移	骆雪娟	广东外语外贸大学（硕士）	2005
02315	二语习得中的僵化现象及其教学启示	步鑫	贵州师范大学（硕士）	2005
02316	个人语言学能研究及其对外语学习和教学的启示	李兰欣	上海外国语大学（硕士）	2005
02317	韩国学生学习汉语的语言环境研究	崔长福	天津师范大学（硕士）	2005
02318	汉语语素义对留学生词义获得的影响研究	陈萍	暨南大学（硕士）	2005
02319	留学生汉语学习焦虑的状况、成因和应付方式研究	施仁娟	华东师范大学（硕士）	2005
02320	论课堂二语学习者的情感因素	张媛	中国海洋大学（硕士）	2005
02321	母语在二语输出过程中的影响	丁萌	郑州大学（硕士）	2005
02322	任务前准备时间对中国中级和高级英语学习者自我纠正的影响	顾韵	华东师范大学（硕士）	2005

02323	如何在外语学习中充分调动母语正迁移的作用	章铭	上海师范大学（硕士）	2005
02324	试论二语习得过程中语言迁移现象的本质	彭宁红	湖南师范大学（硕士）	2005
02325	输出对语言形式习得的促进作用	宋兆娟	曲阜师范大学（硕士）	2005
02326	不同认知风格汉语学习者在学习策略运用上的差异研究	徐子亮	国际汉语教学动态与研究	2006（1）
02327	国内汉语第二语言习得研究二十年	施家炜	语言教学与研究	2006（1）
02328	桑代克关于学习心理的研究与对外汉语教学	高惠敏	云南师范大学学报（对外汉语教学与研究版）	2006（1）
02329	从哲学视角试析汉语作为第二语言的教学——以语言游戏说为例	马国彦	河南大学学报（社会科学版）	2006（2）
02330	言语过程与聋哑儿童自然语言获得的若干问题	吕明臣	吉林大学社会科学学报	2006（2）
02331	传承与嬗变：族群背景对华裔留学生学习汉语的正迁移作用	戴萍萍	海外华文教育	2006（3）
02332	汉语作为第二语言话题句习得研究	曹秀玲、杨素英、黄月圆、高立群、崔希亮	世界汉语教学	2006（3）
02333	汉语作为第二语言学习者习得过程研究评述	王建勤	北京师范大学学报（社会科学版）	2006（3）
02334	来华留学生的社会心理研究	李明欢	海外华文教育	2006（3）
02335	理智与情感：东南亚华裔学生来华留学动机解读	陈奕容	海外华文教育	2006（3）
02336	蒙古留学生学习汉语特点及对策初探	赵金色	云南师范大学学报（对外汉语教学与研究版）	2006（3）
02337	海外华人学生汉语心理词典的特点与成因	王魁京	语言教学与研究	2006（4）
02338	论留学生个性心理词典的构建	张舸	云南师范大学学报（对外汉语教学与研究版）	2006（4）
02339	用人本主义方法培养第二语言自我	周景芸	金陵科技学院学报（社会科学版）	2006（4）
02340	基于UG的二语习得研究：优势、欠缺及走势	刘春燕	语言教学与研究	2006（5）

02341	试论二语习得中的学习动机因素及影响	王轶群	淮南师范学院学报	2006（5）
02342	《词汇神话：第二语言习得研究在课堂教学中的应用》述介	李庆燊	外语教学与研究	2006（6）
02343	标记性及其在母语迁移中的作用	梁改萍、冯小钉	平原大学学报	2006（6）
02344	对外汉语教学与中介语理论	姚晓波、陈方方	渤海大学学报（哲学社会科学版）	2006（6）
02345	关于留学生课外汉语习得资源的几点思考	高剑华	教育科学	2006（6）
02346	统计方法在第二语言研究中的应用	邵菁	汉语学习	2006（6）
02347	试论中介语构建中的负迁移因素	赵海洪、谌伦清	科技信息	2006（7）
02348	成功的汉语学习者的学习策略分析	吴勇毅、陈钰	汉语作为第二语言的学习者与汉语认知研究 / 王建勤主编 / 商务印书馆	2006
02349	心理语言学中的第二语言学习及理论发展	邢欣、吕红梅	对外汉语研究（第二期）/ 上海师范大学《对外汉语研究》编委会编 / 商务印书馆	2006
02350	沉浸式项目中的汉语学习者个体差异研究	张晓路	华东师范大学（博士）	2006
02351	二语习得中的语言输出研究	刘春燕	上海外国语大学（博士）	2006
02352	高水平韩国留学生的汉语技能焦虑研究	尚晓宇	北京语言大学（硕士）	2006
02353	汉韩同形词第二语言习得研究	毛丹	华中科技大学（硕士）	2006
02354	留学生汉语口语习用语块习得研究	丁洁	暨南大学（硕士）	2006
02355	欧美学生汉语中介语易混行为动词、心理动词及其辨析方法研究	张妍	北京语言大学（硕士）	2006
02356	普通高中第二外语学习者学习策略的调查	李佳娜	辽宁师范大学（硕士）	2006
02357	维吾尔族学生习得汉语副词“再”、“又”、“还”、“也”的考察	阿依提拉·阿布都热依木	新疆大学（硕士）	2006
02358	消极应答的中介语特征	王林琳	厦门大学（硕士）	2006

02359	中国二语学习者对俗约型隐喻表达式的认知	虞怡达	上海师范大学（硕士）	2006
02360	19世纪末至20世纪上半叶韩国汉语教学概况——兼论韩国汉语学习者的民族心理背景	〔韩〕李明晶	国际汉语教学动态与研究	2007（1）
02361	目的语环境中有效课外汉语学习研究	陈晓桦	云南师范大学学报（对外汉语教学与研究版）	2007（1）
02362	外国留学生汉语的学习需求分析	倪传斌	语言教学与研究	2007（1）
02363	论合作学习模式在对外汉语教学中的运用	孙瑞、李丽虹	云南师范大学学报（对外汉语教学与研究版）	2007（2）
02364	习得与学得	胡壮麟	中国外语	2007（2）
02365	汉语特点及其学习规律初探	金业文	阜阳师范学院学报（社会科学版）	2007（3）
02366	教学输入与学习者的语言输出	温晓虹	世界汉语教学	2007（3）
02367	影响儿童语言发展的因素分析及教育建议	贺利中	教育理论与实践	2007（3）
02368	对外汉语教学与母语习得原则——兼谈对外汉语教学借鉴母语教学经验	周静	天中学刊	2007（4）
02369	从普遍语法到认知科学——语言迁移研究的视角转换	尹洪山	语言教学与研究	2007（5）
02370	我校外国留学生汉语学习目的调查分析	夏青	科技经济市场	2007（7）
02371	各国第二语言教学与评估标准的新特点	张东辉	科教文汇（下旬刊）	2007（11）
02372	一项关于中韩大学生语言学习观念的比较研究	李春荣、杨安良	四川教育学院学报	2007（S1）
02373	试论第二语言教学教师作用的演变	张蓓	陕西师范大学学报（哲学社会科学版）	2007（S2）
02374	不同环境下的外国人汉语学习策略研究	吴勇毅	上海师范大学（博士）	2007
02375	统一信息论视域中的学习及学习技术研究	吴战杰	华东师范大学（博士）	2007
02376	香港南亚裔学生中文学习的困境及对策研究	袁振华	华中师范大学（博士）	2007
02377	从隐性课程的视角看师生关系及对留学生汉语学习的影响	张红蕴	北京语言大学（硕士）	2007

02378	多重动因结构：华裔留学生来华学习影响因素分析	陈奕容	厦门大学（硕士）	2007
02379	二语习得中的汉语语块研究	王慧	暨南大学（硕士）	2007
02380	汉英称谓系统在第二语言教学中的对比研究	王春霞	陕西师范大学（硕士）	2007
02381	基于对比分析的朝鲜族学生动结式习得研究	白燕	延边大学（硕士）	2007
02382	马来西亚“独中”高中生学习华文的动机激发	王玉瑞	华中师范大学（硕士）	2007
02383	文化适应模式与汉语作为第二语言习得效果的相关研究	郑岱华	北京语言大学（硕士）	2007
02384	五种汉语课堂互动活动中学习者焦虑和参与比较研究	付文斐	华东师范大学（硕士）	2007
02385	一项关于外语学习积极情感背景的实证研究	范玫杉	湘潭大学（硕士）	2007
02386	语言习得理论框架下的儿童英语教学	刘娜	四川师范大学（硕士）	2007
02387	对外汉语习得模式研究	余小平	盐城师范学院学报（人文社会科学版）	2008（2）
02388	留学生汉语使用焦虑与归因的相关性研究	张晓路	语言教学与研究	2008（2）
02389	认知学习理论在第二语言教学中的运用	余文静	云南电大学报	2008（2）
02390	第二语言词汇教学的“认知—动机”模型	何清强	语言教学与研究	2008（3）
02391	如何提高第二语言交际能力	刘欣	辽宁教育行政学院学报	2008（3）
02392	汉语作为第二语言的学习策略研究	周昉	江苏经贸职业技术学院学报	2008（4）
02393	第二语言学习者汉语中介语易混淆词及其研究方法	张博	语言教学与研究	2008（6）
02394	论韩日留学生汉语学习过程中表现出的语言焦虑及教学对策	李丹、秦惠敏	长春理工大学学报（社会科学版）	2008（6）
02395	略论修辞艺术寓于第二语言教学的实践意义	陈文博	南昌大学学报（人文社会科学版）	2008（6）
02396	内隐学习：对外汉语教学的新视野	郭睿	语言教学与研究	2008（6）
02397	外国留学生汉语学习中的元认知策略分析	崔静	新疆职业大学学报	2008（6）

02398	从文化适应角度看二语习得	范银华	成功（教育）	2008（12）
02399	过渡语中的迁移规则对二语教学的启示	苏大龙	教学与管理	2008（15）
02400	对外汉语：“看上去很美？”——对外汉语专业的学习策略与就业前景调查分析	秦海燕、刘一梦	中国大学生就业	2008（20）
02401	初级阶段中亚留学生汉语学习动机研究	侯创创	新疆师范大学（硕士）	2008
02402	从学习者角度探索二语听力理解	吴先泽	福建师范大学（硕士）	2008
02403	当前中国儿童二语习得现状	张晓晴	哈尔滨理工大学（硕士）	2008
02404	对汉俄中介语中负迁移现象的研究	刘茂媛	东北师范大学（硕士）	2008
02405	对外汉语课堂互动中的纠正性反馈对习得的影响	陆熙雯	北京语言大学（硕士）	2008
02406	留学生汉语学习策略研究	陈小芬	厦门大学（硕士）	2008
02407	美日留学生汉语学习焦虑对比研究	方画	华东师范大学（硕士）	2008
02408	模糊容忍度与初中级留学生汉语听读技能的相关研究	朱蕾	北京语言大学（硕士）	2008
02409	欧美留学生汉语社交称谓语学习使用情况的调查及教学策略研究	田昊罡	上海外国语大学（硕士）	2008
02410	试论儿童第二语言学习的规律和特点	温雅茹	天津师范大学（硕士）	2008
02411	双语环境下3—4岁幼儿华文教学的培养和训练习得	贺妍	暨南大学（硕士）	2008
02412	文章结构标记、呈现方式对学生认知负荷的影响	吕英	河南大学（硕士）	2008
02413	学汉语的英国学生与学英语的中国学生学习策略比较研究	徐菲	苏州大学（硕士）	2008
02414	印尼汉语学习者二语阅读中猜词策略调查与分析	黄颖	厦门大学（硕士）	2008
02415	英语作为外语语言学习者隐喻能力发展	吕燕	东华大学（硕士）	2008
02416	中国学生英语语调学习中的汉语声调干扰现象研究	刘杨	贵州师范大学（硕士）	2008
02417	来华留学生汉语学习动机与学习策略及其相关性研究	沈亚丽	上海交通大学（硕士）	2008

02418	汉语课堂的师生互动模式与第二语言习得	祖晓梅	语言教学与研究	2009（1）
02419	输出假设理论及其在外语教学中的应用	刘旭阳	天水师范学院学报	2009（1）
02420	不同文化距离下的态度与习得水平调查研究	闻亭	语言教学与研究	2009（3）
02421	强化意识、多法活用——交换生语言环境优化研究	马宇	时代文学（双月上半月）	2009（3）
02422	关于输入假说理论的研究	王全义	湖北成人教育学院学报	2009（4）
02423	克拉申“监控模式”假说在对外汉语教学中的应用	刘庆伟	北京教育学院学报	2009（4）
02424	课外语言环境对留学生汉语习得的作用和影响	沙宗元	合肥师范学院学报	2009（4）
02425	对外汉语教学中的偏误分析	乔丽	安徽文学（下半月）	2009（6）
02426	论有意义学习理论与迁移理论的关系——兼论对二语教学的意义	王凌云	改革与开放	2009（7）
02427	普通话儿童早期动词习得：范畴、论元结构与句法线索	宋刚	北京语言大学（博士）	2009
02428	朝鲜族学生和韩国留学生汉语学习情况对比研究	包志丹	天津师范大学（硕士）	2009
02429	大学生外语学习风格与网络自主学习效果的相关性研究	余琳	湖北工业大学（硕士）	2009
02430	过程取向的学习动机激发策略模型	张栩	西南大学（硕士）	2009
02431	汉语作为第二语言零起点学习者疑问句数字教学法研究	唐玉英	暨南大学（硕士）	2009
02432	日韩留学生汉语自我效能感研究	朱琳	华东师范大学（硕士）	2009
02433	外国留学生汉语学习策略量表的研制	陈璐	杭州师范大学（硕士）	2009
02434	印尼留学生汉语学习动机调查研究	郭亚萍	厦门大学（硕士）	2009
02435	在台土耳其人的汉语学习策略研究	苏靖淑	暨南大学（硕士）	2009
02436	中亚留学生汉语学习风格调查研究	易红	新疆师范大学（硕士）	2009
02437	普通话儿童方位词发展的个案研究	贾红霞	世界汉语教学	2010（4）
02438	晚清来华西方人汉语学习与研究	卞浩宇	苏州大学（博士）	2010
02439	背诵在第二语言教学中的应用	马春霞	山东大学（硕士）	2010

02440	对外汉语教学中的“过度类推”研究	王姗	华中师范大学（硕士）	2010
02441	汉俄语言文化差异对俄罗斯学生汉语学习的负面影响	张瑶	黑龙江大学（硕士）	2010
02442	基于“需求分析”的中亚留学生汉语学习和使用任务研究	付兴	新疆师范大学（硕士）	2010
02443	论目的语环境下汉语课堂教学中的习得问题	李洪	天津师范大学（硕士）	2010
02444	母语为阿拉伯语的学生学习汉语的难点	木森（Mohamed Elmustafa Salih）	天津师范大学（硕士）	2010
02445	泰国初中学生汉语学习动机研究	邓科香	陕西师范大学（硕士）	2010
02446	现代汉语语义韵的理论探索与习得研究：语料库语言学视角	李芳兰	中央民族大学（博士）	2011
02447	对外汉语会话课小组合作学习行动研究	陆薇薇	上海外国语大学（硕士）	2011
02448	对外汉语教学中的学生去动机化调查	李晨楠	复旦大学（硕士）	2011
02449	对外汉语学习者自主学习能力的培养与元认知策略的运用	黄卫芝	华东师范大学（硕士）	2011
02450	二语视角下的蒙学教材研究	李金秋	暨南大学（硕士）	2011
02451	二语习得情感因素研究及其对对外汉语教学的启示	胡妹林	华中科技大学（硕士）	2011
02452	高中生气质与外语学业成绩相关性调查与分析	叶宏莉	华东师范大学（硕士）	2011
02453	汉语学习动机分析及激发动机方案	李喻志	山东大学（硕士）	2011
02454	汉语学习平台中基于BIRCH聚类的用户个人信息分组算法研究	王旭	吉林大学（硕士）	2011
02455	基于学习者行为的序列模式挖掘算法研究与实现	田文诗	吉林大学（硕士）	2011
02456	九江学院东南亚留学生汉语语言态度、学习动机和语言能力的调查与研究	熊丽	华中师范大学（硕士）	2011
02457	留学生古代汉语教材研究	肖莹	沈阳师范大学（硕士）	2011
02458	留学生汉语口头输出与书面输出学习策略比较研究	何晓燕	南京师范大学（硕士）	2011

02459	留学生汉语学习动机研究	付婷婷	黑龙江大学（硕士）	2011
02460	留学生汉语学习中的“高原期现象”探究及教学对策	李瑶	西安外国语大学（硕士）	2011
02461	外国留学生汉语学习策略的多案例研究	何欢欢	南京师范大学（硕士）	2011
02462	中高级留学生汉语学习策略与其他个体因素的相关性研究	王俊卿	山东大学（硕士）	2011
02463	中高级水平留学生汉语学习动机类型及相关研究	杨怡	南京师范大学（硕士）	2011
02464	中外学生汉语能力要求与实际水平对比研究	汪翔	广西民族大学（硕士）	2011
02465	中亚留学生汉语学习动机调查研究	符冬梅	新疆师范大学（硕士）	2011
02466	构形与认知	时璇	中央美术学院（博士）	2012
02467	成功汉语学习者的学习策略及学习风格研究	杨兆乐	山东大学（硕士）	2012
02468	第二语言习得的外部因素与对外汉语教学研究	陈佳怡	上海外国语大学（硕士）	2012
02469	对外籍商务人士汉语学习和使用状况的调查分析与研究	潘亦琳	浙江大学（硕士）	2012
02470	非在华印尼学生汉语学习动机的调查研究	李佩莹（Clara Lie）	中山大学（硕士）	2012
02471	非洲留学生汉语学习策略研究	赵佳	东北师范大学（硕士）	2012
02472	高级汉语学习者学习动机调查研究	赵萍萍	北京大学（硕士）	2012
02473	韩国留学生本科生汉语学习动机变化动态研究	甘泉	复旦大学（硕士）	2012
02474	汉语初级学习者学习策略的调查研究	陈琦	山东师范大学（硕士）	2012
02475	汉语国际教育硕士泰国留学生的汉语学习动机调查研究	THIDA KASET-KALA	重庆大学（硕士）	2012
02476	汉语言（对外）专业日韩本科生学习需求调查研究	丁国琳	复旦大学（硕士）	2012
02477	基于第二语言教学的现代汉语指人类后缀研究	徐艾妮	华东师范大学（硕士）	2012
02478	克拉申语言监控模式的分析与检验	李鸿燕	华中师范大学（硕士）	2012

02479	来华留学生“二语动机自我系统”理论实证研究	杨娟	山东大学（硕士）	2012
02480	来华留学生汉语课外学习效果调查研究分析	马蓓	西北大学（硕士）	2012
02481	试议学习者个体因素对第二语言习得的影响	王颖	郑州大学（硕士）	2012
02482	泰国初中生汉语学习焦虑状况以及成因研究	彭虹	广西大学（硕士）	2012
02483	泰国大学生汉语学习动机调查与分析	高丹	山东大学（硕士）	2012
02484	泰国留学生汉语学习动机与学习策略研究	王茂	西南大学（硕士）	2012
02485	泰国学生的汉语学习动机研究	杨乐	广西大学（硕士）	2012
02486	维吾尔族学生汉语学习现状调查分析	刘颖	中央民族大学（硕士）	2012
02487	新疆高校中亚留学生群体语言使用及学习现状调查研究	赵婕	新疆师范大学（硕士）	2012
02488	“以学生为中心”的中亚留学生汉语学习需求调查与分析	王丝雨	新疆师范大学（硕士）	2012
02489	语言学习环境的改变对在华韩国留学生汉语学习策略影响的调查	张明美	云南大学（硕士）	2012
02490	在华留学生汉语学习观念调查与研究	王冬雪	河北师范大学（硕士）	2012
02491	在华留学生汉语学习过程中的认知心理分析	罗莎	西北大学（硕士）	2012
02492	在华留学生生活困难与障碍调研	赵丹	西北大学（硕士）	2012
02493	中国学生汉英词汇推理加工模式研究	杨赛	宁波大学（硕士）	2012
02494	中美《望厦条约》签订前后美国人汉语学习的历史考察	李苑	北京大学（硕士）	2012
02495	中亚东干族留学生汉语语序学习策略研究	樊进	陕西师范大学（硕士）	2012
02496	注意假设理论在汉语作为第二语言教学中的研究与实践	韩月芳	山东师范大学（硕士）	2012
02497	日本留学生汉语习得焦虑与成效相关性研究	宋萌萌	上海交通大学（硕士）	2012
02498	环境对第二语言习得影响研究综述	王海丽	剑南文学（经典教苑）	2013（1）

02499	认知语言学与汉语第二语言教学	曾君、陆方喆	云南师范大学学报（对外汉语教学与研究版）	2013（1）
02500	浅析 Krashen 输入假说与对外汉语教学	王天娇	科教文汇（上旬刊）	2013（3）
02501	现代汉语悖义现象研究——从第二语言教学角度谈起	徐艳平	成都理工大学学报（社会科学版）	2013（3）
02502	第二语言教学法流派述评——兼谈第二语言教学法对对外汉语教学模式的影响	李大博	佳木斯大学社会科学学报	2013（4）
02503	ARCS 动机模式在对外汉语教学中的应用	吴思娜	现代语文（学术综合版）	2013（5）
02504	对编纂通用型对外汉语学习词典的思考	李艳	辞书研究	2013（5）
02505	对外汉语学习词典中模糊限制语语用信息研究	荣月婷	西安电子科技大学学报（社会科学版）	2013（5）
02506	二语习得领域中的请求策略研究综述	魏惠琳、陈杰	吉林建筑工程学院学报	2013（5）
02507	留学生习得“之后”的考察	杜文涛	湖南科技学院学报	2013（5）
02508	基于移动学习模式的对外汉语教学资源整合及利用	沈锐、黄薇、晏青青	中国教育信息化	2013（7）
02509	从影响阅读之要素看国外二语研究新动向	李娜	学理论	2013（9）
02510	影响第二语言习得的个体差异——以两位土库曼斯坦汉语留学生为例	李夏怡、徐婕	学理论	2013（20）
02511	HSK 动态作文语料库中留学生习得“一直”的调查研究	梁新彧	吉林大学（硕士）	2013
02512	从认知视角研究中亚留学生汉语学习动机	彭磊磊	新疆大学（硕士）	2013
02513	多媒体教学对泰国大学生汉语学习动机影响因素分析	楚榕荫	浙江大学（硕士）	2013
02514	高级阶段留学生汉语称赞语习得研究	陈舒舒	暨南大学（硕士）	2013
02515	汉日双语环境下的儿童汉语习得个案考察	郭静	山东师范大学（硕士）	2013
02516	基于 HSK 动态作文语料库的“（NP）上”习得研究	蔺欣艳	吉林大学（硕士）	2013

02517	基于社会视角的中亚留学生汉语学习动机研究	杨韵韵	新疆大学（硕士）	2013
02518	聋人汉语学习性质的研究	刘晓蓉	沈阳师范大学（硕士）	2013
02519	目的语与非目的语环境中初级水平泰国学生汉语学习策略比较研究	周雳	中央民族大学（硕士）	2013
02520	鸦片战争时期来华传教士汉语学习语境探析	季华	南京大学（硕士）	2013
02521	印尼初中生汉语学习动机调查研究	林文莲	浙江大学（硕士）	2013
02522	语言焦虑中的内在因素对口语流利性的影响	康蓓	上海师范大学（硕士）	2013
02523	在沪韩国太太汉语学习情况调查分析	李汶信	上海师范大学（硕士）	2013

偏误分析研究

02524	留学生习作中的病句分析	佟慧君	语言教学与研究（第三集）	1978
02525	从外国学生的病句看现代汉语的动态范畴	房玉清	语言教学与研究	1980（3）
02526	留学生常犯的几种汉语错误及纠正方法	秦旭卿	湖南师院学报（哲学社会科学版）	1980（4）
02527	谈谈“错误分析”与留学生基础汉语教学	季秀清、宋希仲	对外汉语教学	1983（1）
02528	外国人学习汉语的词语偏误分析	鲁健骥	语言教学与研究	1987（4）
02529	学生华文作文的偏误与其学习策略关系的初探性研究	吴英成	语言教学与研究	1990（2）
02530	语音偏误与语音对比——谈朝鲜人汉语语音教学问题	刘明章	汉语学习	1990（5）
02531	外国学生学习汉语时的语法错误举例	刘坚	语言教学与研究	1991（2）
02532	构词能力与偏误分析	谢世涯、苏启祯	语言文字应用	1993（2）
02533	关于外语学习中母语干扰问题的探讨——从错误分析看汉语对德语学习的影响	王依	江苏外语教学研究	1995（1）

02534	泰国学生汉语学习的语音偏误	李红印	世界汉语教学	1995（2）
02535	语法偏误分析二题	李大忠	中国人民大学学报	1995（4）
02536	“使”字兼语句偏误分析	李大忠	世界汉语教学	1996（1）
02537	跟副词“也”有关的偏误分析	陈小荷	世界汉语教学	1996（2）
02538	留学生的代词偏误与代词在篇章中的使用原则	高宁慧	世界汉语教学	1996（2）
02539	越南留学生学汉语病句分析	梁谷子	广西师院学报（哲学社会科学版）	1996（3）
02540	超单句偏误引发的几点思考	王绍新	语言教学与研究	1996（4）
02541	韩国人学汉语的语音难点和偏误分析	王秀珍	世界汉语教学	1996（4）
02542	从运用“把”字句的偏误看“把”字句的教学与研究	李大忠	汉语言文化研究 / 胡明扬、金天相等著 / 广西师范大学出版社	1996
02543	汉语的否定词与日本学生的语法偏误	邓小宁	中山大学学报论丛	1997（4）
02544	论引导偏误与中介语现象	梁继超、张如芳	汉语学习	1997（6）
02545	汉语病句辨析九百例	贾寅淮	中国出版年鉴（1998）/ 中国出版年鉴社编辑 / 中国出版年鉴社	1998
02546	对 9 名日本学生误读现象的分析	刘颂浩	语言教学与研究	1999（2）
02547	外国留学生使用汉语成语的偏误分析	张永芳	语言文字应用	1999（3）
02548	韩国留学生汉语学习中的偏误分析	金贞子	延边大学学报（社会科学版）	1999（4）
02549	外国留学生形符书写偏误分析	施正宇	北京大学学报（哲学社会科学版）	1999（4）
02550	从复句形成过程及偏误等角度看副词的篇章功能	杨德峰	汉外语言对比与偏误分析论文集 / 张起旺、王顺洪主编 / 北京大学出版社	1999
02551	汉语偏误与学习者汉语背景关系初探	王静	汉语速成教学研究（第二辑）/ 北京语言文化大学汉语速成学院编 / 华语教学出版社	1999

02552	外国留学生的汉语篇章偏误分析	林欢	汉外语言对比与偏误分析论文集 / 张起旺、王顺洪主编 / 北京大学出版社	1999
02553	汉语词语的文化内涵及其理解偏误	田伏礼	丹东师专学报	2000（1）
02554	韩国学生汉语语法偏误分析	肖奚强	世界汉语教学	2000（2）
02555	外国留学生字形书写偏误分析	施正宇	汉语学习	2000（2）
02556	留学生学习汉语关联词常见错误的原因及相关问题	董琳莉、林伦伦	海外华文教育	2000（3）
02557	留学生汉语病句分析	朱其智	海外华文教育	2000（4）
02558	日本留学生汉语偏误分析之（一）：动词重叠	吕滇雯	汉语学习	2000（5）
02559	韩汉语被动句对比——韩国留学生“被”动句偏误分析	柳英绿	汉语学习	2000（6）
02560	日本留学生汉语动词常见偏误分析	戴国华	汉语学习	2000（6）
02561	跟副词“也”有关的偏误分析	张旺熹	中国语言学年鉴（1995—1998）上、下册 /《中国语言学年鉴》编辑部编 / 语文出版社	2000
02562	外国人学汉语的语法偏误分析	王弘宇	中国语言学年鉴（1995—1998）上、下册 /《中国语言学年鉴》编辑部编 / 语文出版社	2000
02563	朝鲜族习得汉语词汇偏误分析及词汇教学的几点思考	黄玉花、金花子	双语学研究（《民族教育研究》2000 年增刊）	2000
02564	外国学生照应偏误分析——偏误分析丛论之三	肖奚强	汉语学习	2001（1）
02565	外国学生识别形声字错误类型小析	陈慧	语言教学与研究	2001（2）
02566	留学生汉语常用副词偏误分析	叶翔	苏州大学（硕士）	2001
02567	留学生使用“能”、“会”的偏误及教学对策	陈若凡	语言教学与研究	2002（1）
02568	印尼语、汉语语序对比及印尼学生汉语学习中常见语序偏误分析	陈延河	暨南大学华文学院学报	2002（1）
02569	留学生篇章表达能力常见错误分析及对策	张永昱	修辞学习	2002（2）

02570	泰国学生汉语语音偏误分析	蔡整莹、曹文	世界汉语教学	2002（2）
02571	外国人语法偏误句子的等级序列	赵金铭	语言教学与研究	2002（2）
02572	外国学生汉字偏误分析	肖奚强	世界汉语教学	2002（2）
02573	语言单位的同一性与对外汉语教学中的偏误分析	邹洪民	语言与翻译	2002（2）
02574	日本留学生拟亲称呼语偏误分析	陈佩秋	汉语学习	2002（6）
02575	朝鲜族小学生汉语述补结构偏误分析	许哲	延边大学（硕士）	2002
02576	初级留学生标点符号的使用特征和偏误分析	胡建刚	暨南大学（硕士）	2002
02577	留学生汉语动宾式离合词偏误分析	高思欣	暨南大学（硕士）	2002
02578	留学生使用汉语复句的偏误研究	幸江涛	暨南大学（硕士）	2002
02579	留学生标点符号书写偏误分析	胡建刚、周健	语言文字应用	2003（3）
02580	阅读训练中理解性偏误的类型、原因及对策分析	陈珺	云南师范大学学报（对外汉语教学与研究版）	2003（3）
02581	韩国学生学习汉语“了”的常见偏误分析	〔韩〕韩在均	汉语学习	2003（4）
02582	留学生偏误合成词的统计分析	邢红兵	世界汉语教学	2003（4）
02583	留学生以“象”代“像”偏误分析——兼议“象”和“像”的分合	杨德峰	云南师范大学学报（对外汉语教学与研究版）	2003（4）
02584	错误分析：综述与应用	魏正珠	福建师范大学（硕士）	2003
02585	对外汉语教学中的能愿动词偏误分析	吕兆格	天津师范大学（硕士）	2003
02586	汉语篇章中主要的衔接方式及留学生偏误考察	张述娟	暨南大学（硕士）	2003
02587	留学生汉语时间表述方式偏误分析	张凤芝	暨南大学（硕士）	2003
02588	日本留学生汉语声调习得及偏误分析	张虹	福建师范大学（硕士）	2003
02589	日本学生汉语习得中的汉字词偏误分析	高箬远	云南师范大学学报（对外汉语教学与研究版）	2004（2）
02590	双音词偏误的词汇语义学分析	朱志平	汉语学习	2004（2）
02591	越南留学生的汉语声母偏误分析	傅氏梅、张维佳	世界汉语教学	2004（2）

02592	越南学生汉语声调偏误溯因	吴门吉、胡明光	世界汉语教学	2004（2）
02593	韩国学生汉语词汇使用偏误分析	刘红英	沈阳师范大学学报（社会科学版）	2004（3）
02594	汉韩同形词偏误分析	全香兰	汉语学习	2004（3）
02595	英语国家学生初级汉语语篇照应偏误考察	杨春	汉语学习	2004（3）
02596	初级阶段外国留学生的动词偏误	李春红	八桂侨刊	2004（4）
02597	韩国留学生学习被动表述的偏误分析	王振来	云南师范大学学报（对外汉语教学与研究版）	2004（4）
02598	新疆汉语学习者二价动词配价偏误分析	顾英华	汉语学习	2004（4）
02599	印尼华裔留学生汉语普通话双音节上上连读调偏误实验研究	王功平	暨南大学华文学院学报	2004（4）
02600	对外汉语教学评估偏差分析及纠偏对策	刘德联、李海燕	语言教学与研究	2004（5）
02601	哈萨克族学生学习汉语补语偏误产生的原因及其对策	成燕燕	民族教育研究	2004（5）
02602	留学生语言偏误产生的原因分析	刘红英	辽宁教育行政学院学报	2004（9）
02603	朝鲜族小学生“把”字句偏误分析	金英实	延边大学（硕士）	2004
02604	初级汉语水平韩国留学生使用汉语介词偏误研究	景洪	中央民族大学（硕士）	2004
02605	初级阶段韩国留学生“把”字句偏误分析	史立辉	延边大学（硕士）	2004
02606	东南亚华裔留学生汉字偏误综合考察	尉万传	暨南大学（硕士）	2004
02607	韩国学生使用汉语趋向补语的偏误分析	金善熙	华东师范大学（硕士）	2004
02608	留学生汉语比较句偏误分析	刘峰	暨南大学（硕士）	2004
02609	留学生汉语习得近义词偏误研究——以泰国学生为例	卿雪华	云南师范大学（硕士）	2004
02610	母语为英语的留学生汉语趋向补语习得偏误分析	李艳杰	中央民族大学（硕士）	2004
02611	泰国学生汉语习得的“把”字句偏误分析研究	魏红	云南师范大学（硕士）	2004
02612	越南留学生常用介词偏误分析	李建慧	广西师范大学（硕士）	2004

02613	越南留学生汉语比较句偏误分析及习得顺序考察	肖小平	广西师范大学（硕士）	2004
02614	中级阶段越南留学生汉语复句偏误考察	唐永宝	广西师范大学（硕士）	2004
02615	非汉字文化圈学生汉字认读偏误及对策研究	张晓涛	汉字文化	2005（1）
02616	留学生学习汉语副词“都”的偏误分析及思考	解燕勤	昆明师范高等专科学校学报	2005（1）
02617	留学生语篇中NP省略习得顺序与偏误	田然	云南师范大学学报（对外汉语教学与研究版）	2005（1）
02618	日本学生学习汉语介词“对”、“给”的偏误	汪灵灵	零陵学院学报	2005（1）
02619	少数民族预科生汉字偏误分析	刘江涛	语言与翻译	2005（1）
02620	越南人学汉语常见语音偏误分析	杨娜	云南师范大学学报（对外汉语教学与研究版）	2005（1）
02621	程度副词“非常”的有关偏误分析	胡云晚	湖南大学学报（社会科学版）	2005（2）
02622	对外汉语偏误分析二十年研究回顾	赵春利	云南师范大学学报（对外汉语教学与研究版）	2005（2）
02623	日本留学生学习被动表述的偏误分析	王振来	大连民族学院学报	2005（2）
02624	试析中介语中跟“没有”相关的偏误	袁毓林	世界汉语教学	2005（2）
02625	外国留学生汉语语篇衔接方式偏误分析	赵成新	台州学院学报	2005（2）
02626	初级汉语水平韩国留学生的时间词使用偏误分析	刘慧清	暨南大学华文学院学报	2005（3）
02627	韩国学生汉语介词习得偏误分析及教学对策	张艳华	云南师范大学学报（对外汉语教学与研究版）	2005（3）
02628	汉语作为第二语言偏误研究综观	蔡晓、牛太清	零陵学院学报	2005（3）
02629	英语国家学生学习汉语在篇章连贯方面的常见偏误	陈晨	四川大学学报（哲学社会科学版）	2005（3）
02630	留学生汉语语篇衔接偏误目的语因素考察	赵成新	周口师范学院学报	2005（4）
02631	留学生使用“女人”的偏误倾向及原因分析	姜自霞	云南师范大学学报（对外汉语教学与研究版）	2005（4）

02632	印尼学生汉语单音节动词语义偏误的主要类型及原因	萧频、张妍	暨南大学华文学院学报	2005（4）
02633	韩国留学生的篇章偏误分析	黄玉花	中央民族大学学报（哲学社会科学版）	2005（5）
02634	论对外汉语词汇教学过程中的“偏误预治”策略	焉德才	云南师范大学学报（对外汉语教学与研究版）	2005（6）
02635	试析中介语中跟“不”相关的偏误	袁毓林	语言教学与研究	2005（6）
02636	留学生使用句号逗号偏误分析	胡建刚	西南民族大学学报（人文社科版）	2005（10）
02637	对外汉语教学时量补语的偏误分析	张雅冰	辽宁教育行政学院学报	2005（11）
02638	韩国学生对“了”的误用及其原因	崔立斌	语言文字应用	2005（S1）
02639	汉语拼音对外国学生发音偏误的诱发机制及其教学对策	周奕	语言文字应用	2005（S1）
02640	留学生汉语离合词使用偏误的分析	王瑞敏	语言文字应用	2005（S1）
02641	留学生作文中的篇章偏误类型	刘俊玲	语言文字应用	2005（S1）
02642	“在＋处所”的偏误分析及对外汉语教学	李金静	语言文字应用	2005（S1）
02643	朝鲜族小学生“得”字补语句偏误分析	崔颖	延边大学（硕士）	2005
02644	对外汉语教学趋向补语偏误分析	龙娟	华中科技大学（硕士）	2005
02645	多语言背景下，儿童汉语语音获得的偏误及其对策	李富萍	华东师范大学（硕士）	2005
02646	韩国学生初级词偏误分析	黄燕	四川大学（硕士）	2005
02647	外语学习者错误及其处理的多维探讨	江世勇	重庆师范大学（硕士）	2005
02648	韩国留学生汉语声调习得偏误的声学研究	高玉娟、李宝贵	云南师范大学学报（对外汉语教学与研究版）	2006（1）
02649	韩国学生汉语词语偏误分析	杜艳青	安阳师范学院学报	2006（1）
02650	留学生语言偏误产生的原因分析	林润宣	嘉兴学院学报	2006（1）
02651	老挝学生语音偏误分析及与泰国学生的比较	单韵鸣	云南师范大学学报（对外汉语教学与研究版）	2006（2）
02652	初级阶段留学生偏误的规律性及成因分析	赵春利	云南师范大学学报（对外汉语教学与研究版）	2006（3）
02653	对外汉语教学中的词类偏误研究综述	戴会林	宿州教育学院学报	2006（3）

02654	俄罗斯留学生汉语声调偏误研究	徐瑾	佳木斯大学社会科学学报	2006（3）
02655	印尼学生汉语离合词使用偏误及原因分析	萧频、李慧	暨南大学华文学院学报	2006（3）
02656	“A 归 A”的语义、语篇功能及偏误分析	董淑慧	汉语学习	2006（4）
02657	留学生汉语宾语偏误分析	王静	暨南大学华文学院学报	2006（4）
02658	朝鲜族学生汉语写作偏误分析	金晓艳、彭爽	云南师范大学学报（对外汉语教学与研究版）	2006（5）
02659	跟趋向动词有关的偏误分析	王媛	云南师范大学学报（对外汉语教学与研究版）	2006（5）
02660	汉语能愿动词语际迁移偏误生成原因初探	赖鹏	语言教学与研究	2006（5）
02661	越南留学生汉语离合词偏误成因初探	李燕洲	现代语文（语言研究版）	2006（5）
02662	英语母语留学生汉语习得语法偏误研究综述	周静、祝爱华	天中学刊	2006（6）
02663	对外汉语离合词的偏误分析和教学	陈玮	语文学刊	2006（24）
02664	中级阶段外国留学生双音节动词偏误分析	李彤、王红娟	语言文字应用	2006（S2）
02665	韩国留学生副词“才”习得偏误分析——兼论“才”字的语法意义和用法	张璐	汉语研究与应用（第四辑）/ 中国人民大学对外语言文化学院编 / 中国社会科学出版社	2006
02666	日本学生介词使用的偏误分析——兼谈对偏误的教学法	〔日〕郭春贵、郭久美子	汉语研究与应用（第四辑）/ 中国人民大学对外语言文化学院编 / 中国社会科学出版社	2006
02667	藏族（安多方言）学生学习汉语单音节声调偏误的实验分析	李淑平	中央民族大学（硕士）	2006
02668	初级阶段韩国学生汉语动词词组偏误分析	游红明	四川大学（硕士）	2006
02669	初级水平日本留学生汉语双音节词声调偏误分析	刘佳平	上海外国语大学（硕士）	2006
02670	从日本学生的偏误看“被”字句的研究与教学	陈明美	苏州大学（硕士）	2006

02671	“得”字补语句考察及留学生“得”字补语句偏误分析	张传立	广西大学（硕士）	2006
02672	对外汉语量词教学的偏误分析	郭晓沛	天津师范大学（硕士）	2006
02673	韩国留学生习得汉语补语的偏误分析	车慧	辽宁师范大学（硕士）	2006
02674	韩国留学生习得汉语介词偏误分析	吴成焕	吉林大学（硕士）	2006
02675	韩国留学生学习普通话时二字组及其在语流中的声调偏误分析	夏晴	华东师范大学（硕士）	2006
02676	留学生若干篇章关联词语使用偏误的考察及有关的语义语用分析	王玮	北京语言大学（硕士）	2006
02677	留学生学习汉语比较句式的偏误分析	刘红娟	天津师范大学（硕士）	2006
02678	母语为英语的留学生汉语趋向补语的偏误分析与研究	宋卫卫	厦门大学（硕士）	2006
02679	泰国学生汉语比较句习得偏误分析	胡亮节	云南师范大学（硕士）	2006
02680	越南留学生汉语中介语偏误合成词的情况分析	董茜	云南师范大学（硕士）	2006
02681	中高级阶段留学生词汇习得偏误分析与教学策略	蒲徐波	四川大学（硕士）	2006
02682	中级印尼留学生篇章衔接偏误分析及写作课篇章教学	刘怡冰	暨南大学（硕士）	2006
02683	从哈萨克族习得汉语反义词的偏误反观汉语反义词的特点	成燕燕	语言与翻译	2007（1）
02684	对外汉语教学中“搞”的使用偏误及其教学对策	曾红霞	广东教育学院学报	2007（1）
02685	俄罗斯留学生“了”字句使用偏误分析	王媚、张艳荣	云南师范大学学报（对外汉语教学与研究版）	2007（1）
02686	俄罗斯人学习汉语语音偏误分析	罗音	云南师范大学学报（对外汉语教学与研究版）	2007（1）
02687	汉语词语偏误分析的方法	翟艳	云南师范大学学报（对外汉语教学与研究版）	2007（1）
02688	印尼华裔留学生汉语三合元音韵母偏误分析	王茂林、孙玉卿	世界汉语教学	2007（1）
02689	与范围副词“都”有关的偏误分析	周小兵、王宇	汉语学习	2007（1）
02690	语法偏误类别的考察	朱其智、周小兵	语言文字应用	2007（1）

02691	程度副词“很”的有关偏误分析	张君博	海外华文教育	2007（2）
02692	韩国学生韵母偏误的发展性难度和对比难度分析	陈珺	云南师范大学学报（对外汉语教学与研究版）	2007（2）
02693	韩国留学生学习汉语副词“也”的偏误考察	解燕勤	昆明师范高等专科学校学报	2007（3）
02694	留学生单双音同义名词偏误统计分析	刘春梅	语言教学与研究	2007（3）
02695	留学生汉语杂糅偏误分析	朱其智	汉语学习	2007（3）
02696	韩国留学生汉语趋向补语习得特点及偏误分析	黄玉花	汉语学习	2007（4）
02697	留学生一般性文章格式偏误表现与分析——基于100份入学分班试卷的作文调查	刘元满	汉语学习	2007（5）
02698	论句群语境中存在句的衔接手段——留学生学习汉语存在的偏误	陈萍	江西教育学院学报	2007（5）
02699	汉语作为第二语言学习语法偏误研究综述	李菡幽	福建师范大学学报（哲学社会科学版）	2007（6）
02700	留学生句类偏误分析	杜威宇	黑龙江教育学院学报	2007（12）
02701	初、中级日韩留学生汉语量词运用偏误分析	伏学凤	语言文字应用	2007（S1）
02702	“忍不住”“受不了”发生偏误的语义泛化思考	王岩	教书育人	2007（S4）
02703	程度副词偏误分析与计算机辅助教学设计	张君博	北京语言大学（硕士）	2007
02704	对外汉语教材同译词语及英语背景留学生使用偏误研究	周琳	北京语言大学（硕士）	2007
02705	对外汉语教学中常用介词习得特点及偏误研究	陈芳	云南师范大学（硕士）	2007
02706	对外汉语教学中的可能补语偏误分析	陈东艳	河北大学（硕士）	2007
02707	“过程”和“非过程”与越南学生的“不”和“没（有）”偏误	刘雍	广西民族大学（硕士）	2007
02708	韩国留学生汉语双音节词声调发音偏误分析	祁慧琳	上海外国语大学（硕士）	2007
02709	韩国留学生话语标记使用调查及偏误分析	姜迪	厦门大学（硕士）	2007

02710	韩国留学生习得汉语趋向补语偏误分析	高宁栏	吉林大学（硕士）	2007
02711	韩国人学习汉语语音的偏误分析及其对策	余诗隽	华中师范大学（硕士）	2007
02712	韩国学生使用汉语介词偏误分析	周正红	辽宁师范大学（硕士）	2007
02713	汉语关联词语及留学生偏误考察分析	高娜	河北大学（硕士）	2007
02714	留学生介词“给”偏误研究	杨永	暨南大学（硕士）	2007
02715	留学生学习汉语被动句的偏误分析	王娟	四川师范大学（硕士）	2007
02716	日韩泰留学生汉语声调习得及偏误分析研究	陈子悠	陕西师范大学（硕士）	2007
02717	少数民族学生汉语篇章衔接方式偏误分析	吴若愚	东北师范大学（硕士）	2007
02718	泰国学生初学汉语口语偏误及教学对策	陈艳艺	厦门大学（硕士）	2007
02719	泰国学生汉语语气词习得偏误研究	刘培杰	吉林大学（硕士）	2007
02720	外国学生方位词偏误分析与习得研究	戴会林	南京师范大学（硕士）	2007
02721	越南留学生使用虚词“倒”、“却”、“但”的偏误考察及相关的三个平面的分析	贺兵	广西民族大学（硕士）	2007
02722	越南学生汉语完句成分偏误分析	徐利新	广西民族大学（硕士）	2007
02723	中高级阶段越南留学生汉语词汇偏误分析	袁丽敏	广西民族大学（硕士）	2007
02724	高级水平留学生语调偏误与教学对策	农海慧、杨锋	和田师范专科学校学报	2008（1）
02725	韩国学生书面语语序偏误分析——以中级汉语水平学生偏误为例	侯友兰	绍兴文理学院学报（教育教学研究版）	2008（2）
02726	越南学生学习汉语频率副词“再”和“又”的偏误分析	寇美睿、李文奇	柳州职业技术学院学报	2008（2）
02727	韩国学生汉语学习中常见语序错误简析	侯玲玲	青岛大学师范学院学报	2008（3）
02728	日本留学生汉语双音节词声调偏误调查报告	刘佳平	商业文化（学术版）	2008（3）
02729	外国学生离合词重叠式的偏误分析	时建	时代文学（双月上半月）	2008（3）

02730	俄罗斯留学生错字分析及教学对策研究	王志海	佳木斯大学社会科学学报	2008（4）
02731	对外汉语语音偏误研究	叶南	西南民族大学学报（人文社科版）	2008（10）
02732	初级俄国留学生学习汉语“了”的偏误类型及其教学对策	朱素弟	暨南大学（硕士）	2008
02733	初级阶段韩国学生使用汉语副词的偏误分析	王会云	辽宁师范大学（硕士）	2008
02734	初级阶段泰国留学生习得汉语双音节声调的偏误分析	张志莹	暨南大学（硕士）	2008
02735	高级阶段留学生习得动词重叠式偏误分析	苏猛	陕西师范大学（硕士）	2008
02736	高年级留学生汉语语篇显性衔接偏误分析	冯新宏	陕西师范大学（硕士）	2008
02737	韩国学生汉语学习中的“把”字句、“被”字句偏误研究	朱虹	黑龙江大学（硕士）	2008
02738	韩国学生汉语中介语“做”的搭配及其偏误分析	申旼京	北京语言大学（硕士）	2008
02739	韩国学生习得汉语心理动词偏误分析	刘博	广西民族大学（硕士）	2008
02740	汉语单音形容词及留学生习得偏误考察分析	马云静	河北大学（硕士）	2008
02741	基于偏误分析的多媒体环境下的结果补语教学	蔺俊霞	华东师范大学（硕士）	2008
02742	留学生学习汉语被动句的偏误分析	郭晓玮	天津师范大学（硕士）	2008
02743	留学生学习汉语结果补语的偏误分析	梁雪垠	天津师范大学（硕士）	2008
02744	泰国学生汉语能愿动词习得偏误分析	刘权	云南师范大学（硕士）	2008
02745	泰国学生汉语习得偏误现象解析	胡永梅	山东大学（硕士）	2008
02746	泰国学习者汉语常用介词偏误分析	李珊	暨南大学（硕士）	2008
02747	外国留学生三种常用篇章衔接手段考察	范媛媛	陕西师范大学（硕士）	2008
02748	外国人的汉语双音节声调组合偏误研究	潘吉	华东师范大学（硕士）	2008
02749	外国人使用“把”字句的偏误分析及其对教学的启示	于金英	重庆师范大学（硕士）	2008

02750	现代汉、泰语偏正结构对比研究	林浩业	广西大学（硕士）	2008
02751	一年制零起点韩国留学生汉语语音偏误分析	屠爱萍	湖南师范大学（硕士）	2008
02752	越南学生汉语“数量名”结构偏误分析	黄氏昭鹓	广西师范大学（硕士）	2008
02753	越南学生学习汉语语法常见的四种偏误分析	李依霖	广西民族大学（硕士）	2008
02754	越南学习者汉语副词偏误调查研究	黄薇	云南师范大学（硕士）	2008
02755	中高级阶段越南学生汉语语体偏误分析	张春玲	广西民族大学（硕士）	2008
02756	留学生存现句偏误与对策研究——留学生存现句教学的多维思考	王慧琳	暨南大学（硕士）	2008
02757	对外汉语教学中“专化意义”偏误分析	吴慧玲	广东教育学院学报	2009（2）
02758	留学生习得“被”字句固定格式的偏误分析	彭淑莉	广东工业大学学报（社会科学版）	2009（2）
02759	对外汉语教学中语言偏误的认知心理分析	蔡绿、苗欣	通化师范学院学报	2009（5）
02760	越南留学生“得”字补语句偏误分析	张传立	大理学院学报	2009（5）
02761	对外汉语教学中时间单位词偏误分析	马婷婷	襄樊学院学报	2009（7）
02762	留学生相对程度副词应用偏误情况调查分析	张颖	读与写（教育教学刊）	2009（8）
02763	“被”字句的偏误与对策	于秋生	暨南大学（硕士）	2009
02764	“不”和“没有”的认知考察及留学生习得“不”和“没有”的偏误研究	岳秀文	福建师范大学（硕士）	2009
02765	初级阶段哈萨克斯坦留学生汉语量词运用偏误分析	谭三妹	华东师范大学（硕士）	2009
02766	从词语的相似性角度看中介语中的动词偏误问题	倪丽华	上海师范大学（硕士）	2009
02767	对外汉语中的“是”字句及偏误分析	江敏	新疆大学（硕士）	2009
02768	俄罗斯及中亚留学生汉语语音偏误分析及对策研究	贺桃	新疆大学（硕士）	2009

02769	韩国留学生句群偏误研究	聂晨	东北师范大学（硕士）	2009
02770	韩国人学习汉语语法偏误分析	吴英信	西北大学（硕士）	2009
02771	韩国学生“比”字句偏误分析	徐菁玉	北京语言大学（硕士）	2009
02772	汉德语音对比及德国学生汉语发音偏误研究	黄一苇	上海外国语大学（硕士）	2009
02773	汉泰特指疑问句对比及偏误分析	何意德	暨南大学（硕士）	2009
02774	汉语能愿动词的习得与偏误分析	杨阳	福建师范大学（硕士）	2009
02775	基于“HSK 动态作文语料库”的日本留学生汉语多项状语的偏误分析	赵淑丽	北京语言大学（硕士）	2009
02776	留学生动宾离合词偏误分析及教学对策	孟雯	华东师范大学（硕士）	2009
02777	留学生汉语篇章微观结构偏误研究	韩瑞芳	东北师范大学（硕士）	2009
02778	留学生汉语书面表达词汇衔接偏误考察及教学建议	汪菲	上海外国语大学（硕士）	2009
02779	留学生汉语学习中形容词重叠式偏误研究及教学对策	王金凤	吉林大学（硕士）	2009
02780	留学生使用“连”字句的偏误及教学对策研究	丁琳	吉林大学（硕士）	2009
02781	缅甸学生使用汉语趋向补语偏误分析	白智明	北京语言大学（硕士）	2009
02782	“能”、“会”和“可以”的认知研究及偏误分析	李亚娟	苏州大学（硕士）	2009
02783	欧美留学生习得存在句偏误分析	邢璐	陕西师范大学（硕士）	2009
02784	生词英译与留学生汉语习得偏误的相关性研究	周志武	云南师范大学（硕士）	2009
02785	泰国初级学生汉语能愿动词偏误分析	王艳	厦门大学（硕士）	2009
02786	泰国华校中小学生学习汉语并列连词偏误研究	李月侠	陕西师范大学（硕士）	2009
02787	外国留学生否定副词使用偏误分析	张丹	天津大学（硕士）	2009
02788	外国留学生汉语学习中离合词偏误分析	孟亚利	天津师范大学（硕士）	2009
02789	越南学生汉语结构助词“的”字使用偏误考察	陈福生	北京语言大学（硕士）	2009

02790	越南语和阿拉伯语背景留学生汉语声调偏误研究	高秀娟	上海师范大学（硕士）	2009
02791	外国留学生汉语习得作文语料库偏误分类及标注设计	李盛微	上海交通大学（硕士）	2009
02792	HSK 动态作文语料库中留学生使用“还是”偏误研究	张园	陕西师范大学（硕士）	2010
02793	初级阶段韩国学生汉语词汇习得偏误分析	杨柳	河北大学（硕士）	2010
02794	初中级留学生汉语时间副词偏误研究	马瑞晨	东北师范大学（硕士）	2010
02795	动宾离合词带关涉对象研究及偏误分析	赵燕	复旦大学（硕士）	2010
02796	对外汉语教学中的常用个体物量词偏误研究	张爽	黑龙江大学（硕士）	2010
02797	俄罗斯留学生汉语习得过程中的语用偏误分析及对策研究	祁琳	吉林大学（硕士）	2010
02798	俄语区学生使用结果补语的偏误分析及教学对策	杨烨燊	复旦大学（硕士）	2010
02799	含相同语素的汉语易混淆词习得偏误及教学对策	朴商勋	南昌大学（硕士）	2010
02800	含有“以 / 之”的合成方位词及其偏误研究	谢芳	华东师范大学（硕士）	2010
02801	韩国留学生“有”字句偏误分析	洪花	东北师范大学（硕士）	2010
02802	韩国留学生习得汉语程度副词的偏误分析与教学启示	姜昌义	青岛大学（硕士）	2010
02803	汉韩程度副词对比研究及韩国学生习得偏误分析	齐悦	河北大学（硕士）	2010
02804	汉语“量 + 名”结构及其偏误研究	林蔚	上海交通大学（硕士）	2010
02805	基于语料库的留学生写作衔接偏误分析及对写作教学的启示	陶岩	东北师范大学（硕士）	2010
02806	基于语篇衔接理论的留学生汉语写作偏误分析	冯晓玲	山东大学（硕士）	2010
02807	基于中介语语料库的联合关系连词偏误分析	张丹	上海师范大学（硕士）	2010
02808	留学生汉语习得中语用失误的考察与分析	韩倜	华中科技大学（硕士）	2010
02809	留学生汉字书写偏误及对策研究	王艳娣	安徽大学（硕士）	2010

02810	泰国汉语学习者对比语音偏误分析	李三龙	华南理工大学（硕士）	2010
02811	同素近义单双音节语气副词习得偏误研究	梅那	南昌大学（硕士）	2010
02812	外国留学生“再”之习得研究及偏误分析	刘倩	曲阜师范大学（硕士）	2010
02813	外国留学生汉语标点符号使用情况的偏误分析和习得研究	孙乐飞	湖北工业大学（硕士）	2010
02814	外国留学生习得可能补语的回避与偏误调查研究	李昊天	山东大学（硕士）	2010
02815	外国人学习汉语副词“就”的偏误分析	崔知慧	复旦大学（硕士）	2010
02816	西班牙语学生汉语学习语际偏误分析及其教学对策	刘园婷	中山大学（硕士）	2010
02817	英语国家留学生时量补语偏误分析	谢静	云南大学（硕士）	2010
02818	中高级程度韩国留学生汉语成语语义偏误研究	杨智渤	东北师范大学（硕士）	2010
02819	中高级阶段留学生汉语副词使用偏误类型研究	徐金晶	华东师范大学（硕士）	2010
02820	中亚留学生“不”和“没”使用偏误分析	马海玲	新疆师范大学（硕士）	2010
02821	越南留学生习得汉语称呼语的偏误分析	陈氏合	南京师范大学（硕士）	2010
02822	“V+到+X”结构中“到”的偏误分析与教学对策	黄一清	苏州大学（硕士）	2011
02823	初级阶段非洲留学生汉字偏误分析及对策研究	李蓉若	西南大学（硕士）	2011
02824	初级阶段留学生动态助词“过”的偏误分析及教学建议	张雅文	暨南大学（硕士）	2011
02825	初级阶段留学生习得汉语量词偏误分析	刘佳	华中科技大学（硕士）	2011
02826	初级阶段日本留学生学习汉语表重复义副词“再、又、还”的偏误分析	刘慧莹	华中师范大学（硕士）	2011
02827	初级水平韩国留学生“比”字句偏误分析	陈安泰	华中师范大学（硕士）	2011
02828	从成语形成看留学生使用汉语成语语义偏误	邸少华	河北师范大学（硕士）	2011

02829	对蒙古国大学生的汉语偏误分析	乌仁赛罕	东北师范大学（硕士）	2011
02830	对外汉语教学中“的”的偏误研究及其教学对策	李晶	黑龙江大学（硕士）	2011
02831	对外汉语教学中的附加成分语序偏误问题研究	万金	首都师范大学（硕士）	2011
02832	俄罗斯留学生的汉字学习情况偏误情况调查报告	王帅	黑龙江大学（硕士）	2011
02833	俄罗斯留学生汉语可能补语偏误分析及对策研究	王楠	东北师范大学（硕士）	2011
02834	俄罗斯学生趋向补语学习及其偏误研究	萨沙（Alexandra Valevskaya）	吉林大学（硕士）	2011
02835	二语习得中“了”的使用偏误及其教学策略	连晓磊	青岛大学（硕士）	2011
02836	高级阶段越南留学生趋向补语习得偏误研究	田静	华中师范大学（硕士）	2011
02837	韩国留学生递进复句偏误研究	邓林玲	广州大学（硕士）	2011
02838	韩国留学生汉语语气词“啊”、“吧”、“呢”、“吗”习得偏误分析	黄国欢	华中师范大学（硕士）	2011
02839	韩国留学生语气词使用偏误分析及学习策略	张薇	华中师范大学（硕士）	2011
02840	韩国学生的汉语语用偏误分析及教学建议	金贞林	山东师范大学（硕士）	2011
02841	韩国学生习得“V+adj”类动结短语的偏误分析	刘津津	华中师范大学（硕士）	2011
02842	韩国学生习得介词“给、对、跟”的偏误分析	金贤娥	黑龙江大学（硕士）	2011
02843	汉日两字同形词偏误分析和教学对策	姜颖琇	黑龙江大学（硕士）	2011
02844	汉语第二语言学习者成语学习偏误分析及教学对策初探	王芳	首都师范大学（硕士）	2011
02845	汉语与印尼语介词“给”的差异分析及印尼学生习得汉语介词“给”偏误研究	温燕强	湖南师范大学（硕士）	2011
02846	汉越让步复句对比及越南学生学习汉语让步复句偏误分析	阮氏秋清	湖南师范大学（硕士）	2011

02847	汉字书写偏误调查分析及对策研究	杜寒	吉林大学（硕士）	2011
02848	荷兰人学汉语语音偏误分析	谢小飞	复旦大学（硕士）	2011
02849	基于HSK动态语料库词语重叠偏误分析	杨博然	辽宁师范大学（硕士）	2011
02850	基于HSK动态语料库研究留学生作文中的偏误现象	许惠敏	辽宁师范大学（硕士）	2011
02851	基于HSK动态作文语料库的留学生人名国俗词语习得偏误研究	陈媛媛	湖北工业大学（硕士）	2011
02852	基于构式语法的汉语动结式习得偏误分析	陆燕萍	南京师范大学（硕士）	2011
02853	基于语料库的日本留学生单音形容词习得偏误研究	刘鸿雁	河北大学（硕士）	2011
02854	基于中介语语料库的英语国家留学生汉语篇章衔接偏误研究	林加	浙江大学（硕士）	2011
02855	津巴布韦学生习得汉语述补结构的偏误分析	张毅	河北师范大学（硕士）	2011
02856	“看”、“见”对N的语义选择及二语习得中的偏误研究	梁恩正	华中师范大学（硕士）	2011
02857	留学生“可”使用偏误研究	高环生	华中师范大学（硕士）	2011
02858	留学生比较句的习得与偏误分析	刘畅	辽宁师范大学（硕士）	2011
02859	留学生称谓语习得的偏误分析及教学探讨	李莹	华中科技大学（硕士）	2011
02860	留学生汉语转折关系连词习得偏误分析	孟小炜	上海师范大学（硕士）	2011
02861	留学生时间词语的偏误分析	朱学倩	南京师范大学（硕士）	2011
02862	留学生习得汉语“上/下”类方位词的偏误研究	周铮	南京师范大学（硕士）	2011
02863	留学生运用“把”字句偏误分析及“把”字句练习设计	张玉卓	东北师范大学（硕士）	2011
02864	留学生指示代词语篇衔接的偏误分析及习得考察	金宁黎	复旦大学（硕士）	2011
02865	马达加斯加汉语学习者介词习得特点与偏误分析	汤淑珍	江西师范大学（硕士）	2011
02866	蒙古国学生汉语语气词习得偏误分析	刘晓琳	吉林大学（硕士）	2011

02867	蒙古国学生习得汉语“是”字句情况考查及偏误分析	张素芳	吉林大学（硕士）	2011
02868	秘鲁学生习得汉语比较句的偏误分析	伍丽	华中师范大学（硕士）	2011
02869	缅北华裔（云南籍）普通话语音习得偏误分析及教学对策研究	李元尧	云南大学（硕士）	2011
02870	缅甸学生习得汉语补语过程中的难点及偏误分析	李菊广	中央民族大学（硕士）	2011
02871	面向对外汉语教学的时间副词偏误分析与教学策略	郭惠琴	华中师范大学（硕士）	2011
02872	母语为俄语的留学生习得汉语常用量词偏误分析	罗颖	暨南大学（硕士）	2011
02873	母语为日语、葡语的学习者使用名量词的偏误分析与教学策略	何静	湖北大学（硕士）	2011
02874	母语为英语的留学生习得程度副词“很”的偏误研究	刘慧	华中师范大学（硕士）	2011
02875	欧美留学生汉语语音习得的偏误调查报告	毕慧超	黑龙江大学（硕士）	2011
02876	日本留学生汉语动词体的习得偏误分析	杨永娟	黑龙江大学（硕士）	2011
02877	日本留学生学习汉语“比”字句的偏误分析及学习建议	郭琼	华中师范大学（硕士）	2011
02878	日本学生“被”字句习得偏误分析	杨晨光	首都师范大学（硕士）	2011
02879	日韩留学生习得汉语量词的偏误分析	张帅	黑龙江大学（硕士）	2011
02880	日美留学生汉语语音习得的偏误对比分析	谭董妍	西安外国语大学（硕士）	2011
02881	山东大学威海分校韩国留学生“把”字句偏误分析	权炫序	山东大学（硕士）	2011
02882	泰国留学生汉语趋向补语习得偏误研究	田美吟	广西大学（硕士）	2011
02883	泰国学生汉语“上来”“下来”“上去”“下去”“起来”习得偏误分析	泰嘉峰	中央民族大学（硕士）	2011
02884	泰国学生汉语语篇衔接手段偏误分析及教学研究	杨帆	西南大学（硕士）	2011
02885	泰国中小学生汉语韵母偏误分析及教学策略	杨丽芳	中央民族大学（硕士）	2011

02886	外国留学生“把字句”偏误分析研究	张静	华中师范大学（硕士）	2011
02887	外国留学生兼语句习得研究及偏误分析	马文佳	西北大学（硕士）	2011
02888	外国留学生重复义副词“再、还、也、又”的偏误分析	李彦泽	辽宁师范大学（硕士）	2011
02889	外国学生作文中语序偏误的分析	林佳娜	苏州大学（硕士）	2011
02890	叙事和议论语篇中的省略研究及韩国学生偏误分析	王文楠	吉林大学（硕士）	2011
02891	以英语为背景的学习者习得汉语存现句偏误分析	樊敏	辽宁师范大学（硕士）	2011
02892	以英语为背景的学习者习得汉语量词偏误分析	刘颖	辽宁师范大学（硕士）	2011
02893	以英语为背景的学习者习得趋向补语的偏误分析	李来慧	辽宁师范大学（硕士）	2011
02894	以英语为母语的留学生汉语正反问句使用偏误分析	朱蕊	华中师范大学（硕士）	2011
02895	以英语为母语的留学生习得“了”的偏误分析	李国芳	华中师范大学（硕士）	2011
02896	意大利学生汉语介词学习偏误分析	秦涛	辽宁师范大学（硕士）	2011
02897	印度尼西亚学生学习汉语时态助词“着、了、过”的偏误分析	陈德铭	华东师范大学（硕士）	2011
02898	英语为母语的汉语学习者名量词偏误分析	黎仲明	复旦大学（硕士）	2011
02899	英语为母语的汉语学习者能愿动词偏误分析	顾娟	黑龙江大学（硕士）	2011
02900	越南留学生汉语篇章语法衔接手段偏误分析	叶芳	华中师范大学（硕士）	2011
02901	越南留学生让步复句偏误分析	万小萍	华中师范大学（硕士）	2011
02902	越南学生汉语“得”字补语句习得偏误分析	何凤	湖南师范大学（硕士）	2011
02903	越南学生习得处所介词“在”的偏误分析与教学对策	阮天香	中央民族大学（硕士）	2011
02904	中高级阶段留学生使用汉语递进类关联词语偏误分析	杜婷婷	华中师范大学（硕士）	2011
02905	中高级阶段越南学生汉语惯用语偏误分析	陶氏周江	广西民族大学（硕士）	2011

02906	中亚留学生汉语常用关联词语使用偏误的考察和分析	陈艳	新疆师范大学（硕士）	2011
02907	专科学生汉字习得偏误研究	阮氏秋玄	广西大学（硕士）	2011
02908	韩国中级学习者近义词习得偏误分析	梁智焕	上海师范大学（硕士）	2011
02909	零起点秘鲁学生汉语声母学习因迁移造成的偏误研究	金喜红	上海外国语大学（硕士）	2011
02910	留学生汉字书写偏误分析及教学对策	张咏云	兰州大学（硕士）	2011
02911	蒙古国学生使用汉语副词“又”和“再”的偏误分析及其教学对策	奥云次次日拉	上海师范大学（硕士）	2011
02912	印尼学生汉语声调的偏误分析	李佳铃	上海师范大学（硕士）	2011
02913	越南学生使用汉语偏正关系连词的偏误分析	阮氏缘	上海师范大学（硕士）	2011
02914	HSK 动态作文语料库中介词“给”的偏误分析	李丹	吉林大学（硕士）	2012
02915	HSK 动态作文语料库中留学生使用“也”偏误研究	黄丹	吉林大学（硕士）	2012
02916	保加利亚汉语学习者语音习得偏误分析	乔燕妮	西安外国语大学（硕士）	2012
02917	表示估价的能愿动词及留学生使用偏误分析	赵丹	吉林大学（硕士）	2012
02918	程度副词作补语的偏误分析及教学策略	李文娟	西北大学（硕士）	2012
02919	初、中级阶段泰国留学生汉语声调习得偏误的研究	关园园	广西大学（硕士）	2012
02920	初级阶段留学生汉字偏误分析及汉字教学策略	项晨辰	上海外国语大学（硕士）	2012
02921	初级中亚留学生汉字书写偏误调查分析及对策	蒲奕冰	西北大学（硕士）	2012
02922	“除非”类句式的偏误研究	张天枢	吉林大学（硕士）	2012
02923	从习得偏误浅谈对外汉语教学中主谓谓语句的转换分析	汪全娇	广西师范大学（硕士）	2012
02924	从中级阶段留学生的汉字书写偏误谈汉字教学	刘怡	复旦大学（硕士）	2012
02925	从中英量词对比看外国学生使用量词的偏误与对策	郝雨	兰州大学（硕士）	2012

02926	“打”类动词的偏误分析	向金慧	湖南师范大学（硕士）	2012
02927	德国学生汉语语序偏误分析	谭敏	云南大学（硕士）	2012
02928	第九届、第十届“汉语桥”世界大学生中文比赛中选手表现出的汉语口语偏误分析	刘檀	吉林大学（硕士）	2012
02929	东干族留学生汉语语音偏误分析及教学对策	贺瑜	西北大学（硕士）	2012
02930	东南亚留学生汉语语用失误现象探析	罗欢	湖南师范大学（硕士）	2012
02931	动态助词“了”“着”“过”的偏误分析及对外汉语教学研究	张杨	黑龙江大学（硕士）	2012
02932	对日学生被动句偏误分析	车纯莲	华中科技大学（硕士）	2012
02933	对外汉语“越来越X”格式偏误分析	贾欢	华中师范大学（硕士）	2012
02934	对外汉语教学中动宾式离合词偏误分析及教学对策	刘萍	中央民族大学（硕士）	2012
02935	对外汉语教学中量词的偏误分析	张小星	华中科技大学（硕士）	2012
02936	对外汉语教学中日本留学生使用“了”的偏误分析	李银玲	西北大学（硕士）	2012
02937	俄罗斯留学生汉语语音偏误分析	李美杰	吉林大学（硕士）	2012
02938	俄罗斯学生定中结构习得偏误分析与研究	樊伟	新疆大学（硕士）	2012
02939	菲律宾怡朗亚典耀学校学生汉语学习过程中的偏误分析	李鑫	西北大学（硕士）	2012
02940	菲律宾主流社会小学生语音习得偏误分析与难度等级测定	朱婧	福建师范大学（硕士）	2012
02941	副词“就”的语义与偏误分析	岳璘	广西大学（硕士）	2012
02942	高级阶段泰国学生汉语程度副词偏误分析	葛丹丹	广西民族大学（硕士）	2012
02943	广州裕达隆国际学校小学生汉字偏误分析及教学对策	滕凤	中山大学（硕士）	2012
02944	韩国高中生汉语趋向补语习得偏误分析与教学策略	LEE HYE MIN（李慧玟）	山东大学（硕士）	2012
02945	韩国留学生“是……的”句习得及相关偏误研究	蒋辰超	苏州大学（硕士）	2012

02946	韩国留学生汉语成语习得偏误分析	曹玉茹	吉林大学（硕士）	2012
02947	韩国留学生汉语离合词偏误分析及教学对策	朴善姬	上海外国语大学（硕士）	2012
02948	韩国留学生汉语名词偏误分析	刘霞	吉林大学（硕士）	2012
02949	韩国留学生汉语语气词学习偏误研究及教学建议	张秋洪	沈阳师范大学（硕士）	2012
02950	韩国留学生混用否定副词“不”和“没”的偏误调查、分析及教学对策	陈琛	郑州大学（硕士）	2012
02951	韩国留学生习得介词“给、对、向、朝”的偏误分析	金洙玄	黑龙江大学（硕士）	2012
02952	韩国学生的汉语动宾结构偏误分析	靳可欣	吉林大学（硕士）	2012
02953	韩国学生可能补语使用的偏误分析及其教学策略	金秀晶	上海外国语大学（硕士）	2012
02954	韩国学生使用汉语结果补语的偏误研究	刘秀萍	山东大学（硕士）	2012
02955	韩国学生习得汉语“V 着”存在句偏误分析	金寒娜（KIM HAN NAH）	吉林大学（硕士）	2012
02956	汉语动词重叠及其习得偏误考察分析	白雪佼	黑龙江大学（硕士）	2012
02957	汉语方位词“上、下”和韩语方位词“상、하、위、아래”语义对比与偏误分析	林泰星	上海外国语大学（硕士）	2012
02958	《汉语教程》中的离合词研究及留学生习得偏误分析	刘茜	华中师范大学（硕士）	2012
02959	汉语趋向补语及其偏误研究	靳春雨	黑龙江大学（硕士）	2012
02960	汉语作为第二语言习得过程中转折连词偏误分析	吕冰	吉林大学（硕士）	2012
02961	基于“HSK 动态作文语料库”的韩国学习者“是”字句偏误研究	李向荣	吉林大学（硕士）	2012
02962	基于“HSK 动态作文语料库”的留学生成语偏误分析	刘燕燕	南京师范大学（硕士）	2012
02963	基于“韩国留学生汉语中介语语料库”的词汇偏误研究及应用	董婷婷	鲁东大学（硕士）	2012
02964	基于 HSK 动态语料库的留学生动宾离合词习得偏误研究	刘穆楠	湖北工业大学（硕士）	2012

02965	基于HSK动态作文语料库的留学生动物国俗语习得偏误研究	袁蓉	湖北工业大学（硕士）	2012
02966	基于HSK动态作文语料库外国留学生成语习得偏误研究	郭睿	湖北工业大学（硕士）	2012
02967	基于高等HSK作文语料库的韩国学生“在+处所”偏误分析	何丽香	南京大学（硕士）	2012
02968	基于偏误分析的中亚留学生汉语量词教学研究	陈曦	新疆大学（硕士）	2012
02969	基于外国汉语学习者偏误的“V得/不C”形式研究	于丽娟	广西师范大学（硕士）	2012
02970	基于衔接理论的英语国家留学生词汇衔接偏误研究	孙健	山东大学（硕士）	2012
02971	基于语料库的韩国留学生语篇衔接偏误分析及语篇写作教学建议	付漪川	河北师范大学（硕士）	2012
02972	基于中介语及衔接理论的留学生语篇偏误分析	周罡	西安外国语大学（硕士）	2012
02973	基于中介语语料库的动词重叠式偏误分析	褚秀丽	吉林大学（硕士）	2012
02974	基于中介语语料库的量词“个”的偏误分析	佘珊珊	重庆大学（硕士）	2012
02975	基于中介语语料库的疑问句偏误分析	农小莹	湖南师范大学（硕士）	2012
02976	连词“还有”的偏误分析及教学策略	原芳	河南大学（硕士）	2012
02977	零起点美国学生汉语语音偏误分析及教学策略研究	邢星星	西北大学（硕士）	2012
02978	留学生“把”字句偏误研究及教学策略探析	张雪戈	四川师范大学（硕士）	2012
02979	留学生“为”的使用偏误研究	彭丽华	广西师范大学（硕士）	2012
02980	留学生“遭”类动词句、“被”字句和“由”字句的偏误分析及习得研究	白晓媛	南京师范大学（硕士）	2012
02981	留学生成语使用偏误分析	汪海燕	苏州大学（硕士）	2012
02982	留学生汉语比较句偏误分析及对策	石玮	广西大学（硕士）	2012
02983	留学生汉语成语使用偏误研究	逄琬	吉林大学（硕士）	2012

02984	留学生汉语复合趋向补语“下来”、“下去”、“起来”表状态引申义习得偏误分析	刘书书	暨南大学（硕士）	2012
02985	留学生汉语惯用语使用偏误及教学对策研究	倪驰原	云南大学（硕士）	2012
02986	留学生汉语有标假设条件复句偏误分析和习得顺序研究	詹伊梨	江西师范大学（硕士）	2012
02987	留学生近义词习得偏误分析与教学对策研究	田园诗	辽宁师范大学（硕士）	2012
02988	留学生离合词偏误分析及教学对策	王珊	西安外国语大学（硕士）	2012
02989	留学生时间、处所介词使用偏误研究	于潼	吉林大学（硕士）	2012
02990	留学生使用能愿动词否定形式的偏误探究	王丹	辽宁师范大学（硕士）	2012
02991	留学生使用频率较高的动量词及使用偏误分析	王欢欢	黑龙江大学（硕士）	2012
02992	留学生习得“反而”的偏误分析以及在对外汉语教学中的启示	宗晓哲	陕西师范大学（硕士）	2012
02993	留学生习得程度副词偏误统计分析及教学策略的探讨	孙畅	黑龙江大学（硕士）	2012
02994	留学生学习汉语集合物量词的偏误分析	谭婕	黑龙江大学（硕士）	2012
02995	留学生作文中的指称偏误研究	李楠	吉林大学（硕士）	2012
02996	蒙古国学生汉语写作偏误分析	唐红	吉林大学（硕士）	2012
02997	蒙古留学生“比”字句偏误分析	拓朴	华中科技大学（硕士）	2012
02998	秘鲁学生汉语语音偏误分析及教学建议	黄玲	上海外国语大学（硕士）	2012
02999	面向对外汉语教学的“委婉类”语气副词习得偏误研究	文静	广西大学（硕士）	2012
03000	母语为俄语的留学生习得汉语时间表达方式的偏误分析	张雪珊	吉林大学（硕士）	2012
03001	欧美留学生汉语能愿动词习得偏误分析	夏青	西安外国语大学（硕士）	2012
03002	日本学生汉语社会称呼语的使用偏误分析	张曼	华中师范大学（硕士）	2012
03003	日韩留学生的“是……的”句的习得偏误研究	刘迪	黑龙江大学（硕士）	2012

03004	日韩学生中级口语语篇偏误分析	王凌艳	复旦大学（硕士）	2012
03005	日语母语者汉语“有”字句的偏误分析	刘瑜	吉林大学（硕士）	2012
03006	塞尔维亚中高级学生常用汉语介词偏误分析与教学对策	伊万娜	南京大学（硕士）	2012
03007	泰国大学生习得副词“就”的偏误分析	李娜	吉林大学（硕士）	2012
03008	泰国汉语专业四年级学生程度副词偏误研究	蔡光明	南京大学（硕士）	2012
03009	泰国汉语专业学生动宾离合词学习的偏误分析及教学对策	郑佩蓉	上海外国语大学（硕士）	2012
03010	泰国零基础学生汉字书写偏误及教学策略研究	童平	广西大学（硕士）	2012
03011	泰国学生汉语常用连词偏误分析	李汶橦	广西大学（硕士）	2012
03012	泰国学生汉语常用时间副词的偏误分析	李艳秋	吉林大学（硕士）	2012
03013	泰国学生汉语动量词偏误分析及教学建议	李佩玉	广西民族大学（硕士）	2012
03014	泰国学生汉语量词偏误分析及其教学建议	蔡美卿	广西大学（硕士）	2012
03015	泰国学生汉语时间副词的习得调查与偏误分析	李吉娜（Singprathan Poonyapha）	山东大学（硕士）	2012
03016	泰国学生汉语数量补语习得偏误研究	刘慧桃	广西大学（硕士）	2012
03017	泰国学生汉语疑问句偏误分析	贺然	广西民族大学（硕士）	2012
03018	泰国学生写作偏误分析及其对策	谢玉玲	郑州大学（硕士）	2012
03019	土耳其学生运用汉语单音节趋向补语偏误分析及其教学对策研究	法特玛	东北师范大学（硕士）	2012
03020	外国留学生“还”和“更”的偏误研究	刘尧松	东北师范大学（硕士）	2012
03021	外国留学生汉语学习中常见偏误研究	安贤熙	辽宁大学（硕士）	2012
03022	外国留学生使用汉语成语的偏误类型分析	尤婵	华中师范大学（硕士）	2012

03023	外国留学生语篇中的指称衔接偏误分析	程润娇	沈阳师范大学（硕士）	2012
03024	外国学生汉语语用失误探析	牛明哲	山东大学（硕士）	2012
03025	西班牙语国家学生汉语辅音偏误分析及教学对策	周高昕	上海外国语大学（硕士）	2012
03026	现代汉语“能”与“会”的用法对比及其偏误分析	樊谊军	上海师范大学（硕士）	2012
03027	现代汉语象声词在对外汉语教学中存在的偏误及对策研究	蔡晶晶	云南大学（硕士）	2012
03028	现代汉语越南语状语成分对比及越南学生学习汉语状语偏误分析	阮氏玉梅	湖南师范大学（硕士）	2012
03029	“要不”的偏误分析及教学策略	刘晓朦	浙江师范大学（硕士）	2012
03030	疑问代词非疑问用法偏误考察及教学启示	刘鲲	重庆大学（硕士）	2012
03031	印尼留学生习得汉语离合词的偏误分析及教学对策	张璨文	天津师范大学（硕士）	2012
03032	印尼学生汉语趋向补语偏误分析	康慧贤	上海师范大学（硕士）	2012
03033	印尼学生学习汉语的偏误分析及教学方法	徐静	郑州大学（硕士）	2012
03034	印尼在华留学生汉语动量词习得偏误分析及教学对策	丽嘉	湖南师范大学（硕士）	2012
03035	英国学生汉语语音学习策略调查研究	董青霖	南京大学（硕士）	2012
03036	英美留学生 HSK 高级写作中书面语体偏误分析	李艳	陕西师范大学（硕士）	2012
03037	英语国家学生汉语介词的偏误分析	范娟	湖南师范大学（硕士）	2012
03038	预科班非洲留学生汉字书写偏误的个案研究与对策分析	周昕	华中师范大学（硕士）	2012
03039	越南留学生习得汉语“有”字句偏误分析及教学策略研究	赵岩	广西民族大学（硕士）	2012
03040	越南学生“给”字句的偏误分析及教学建议	阮如梅	浙江大学（硕士）	2012
03041	越南学生汉语概数习得偏误分析	郑氏心	吉林大学（硕士）	2012
03042	越南学生习得汉语“被”字句的偏误分析	何蝶灵（Ha Diep Linh）	吉林大学（硕士）	2012

03043	越南学生习得汉语惯用语偏误分析	黄阮泰河	吉林大学（硕士）	2012
03044	越南学生现代汉语“比”字句偏误分析	阮氏雪	苏州大学（硕士）	2012
03045	越南学生学习汉语范围副词的偏误分析	阮氏雪（NGUY-EN THI TUYET）	吉林大学（硕士）	2012
03046	越南学生学习汉语名量词的偏误分析	阮文鼎	上海师范大学（硕士）	2012
03047	越南学生学习汉语心理动词偏误分析	陈氏和（TRAN THI HOA）	吉林大学（硕士）	2012
03048	赞比亚学生汉语语音偏误分析及其教学策略	李翠	湖南大学（硕士）	2012
03049	中高级韩国留学生指称偏误分析	罗丁	吉林大学（硕士）	2012
03050	中高级阶段韩国学生习得“到”“完”“好”“成”结果补语偏误分析	常馨	辽宁师范大学（硕士）	2012
03051	中高级阶段泰国学生汉语词汇偏误分析	彭瑜	广西民族大学（硕士）	2012
03052	中高级阶段泰国学生汉语叙述体篇章衔接手段偏误分析	刘宝	广西民族大学（硕士）	2012
03053	中高级阶段英语背景留学生语篇衔接偏误问题探讨	毕宏伟	东北师范大学（硕士）	2012
03054	中高级留学生篇章偏误分析	白婧	黑龙江大学（硕士）	2012
03055	中高级留学生社交称谓语的偏误调查及教学建议	石青云	湖北工业大学（硕士）	2012
03056	中级汉语水平中亚留学生声调偏误实验分析	郑琪	新疆师范大学（硕士）	2012
03057	中级阶段蒙古学生的汉字偏误及教学研究	乌仁赛罕	山东师范大学（硕士）	2012
03058	中级水平韩国留学生汉语语篇指称现象偏误分析	金贞束	东北师范大学（硕士）	2012
03059	基于语料库的“由”字句习得偏误分析	任德国	安徽文学（下半月）	2013（1）
03060	美国留学生汉语语音学习的偏误分析与教学对策	于飞	黑河学院学报	2013（1）

03061	中亚留学生汉语标点符号偏误分析	黄莉	民族教育研究	2013（1）
03062	留学生汉语学习中的偏误分析	赵静	现代语文（学术综合版）	2013（2）
03063	论对外汉语教学中的“巴不得”及其偏误分析	马赟	现代语文（语言研究版）	2013（2）
03064	越南留学生汉字书写偏误分析及教学对策——以文山学院太原大学留学生为例	马丽红	文山学院学报	2013（2）
03065	对外汉语教学中“是非句”偏误分析	李心竹	剑南文学（经典教苑）	2013（3）
03066	留学生量词使用偏误分析及对外汉语量词教学探究	杨立琴	保定学院学报	2013（3）
03067	浅论母语为非汉语的外籍留学生中级阶段动词习得偏误及其对策	栗华	黑龙江科技信息	2013（4）
03068	外国留学生汉字书写偏误问题浅析——从试卷答题情况看留学生汉字偏误问题	杨佳	黑龙江科技信息	2013（4）
03069	对外汉语教学中的语用失误分析	郑燕芳	现代语文（学术综合版）	2013（5）
03070	初级班留学生“再”和“又”与否定词连用的偏误分析和教学策略	续文嘉、丁泽良	现代语文（语言研究版）	2013（6）
03071	留学生汉语能愿动词习得偏误现象分析	孙冬惠	现代语文（语言研究版）	2013（6）
03072	日本学生学习汉语词汇时的典型偏误及对策——母语负迁移对汉语词汇学习的影响	韩天竹	现代语文（学术综合版）	2013（9）
03073	外国留学生“把”字句的偏误分析及教学对策	陈晨	教育教学论坛	2013（20）
03074	基于概念结构理论的把字句研究与偏误分析	丁薇	苏州大学（博士）	2013
03075	初级阶段韩国初中生汉语语音学习偏误分析及教学对策	牟宗英	鲁东大学（硕士）	2013
03076	初级阶段汉语学习者“把”字句习得偏误分析及教学建议	涂淑琴	云南大学（硕士）	2013
03077	初级阶段留学生语篇衔接偏误研究及教学实验	李兆娜	上海外国语大学（硕士）	2013
03078	初级阶段中亚留学生汉语补语的习得偏误分析	李亚晴	兰州大学（硕士）	2013

03079	对留学生的“了”的习得偏误分析	孙鑫	上海外国语大学（硕士）	2013
03080	对外汉语教材生词英文注释存在的问题及由此导致的习得偏误	刘航	吉林大学（硕士）	2013
03081	对外汉语教学中成语习得的偏误分析	董爽	吉林大学（硕士）	2013
03082	对外汉语教学中离合词的偏误分析	鲍艳彤	吉林大学（硕士）	2013
03083	俄罗斯留学生汉语趋向补语的偏误分析	毛文婧	吉林大学（硕士）	2013
03084	俄罗斯留学生习得副词“都”的偏误分析与教学对策	董瑶	吉林大学（硕士）	2013
03085	菲律宾、泰国留学生程度副词“很、太”偏误分析	周晓	暨南大学（硕士）	2013
03086	概数助词“多 / 来 / 把”和“前后 / 左右 / 上下”的偏误分析	刘美娜	吉林大学（硕士）	2013
03087	韩国大学生初级阶段汉字习得偏误分析及教学对策研究	周丽明	山东师范大学（硕士）	2013
03088	韩国高中生习得汉语“不”和“没”否定结构的偏误分析和教学对策	卢秀珍	山东大学（硕士）	2013
03089	韩国留学生汉语结果补语习得特点和偏误分析	宋青	吉林大学（硕士）	2013
03090	韩国留学生汉语写作中“是”字句的偏误分析	于海瑶	吉林大学（硕士）	2013
03091	韩国留学生使用“把”字句的偏误分析	刘畅	吉林大学（硕士）	2013
03092	韩国留学生习得对象类介词“对、向、给”的偏误分析	周洋	吉林大学（硕士）	2013
03093	韩国学生汉语形容词偏误分析	方玉	吉林大学（硕士）	2013
03094	韩国学生习得汉语状语语序偏误分析	王坤	吉林大学（硕士）	2013
03095	韩国学习者习得汉语动作的态的偏误分析及教学对策	朴卷奎	沈阳师范大学（硕士）	2013
03096	汉韩“是”字句语法偏误对比研究	于游美	鲁东大学（硕士）	2013
03097	汉语否定副词及韩国学生使用汉语否定副词偏误分析	王立路	吉林大学（硕士）	2013
03098	汉语个体量词的偏误分析与教材相关研究	廖洪花	吉林大学（硕士）	2013

03099	汉语和印尼语因果复句比较及偏误分析	杨萍萍	福建师范大学（硕士）	2013
03100	汉语礼貌委婉语习得偏误研究	廉哲	吉林大学（硕士）	2013
03101	基于欧美汉语学习者汉字书写偏误分析的汉字教学研究	吴旭	云南大学（硕士）	2013
03102	基于偏误分析的对外汉语“知道”类动词研究	展飞	山东大学（硕士）	2013
03103	基于语料库的留学生递进复句偏误分析及教学对策	窦朝阳	中央民族大学（硕士）	2013
03104	肯尼亚汉语学习者“是”字句习得情况调查及偏误分析	陈晓萍	兰州大学（硕士）	2013
03105	留学生时间词语使用的偏误分析及其教学	刘小梅	兰州大学（硕士）	2013
03106	留学生习得“把”字句补语的偏误及教学对策	付蓉	华中师范大学（硕士）	2013
03107	留学生习得方位词“上”与“里”的偏误研究	罗琳	吉林大学（硕士）	2013
03108	留学生习得汉语方向动词的偏误分析	王丽晗	吉林大学（硕士）	2013
03109	留学生习得汉语时间副词“就”的偏误分析	王哲	吉林大学（硕士）	2013
03110	留学生习得能愿动词的偏误分析	李莉	吉林大学（硕士）	2013
03111	留学生学习汉语趋向动词的偏误分析	刘璐	吉林大学（硕士）	2013
03112	留学生主观性程度副词习得偏误研究	张超	吉林大学（硕士）	2013
03113	美国留学生汉语量词习得偏误原因及解决对策	孙秋实	兰州大学（硕士）	2013
03114	蒙古国留学生汉字书写偏误分析及教学建议	刘洋	内蒙古师范大学（硕士）	2013
03115	蒙古国留学生中级汉语词语搭配偏误分析及其对策研究	褚佳	内蒙古师范大学（硕士）	2013
03116	蒙古国学生“了”字句偏误分析	刘琳	吉林大学（硕士）	2013
03117	尼泊尔成人学习者汉语同义词习得偏误分析	崔超	河北大学（硕士）	2013
03118	欧美中高级水平留学生程度副词偏误分析及习得研究	王杰	南京大学（硕士）	2013

03119	日本学生习得汉语祈使句的情况考察及偏误分析	刘微微	吉林大学（硕士）	2013
03120	日语母语者习得汉语正反问句偏误分析及教学对策	徐王子	吉林大学（硕士）	2013
03121	泰国学生使用汉语时间副词的偏误分析	沈明	吉林大学（硕士）	2013
03122	泰国学生学习汉语过程中的词语偏误和教学对策研究	刘志祥	鲁东大学（硕士）	2013
03123	泰国学生应用型写作偏误分析及其教学研究	常吉	吉林大学（硕士）	2013
03124	外国学生习得汉语的动词重叠形式偏误研究	吴萌	吉林大学（硕士）	2013
03125	现代汉语目的复句的类型及其偏误研究	韩明珠	上海师范大学（硕士）	2013
03126	以英语为母语的留学生等比句习得偏误分析	孙艺弘	上海外国语大学（硕士）	2013
03127	以英语为母语的留学生叹词习得情况考查及偏误分析	楚昊舒	吉林大学（硕士）	2013
03128	以英语为母语的留学生习得汉语表“意愿”类能愿动词的偏误分析	杨佳丽	吉林大学（硕士）	2013
03129	意大利学习者汉语易混淆词偏误分析及教学对策研究	谢宗旭	沈阳师范大学（硕士）	2013
03130	英语国家留学生作文的语用偏误研究	陶然	重庆师范大学（硕士）	2013
03131	中高级汉语留学生语篇衔接手段偏误研究	黄子阳	云南大学（硕士）	2013
03132	中高级留学生学习汉语成语的偏误分析及教学策略	张佳	内蒙古师范大学（硕士）	2013
03133	转折关系复句的偏误分析与教学对策	夏燕飞	上海外国语大学（硕士）	2013

三　教材研究

教材研究

03134	苏联《华语课本》中的汉语语法理论	伊三克等著；明扬选译	中国语文	1954（11）
03135	《老乞大谚解》和《朴通事谚解》中所见的汉语、朝鲜语对音	胡明扬	中国语文	1963（3）
03136	关于《汉语课本》一、二册的修改	王还	语言教学与研究（第二集）/北京语言学院《语言教学与研究》编辑室编 / 北京语言学院	1977
03137	介绍《汉语口语语法》	金风	语言教学与研究	1980（3）
03138	编写《基础汉语课本》的若干问题	李培元、赵淑华、刘山、邵佩珍、来思平	语言教学与研究	1980（4）
03139	四十年代以来在美国所用的汉语汉文教材	〔美〕黄伯飞	语言教学与研究	1980（4）
03140	中国语言教材编纂工作上的需要	〔美〕苏张之丙	语言教学与研究	1980（4）
03141	外国人短期汉语进修教材介绍	张亚军、卢晓逸	语言教学与研究	1981（2）
03142	英国著名学者亚历山大谈教材设计	外英	语言教学与研究	1981（2）
03143	试谈基础汉语教科书的编写原则	刘珣、邓恩明、刘社会	语言教学与研究	1982（4）
03144	浅谈《听力理解》的词汇教学及课文引入	黄祖英	对外汉语教学	1983（1）
03145	语言教材要有趣	邓恩明	语言教学与研究	1983（2）

03146	编写《高级汉语》的指导思想和原则	李更新、程相文、谭敬训、刘希明、王碧霞	语言教学与研究	1983（4）
03147	关于汉语阅读教材的编写	刘镰力	对外汉语教学	1984（1）
03148	关于文学教材的发言纲要	吴欢章	对外汉语教学	1984（1）
03149	汉语个别教学及其教材	张占一	语言教学与研究	1984（3）
03150	基础汉语教材纵横谈	任远	语言教学与研究	1985（2）
03151	口语教材的语域风格问题	张宁志	语言教学与研究	1985（3）
03152	基础汉语教学课型设计和教材编写的新尝试	吕必松	语言教学与研究	1985（4）
03153	关于外国留学生科技汉语教学体制和教材问题	杜厚文	语言教学与研究	1986（4）
03154	教材编写散论	赵贤州	世界汉语教学（预刊）	1987（1）
03155	试论对外汉语基础课程（教材）结构	刘英林、李景蕙	世界汉语教学	1987（2）
03156	汉语教材中语法项目的选择和编排	吕文华	语言教学与研究	1987（3）
03157	教学法理论与教材编写的关系	赵贤州	世界汉语教学（预刊）	1987（3）
03158	灵活地使用教材、组织教学——短期对外汉语教学浅谈	来思平	语言教学与研究	1987（3）
03159	关于汉语口语教材的编写问题	马欣华	语言教学与研究	1987（4）
03160	介绍《汉语初级教程》	王还	世界汉语教学	1987（4）
03161	北京语言学院汉语教材简评	黎天睦	现代外语教学法——理论与实践 /〔美〕黎天睦 / 北京语言学院出版社	1987
03162	《普通汉语教程》和《科技汉语教程》	吕必松	对外汉语教学探索 / 吕必松著 / 华语教学出版社	1987
03163	谈使用《新汉语三百句》进行口语教学	李兰英	世界汉语教学	1988（1）
03164	试论中级汉语教学——兼析《中级汉语教程》	李忆民	语言教学与研究	1988（2）
03165	小小说进课堂的启示——谈中、高级阶段汉语教材的编写	吴叔平	语言教学与研究	1988（2）

03166	编写汉语作为第二语言的教材要重视汉语的特点——《交际汉语一百课》代序	张志公	语言教学与研究	1988（3）
03167	澳大利亚编写《汉语教程》	刘宁生	世界汉语教学	1989（1）
03168	汉语教材连读变调处理刍议	陈亚川	世界汉语教学	1989（2）
03169	北京语言学院出版社出版的对外汉语教学图书概况	北京语言学院出版社	世界汉语教学	1989（3）
03170	谈语言对比在对外汉语教材编写中的运用	于树华	语言教学与研究	1989（4）
03171	向海内外朋友推荐系列教材《普通汉语教程》	陈华兰	世界汉语教学	1989（4）
03172	中小学华文课本用词调查报告	联合早报用字用词调查工作委员会	新加坡联合早报有限公司	1989
03173	《标准汉语》教材设计的交际性原则和单元教学法	温洁	语言教学与研究	1990（3）
03174	关于编写外交人员初级汉语教材的设想	石金才	世界汉语教学	1990（3）
03175	初级汉语教材的编写问题	〔英〕佟秉正	世界汉语教学	1991（1）
03176	关于中级汉语文科专业阅读教材编写的几个问题	任以珍	世界汉语教学	1991（1）
03177	教材语料的选择	杨石泉	世界汉语教学	1991（1）
03178	阅读技能训练——对外汉语泛读教材的一种模式	吴晓露	语言教学与研究	1991（1）
03179	汉语教材注音拼写法问题	陈亚川	语言教学与研究	1991（1）
03180	集成教材新策略	罗守坤	世界汉语教学	1991（3）
03181	文化教学的思考与文化教材的设计	杨国章	世界汉语教学	1991（4）
03182	对外汉语教学与《中国家常》	王国璋、王安陆	北京大学学报（哲学社会科学版）	1991（5）
03183	近年来部分规划教材评介	宋永波	世界汉语教学	1992（1）
03184	初级阶段对外汉语教材的科学性	〔俄〕寇成晶著；常宝儒译	世界汉语教学	1992（2）

03185	对外汉语教材中的功能—形式关系及其处理原则	卢伟	厦门大学学报（哲学社会科学版）	1992（2）
03186	近年来部分规划教材评介（续一）	宋永波	世界汉语教学	1992（3）
03187	关于中、高级对外汉语教材的思考	李菊先	世界汉语教学	1992（4）
03188	谈谈“中医汉语”系列教材	王砚农	世界汉语教学	1992（4）
03189	关于对外汉语教材针对性的思考	徐竹君	面向世界的汉语教学 / 中国对外汉语教学学会华东地区协作组 / 复旦大学出版社	1992
03190	读《汉语口语教科书》	张志毅	世界汉语教学	1993（1）
03191	声像汉语句型及练习——视听说合一的新型教材	马静恒	语言教学与研究	1993（1）
03192	谈谈《古汉语读本》的编写原则	刘永山、杨丽珠	世界汉语教学	1993（1）
03193	有关对外汉语教材如何处理离合词的问题	高书贵	世界汉语教学	1993（2）
03194	近年来部分规划教材评介（续完）	宋永波	世界汉语教学	1993（3）
03195	论语言文化教材中的文化体现问题	吴晓露	语言教学与研究	1993（4）
03196	实践性·交际性·趣味性——对外汉语教学设计课本练习和开展课外活动的原则	金路	复旦教育	1993（4）
03197	我们在编写《外国人学中国语》系列教材中的几点尝试	杨天戈、周奎杰	世界汉语教学	1993（4）
03198	对外汉语教材中词语翻译的一些问题及其对策	晏懋思	现代外语	1994（1）
03199	关于中级汉语（第二语言）教材编写的几个问题	李忆民	语言文字应用	1994（1）
03200	文理并重，实用为上——评新加坡第二语文《华文》教材	方明	海外华文教育	1994（1）
03201	新一代对外汉语教材的展望——再谈汉语教材的编写原则	刘珣	世界汉语教学	1994（1）
03202	加拿大中文教材的适应性——缅省中文学院《初级汉语读本》的编写经验	蔡衍泰	海外华文教育	1994（2）

03203	《汉语》——中意合作的成果	〔意〕玛格达·阿比亚提	世界汉语教学	1994（4）
03204	试论对外汉语教学及教材改革	李白坚、丁迪蒙	上海大学学报（社会科学版）	1994（6）
03205	北京语言学院现代汉语精读教材主课文句型统计报告	赵淑华、刘社会、胡翔	语言教学与研究	1995（2）
03206	对汉语阅读课教材编写的思考——从两种教材的比较谈起	陈晓燕	煤炭高等教育	1995（2）
03207	对外汉语教材中课文词语汉译英的原则和方法	卢伟	厦门大学学报（哲学社会科学版）	1995（2）
03208	含蓄蕴藉的象征手法——读新马《华文》教材有感	方明	海外华文教育	1995（2）
03209	听说读写单元式教材的结构与编制——兼谈马来西亚华文独立中学初中华文教学革新	林国安	海外华文教育	1995（2）
03210	新一代基础汉语教材编写理论与编写实践	任远	语言教学与研究	1995（2）
03211	从两套教材看汉英颜色词汇比较——兼论颜色词汇在第二语言习得中的特点	梁洁、梁岚林	新疆师范大学学报（哲学社会科学版）	1995（3）
03212	电视汉语教学片的原理和设计——兼说《你好，北京》	张德鑫	语言教学与研究	1995（3）
03213	教材中的数字应翔实可靠	孔令达	世界汉语教学	1995（3）
03214	谈高级汉语课程设置与教材使用——兼评英国杜伦大学东亚系的高级汉语课程	罗青松	汉语学习	1995（3）
03215	教材编写的一种蓝图——关于以巴蜀文化为内容的中高级汉语阅读教材的编写原则和方法	王文虎	语言教学与研究	1995（4）
03216	试论初级对外汉语教材的编写问题	李继先	清华大学学报（哲学社会科学版）	1995（4）
03217	视听说教学及其教材的编写	冯惟钢	世界汉语教学	1995（4）
03218	《速成汉语初级教程·综合课本》的总体构想及编写原则	郭志良、杨惠元、高彦德	世界汉语教学	1995（4）

03219	新一代对外汉语教学的初步构想——在全国对外汉语教学基础汉语推荐教材问题讨论会上的发言	杨庆华	语言教学与研究	1995（4）
03220	论文化类课程教材的编写问题	周思源	北京语言学院第六届科研报告会论文集 / 北京语言学院出版社	1995
03221	对外汉语教材中的注音和拼写问题	杨德峰	世界汉语教学	1996（1）
03222	对外教学的特点与教材的特色	黄子建	海外华文教育	1996（2）
03223	论《汉语普通话教程》的总体设计	程相文	语言教学与研究	1996（3）
03224	偏误例析与对外汉语教材编写	钱玉莲	汉语学习	1996（3）
03225	对外汉语教材的几个问题	李晓亮	世界汉语教学	1996（4）
03226	汉语教材中的文、语领土之争：是合并，还是自主，抑或分离？	〔法〕白乐桑	世界汉语教学	1996（4）
03227	日本琉球的中国语课本《广应官话》	〔日〕濑户口律子	中国语文	1996（4）
03228	编写新一代基础汉语教材的构想	杨寄洲	语言文化教学研究 / 李振杰主编 / 华语教学出版社	1996
03229	从信息处理角度看对外汉语教材建设	齐沛	汉语学习	1997（1）
03230	对外汉语教材创新略论	赵金铭	世界汉语教学	1997（2）
03231	一本颇具新意的汉语语法教材——读《对外汉语教学实用语法》	崔永华	汉语学习	1997（2）
03232	论《速成汉语初级教程》的练习设计	杨惠元	语言教学与研究	1997（3）
03233	试论对外汉语教材的规范化	杨德峰	语言教学与研究	1997（3）
03234	谈谈对外汉语教材英文注释与说明的“信”与“达”	余心乐	世界汉语教学	1997（3）
03235	泛读教材的编写与课堂实践	张世涛	中山大学学报论丛	1997（4）
03236	关于汉语短期阅读教材《当代中国社会》编写的几点思考	余宁	南京大学学报（哲学·人文科学·社会科学版）	1997（4）
03237	关于对外汉语教材生词与英文对译词的语义错位问题	高书贵	天津师大学报（社会科学版）	1997（6）
03238	图片在基础汉语教材中的应用——兼谈基础汉语教材的趣味性问题	黄立	北大海外教育（第一辑）/ 郭振华主编 / 北京大学出版社	1997

03239	编写对外汉语教材的心理学思考	邓恩明	语言文字应用	1998（2）
03240	加强对外汉语教材“词组层级”的建设	邓恩明	汉语学习	1998（3）
03241	论对外汉语教材评估	赵金铭	语言教学与研究	1998（3）
03242	对外汉语教学基础教材的编写问题	胡明扬	语言教学与研究	1999（1）
03243	全国统编《基础汉语》与《中级汉语教程》之比较分析与思考	闫丽萍	新疆职工大学学报	1999（1）
03244	视听说对外汉语教材编制初探——《国际商务汉语》的总体构想与编制原则	李忆民	汉语学习	1999（1）
03245	中级汉语精读教材的现状与新型教材的编写	周小兵、赵新	汉语学习	1999（1）
03246	多媒体对外汉语教材的作用及发展战略	黄勤勇	世界汉语教学	1999（2）
03247	关于对外汉语中级精读教材的思考	杨金华	汉语学习	1999（4）
03248	浅谈《基础汉语》教学中的文化教学	易斌、秦武	语言与翻译	1999（4）
03249	针对性教材初探	金兰	语言文字应用	1999（4）
03250	对外汉语教材生词表编译中的几个问题	王素云	汉语学习	1999（6）
03251	语义与文化——兼析日本汉语教材	张英	汉语学习	1999（6）
03252	从课堂教学对生词的处理看初级教材的横向协同	盛双霞	北京师范大学学报（社会科学版）	1999 专刊
03253	关于报刊课教材的编写原则	施歌	北京师范大学学报（社会科学版）	1999 专刊
03254	世纪之交全国对外汉语教材发展的回顾与展望	孙立峰	北京师范大学学报（社会科学版）	1999 专刊
03255	编写文化课教科书应当注意的几个关系	刘志成	大连外国语学院35周年校庆学术系列丛书——对外汉语卷/校庆丛书编委会编/长春出版社	1999
03256	关于编写对外汉语初级写作教材的思考	朱霞	双语双文化论丛（第四辑）/崔健主编/延边大学出版社	1999

03257	课文在语言教材中的地位——兼论《汉语普通话教程》课文的编写	程相文	语言文化教学研究集刊（第三辑）/ 北京语言文化大学汉语学院编 / 华语教学出版社	1999
03258	论汉语作为外语教学中的文化取向	赵金铭	双语双方言与现代中国 / 陈恩泉主编 / 北京语言文化大学出版社	1999
03259	略论对外汉语教材的针对性——兼说《汉语 ABC》	刘川平	大连外国语学院 35 周年校庆学术系列丛书——对外汉语卷 / 校庆丛书编委会编 / 长春出版社	1999
03260	编写华语教材的几个问题	杨石泉	海外华文教育	2000（1）
03261	对外汉语教材练习编写的偏差与应遵循的原则	郑蕊	华文教学与研究	2000（1）
03262	美国意识形态对汉语教学的渗透及我们的对策——从普林斯顿大学编写的汉语教材说起	亓华	北京社会科学	2000（1）
03263	新一代汉语阅读教材课文选材和编排的原则	张建新	乌鲁木齐职业大学学报	2000（1）
03264	张志公的语文教材改革观	王满新	石家庄经济学院学报	2000（1）
03265	独中华文课程教材改革的素质教育导向	林国安	海外华文教育	2000（1）
03266	电视短节目作视听说教材的初步研究	陈晓桦	绥化师专学报	2000（2）
03267	对外汉语教材现代化刍议	王建勤	语言文字应用	2000（2）
03268	古本、谚解本《老乞大》里方位词的特殊功能	李泰洙	语文研究	2000（2）
03269	汉语教材编写中应注意的几个问题	郭兰	新疆职工大学学报	2000（2）
03270	三部汉语听力教材分析	胡波	世界汉语教学	2000（2）
03271	古本《老乞大》的语助词“有”	李泰洙	语言教学与研究	2000（3）
03272	汉语教材语料难度的定量分析	张宁志	世界汉语教学	2000（3）
03273	《老乞大》语序研究	李泰洙、江蓝生	语言研究	2000（3）
03274	论阅读教材的趣味性	刘颂浩	语言教学与研究	2000（3）

03275	由法国“字本位”汉语教材引发的思考	王若江	世界汉语教学	2000（3）
03276	语用与文化——兼析日本汉语教材	张英	汉语学习	2000（3）
03277	编写海外古文教材的若干思路	邱思耀、李建国	海外华文教育	2000（4）
03278	海外华裔儿童汉语教材编写的原则和方法	赵新燕	海外华文教育	2000（4）
03279	基础课教材中几个常用词语的分析	张世涛	海外华文教育	2000（4）
03280	试述对外汉语教学多媒体教材的制作原则	黄勤勇	外语电化教学	2000（4）
03281	谈海外华文教师培训教材的编写	李金钞	海外华文教育	2000（4）
03282	培养成段表达能力的对外汉语教材的结构设计	杨翼	汉语学习	2000（4）
03283	《当代话题》课的教材设计与处理	成文	首都师范大学学报（社会科学版）	2000（S3）
03284	编写《汉语教程（一年级）》的理论总结	杨寄洲	语言文化教学研究集刊（第四辑）/北京语言文化大学汉语学院编/华语教学出版社	2000
03285	关于《中级汉语阅读教程》的构想	陈田顺	语言文化教学研究集刊（第四辑）/北京语言文化大学汉语学院编/华语教学出版社	2000
03286	关于对外汉语教学用工具书编纂的几点思考	张旺熹	世纪之交的应用语言学/于根元主编/北京广播学院出版社	2000
03287	基础听力教材编写四题	林欢、刘颂浩	汉语学报·第1期（2000年上卷）/邢福义、萧国政主编/湖北教育出版社	2000
03288	教材的淡化与高级口语教学	常丹阳	语言文化教学研究集刊（第四辑）/北京语言文化大学汉语学院编/华语教学出版社	2000
03289	谈《日汉翻译教程》（三年级用）编写的原则	邱鸿康	语言文化教学研究集刊（第四辑）/北京语言文化大学汉语学院编/华语教学出版社	2000

03290	听力教材分析与听力教材编写	胡波	语言文化教学研究集刊（第四辑）/ 北京语言文化大学汉语学院编 / 华语教学出版社	2000
03291	听力语料分析与听力教材的编写	曹慧	语言文化教学研究集刊（第四辑）/ 北京语言文化大学汉语学院编 / 华语教学出版社	2000
03292	船与桥——两部中级汉语综合课教材比较	左珊丹	北京语言文化大学（硕士）	2000
03293	七种汉语教材选词分析	朴点熙	北京语言文化大学（硕士）	2000
03294	词汇部分的编写应体现特点、突出重点、解决难点	黄香山	海外华文教育	2001（1）
03295	从 SIT 学习项目看对外汉语教学速成教材的编写	杨丽姣	云南师范大学学报（教育科学版）	2001（1）
03296	汉语研修教材文字部分的编写思路	肖旸	海外华文教育	2001（1）
03297	《汉语研修教程》语音部分的编写构想	连志丹	海外华文教育	2001（1）
03298	华文教师需要什么样的语法培训教材——谈《汉语研修教程》语法章的编写思路	陈荣岚	海外华文教育	2001（1）
03299	《中华文化》教材的编写设想	张胜林	海外华文教育	2001（1）
03300	编写口语语法的十大要点	〔英〕Ronald Carter、刘精忠	国外外语教学	2001（2）
03301	初级汉语教材语法点确定、编排中存在的问题——兼议语法点确定、编排的原则	杨德峰	世界汉语教学	2001（2）
03302	改进中级阅读教材的设想	徐霄鹰	语言教学与研究	2001（2）
03303	加强对外汉语电化教学的教材建设	孟长勇	西安外国语学院学报	2001（2）
03304	《老乞大》和《朴通事》在汉语第二语言教学发展史上的地位	程相文	汉语学习	2001（2）
03305	中高级汉语教程辅助教材编写设想	林浩业	八桂侨刊	2001（2）

03306	对外汉语教学综合型电视教材的编制	彭柳	电化教育研究	2001（3）
03307	介绍一套现代汉语语法教材	范晓	世界汉语教学	2001（3）
03308	论对外汉语教学的师资及教材建设	何干俊	南昌教育学院学报	2001（3）
03309	日本汉语教材及分析	张英	汉语学习	2001（3）
03310	从教学法看对外汉语初级口语教材的语料编写	李海燕	语言教学与研究	2001（4）
03311	对外汉语教材的创新	程相文	语言文字应用	2001（4）
03312	试论基础表述的组配研究与对外汉语教材编写	徐昌火	语言教学与研究	2001（4）
03313	试论新一代初级精读教材编写的几个问题——兼论对外汉语教材的编写	王黎	海外华文教育	2001（4）
03314	谈对外汉语教学写作教材的编写	罗青松	海外华文教育	2001（4）
03315	教材中词性标注的针对性原则	王弘宇	语言教学与研究	2001（5）
03316	关于对外汉语教学中“古代汉语”教学及教材建设的几点思考	朱瑞平	北京师范大学学报（人文社会科学版）	2001（6）
03317	对外汉语教材的创新与突破	程相文	语言文化教学与研究（二〇〇一年卷）/北京语言文化大学汉语学院编/人民教育出版社	2001
03318	课文选取标准的初步探讨	王红	首都师范大学（硕士）	2001
03319	论初级汉语教材的练习题设计	权玹廷	北京语言文化大学（硕士）	2001
03320	试论初级对外汉语教材的发展	郑映璇	北京语言文化大学（硕士）	2001
03321	中国汉语文教材文化的视角研究	游春嫦	广西师范大学（硕士）	2001
03322	华文教材编写的四原则	陈珺、万莹	海外华文教育	2002（1）
03323	美国、加拿大部分高校所用中文教材一览	申艳艳	国外汉语教学动态	2002（1）
03324	编写中级阶段口语课文的设想——也谈功能与情景相结合的问题	李英	暨南大学华文学院学报	2002（2）
03325	从韩国儿童汉语教材的编写谈起	张德鑫	天津外国语学院学报	2002（2）

03326	《老乞大》、《朴通事》中的动补结构	姚庆保	五邑大学学报（社会科学版）	2002（2）
03327	对外汉语教材中普通话“儿”化韵的规范问题	胡晓慧	编辑之友	2002（3）
03328	大胆选篇，小心编排——介绍《中国视点——中级汉语教程》	王飙	世界汉语教学	2002（4）
03329	对外汉语教材语法项目排序的原则及策略	吕文华	世界汉语教学	2002（4）
03330	论听力教材的录音问题	陈军	暨南大学华文学院学报	2002（4）
03331	对《对外汉语教材》编写的几点意见	赵建	黑龙江教育学院学报	2002（6）
03332	对新世纪汉语（第二语言）教材的思考——从加拿大中学汉语教材编写所想到的	朱志平	北京师范大学学报（人文社会科学版）	2002（6）
03333	古本《老乞大》和谚解本《老乞大》里的语气词“也”	黄晓雪	语言研究	2002（S1）
03334	论华文教材练习编写的原则	肖菲	零陵学院学报	2002（S1）
03335	对外汉语教学图书出版纵览	王萍	中国图书商报	2002-02-28
03336	从《实用汉语课本》到《新实用汉语课本》	焦柳	人民日报（海外版）	2002-07-08
03337	关于初级汉语读写教材生词编选的探讨	程乐乐	汉语学报 · 第3期（2001年上卷）邢福义主编 / 湖北教育出版社	2002
03338	汉语个别授课中教材的选用	袁斐	对外汉语一对一个别教授研究 / 吴仁甫主编 / 中国社会科学出版社	2002
03339	汉字教学策略与汉字教材编写	周健	对外汉语论丛（第二集）/ 竟成主编 / 上海外语教育出版社	2002
03340	从教材看历史上来华外国（族）人的汉语教学	史红宇	北京语言文化大学（硕士）	2002
03341	对外汉语阅读教材研究	何涛	北京语言文化大学（硕士）	2002
03342	对外汉语中级口语教材的成段表达练习题考察	梁贞爱	北京语言文化大学（硕士）	2002
03343	海外华语教材词汇分析研究	蔡丽	暨南大学（硕士）	2002

03344	人教社版两套高中作文教材的比较研究	朱华才	华东师范大学（硕士）	2002
03345	对外汉语教材再评述	齐沛	语言教学与研究	2003（1）
03346	商务汉语教材编写初探	杨东升	辽宁工学院学报（社会科学版）	2003（1）
03347	新疆汉语预科教材的变更审视与教师业务素质谈	陈潮华	语言与翻译	2003（1）
03348	针对缅甸学生编写汉语语音教材的思考	杨叶华	云南师范大学学报（对外汉语教学与研究版）	2003（1）
03349	中国大陆汉语教材出版的成就与不足	王弘宇	世界汉语教学	2003（1）
03350	中级口语教材编写中功能与情景相结合的设想	李英	海外华文教育	2003（1）
03351	谈留学生古代汉语教材的革新	苏瑞卿	世界汉语教学	2003（2）
03352	为新世纪编写的《新实用汉语课本》	刘珣	暨南大学华文学院学报	2003（2）
03353	对外汉语教材练习编写的思考	李绍林	云南师范大学学报（对外汉语教学与研究版）	2003（3）
03354	对外汉语教材用字分布统计及分析	吴茗	海外华文教育	2003（3）
03355	海外华语教材选词特点分析研究	蔡丽	暨南大学华文学院学报	2003（3）
03356	美国国内的汉语教材	〔美〕任友梅著；杨双扬译	国外汉语教学动态	2003（3）
03357	面向东南亚短期汉语教材的编写设计	陈昕	海外华文教育	2003（3）
03358	编写初级汉语教材的几个问题	杨寄洲	语言教学与研究	2003（4）
03359	关于汉语《报刊阅读》教材编写的一些认识和探索	吴雅民	北京市经济管理干部学院学报	2003（4）
03360	海外远程华文教育的专业设置及教材编写	耿虎	海外华文教育	2003（4）
03361	古代朝鲜、琉球汉语教学及教材研究引论——以《老乞大》、《朴通事》、《白姓官话》为例	王庆云	云南师范大学学报（对外汉语教学与研究版）	2003（5）
03362	对外汉语教学课本中的“变调”符号问题	李无未、岳辉	汉语学习	2003（6）
03363	对外汉语口语教材中的口语技能训练	陈莹	语文学刊	2003（6）

03364	《汉语会话 301 句》编译中的几个问题及修改建议	刘欣	云南师范大学学报（对外汉语教学与研究版）	2003（6）
03365	我国义务教育初中语文实验教材与新加坡中学华文教材比较研究	郑玉财	辽宁教育研究	2003（10）
03366	对外汉语教学教材质量有望改进	楼玲令	中华读书报	2003-03-19
03367	论第二语言教材评估	李泉	汉语研究与应用（第一辑）/ 中国人民大学对外语言文化学院编 / 中国社会科学出版社	2003
03368	谈泛读教材的编写技巧——从《画儿上的美人》说起	鲁健骥	汉语研究与应用（第一辑）/ 中国人民大学对外语言文化学院编 / 中国社会科学出版社	2003
03369	北京汇文中学：编写对外汉语教学校本教材	崔亚兰	北京教育年鉴（2003）/ 北京市教育委员会编 / 开明出版社	2003
03370	从《桥梁——实用汉语中级教程》论新一代中级汉语精读教材的编写	徐燕军	北京语言大学（硕士）	2003
03371	海外华文教材练习设计与编排分析研究	肖菲	暨南大学（硕士）	2003
03372	语文教材单元结构新构想	赵年秀	湖南师范大学（硕士）	2003
03373	对外汉语教材中语音部分的编写调查	丁玉华	海外华文教育	2004（1）
03374	对外汉语文化教材研究——兼论对外汉语文化教学等级大纲建设	张英	汉语学习	2004（1）
03375	关于对外汉语教材生词处理的思考	卜佳晖	云南师范大学学报（对外汉语教学与研究版）	2004（1）
03376	汉语作为第二语言教材发展的三种形态	程相文	语言教学与研究	2004（1）
03377	《跨文化交际》课教学模式的实践和思考	祖晓梅	南开语言学刊	2004（1）
03378	谈对外汉语教学本科《语言学概论》教材的编写	范香娟	海外华文教育	2004（1）
03379	第二语言教材编写的基本程序	李泉	海外华文教育	2004（2）
03380	对留学生初级听力教材的设想	刘峰	云南师范大学学报（对外汉语教学与研究版）	2004（2）

03381	对文学作品作为中高级对外汉语教材的思考	吴成年	新疆师范大学学报（哲学社会科学版）	2004（2）
03382	对中国国内编写对外汉语教材的建议	邓氏香	云南师范大学学报（对外汉语教学与研究版）	2004（2）
03383	跨越与会通——论对外汉语教材研究与开发	赵金铭	语言文字应用	2004（2）
03384	论对外汉语教材的针对性	李泉	世界汉语教学	2004（2）
03385	日本的汉语教科书及其出版情况介绍	石汝杰	世界汉语教学	2004（2）
03386	试析对外汉语教材编写的"词本位"	李如龙、何颖	海外华文教育	2004（2）
03387	初级汉语教材中的词汇处理研究	舒雅丽、许嘉璐	语言文字应用	2004（3）
03388	对外汉语教材中翻译的功能和原则——以"老师"和"脸谱"为例	刘颂浩	暨南大学华文学院学报	2004（3）
03389	元以来一部多个语种版本的第二语言教材——三种文本《老乞大》教材编写特点分析	关辛秋	汉语学习	2004（3）
03390	600 多年前的对外汉语教学观——《老乞大》《朴通事》的编写特点及其理论价值	黄明明	无锡教育学院学报	2004（4）
03391	对汉语教材练习设计的考察与思考	周健、唐玲	语言教学与研究	2004（4）
03392	汉语中级精读教材的分析与思考	赵新、李英	暨南大学华文学院学报	2004（4）
03393	教材改革创精品有突破——读《多文本，精泛结合——高级汉语教程》	吴勇毅	世界汉语教学	2004（4）
03394	浅谈对外汉语教材"词语例释"的编写	苏英霞	汉语学习	2004（4）
03395	新一代商务汉语教材建设的初步构想	张永昱	东北财经大学学报	2004（4）
03396	解读古代汉语口语课本——《老乞大》	于涛	云南师范大学学报（对外汉语教学与研究版）	2004（5）
03397	商贸类汉语教材的简要分析	刘织	枣庄师范专科学校学报	2004（5）
03398	标记理论与口语教材中的偏差现象	冯小钉	云南师范大学学报（对外汉语教学与研究版）	2004（6）
03399	对法国汉语教材的再认识	王若江	汉语学习	2004（6）

03400	关于汉语教材中成语和俗语的英译	杨武元	云南师范大学学报（对外汉语教学与研究版）	2004（6）
03401	《老乞大》和《朴通事》的名量词研究	于涛	云南师范大学学报（对外汉语教学与研究版）	2004（6）
03402	通过教材编写改善对外汉语的离合词教学	刘春梅	云南师范大学学报（对外汉语教学与研究版）	2004（6）
03403	对外汉语教学图书的出版格局	王弘宇	中国出版	2004（7）
03404	西部民族院校对外汉语教材编写设计	叶南、田耕宇	西南民族大学学报（人文社科版）	2004（8）
03405	人教版对外汉语教材开拓欧洲市场	乔梁	课程·教材·教法	2004（10）
03406	《汉语》系列教材编写的两个问题——特色与建议	杨文惠	广西民族学院学报（哲学社会科学版）	2004（S1）
03407	第二语言教材的属性、功能和基本分类	李泉	汉语研究与应用（第二辑）/ 中国人民大学对外语言文化学院编 / 中国社会科学出版社	2004
03408	对外汉语教材编写与对外汉语研究	顾顺莲	汉语教学新理念 / 丛铁华主编 / 北京大学出版社	2004
03409	多媒体教材资源库	蔺荪	数字化对外汉语教学理论与方法研究 / 张普等主编 / 清华大学出版社	2004
03410	论对外汉语通用型教材	吴勇毅	对外汉语教学探索 / 吴勇毅著 / 学林出版社	2004
03411	试论高级汉语阅读教材的编写原则——兼谈《高级汉语阅读》的编写思路	罗青松	汉语研究与应用（第二辑）/ 中国人民大学对外语言文化学院编 / 中国社会科学出版社	2004
03412	试论汉语多媒体教材模块化的一些原则问题	〔德〕柯彼德	数字化对外汉语教学理论与方法研究 / 张普等主编 / 清华大学出版社	2004
03413	视、听、说口语教材《看电影，说汉语》的设计与使用方法	史世庆	数字化对外汉语教学理论与方法研究 / 张普等主编 / 清华大学出版社	2004
03414	语文人本化教材研究	宋惠卿	山东师范大学（硕士）	2004
03415	从朝鲜半岛汉语教学的历史看《老乞大》的价值	鲁宝元	海外华文教育	2005（1）

03416	从学习者的视角谈高级精读教材编写	肖路	语言教学与研究	2005（1）
03417	对外汉语教材生词英译存在的问题分析	薛秋宁	海外华文教育	2005（1）
03418	《华语官话语法》中文化教学观念的启示	来静青	海外华文教育	2005（1）
03419	论初级汉语教材教师手册的编写	程乐乐	海外华文教育	2005（1）
03420	培养初步成段表达能力的新型初级口语教材的编写	陈晨	海外华文教育	2005（1）
03421	新《标准》，新教材，新目标	毛志娟	文山师范高等专科学校学报	2005（1）
03422	关于短期速成初级汉语教材编写的思考	李明	国际汉语教学动态与研究	2005（2）
03423	我们的汉语教材为什么缺乏趣味性	刘颂浩	暨南大学华文学院学报	2005（2）
03424	从任务型语言教学反思对外汉语口语教材的编写	吴勇毅	国际汉语教学动态与研究	2005（3）
03425	互动性教学策略及教材编写	〔美〕王晓钧	世界汉语教学	2005（3）
03426	六套海外华文教材练习题型数量的统计分析	刘潇潇、肖菲	云南师范大学学报（对外汉语教学与研究版）	2005（3）
03427	树立科学的编教观	李润新	海外华文教育	2005（3）
03428	《朝鲜时代汉语教科书丛刊》简评	郭作飞	世界汉语教学	2005（4）
03429	初级对外汉语教材的词汇重现率研究	康艳红、董明	语言文字应用	2005（4）
03430	《初级汉语听力》（新疆版）指瑕	吴若愚	伊犁师范学院学报	2005（4）
03431	法国十九世纪初中期汉语教材分析	王若江	国际汉语教学动态与研究	2005（4）
03432	《汉语札记》对世界汉语教学史的贡献	李真	世界汉语教学	2005（4）
03433	试论定向汉语教材编写的环境文化因素	罗青松	语言文字应用	2005（4）
03434	论汉语本科专业高级口语教材的编写原则——从口语教学实际谈起	王小曼	云南师范大学学报（对外汉语教学与研究版）	2005（5）
03435	对外汉语口语教材的话题选择	汲传波	云南师范大学学报（对外汉语教学与研究版）	2005（6）

03436	对外汉语是对外的汉语吗——关于对外汉语初级教材内容的思考	王海英	云南师范大学学报（对外汉语教学与研究版）	2005（6）
03437	《老乞大》诸版本所反映的基本词历时更替	汪维辉	中国语文	2005（6）
03438	对外汉语文化教材编写思路初探	赵宏勃	语言文字应用	2005（S1）
03439	谈谈好教材的标准	董明、桂弘	语言文字应用	2005（S1）
03440	美国常用汉语教材分析	卢伟	汉语研究与应用（第三辑）/ 中国人民大学对外语言文化学院编 / 中国社会科学出版社	2005
03441	中级精读教材练习设计的目的性和实用性	李增吉	对外汉语阅读研究 / 周小兵、宋永波主编 / 北京大学出版社	2005
03442	《老乞大》四种版本词汇比较研究	夏凤梅	浙江大学（博士）	2005
03443	初级阶段对外汉语教材习题设置的考察与思考	孙娴	北京语言大学（硕士）	2005
03444	对外汉语教材例句研究	张璟	北京语言大学（硕士）	2005
03445	对外汉语教材中的词语注释研究	张连颖	天津师范大学（硕士）	2005
03446	对外汉语中级听力教材语料分析	干红梅	暨南大学（硕士）	2005
03447	对新疆预科汉语教材的分析与研究	张玲	新疆大学（硕士）	2005
03448	海外华文教材语法点的选用与编排研究	刘潇潇	暨南大学（硕士）	2005
03449	《汉语教程》与《汉语教科书》语法部分比较	刘波	广西大学（硕士）	2005
03450	略论语文教材的选文制度和编排体例	牛文明	陕西师范大学（硕士）	2005
03451	非学历生高级阶段汉语教材的建设	金红莲	汉语学习	2006（1）
03452	论远程华文师资函授教材的编写	唐燕儿	教育导刊	2006（1）
03453	马来西亚独中教材《华文》：文化传承性与工具性的统一	宋婧婧	海外华文教育	2006（1）
03454	日本江户时代冈岛冠山编唐话教本在日本汉语学习史上的地位和特点	鲁宝元	国际汉语教学动态与研究	2006（1）
03455	从中塞合作编写《汉语教程》谈海外汉语教材编写原则	金志刚	云南师范大学学报（对外汉语教学与研究版）	2006（2）

03456	海外华语教材教师参考书研究	黄年丰	暨南大学华文学院学报	2006（2）
03457	韩国大学汉语教材调查分析	岳玉杰	国际学术动态	2006（2）
03458	汉语教材中图片的示意功能和示意方法	郑艳群	海外华文教育	2006（2）
03459	将商务汉语引入基础汉语教学阶段的初步尝试——《经理人汉语·生活篇》的编写理念和体例特点	李明	国际汉语教学动态与研究	2006（2）
03460	浅析对外汉语口语教材中文化项目的选择和编排	孙清忠	暨南大学华文学院学报	2006（2）
03461	清末民初北京口语中的话题标记——以 100 多年前几部域外汉语教材为例	张美兰、陈思羽	世界汉语教学	2006（2）
03462	商务汉语教材的范围、内容和开放式架构设计	〔美〕关道雄	国际汉语教学动态与研究	2006（2）
03463	中级精读教材的分析与评估	赵新、李英	语言文字应用	2006（2）
03464	从陌生人之间会话的开头语看对外汉语教材会话的编写	关颖	暨南大学华文学院学报	2006（3）
03465	海外中小学汉语教材的任务	朱志平	国际汉语教学动态与研究	2006（3）
03466	《朴通事》的成书年代及相关问题	汪维辉	中国语文	2006（3）
03467	朝鲜中文教科书《图像注解千字文》的功能定位及其启示	杨晓黎	世界汉语教学	2006（4）
03468	《华音启蒙谚解》和《你呢贵姓》的语言基础	岳辉	吉林大学社会科学学报	2006（4）
03469	日本明治时期的北京官话“会话”课本	李无未、陈珊珊	世界汉语教学	2006（4）
03470	一本自编对泰语法教材——简介《基础现代汉语语法》	马杜娟	海外华文教育	2006（4）
03471	基于 WEB 的对外汉语教材编著系统：理论依据与设计开发	卢伟	外语电化教学	2006（6）
03472	汉语国际推广背景下的教材建设与出版	叶子	语言文字应用	2006（S1）
03473	五个“C”和 AP 汉语与文化课教材的编写	陈绂	语言文字应用	2006（S1）
03474	对外汉语教科书编纂的问题及建议	宋燕	语言文字应用	2006（S2）

03475	论对外汉语教材的优化处理	盛双霞	语言文字应用	2006（S2）
03476	对外汉语教材评估：学习者的视角	林敏、吴勇毅	汉语研究与应用（第四辑）/ 中国人民大学对外语言文化学院编 / 中国社会科学出版社	2006
03477	输入调整与对外汉语阅读教材编写	朱勇	对外汉语研究（第二期）/ 上海师范大学《对外汉语研究》编委会编 / 商务印书馆	2006
03478	初级阶段对外汉语精读教材评估指标体系研究	薛艳君	北京语言大学（硕士）	2006
03479	从三套教材的"语""文"安排看对外汉语汉字教学的路子	李犁	北京语言大学（硕士）	2006
03480	对外汉语初级口语教材课文研究	孙清忠	暨南大学（硕士）	2006
03481	对外汉语视听教学及其教材的分析与探究	钟文艳	北京语言大学（硕士）	2006
03482	对外汉语综合课（中级）教材研究	孙颖	天津师范大学（硕士）	2006
03483	多媒体华文教材设计的分析研究	刘慧	暨南大学（硕士）	2006
03484	《国际商务汉语教程》与《国际商务汉语》的比较	何蓓蓓	华中科技大学（硕士）	2006
03485	《汉语教程》与《新实用汉语课本》比较研究	张珑舰	四川大学（硕士）	2006
03486	汉语作为第二语言教学的初级听力教材编写研究	金志军	华东师范大学（硕士）	2006
03487	三套初级对外汉语综合教材练习的考察	赵淼	北京语言大学（硕士）	2006
03488	外国留学生汉语言专业用系列教材带体标记句型考察	杨帆	北京语言大学（硕士）	2006
03489	以学习者为评估者的对外汉语教材评估模式研究	林敏	华东师范大学（硕士）	2006
03490	以影视片段为主教材的汉语多媒体教材包的设计	朱晓佳	北京语言大学（硕士）	2006
03491	中级对外汉语阅读教材的练习设计与编排研究	梁静	暨南大学（硕士）	2006
03492	语言习得序向研究与对外汉语教材编写	王蕾	上海交通大学（硕士）	2006

03493	对外汉语报刊教材的特点与编写原则	吴成年	新疆师范大学学报（哲学社会科学版）	2007（1）
03494	汉语国际推广形势下的教材编写与汉语研究	周小兵	海外华文教育	2007（1）
03495	泰国中学汉语教材编写和使用中的几个问题	魏红	云南师范大学学报（对外汉语教学与研究版）	2007（1）
03496	谈对外汉语“中国民俗”课的教材编写及教学思路	王衍军	暨南大学华文学院学报	2007（1）
03497	系列《汉语写作教程》给对外汉语写作教学的启示	马金科	云南师范大学学报（对外汉语教学与研究版）	2007（1）
03498	中级汉语精读教材中的词汇选取与处理情况分析	杨子菁、严越	海外华文教育	2007（1）
03499	对外汉语教材中的媒介语问题试说	王汉卫	世界汉语教学	2007（2）
03500	对外汉语教材中应重视轻声词的注音问题	孙玉卿	消费导刊	2007（2）
03501	试论对外汉语写作教材的使用	罗青松	海外华文教育	2007（2）
03502	中韩“汉语作为第二语言”教材建设对比性研究——兼论我国对外汉语教材建设的“针对性”	赵衍峰	上海商学院学报	2007（2）
03503	教材语言三议	李如龙、徐睿渊	汉语学习	2007（3）
03504	近20年短期速成初级汉语教材发展概览	李明	云南师范大学学报（对外汉语教学与研究版）	2007（3）
03505	两部中级汉语教材生词表编译比较	吉庆波、王岩岩	辽宁教育行政学院学报	2007（3）
03506	论对外汉语教材的实用性	李泉	语言教学与研究	2007（3）
03507	面向商务汉语教材的商务领域词语等级参数研究	辛平	语言文字应用（硕士）	2007（3）
03508	试论对外汉语初、中级教材生词的英文翻译问题	钱多、李雷	焦作大学学报	2007（3）
03509	对外汉语教材的创新	王尧美	语言教学与研究	2007（4）
03510	探索语言传播规律——序“世界汉语教育丛书”	李宇明	云南师范大学学报（对外汉语教学与研究版）	2007（4）
03511	19世纪朝鲜汉语教科书语言的干扰	岳辉、李无未	民族语文	2007（5）
03512	关联论对初中级口语教材编写的指导意义	冯小钉	广东外语外贸大学学报	2007（5）

03513	先声夺人，重在其声——对外汉语听力教材编写的思考	李北辰	科技信息	2007（7）
03514	学习汉语的捷径：川教社推出《走进中国——对外汉语推广教材》	鸿菲	中国出版	2007（9）
03515	在汉语热中走出去——近年来国内对外汉语教材出版评述	胡晓慧	中国出版	2007（12）
03516	试析对外汉语高级口语教材中词语衍生义的理据性	赵艳梅	文教资料	2007（21）
03517	汉语教材赢得国际市场	樊金戈	教育	2007（24）
03518	对外汉语师资教材：汉语应该怎么教？	钟华	科学时报	2007-06-14
03519	汉语学习热，教师用书火	王东	中国图书商报	2007-07-27
03520	朝鲜时代汉语会话课本常见句式研究	刘静	吉林大学（硕士）	2007
03521	初级汉语阅读教材练习设计考察	王丽宏	北京语言大学（硕士）	2007
03522	《初学者汉语阅读》研究	李雅娜	吉林大学（硕士）	2007
03523	初中级对外汉语教材中同译词现象考察与研究	冯晓鸿	上海交通大学（硕士）	2007
03524	从《汉语听力教程》论初级汉语听力教材的编写	李攀	四川大学（硕士）	2007
03525	从初级教材看对外汉语教学理念的发展	何琳	首都师范大学（硕士）	2007
03526	从对外汉语教材中的生词英译看对外汉语词汇教学	谢军	中南大学（硕士）	2007
03527	从会话分析理论看对外汉语初级口语教材的会话编写	关颖	陕西师范大学（硕士）	2007
03528	对初级阶段口语教材练习的考察	李景	北京语言大学（硕士）	2007
03529	对外汉语初级教材文化项目的编排研究	刘雁玲	厦门大学（硕士）	2007
03530	对外汉语教材动词选用研究	袁博	吉林大学（硕士）	2007
03531	对外汉语教材故事性初探	陈鸥	北京语言大学（硕士）	2007
03532	对外汉语教材中初级阶段语法项目的选取和排序情况的考察	张伟平	北京语言大学（硕士）	2007
03533	对外汉语教材中的英语注释问题	阮庆生	暨南大学（硕士）	2007

03534	对外汉语教学中的汉字教材研究	易嵘	陕西师范大学（硕士）	2007
03535	对外汉语精读教材“是”字句研究	董斌	暨南大学（硕士）	2007
03536	对外汉语中级精读教材话题研究	赵晓艳	暨南大学（硕士）	2007
03537	对外汉语中级口语教材练习的分析	乔丽坤	厦门大学（硕士）	2007
03538	对外汉语中级阅读通读训练的练习设计	马杜娟	厦门大学（硕士）	2007
03539	对外汉语综合课教材吸收新词语状况研究	李璨	暨南大学（硕士）	2007
03540	对中高级对外汉语教材中惯用语的考察与思考	苏瑞霞	北京语言大学（硕士）	2007
03541	《汉语教程》的文化内容及其表述方式研究	杨青	四川大学（硕士）	2007
03542	基于任务教学法的对外汉语口语教材研究	肖亚西	上海师范大学（硕士）	2007
03543	《经贸洽谈 ABC》与《商务汉语》比较研究	刘晓岚	四川大学（硕士）	2007
03544	六部对外汉语中级精读教材课文分析	齐亚丽	北京语言大学（硕士）	2007
03545	六套海外华文教材中国知识文化内容项目研究	何慧宜	暨南大学（硕士）	2007
03546	论对外汉语教材中民俗文化的选用	张文娟	西南大学（硕士）	2007
03547	评《速成汉语初级听力教程》的特色	吴晓颖	北京语言大学（硕士）	2007
03548	日本明治时期商用汉语教科书研究	闫峰	吉林大学（硕士）	2007
03549	商务英汉语教材中礼貌话语的对比研究	杨玲	上海外国语大学（硕士）	2007
03550	信息技术环境下《泰国人学汉语》的教学设计及实现	孔彩灵	云南师范大学（硕士）	2007
03551	中高级对外汉语教材“表达”型交际性练习考察	邓美丽	北京语言大学（硕士）	2007
03552	中高级对外汉语口语教材中口语语体情况考察与分析	吴越	北京语言大学（硕士）	2007
03553	中级对外汉语阅读教材练习的考察与分析	刘秋丽	北京语言大学（硕士）	2007
03554	中级汉语综合教材练习设置与编排研究	张宇清	华东师范大学（硕士）	2007

03555	中级阶段对外汉语综合教材语段表达练习题设置研究	李倩	北京语言大学（硕士）	2007
03556	《中文》词汇重现问题研究	于珊	暨南大学（硕士）	2007
03557	新加坡《好儿童华文》教材的语言变异及其成因——多重认同视野下的观察	祝晓宏	暨南大学华文学院学报	2008（1）
03558	对外汉语教材外文编辑加工要项	余心乐	中国编辑	2008（2）
03559	对外汉语教材中的对释词	任敏	和田师范专科学校学报	2008（2）
03560	《老乞大》、《朴通事》及其谚解本在朝鲜王朝华语教育中的贡献	李得春、崔贞爱	延边大学学报（社会科学版）	2008（2）
03561	对外汉语初级教材义类分布初探——以"性质与状态"义类为例	柯丽芸、杨艳	齐齐哈尔师范高等专科学校学报	2008（3）
03562	汉语国际推广工作中的新疆对外汉语教材建设	伊莉曼·艾孜买提、李娜	新疆师范大学学报（哲学社会科学版）	2008（3）
03563	商务馆对外汉语专业本科系列教材陆续出版	商务印书馆世界汉语教学研究中心	世界汉语教学	2008（3）
03564	对外汉语教学教材问题分析	陈凌	荆门职业技术学院学报	2008（4）
03565	论对外汉语教材的科学性	李泉、金允贞	语言文字应用	2008（4）
03566	试论对外汉语教材中的超纲词	郭曙纶	宁夏大学学报（人文社会科学版）	2008（4）
03567	关于对外汉语教材趣味性的几点认识	刘颂浩	语言教学与研究	2008（5）
03568	以《中国文化常识》为例看对外文化类图书的编辑	艾斌	中国编辑	2008（5）
03569	对外汉语教材重在创新与实用	王悦欣	出版发行研究	2008（7）
03570	关于对外汉语教材中语气词分布的理性思考	李盛微	哈尔滨学院学报	2008（11）
03571	对外汉语教材例句研究	张璟	边疆经济与文化	2008（12）
03572	试论对外汉语教学短期速成入门教材中语法点的英语翻译	王昕	内蒙古师范大学学报（哲学社会科学版）	2008（S2）
03573	构建科学合理的对外汉语写作教材编写新模式	陈晟	福建论坛（人文社会科学版）	2008（S3）

03574	朝鲜时代汉语官话教科书研究	岳辉	吉林大学（博士）	2008
03575	19世纪中期北京话口语课本《语言自迩集》与现代口语课本比较研究	郑文灿	福建师范大学（硕士）	2008
03576	30年来对外汉语初级综合课教材词汇更替研究	籍欢欢	暨南大学（硕士）	2008
03577	初级对外汉语教材的任务型练习研究	高明杰	上海师范大学（硕士）	2008
03578	《初级汉语课本》中语用文化的考察和分析	张新	广西师范大学（硕士）	2008
03579	初级汉语口语教材练习题设置研究	马向军	山东大学（硕士）	2008
03580	初级阶段汉语阅读课教材练习研究	颜彦	福建师范大学（硕士）	2008
03581	从交际角度评析初级汉语口语教材的练习设置	袁丽红	暨南大学（硕士）	2008
03582	从语言和文化的关系看对外汉语教材的编写	丁宁	吉林大学（硕士）	2008
03583	第七套韩国高中中国语教材词汇比较分析研究	郑志英	华东师范大学（硕士）	2008
03584	对“了”在两套对外汉语教材中编排情况的考察与分析	林恩玉	北京语言大学（硕士）	2008
03585	对初级阶段七套汉语教材功能项目的考察	王方	北京语言大学（硕士）	2008
03586	对两套初级阶段汉语系列教材中文化因素的考察和思考	王晓宁	北京语言大学（硕士）	2008
03587	对外汉语教材编写辅助系统的设计与实现	陈锋	南京师范大学（硕士）	2008
03588	对外汉语教材与汉语母语语文教材词汇层级性对比研究	袁冉	厦门大学（硕士）	2008
03589	对外汉语教材语素项构词研究	杨艳	厦门大学（硕士）	2008
03590	对外汉语教材中的词汇处理分析研究	牛书田	山东大学（硕士）	2008
03591	对外汉语教材中语气词“吧”的研究与教学	李凌颖	广西大学（硕士）	2008
03592	对外汉语综合课教材生词释义研究	王珊	厦门大学（硕士）	2008
03593	多义范畴“深”、“浅”及其在对外汉语教材中的编排策略	孔李茜	上海师范大学（硕士）	2008

03594	高级汉语精读教材语言难度测定研究	杨金余	北京大学（硕士）	2008
03595	汉语第二语言教材词汇的义类分布研究	柯丽芸	厦门大学（硕士）	2008
03596	《汉语教程》与《发展汉语》（初）比较研究	乔智慧	新疆大学（硕士）	2008
03597	汉语为外语环境下的教材研究	刁文豪	华东师范大学（硕士）	2008
03598	汉语新闻听力教材研究	黄浩宇	云南师范大学（硕士）	2008
03599	论对外汉语教学写作教材编写与使用模式	陈晟	福建师范大学（硕士）	2008
03600	马来西亚国民小学华语课程及教材的沿革研究	郑文龙	暨南大学（硕士）	2008
03601	人教版新编高中英语教材的文化导向分析	王玲娟	华中师范大学（硕士）	2008
03602	任务型英语口语教材与传统对外汉语口语教材的对比研究	商秀坤	北京语言大学（硕士）	2008
03603	三套对外汉语初中级听力材料对比研究	李腊梅	厦门大学（硕士）	2008
03604	商务汉语教材中的谈判会话分析	单曦	北京语言大学（硕士）	2008
03605	商务汉语教材中间接拒绝语言现象的考察与分析	马青雅	北京语言大学（硕士）	2008
03606	现行基础汉字教材与古代蒙学教材的比较分析	谢玲玲	华中师范大学（硕士）	2008
03607	新加坡小学华文教材修辞格研究	刘志梅	暨南大学（硕士）	2008
03608	《训世评话》的口语教材特征研究	关旭	华东师范大学（硕士）	2008
03609	语文教材外国文学作品伦理价值研究	夏元晔	苏州大学（硕士）	2008
03610	中高级对外汉语综合课教材中书面语体情况考察与分析	韩莹	北京语言大学（硕士）	2008
03611	中级汉语综合课教材的练习研究	刘君	北京语言大学（硕士）	2008
03612	对外汉语教学中练习的目的、方法和编写原则	刘颂浩	世界汉语教学	2009（1）
03613	朝鲜《四声通解》在对外汉语语音教学上的价值	林升圭	西华大学学报（哲学社会科学版）	2009（2）
03614	教学环境与汉语教材	赵金铭	世界汉语教学	2009（2）

03615	任务式教学在汉语作为第二语言阅读教材编写中的应用	杨薇	民族教育研究	2009（2）
03616	中国大陆对外汉语视听教材评述与展望	王飙	世界汉语教学	2009（2）
03617	对外汉语教材中初级阶段共同语法项目选取情况的考察	张伟平	大理学院学报	2009（3）
03618	网络资源共享视阈下的汉语报刊阅读教材编写	蔡绿	怀化学院学报	2009（3）
03619	认知心理学视阈下汉语报刊阅读教材的编写	蔡绿	韶关学院学报	2009（4）
03620	对外汉语教材等级词频统计模块构建——一种辅助对外汉语教材词汇难度评量的工具	梁少丽、宋继华	现代教育技术	2009（7）
03621	商务汉语教材与教学探析	姜国权	时代文学（下半月）	2009（7）
03622	新加坡新编华文教材的语言特点与选材分析	廖新玲	福建论坛（社科教育版）	2009（8）
03623	什么阻碍了对外汉语图书出口？	顾珺	出版参考	2009（12）
03624	《华语》教材开拓印尼市场的故事	邹韧	中国新闻出版报	2009-07-16
03625	因地制宜编写教材	阮桂君	人民日报（海外版）	2009-08-24
03626	定制式数字化汉语教材辅助分析与重组方法研究	吴志山	北京语言大学（博士）	2009
03627	20世纪初德国在华传教士赫德明《汉语语法》研究	柏寒夕	上海师范大学（硕士）	2009
03628	初级汉语听力课教材与综合课教材的对比研究	吴婷慧	黑龙江大学（硕士）	2009
03629	初级汉语综合课教材插图研究	赵娜	北京语言大学（硕士）	2009
03630	初级汉语综合课教材有关“着”的练习的考察	张松敏	北京语言大学（硕士）	2009
03631	初级阶段对外汉字教材练习设置与编排研究	刘婷	华东师范大学（硕士）	2009
03632	初级结构型教材交际性练习考察与分析	张志方	复旦大学（硕士）	2009
03633	初级商务汉语教材词汇分析研究	黄洁云	暨南大学（硕士）	2009
03634	从话题兴趣角度调查对外汉语教材与学习者匹配情况	陈琴	华中科技大学（硕士）	2009

03635	对初级汉语口语教材《汉语会话 301 句》语料的考察分析	王丽霞	北京语言大学（硕士）	2009
03636	对外汉语初级精读教材中的文化因素研究	李玮	华东师范大学（硕士）	2009
03637	对外汉语初级口语教材特殊句式初探	龚婷	暨南大学（硕士）	2009
03638	对外汉语初级综合教材练习设计考察与分析	朱莹	复旦大学（硕士）	2009
03639	对外汉语教材评价研究	冯芳	湖南师范大学（硕士）	2009
03640	对外汉语教材与学习者量词习得关系研究	梁慧	福建师范大学（硕士）	2009
03641	对外汉语教材中的英文注释研究	孔祥钰	黑龙江大学（硕士）	2009
03642	对外汉语教学中的名量词偏误分析及教材研究	张静	陕西师范大学（硕士）	2009
03643	对外汉语视听说教材研究	张南	吉林大学（硕士）	2009
03644	对外汉语中级精读教材文化项目导入研究	王萍	东北师范大学（硕士）	2009
03645	对外汉语综合教材“了”的考察和分析	张琼	陕西师范大学（硕士）	2009
03646	高级对外汉语报刊阅读教材研究	陈斯棋	吉林大学（硕士）	2009
03647	《跟我学汉语》系列对外汉语教材词汇问题研究	晁淑贞	暨南大学（硕士）	2009
03648	功能法与对外汉语精读教材研究	钱晓敏	苏州大学（硕士）	2009
03649	韩版汉语教材的调查分析	王擎擎	华中师范大学（硕士）	2009
03650	韩国汉语教科书与中国文化相关性探究	申玉姬	东北师范大学（硕士）	2009
03651	韩中两国教材对比研究	卞惠银	上海师范大学（硕士）	2009
03652	华文教材文化误读研究	王晓静	暨南大学（硕士）	2009
03653	留学生把字句习得情况考察及其对教材编写的启示	刘利	暨南大学（硕士）	2009
03654	留学生汉语写作（中级）教材研究	张洁	上海交通大学（硕士）	2009
03655	三部综合型中级听力教材练习设计的比较分析	欧苏婧	暨南大学（硕士）	2009
03656	三套对外汉语初级精读教材中的“有”字句研究	谢晓慧	暨南大学（硕士）	2009

03657	《实用速成汉语》中“一对一”对释词语分析研究	任敏	陕西师范大学（硕士）	2009
03658	试论第二语言教学听力教材的编写	尹玮	云南师范大学（硕士）	2009
03659	泰国高校初级汉语教材词汇选编研究	李毓贤（Kewalee Petcharatip）	浙江大学（硕士）	2009
03660	泰国中学的《实用汉语教程》教材研究	庄秀玉	北京语言大学（硕士）	2009
03661	谈汉语作为第二语言本科教学及教材编写问题	吴金利	复旦大学（硕士）	2009
03662	五部短期初级汉语口语教材练习的考察研究	张秀红	北京语言大学（硕士）	2009
03663	《新概念英语》与《新实用汉语课本》的对比研究	曹温雯	东北师范大学（硕士）	2009
03664	新加坡《中学高级华文》写作教材研究	汪洋	华东师范大学（硕士）	2009
03665	新加坡小学高级华文教材的分析与研究	孟艳燕	暨南大学（硕士）	2009
03666	新世纪对外汉语报刊阅读教材吸收新词新语研究	李晟爱	暨南大学（硕士）	2009
03667	以学习者为中心对泰成人汉语教材的分析与设计	延慧	陕西师范大学（硕士）	2009
03668	英国中学国别化汉语教材编写研究	曾海燕	北京语言大学（硕士）	2009
03669	中高级汉语教材中文学作品的研究分析	张可灵	华东师范大学（硕士）	2009
03670	中级汉语口语教材中的文化因素教学研究	范银华	华东师范大学（硕士）	2009
03671	何庆魁小品的语言幽默及其对汉语教材编写的借鉴意义	熊耀林	暨南大学（硕士）	2009
03672	两岸对外汉语初级综合教材选词比较研究	陈俊男	暨南大学（硕士）	2009
03673	马立平《中文》特点研究	方秀珍	暨南大学（硕士）	2009
03674	鲍康宁《日日新》研究	倪春凤	上海师范大学（硕士）	2010
03675	初级汉语综合教材研究——《博雅汉语—初级起步篇》与《发展汉语—初级汉语》的比较	周扬	东北师范大学（硕士）	2010

03676	初级阶段教材练习中生词复现率的研究	梁丽琴	复旦大学（硕士）	2010
03677	初中级对外汉语教材中动词重叠内容的分析研究	刘鲁宁	陕西师范大学（硕士）	2010
03678	从技能训练的角度考察中级对外汉语阅读教材练习的编写	高杰	华东师范大学（硕士）	2010
03679	对两套初级短期汉语口语教材的练习分析	马媛渊	陕西师范大学（硕士）	2010
03680	对外汉语报刊阅读教材练习编排的研究与分析	欧阳普全	中山大学（硕士）	2010
03681	对外汉语初级阶段随文识字类汉字教材的个案研究	李平	安徽大学（硕士）	2010
03682	对外汉语初级口语教材分析	刘晶	吉林大学（硕士）	2010
03683	对外汉语初级综合教材中的文化因素导入方式研究	骆真	山东大学（硕士）	2010
03684	对外汉语初级综合课教材练习设置的考察与分析	周丽娟	复旦大学（硕士）	2010
03685	对外汉语教材人物角色设计问题探析	王彬	复旦大学（硕士）	2010
03686	对外汉语教材生词表英语译释问题研究	王子君	天津大学（硕士）	2010
03687	对外汉语商贸中级口语教材课文研究	高宁	辽宁师范大学（硕士）	2010
03688	对外汉语写作教材体例及相关编排比较研究	谭思敏	中山大学（硕士）	2010
03689	对外汉语写作教材研究	冯燕	陕西师范大学（硕士）	2010
03690	对外汉语综合教材语法编写“由易到难”原则研究	彭燕	陕西师范大学（硕士）	2010
03691	《发展汉语》中、高级教材中的修辞格研究	陈晶	吉林大学（硕士）	2010
03692	高级汉语综合课教材中的语段练习研究	卓佳	华东师范大学（硕士）	2010
03693	汉语初级阅读教材词汇量的比较研究	程丽州	四川外语学院（硕士）	2010
03694	汉语教材图片有效性考察与分析	刘芳清	复旦大学（硕士）	2010
03695	基于初级汉语水平留学生常用字研究的汉字教材编写与配套软件实现	高翔	陕西师范大学（硕士）	2010

03696	基于第二语言习得理论的对外汉语综合课教材研究	胡莹	天津师范大学（硕士）	2010
03697	基于交际能力培养的初级汉语综合课教材练习研究	王欣	浙江大学（硕士）	2010
03698	基于图式理论的对外汉语阅读教材编排研究	金少红	山东大学（硕士）	2010
03699	两岸对外汉语教材文化内容比较研究	白家楹	暨南大学（硕士）	2010
03700	美国中文教材《中文天地》（初级）特点研究	梁玉玲	暨南大学（硕士）	2010
03701	乔治·蓝宁《汉语学习简易教程》（《Easy steps in Chinese studies》）研究	潘伟斌	上海师范大学（硕士）	2010
03702	青少年对外汉语教材趣味性研究	陈曦	华东师范大学（硕士）	2010
03703	《全家一起学汉语》编写设计与实践	贾文丽	黑龙江大学（硕士）	2010
03704	适应不同学习者需求的对外汉语教材比较研究	徐莹	浙江大学（硕士）	2010
03705	泰国高校初级汉语综合教材语法项目选取和编排研究	陈美英（Ms. Ornisa Wiriyat-hananon）	浙江大学（硕士）	2010
03706	泰国中学汉语教材疑问句系统考察及学生习得情况分析	钟梅芬	暨南大学（硕士）	2010
03707	《外国人实用汉语语法（修订本）》句法部分的实用性研究	钱春玲	吉林大学（硕士）	2010
03708	微席叶《北京官话：汉语初阶》研究	温利燕	上海师范大学（硕士）	2010
03709	新疆高校预科汉语精读教材分析研究——以《桥梁》、《发展汉语》、《大学汉语·精读》三部教材为例	陈光友	新疆师范大学（硕士）	2010
03710	《新实用汉语课本》与《新신공량중국어》（《新实用中国语》）的比较研究	〔韩〕李秀妍	东北师范大学（硕士）	2010
03711	以《看电影 学汉语》为主要研究对象的影视视听说教材研究	杨毅	陕西师范大学（硕士）	2010
03712	中级阅读教材练习设计的考察	谢芳	暨南大学（硕士）	2010

03713	《赏京剧学文化》对外汉语文化教材编写研究	杨安	暨南大学（硕士）	2010
03714	21世纪初汉语视听说教材研究	张艳春	陕西师范大学（硕士）	2011
03715	《博雅汉语》与《发展汉语》（高）比较研究	王英会	吉林大学（硕士）	2011
03716	《博雅汉语》与《新实用汉语课本》初级教材对比研究	唐旭东	东北师范大学（硕士）	2011
03717	初级对外汉语教材中“非共素同译词”现象研究	杨春花	南京师范大学（硕士）	2011
03718	初级对外汉字教材评估	于娜	陕西师范大学（硕士）	2011
03719	初级汉语教材和初级俄语教材的比较研究	党瑞	西安外国语大学（硕士）	2011
03720	初级汉语教材中副词的英文注释问题研究	谢纪新	吉林大学（硕士）	2011
03721	初级汉语综合教材中动态助词“着”的编写研究	马瑞清	南京师范大学（硕士）	2011
03722	初级汉语综合课教材插图研究与设计	刘海娜	暨南大学（硕士）	2011
03723	初级阶段汉语口语教材会话开头和结尾分析	侯宝霞	山东大学（硕士）	2011
03724	《初级实用商务汉语》与《经贸初级汉语口语》比较研究	罗鑫	四川师范大学（硕士）	2011
03725	初级英、汉语言教材中课堂练习的比较研究	杜鹃花	杭州师范大学（硕士）	2011
03726	初级综合课教材中汉字处理方式的考察与分析	魏焯珺	复旦大学（硕士）	2011
03727	初中级对外汉语精读教材情态补语练习题研究	陈超	华东师范大学（硕士）	2011
03728	初中级对外汉语综合教材例句典型性考察分析	王洁茹	复旦大学（硕士）	2011
03729	从教材角度看中级阶段口语、综合课型的配合	陈彦孜	复旦大学（硕士）	2011
03730	从跨文化角度分析对外汉语文化类教材	殷鹏	山东大学（硕士）	2011
03731	从日常会话看初级口语教材的编写	赵丽君	陕西师范大学（硕士）	2011

03732	从语音、词汇部分看宫岛大八《急就篇》系列汉语教材对《语言自迩集》的继承与改变	赵岩	暨南大学（硕士）	2011
03733	大陆与台湾对外汉语中级综合教材的比较研究	任翔宇	辽宁师范大学（硕士）	2011
03734	动画片《大耳朵图图》作为对外汉语视听说教材的价值研究及教学设计	金伊恩	山东大学（硕士）	2011
03735	短期留学专用教材的编写	杨崇君	华中师范大学（硕士）	2011
03736	对外汉语初级教材同译动词考察	郭文	复旦大学（硕士）	2011
03737	对外汉语初级教材语法点的选用与编排研究	付小琴	暨南大学（硕士）	2011
03738	对外汉语初级阶段口语教材中“真假交际”对比分析和若干教学意见	丁睿	浙江大学（硕士）	2011
03739	对外汉语初级口语教材课文话题分析	张颖	复旦大学（硕士）	2011
03740	对外汉语初级口语教材练习分析与课堂实践	何静姝	陕西师范大学（硕士）	2011
03741	对外汉语初级口语教材语音练习设置研究	张娟	暨南大学（硕士）	2011
03742	对外汉语初级综合教材对比研究	翁慧芬	浙江大学（硕士）	2011
03743	对外汉语初级综合教材练习题研究	张可欣	东北师范大学（硕士）	2011
03744	对外汉语分级读物考察	储慧峰	华东师范大学（硕士）	2011
03745	对外汉语教材《成功之路》与《博雅汉语》（初）比较研究	马丽红	黑龙江大学（硕士）	2011
03746	对外汉语教材《登攀》（中）与《发展汉语》（高）中文化因素分类的调查与分析	郭金冉	黑龙江大学（硕士）	2011
03747	对外汉语教材的文化因素研究	林娴	四川师范大学（硕士）	2011
03748	对外汉语教材汉字复现率及相关研究	李潇潇	华东师范大学（硕士）	2011
03749	对外汉语教材适切性评价	何睿弘	暨南大学（硕士）	2011
03750	对外汉语教材语素选用研究	陈伟伟	吉林大学（硕士）	2011
03751	对外汉语教材中的交际文化编写研究	成理理	南京师范大学（硕士）	2011

03752	对外汉语教材中生词的英文注释问题研究	窦洪霞	黑龙江大学（硕士）	2011
03753	对外汉语教材中文学作品编选研究	皮艳华	苏州大学（硕士）	2011
03754	对外汉语教学中的汉字教材设计问题研究	李立群	南京师范大学（硕士）	2011
03755	对外汉语精读教材中汉字教学内容研究	汪东宪	吉林大学（硕士）	2011
03756	对外汉语精读教材中量词编排研究	许慧	苏州大学（硕士）	2011
03757	对外汉语口语教材语境设置研究	薛坤	陕西师范大学（硕士）	2011
03758	对外汉语口语教材中词汇定量分析	李慧	山东大学（硕士）	2011
03759	对外汉语文化教材“对话”的会话结构及话语分析	刘圆	华中师范大学（硕士）	2011
03760	对外汉语写作教材研究	陈文娟	四川师范大学（硕士）	2011
03761	对外汉语阅读教材的评估与开发	肖霞	浙江大学（硕士）	2011
03762	对外汉语中级阶段教材中的文化因素研究	廖长敬	黑龙江大学（硕士）	2011
03763	对外汉语中级阅读教材的练习设计刍议	蔡弋	复旦大学（硕士）	2011
03764	对外汉语中级阅读教材选材研究	卢晓娴	山东大学（硕士）	2011
03765	多义范畴“大”和“小”及其在对外汉语教材中的编排策略	孙中华	山东大学（硕士）	2011
03766	法国大学汉语教材使用情况的调查分析	李丽	山东大学（硕士）	2011
03767	副词“就”的义项设置及其在教材中的编排策略	蔡幸芳	复旦大学（硕士）	2011
03768	高级对外汉语教材中的文学作品选编研究	朱慧	华东师范大学（硕士）	2011
03769	国别化教材与通用型教材的对比研究	王远霞	云南大学（硕士）	2011
03770	国别教材语音教学针对性评估	莎茹拉	陕西师范大学（硕士）	2011
03771	国际学校中学生汉语教材生词英文注释问题研究	施琦芳	华东师范大学（硕士）	2011
03772	海外孔子学院的教材研究	刘莉	东北师范大学（硕士）	2011
03773	海峡两岸初级对外汉语教材对比研究	向锐	四川师范大学（硕士）	2011

03774	韩国初级汉语教材编写的调查与分析	周圆圆	华中师范大学（硕士）	2011
03775	韩国初中汉语教材《生活汉语》评估调查研究	文爱丽	重庆大学（硕士）	2011
03776	韩国普通高中汉语教材分析	赵罗荣	山东师范大学（硕士）	2011
03777	韩国与中国汉语入门教材对比研究	金海巡	河北师范大学（硕士）	2011
03778	韩中儿童汉语教材对比研究	田炳姬	四川师范大学（硕士）	2011
03779	《汉语教程》（修）与《成功之路》（初）比较研究	王力	黑龙江大学（硕士）	2011
03780	《汉语教程》的汉字练习本编写	阮青云	华东师范大学（硕士）	2011
03781	《汉语教程》第一二册（上下）英语翻译问题研究	王鹤楠	黑龙江大学（硕士）	2011
03782	基于《基础汉语 40 课》（上）的对外汉字教材探索与设计	施莎	华东师范大学（硕士）	2011
03783	基于对外汉语教材的同译词现象研究	汤寅颖	南京师范大学（硕士）	2011
03784	基于交际法的对外汉语初级口语教材研究	王玲	南京师范大学（硕士）	2011
03785	基于言语行为理论的对外汉语教材考察	薛红嫣	华东师范大学（硕士）	2011
03786	基于语料库的高级精读教材书面语词汇的考察与研究	陈倩倩	山东大学（硕士）	2011
03787	基于中美跨文化交际的对外汉语入门级教材设计初探	李菁	华东师范大学（硕士）	2011
03788	经贸汉语教材对比研究	杜洋	吉林大学（硕士）	2011
03789	两套泰国高中汉语教材词汇问题对比研究	田班超	暨南大学（硕士）	2011
03790	论初级对外汉语教材中的文化导入	罗曦	东北师范大学（硕士）	2011
03791	论海外汉语教材的编写理念与教学策略	吴晓燕	南京师范大学（硕士）	2011
03792	罗伯聃与《华英说部撮要》	栗叶	华东师范大学（硕士）	2011
03793	《美洲华语》的本土化研究	孟祥磊	暨南大学（硕士）	2011
03794	《欧洲语言共同参考框架》与 21 世纪对外汉语教材编写研究	楼薇宁	浙江大学（硕士）	2011
03795	浅谈对外汉字教材的编写策略	陈霞	南京师范大学（硕士）	2011

03796	任务型教学法在商贸汉语口语教材中的设计	张帆	浙江大学（硕士）	2011
03797	三本对外汉语初级听力教材分析	李海燕	吉林大学（硕士）	2011
03798	《商务汉语随学随用》与《通用商务汉语 1》之比较研究	吴晶	吉林大学（硕士）	2011
03799	泰国大学汉语教育教材使用情况调查分析	柯绣球	广西大学（硕士）	2011
03800	《体验汉语》（泰语版）练习分析及活动设计	马洪敏	山东大学（硕士）	2011
03801	禧在明《华英文义津逮》研究	周磊	上海师范大学（硕士）	2011
03802	《现代汉语阅读入门》与《这样阅读》的对比分析	花发华	山东大学（硕士）	2011
03803	新旧版《汉语教程》中语块应用状况考察	张伯玲	南京师范大学（硕士）	2011
03804	新理念，新教材	庄丽	吉林大学（硕士）	2011
03805	《新实用汉语课本》言语行为分布分析	李同	暨南大学（硕士）	2011
03806	《新实用汉语课本》与《博雅汉语》（初级）比较研究	张宁宁	华中师范大学（硕士）	2011
03807	《新丝路速成商务汉语》系列教材词汇问题研究	刘莹	吉林大学（硕士）	2011
03808	一体化对外汉语督导式自学活页教材开发的研究	京田典子	上海外国语大学（硕士）	2011
03809	以中国传统节日为话题对初级对外汉语口语教材的编写建议	陈娇	吉林大学（硕士）	2011
03810	与初级综合教材相配套的对外汉字教学模式研究	钟翠芸	暨南大学（硕士）	2011
03811	中高级对外汉语教材语体分布情况的考察	卞晓琼	首都师范大学（硕士）	2011
03812	中高级对外汉语教材中文学作品研究	纪丽	黑龙江大学（硕士）	2011
03813	中韩两部 11—13 岁儿童汉语综合教材的比较分析	李春梅	东北师范大学（硕士）	2011
03814	中级对外汉语教材生词注释模式研究	李冬萍	暨南大学（硕士）	2011
03815	中级商务汉语教材词汇分析研究	胡梓华	暨南大学（硕士）	2011

03816	《中文》与《汉语》插图比较研究	王允巍	暨南大学（硕士）	2011
03817	中医学对外汉语教材调查分析报告	周佩	上海外国语大学（硕士）	2011
03818	主流汉语课本和经典英文课本比较研究	李霁	华中师范大学（硕士）	2011
03819	作为汉语口语教材的《朴通事谚解》特点探究	马雪琴	陕西师范大学（硕士）	2011
03820	中韩两国汉语教材《博雅汉语》与《新攻略汉语》对比分析	郑允晳	上海师范大学（硕士）	2011
03821	30年来对外汉语报刊阅读教材词汇更替研究	吴津	暨南大学（硕士）	2012
03822	北语版《汉语阅读教程》生字、生词英语注释考察	胡俊	华中师范大学（硕士）	2012
03823	《博雅汉语》课文研究	田玉	中山大学（硕士）	2012
03824	《博雅汉语》系列教材中的称谓语研究	陈凤梅	云南大学（硕士）	2012
03825	《博雅汉语》与《发展汉语》的比较研究	董春雪	吉林大学（硕士）	2012
03826	《博雅汉语》与《语法等级大纲》句型对比研究	刘春洋	广西民族大学（硕士）	2012
03827	《博雅汉语》与《中文听说读写》中文化因素对比分析研究	李习文	中央民族大学（硕士）	2012
03828	《步步高中文》与《快乐汉语》语法部分对比研究	王蕊	中山大学（硕士）	2012
03829	唱歌学汉语类教材研究	陈晓玲	暨南大学（硕士）	2012
03830	朝鲜时代汉语教科书《训世评话》研究	王艳丽	陕西师范大学（硕士）	2012
03831	初、中级对外汉语教材之中国文化词语及其教学研究	干科安	浙江大学（硕士）	2012
03832	初级对外汉语教材《汉语教程》中的补语编排研究	段姣平	上海师范大学（硕士）	2012
03833	初级对外汉语综合课教材研究	高原	黑龙江大学（硕士）	2012
03834	初级对外汉字教材对比分析	谢慧蓉	四川师范大学（硕士）	2012
03835	初级汉语教材课文趣味性分析	李芳	中央民族大学（硕士）	2012
03836	初级汉语教材中典型语气助词“吗、呢、吧、啊”的考察和分析	常艳芳	陕西师范大学（硕士）	2012

03837	初级汉语精读教材课文的功能和情景项目分析	郑维宇	暨南大学（硕士）	2012
03838	初级汉语阅读教材练习设计的考察	刘琴	湖南师范大学（硕士）	2012
03839	初级任务型汉语口语教材研究	祝晓瑜	浙江大学（硕士）	2012
03840	传播学视角下的泰国大学汉语教材研究	邬利霞	山东大学（硕士）	2012
03841	从《发展汉语·初级汉语》看初级汉语精读教材的编写	林洁	陕西师范大学（硕士）	2012
03842	从《实用汉语课本》到《新实用汉语课本》	韦恩	上海外国语大学（硕士）	2012
03843	从《新实用汉语课本》谈对外汉语教材的编写	谢代	湖南师范大学（硕士）	2012
03844	从两种字本位教材的比较看字本位教学法的发展	田峰	山东大学（硕士）	2012
03845	从越南人的角度看中国的初级汉语综合课教材	陈氏秋兰	天津师范大学（硕士）	2012
03846	翟理斯《百个最好的汉字》研究	诸葛月新	上海师范大学（硕士）	2012
03847	东南亚初级汉语综合教材研究	韩宝莹	吉林大学（硕士）	2012
03848	对《发展汉语》精读课本中熟语的研究及分析	石美丽	陕西师范大学（硕士）	2012
03849	对俄汉语教材研究	邱晨	辽宁大学（硕士）	2012
03850	对韩国初中汉语教材《生活中国语》的分析	魏新哲	东北师范大学（硕士）	2012
03851	对外儿童汉语教材的分析与研究	范晓菁	吉林大学（硕士）	2012
03852	对外汉语报刊阅读教材的分析和探究	胡楠	吉林大学（硕士）	2012
03853	对外汉语初级教材趣味性研究	于晶	吉林大学（硕士）	2012
03854	对外汉语初级教材中的数词研究	周丽靖	浙江大学（硕士）	2012
03855	对外汉语初级阶段教材中的文化因素融入研究	李蒙蒙	华中师范大学（硕士）	2012
03856	对外汉语初级精读教材文化项目导入考察与分析	陈璐珊	复旦大学（硕士）	2012
03857	对外汉语初级口语教材的话题选择研究	张姚尧	安徽大学（硕士）	2012

03858	对外汉语初级口语教材练习设计分析	杨阳	陕西师范大学（硕士）	2012
03859	对外汉语初级口语教材中隐形文化分析	吴玮	陕西师范大学（硕士）	2012
03860	对外汉语初级综合教材“着”字句型选编研究	林丹虹	北京大学（硕士）	2012
03861	对外汉语初级综合教材中的文化内容安排及导入教学研究	舒丽平	云南大学（硕士）	2012
03862	对外汉语电视教材分析	李媛	吉林大学（硕士）	2012
03863	对外汉语高级精读教材《发展汉语》研究	司荣华	吉林大学（硕士）	2012
03864	对外汉语高级口语教材文化词语研究	李秀明	重庆师范大学（硕士）	2012
03865	对外汉语高级综合课教材词汇的语体分析	周爱珍	暨南大学（硕士）	2012
03866	对外汉语惯用语教材分析研究	刘馨	湖北大学（硕士）	2012
03867	对外汉语教材《跟我学汉语》的应用评析	高君	郑州大学（硕士）	2012
03868	对外汉语教材《老乞大谚解》和《朴通事谚解》疑问应答句研究	陈蓓	苏州大学（硕士）	2012
03869	对外汉语教材的趣味性：一份评估表的构拟	彭巍	暨南大学（硕士）	2012
03870	对外汉语教材近义词处理考察分析	梁艳丽	吉林大学（硕士）	2012
03871	对外汉语教材生词英语注释研究	张利民	陕西师范大学（硕士）	2012
03872	对外汉语教材语音部分的编写研究	谭小梅	湖南师范大学（硕士）	2012
03873	对外汉语教材中的熟语研究	王靖晖	吉林大学（硕士）	2012
03874	对外汉语教材中的英译不对等现象研究	李文慧	苏州大学（硕士）	2012
03875	对外汉语教材中汉语动植物词语与英语对比研究	信小蕊	黑龙江大学（硕士）	2012
03876	对外汉语教材中文化项目的比较研究	岑莹莹	暨南大学（硕士）	2012
03877	对外汉语教学汉字教材研究	李林钊	湖南师范大学（硕士）	2012
03878	对外汉语教学及教材的俗语研究	王江英	中国海洋大学（硕士）	2012

03879	对外汉语教学语言教材中文化项目评估初探	张晞文	南京大学（硕士）	2012
03880	对外汉语教学综合课教材研究	向丽蓉	湖南师范大学（硕士）	2012
03881	对外汉语口语教材（初、中级）的敬词研究	叶雯雯	华中师范大学（硕士）	2012
03882	对外汉语口语教材话轮转换的理据性研究	范丹	辽宁师范大学（硕士）	2012
03883	对外汉语视听说教材语言项目的选编研究	孟祥晖	吉林大学（硕士）	2012
03884	对外汉语速成初级综合课教材的综合研究	王咏雪	暨南大学（硕士）	2012
03885	对外汉语速成教材研究	钟洁雯	广西大学（硕士）	2012
03886	对外汉语听力教材中的文化因素研究	肖莉莉	辽宁大学（硕士）	2012
03887	对外汉语写作教材编写研究	郑园园	苏州大学（硕士）	2012
03888	对外汉语应试教材编写初探	沈彦平	西北大学（硕士）	2012
03889	对外汉语中高级阶段教材课文编写现状分析	杨铭	福建师范大学（硕士）	2012
03890	对外汉语中国概况类教材的对比研究	冯锐	中山大学（硕士）	2012
03891	对外汉语中级报刊阅读教材研究	王健颖	四川师范大学（硕士）	2012
03892	对外汉语中级精读教材文化因素的研究	朱敏	湖南师范大学（硕士）	2012
03893	对外汉语中级口语教材课文研究	王学艳	广西师范大学（硕士）	2012
03894	对外汉语中级文化教材研究	李光群	安徽大学（硕士）	2012
03895	对外汉语综合教材中的练习指令	应敏燕	北京大学（硕士）	2012
03896	对外汉字教材的编写原则研究	吴姿	广州大学（硕士）	2012
03897	《发展汉语》与文化教学研究	高枫	陕西师范大学（硕士）	2012
03898	《发展汉语》综合与分支教材的配合研究	黄禧媛	暨南大学（硕士）	2012
03899	《发展汉语—中级汉语口语》与《阶梯汉语—中级口语》的比较研究	刘阳	云南大学（硕士）	2012
03900	高级对外汉语精读教材文学作品选编原则研究	黄发庆	暨南大学（硕士）	2012

03901	高级阶段综合课教材练习研究	佟文晶	渤海大学（硕士）	2012
03902	关于对外汉语报刊阅读教材编写的探索	刘婷	陕西师范大学（硕士）	2012
03903	《惯用语教程》与《汉语口语习惯用语教程》的比较研究	付莹	吉林大学（硕士）	2012
03904	韩国儿童入门级汉语教材评估	云仙	中山大学（硕士）	2012
03905	韩国两套初中汉语教材的对比分析	张小琴	中山大学（硕士）	2012
03906	汉英语言推广教材的比较研究	刘元元	辽宁大学（硕士）	2012
03907	《汉语八百字》（英注版）的英文注释研究	姜珊	兰州大学（硕士）	2012
03908	《汉语会话 301 句》韩汉同形汉字词分析及其教学设计	AN HYERI（安慧利）	山东大学（硕士）	2012
03909	《汉语会话 301 句》语料的语用价值研究	李轩	吉林大学（硕士）	2012
03910	《汉语教程（第一册）》与《剑桥国际英语教程（入门级）》对比研究	孙琳	浙江大学（硕士）	2012
03911	《汉语教程》（俄文版）教材分析评估研究	何真	新疆师范大学（硕士）	2012
03912	《汉语教程》：英译部分的问题考察及应对策略研究	陈冰	黑龙江大学（硕士）	2012
03913	《汉语教程》第二册教学设计	孟琦	新疆师范大学（硕士）	2012
03914	《汉语教程》生词释义研究	张晓静	华中师范大学（硕士）	2012
03915	《汉语教程》英语注释问题研究	刘佳	黑龙江大学（硕士）	2012
03916	《汉语教程》与《博雅汉语》（初）比较研究	郭会娜	吉林大学（硕士）	2012
03917	《汉语教程》与《发展汉语》初级教材练习比较研究	武广红	东北师范大学（硕士）	2012
03918	《汉语教程》与《你好》比较研究	崔蕾	大连外国语学院（硕士）	2012
03919	《汉语教程》中的英语注释问题研究	矫政杨	黑龙江大学（硕士）	2012
03920	《汉语口语习惯用语教程》教材研究	尚春红	吉林大学（硕士）	2012
03921	《汉语听力速成》中称呼语的英汉对比研究及教学	张慧	上海师范大学（硕士）	2012

03922	《汉语文化双向教程》与《交际文化汉语》比较研究	路小飞	吉林大学（硕士）	2012
03923	汉语中级听说教材研究	家中媛	河北师范大学（硕士）	2012
03924	汉语作为第二语言教材与国外英语教材中练习趣味性的对比研究	陈磊	中央民族大学（硕士）	2012
03925	汉—越双语版《汉语教程》研究	陈氏红	吉林大学（硕士）	2012
03926	基于“任务型”教学理念的《体验汉语写作教程》教材分析	吴名	华中师范大学（硕士）	2012
03927	基于《博雅汉语》教材的文化因素调查研究	伊志	新疆师范大学（硕士）	2012
03928	基于HSK动态作文语料库的对外汉字教材研究	周树君	吉林大学（硕士）	2012
03929	基于对外汉语口语教材的话语标记语研究及其教学启示	杨德霞	山东大学（硕士）	2012
03930	基于语篇理论的对外汉语中级泛读教材编写策略	张菁	上海师范大学（硕士）	2012
03931	基于语篇语法的中级汉语教材对比分析	张晶	兰州大学（硕士）	2012
03932	柬埔寨汉语教材《华文》课文分析	朱颖	中山大学（硕士）	2012
03933	《简明对外汉语拼音教材》的创编思路	陈梅枚	暨南大学（硕士）	2012
03934	建构主义背景下对外汉语教材的创造性使用	任燕燕	山东师范大学（硕士）	2012
03935	皆川秀孝《清语会话》(《シソゴカイワ》) 研究	邝立宾	上海师范大学（硕士）	2012
03936	两岸对外汉语初级教材语法项目选取与编排分析	张浥尘	暨南大学（硕士）	2012
03937	两套汉语视听说教材的话题研究	荆米莲	暨南大学（硕士）	2012
03938	两种对外汉语教材语法点编排及语法点注释比较分析	赵婕	兰州大学（硕士）	2012
03939	零基础对外汉字教材练习研究	陆雅茹	复旦大学（硕士）	2012
03940	六部汉语中级阅读教材文化因素内容分析	王雯	暨南大学（硕士）	2012
03941	马来西亚国小华语教材字词文化对比分析	李思慧	中山大学（硕士）	2012

03942	《美味的汉语》与《新攻略汉语》比较分析	杨倩倩	东北师范大学（硕士）	2012
03943	蒙古汉语口语教材分析	王晓蕾	吉林大学（硕士）	2012
03944	面向青少年汉语学习者教材对比研究	侯芳	吉林大学（硕士）	2012
03945	欧美留学生对汉语教材中交际规约理解障碍的调查报告	孙筱荑	北京大学（硕士）	2012
03946	《轻松学汉语》、《跟我学汉语》和《你好》三套汉语教材词汇对比分析	李宇飞	中山大学（硕士）	2012
03947	人教版小学语文教材在蒙古国汉语教学中的使用现状及展望	徐珊珊	吉林大学（硕士）	2012
03948	人教版语文用书作为对蒙汉语教材适用性研究	王明蒙	吉林大学（硕士）	2012
03949	任务型教学视角下的初级汉语综合课教材研究	蒋卓婕	广西师范大学（硕士）	2012
03950	任务型与非任务型对外汉语口语教材的比较研究	谢萍	广西大学（硕士）	2012
03951	日本江户时代汉语教科书《唐话纂要》研究	闫荣盛	陕西师范大学（硕士）	2012
03952	三套中级汉语阅读教材练习的对比考察及设计分析	吴菲	暨南大学（硕士）	2012
03953	三种对外汉语中级口语教材课文分析	李一霆	西安外国语大学（硕士）	2012
03954	《商务汉语》和《国际商务汉语教程》的比较与研究	董夏	吉林大学（硕士）	2012
03955	《商务汉语》系列教材和《经理人汉语》系列教材比较研究	张昆	东北师范大学（硕士）	2012
03956	商务汉语教材建设问题研究	吴洁	中国海洋大学（硕士）	2012
03957	少儿对外汉语教材编写研究	王红斐	苏州大学（硕士）	2012
03958	少儿对外汉语教材的比较研究	沈世明	吉林大学（硕士）	2012
03959	《实用中医汉语》与《中医汉语》的比较研究	支绛	浙江大学（硕士）	2012
03960	《实用中医汉语·口语（基础篇）》与《中医汉语口语入门》的比较研究	张璐	吉林大学（硕士）	2012
03961	试论初级对外汉语教材的编写	李蕊娟	吉林大学（硕士）	2012

03962	试析儿童文学在儿童对外汉语阅读材料中的选用	江子鹭	兰州大学（硕士）	2012
03963	四部对外汉语初级口语教材课文语料难度分析	白娜娜	暨南大学（硕士）	2012
03964	泰国初中对外汉语教材的比较研究	鲍元	云南大学（硕士）	2012
03965	泰国高校初级汉语教材的功能项目研究	周雅琪（Suwap-hat Chan-phuang）	南京师范大学（硕士）	2012
03966	泰国中小学系列教材《快乐中国行汉语教程》分析	陈慧明（PHAN-PHINIT WONG-CHA-ROEN）	吉林大学（硕士）	2012
03967	谈韩国高中教材“把”字句的编排问题	刘璐	辽宁大学（硕士）	2012
03968	《体验汉语》（初中第一册）课堂活动设计	闵丽	郑州大学（硕士）	2012
03969	《体验汉语》高中教材语法体系研究	成晶	中央民族大学（硕士）	2012
03970	《体验汉语》作为蒙古国中学口语教材的实效性研究	白云龙	吉林大学（硕士）	2012
03971	外国留学生汉语言专业语法教材研究	王楠	北京大学（硕士）	2012
03972	五本对外汉语教学法教材的对比研究	王丹	东北师范大学（硕士）	2012
03973	西班牙瓦伦西亚地区汉语零起点教材使用的调查研究	沈丽华	上海外国语大学（硕士）	2012
03974	新词语背景下对外汉语报刊阅读教材研究	张娜	重庆师范大学（硕士）	2012
03975	以《快乐汉语》与《走遍美国》为例谈汉语视听说教材的建设	孙颖	辽宁大学（硕士）	2012
03976	以电影材料为内容的教材分析	崔昕	吉林大学（硕士）	2012
03977	《长城汉语》的教材分析及其在孟加拉国的使用调查	曹涛	中山大学（硕士）	2012
03978	赵元任《国语留声机教程》研究	刘颖红	上海师范大学（硕士）	2012

03979	中德汉语教材比较研究	韩思聪	浙江大学（硕士）	2012
03980	中高级对外汉语教材交际性练习题分析与设计	丛环宇	山东师范大学（硕士）	2012
03981	中高级对外汉语精读教材语法练习的考察	谢谌	暨南大学（硕士）	2012
03982	中高级对外汉语口语教材中的插入语研究	韩冬	吉林大学（硕士）	2012
03983	中国民俗文化教材编写的科学性	郝小然	四川师范大学（硕士）	2012
03984	中韩汉语初级口语教材比较研究	刘晓慧	吉林大学（硕士）	2012
03985	中韩两国编写的对韩儿童汉语教材对比研究	李亚南	山东大学（硕士）	2012
03986	中韩面向青少年的初级汉语综合教材比较分析	夏添	新疆师范大学（硕士）	2012
03987	中级对外汉语报刊阅读教材研究	施雯	沈阳师范大学（硕士）	2012
03988	中级汉语精读教材中的文化点选取研究	钱映	华中师范大学（硕士）	2012
03989	中美两部初级对外汉语综合教材练习的对比与分析	黄淑良	暨南大学（硕士）	2012
03990	中日初级汉语教材语法部分的对比研究	家城亚裕实	上海外国语大学（硕士）	2012
03991	《中文》（修订版）和《美洲华语》知识文化项目比较研究	李金鹏	暨南大学（硕士）	2012
03992	《中文听说读写》（Level 1）和《当代中文》（初级）文化点考察	高慧乾	中山大学（硕士）	2012
03993	《中文听说读写》与《新实用汉语课本》（初级）比较研究	李蕾	陕西师范大学（硕士）	2012
03994	中英视听教材案例研究	夷馨	南京大学（硕士）	2012
03995	主题单元教学理念对对外汉语教材编写的启示	杨帅可	东北师范大学（硕士）	2012
03996	从英汉教材对比看对外汉语主要教材编写本土化问题	刘佳	暨南大学（硕士）	2012
03997	少儿汉语教材的识字教学研究——以《中文滚雪球》、《国际少儿汉语》和《世界少儿汉语》为例	吴佩娟	暨南大学（硕士）	2012
03998	对外汉语教材编写的文化原则	沈慧琴	文学教育（中）	2013（1）

03999	对外汉语教材编写的针对性	王成伟	文学教育（中）	2013（1）
04000	对外汉语教材的语法问题	胡明亮	湛江师范学院学报	2013（1）
04001	韩国 Yangsan 中学汉语教材《生活中国语》分析	潘亚男、马冰	科技资讯	2013（1）
04002	语素教学在中级精读教材编写中的应用	李英、华瑞杰	广东第二师范学院学报	2013（1）
04003	对外汉语初级教材中兼语句描述的对比研究	齐环玉	赤峰学院学报（汉文哲学社会科学版）	2013（2）
04004	对外汉语初级听力教材结构的分析研究	金志军	唐山学院学报	2013（2）
04005	对外汉语教材中语块的呈现方式及其改进建议	李慧	云南师范大学学报（对外汉语教学与研究版）	2013（2）
04006	基于影视作品改编的中高级汉语视听说教材语料难度分析	张璐、彭艳丽	世界汉语教学	2013（2）
04007	谈高级口语教材生词选取与编排的若干问题及解决对策——以《高级汉语口语》（北大版）为例	董琳莉	华文教学与研究	2013（2）
04008	对初级对外汉语教材文本真实性、典型性、得体性的若干考察	郝琳	华文教学与研究	2013（3）
04009	听歌曲学汉语类对外汉语教材研究	赵越	语文教学通讯·D刊（学术刊）	2013（3）
04010	对外汉语综合课教材生词释义分析：以《博雅汉语——中级冲刺篇Ⅰ》为例	顾小玲	中国—东盟博览	2013（4）
04011	对外汉语教材词类标注的考察角度与处理原则	王弘宇	语言教学与研究	2013（5）
04012	对外汉语教材研究——不同学习方式下的“长城汉语”应用模式及其启示	刘文燕、刁俊	宁夏大学学报（人文社会科学版）	2013（5）
04013	对外汉语教材中留学生形象的修辞塑造	马睿	毕节学院学报	2013（5）
04014	西部民族高校对外汉语教材本土化研究	叶南	民族学刊	2013（5）
04015	对外汉语分语种教材的国别化研究——以泰国汉语教材为例	陈萍	出版发行研究	2013（6）
04016	对外汉语阅读教材国别化的路径	朱勇	云南师范大学学报（对外汉语教学与研究版）	2013（6）

04017	对外汉语教学教材的比较研究	刘笳	文学教育（中）	2013（8）
04018	关于对外汉语教材中语气词“呢”的教材编写建议	王凡	剑南文学（经典教苑）	2013（8）
04019	浅析对外汉语教材中语体原则	赵丹	佳木斯教育学院学报	2013（8）
04020	对外汉语教材编写中的文化原则	姚文丽	文学教育（中）	2013（9）
04021	孔子学院发展和对外汉语教材本土化进程中的问题及对策	李佳、胡晓慧	中国出版	2013（11）
04022	张朋朋两种字本位教材的编写原则和思想比较	田峰	语文建设	2013（12）
04023	对外汉语教材出版的数字化模式探析	李冰	出版广角	2013（13）
04024	《新实用汉语课本》与《发展汉语》初级阶段文化因素导入方式分析	骆真	语文建设	2013（20）
04025	对外汉语教学中韩汉翻译教材的编写原则	申慧淑	首都师范大学学报（社会科学版）	2013（S1）
04026	论国别化中学教材的编写原则——以《体验汉语》（泰国版）为例	金飞飞	东南亚地区汉语国际教育趋势与前沿问题研究 / 邱鸣、谷天刚主编 / 中国社会科学出版社	2013
04027	浅谈北京中学对外汉语教材的发展历程	李頔	东南亚地区汉语国际教育趋势与前沿问题研究 / 邱鸣、谷天刚主编 / 中国社会科学出版社	2013
04028	泰国国别化教材课文编排试析——以《泰国人学汉语》为例	应晨锦	东南亚地区汉语国际教育趋势与前沿问题研究 / 邱鸣、谷天刚主编 / 中国社会科学出版社	2013
04029	印尼华文教材的使用及教材编写的本土化对策研究	马宝民	东南亚地区汉语国际教育趋势与前沿问题研究 / 邱鸣、谷天刚主编 / 中国社会科学出版社	2013
04030	抓住汉语趣点，灵动使用教材	陈昕	东南亚地区汉语国际教育趋势与前沿问题研究 / 邱鸣、谷天刚主编 / 中国社会科学出版社	2013
04031	美国高校汉语教材研究	盛译元	中央民族大学（博士）	2013
04032	澳大利亚维州中小学汉语教材调查研究	李露	吉林大学（硕士）	2013

04033	初级对外汉语教材词素研究	王岩	山东师范大学（硕士）	2013
04034	初级对外汉语教材生词注释问题研究	刘隽	山东师范大学（硕士）	2013
04035	初级对外汉语教材中会话练习的语境建构研究	马春晓	山东师范大学（硕士）	2013
04036	初级汉语教材编写中利用现实语言资源的途径探讨	张雪	中央民族大学（硕士）	2013
04037	《初级汉语口语》课本中语用文化的考察和分析	潘文涛	暨南大学（硕士）	2013
04038	初级阶段《汉语教程》与《发展汉语》比较研究	丰彩	华中师范大学（硕士）	2013
04039	德国中学汉语教材《懂不懂》的跨文化旨向分析	余旭娜	浙江大学（硕士）	2013
04040	对外汉语初级口语教材练习研究	李宁	内蒙古师范大学（硕士）	2013
04041	对外汉语儿童随文识字类汉字教材个案分析	祝雅婷	兰州大学（硕士）	2013
04042	对外汉语功能型口语教材研究	李岚	吉林大学（硕士）	2013
04043	对外汉语教材中的儿化研究	赵鹏	上海外国语大学（硕士）	2013
04044	对外汉语教材中级阶段的当代文化教学研究	李晓渝	西南大学（硕士）	2013
04045	对外汉语教材中英语译释的研究	周妍	上海外国语大学（硕士）	2013
04046	对外汉语精读教材《初级汉语》和《初级综合》的比较	胡艳飞	内蒙古师范大学（硕士）	2013
04047	对外汉语口语教材对新词语吸收状况的研究	刘祎飞	沈阳师范大学（硕士）	2013
04048	对外汉语口语教材和国内英语口语教材对比研究	常欣	重庆师范大学（硕士）	2013
04049	对外汉语口语教材交际性练习考察研究	齐文暄	中央民族大学（硕士）	2013
04050	对外汉语文化教材比较研究	贾莲莲	山东师范大学（硕士）	2013
04051	对外汉语文化类教材生词英文释译研究	荀睿	山东师范大学（硕士）	2013
04052	对外汉语写作教材研究	李琴	华中师范大学（硕士）	2013
04053	对外汉语中高级口语教材民俗文化渗透研究	周全	上海外国语大学（硕士）	2013

04054	对外汉语中学教材比较研究	崔静	河北大学（硕士）	2013
04055	儿童汉语二语教材话题及词汇对比研究	王莺燕	四川外国语大学（硕士）	2013
04056	儿童汉语教材《快乐汉语》分析	于洪月	兰州大学（硕士）	2013
04057	二语文选教材的选文及编写体例研究	傅丽	暨南大学（硕士）	2013
04058	《发展汉语》与《风光汉语》（中级口语 / 上）的比较研究	刘慧君	吉林大学（硕士）	2013
04059	《发展汉语》中级教材形容词重叠式的教学研究	程智聪	内蒙古师范大学（硕士）	2013
04060	《发展汉语——高级阅读》与《博雅汉语——高级飞翔篇》阅读练习题的比较研究	吴星儒	吉林大学（硕士）	2013
04061	《菲律宾华语课本》的本土化研究	张春静	暨南大学（硕士）	2013
04062	关于《我的汉语教室》（初级本）的教材调研报告	韦杰芬	上海外国语大学（硕士）	2013
04063	韩国初中汉语教材分析	南晓涵	沈阳师范大学（硕士）	2013
04064	汉语的日语借词与对日汉语教材编写建议	王蓓华	上海外国语大学（硕士）	2013
04065	《汉语口语 345》系列教材研究	张佳琪	吉林大学（硕士）	2013
04066	基于交际教学法的中级汉语口语教材研究	张芳	南京大学（硕士）	2013
04067	基于认知目标分类理论的汉语初级听力教材练习考察	蔡颖	上海师范大学（硕士）	2013
04068	基于任务型语言教学法的《体验汉语口语教程》初级教材分析	程照军	上海师范大学（硕士）	2013
04069	《精英汉语》和《新实用汉语课本》的对比研究	王泉玲	上海外国语大学（硕士）	2013
04070	《科技汉语教程》和《基础科技汉语教程》的对比分析	王冬燕	吉林大学（硕士）	2013
04071	论对外汉语教材交际文化项目的编写	易玉叶	华中师范大学（硕士）	2013
04072	论对外汉语口语教材编写的实用性原则	吴慧娟	中央民族大学（硕士）	2013
04073	缅甸北部地区两岸初级汉语教材对比分析	杨橙	云南大学（硕士）	2013

04074	三套汉语综合课教材初级阶段生词安排研究	刘小连	福建师范大学（硕士）	2013
04075	少儿对外汉语教材话题选择与课文内容编排研究	姚靓	上海师范大学（硕士）	2013
04076	《泰国人学汉语》的教材分析	张金花	吉林大学（硕士）	2013
04077	《体验汉语》（泰语版）初中系列教材练习题编写理念及设计的考察与分析	唐凌虹	云南大学（硕士）	2013
04078	《体验汉语》生词复现率对泰国学生词汇习得影响的研究	张宇	山东师范大学（硕士）	2013
04079	《体验汉语》小学教材词汇问题研究	万敬丽	河北大学（硕士）	2013
04080	威妥玛之《语言自迩集》与对外汉语教材编写原则探讨	宣璐	浙江大学（硕士）	2013
04081	《新目标英语》和《新实用汉语课本》练习部分考察研究	陈晖	中央民族大学（硕士）	2013
04082	《新实用汉语课本》（初级 1—4 册）生词重现调查报告	熊熙瑶	重庆师范大学（硕士）	2013
04083	《新实用汉语课本》和《新概念英语》助读系统的比较研究	张军会	苏州大学（硕士）	2013
04084	《新实用汉语课本》与《汉语教程》的比较研究及在教学实践中的验证	秦晓弦	上海外国语大学（硕士）	2013
04085	《新实用汉语课本》与《今日汉语》对比分析	高君	上海外国语大学（硕士）	2013
04086	《新实用汉语课本》与《新概念英语》的成功启示	郭思韵	上海师范大学（硕士）	2013
04087	新型多媒体汉语教材的文化因素研究	王一代	中央民族大学（硕士）	2013
04088	印尼高中汉语教材《华语》与《欢乐学习汉语》的对比研究	尤哈娜	浙江大学（硕士）	2013
04089	语篇视角下的中级汉语口语教材编写分析	亢铁凤	吉林大学（硕士）	2013
04090	越南大学生的汉语教材话题及相关词汇调查研究	阮琼华（NGUYEN QUYNH HOA）	中央民族大学（硕士）	2013
04091	中高级对外汉语影视教材中影视作品选编问题研究	陶昕	暨南大学（硕士）	2013

04092	中韩汉语教材比较研究	朴智慧	沈阳师范大学（硕士）	2013
04093	作为第二语言教学的初级中英文教材比较研究	周新媛	兰州大学（硕士）	2013

四、教师研究

教师研究

04094	不断提高教师的教学艺术和水平——谈一位美国专家的来信	付克	语言教学与研究	1983（4）
04095	教师讲课的语调研究	丁传禄、张天蓉	四川教育	1986（12）
04096	1987年中国派遣出国任教汉语教师分布示意图	/	世界汉语教学	1987（2）
04097	关于对外汉语教师业务素质的几个问题	朱洪国、黄盛桢、陈珂	外国语文	1987（3）
04098	关于对外汉语教师业务素质的几个问题	吕必松	世界汉语教学	1989（1）
04099	对外汉语教师应具备的条件	高华年	对外汉语教学研究／张维耿、何子铨、黄皇宗主编／中山大学出版社	1991
04100	学生心目中的期望值与对外汉语教师的素质	戴桂英	汉语学习	1992（3）
04101	试论对外汉语教师的必备素质	周正兴	苏州大学学报（哲学社会科学版）	1995（4）
04102	对外汉语教师知识结构的合理化浅谈	肖祥忠	教育评论	1997（2）
04103	21世纪：时代对对外汉语教师的素质提出更高的要求	卞觉非	语言文字应用	1997增刊
04104	国家对外汉语教师资格证书考试简介	姜明宝	中国考试（高考版）	1998（1）
04105	教师在语言课堂中的作用	周明朗、符平	世界汉语教学	1998（1）
04106	谈对外汉语教师的综合修养	苟承益	成都大学学报（社会科学版）	1999（3）
04107	略论对外汉语教学师资队伍的建设	何立荣	苏州大学学报（哲学社会科学版）	1999（4）

04108	对外汉语教师工作成绩显著	刘勇	中国考试（高考版）	1999（5）
04109	对外汉语青年教师的技能结构刍议	于淼	北京第二外国语学院学报	1999（6）
04110	对外汉语的教师组合模式探讨	王小宁	清华大学教育研究	2000（2）
04111	关于完善对外汉语教学兼聘制教师管理机制的几点思考	鲁俐	清华大学教育研究	2000（2）
04112	论对外汉语教师的素质	程伟民	清华大学教育研究	2000（2）
04113	对外汉语教师应具备的主要条件	李超	云南高教研究	2000（3）
04114	教师请注意您的语调	时均琪	现代语文（高中版）	2000（3）
04115	对外汉语教师综合素养论略	于逢春、王晓坤	长春师范学院学报	2000（4）
04116	对外汉语教师行为规范刍议	刘春立	首都师范大学学报（社会科学版）	2000（S3）
04117	汉语教师课堂语言输入特点分析	卜佳晖	北京语言文化大学（硕士）	2000
04118	试论对外汉语教师应具备的素质	王爱君	江南学院学报	2001（1）
04119	“功夫在诗外”——谈谈对外汉语教师的“外功”	张德鑫	海外华文教育	2001（2）
04120	对外汉语教学师资的队伍建设与素质培养	张和生	北京师范大学学报	2001 专刊
04121	对外汉语教师质量评估标准片论	欧阳祯人	汉语学报·第 2 期（2000 年下卷）/ 邢福义、萧国政主编 / 湖北教育出版社	2001
04122	人才培养：留学生教育	宋文丽	山东大学年鉴 / 山东大学出版社	2001
04123	对外汉语教师的教学机智和课堂教学	阮咏梅	宁波大学学报（教育科学版）	2002（1）
04124	浅议对外汉语公派出国教师的跨文化交际问题及其对策	黄宏	海外华文教育	2002（1）
04125	谈对外汉语教师的基本素质	毕艳莉	辽宁工学院学报（社会科学版）	2002（3）
04126	青史留名的古代对外汉语教师	董明	暨南大学华文学院学报	2002（4）
04127	论对韩汉语教学中师生常变量的互动关系	于逢春	长春大学学报	2002（5）
04128	国外高校急需中国汉语教师	王衍诗	光明日报	2002-06-05

04129	对外汉语教师的知识结构和技能结构	狄蓉	对外汉语一对一个别教授研究 / 吴仁甫主编 / 中国社会科学出版社	2002
04130	高等教育国际化趋势下我国高校教师素质研究	鄢朝晖	湖南师范大学（硕士）	2002
04131	论民主式师生关系与学生个性发展	刘煜	湖南师范大学（硕士）	2002
04132	日本明治时期的汉语教师	王顺洪	汉语学习	2003（1）
04133	试论新形势下我省对外汉语人才的需求	王永德	安徽警官职业学院学报	2003（1）
04134	对外汉语教师与汉语学习者交际时语言使用情况考察	郝琳	暨南大学华文学院学报	2003（2）
04135	对外汉语影视课中教师的主体作用	肖路	暨南大学华文学院学报	2003（3）
04136	论留学生教育工作队伍的智力结构	王幼敏	云南师范大学学报（对外汉语教学与研究版）	2003（3）
04137	论对外汉语教师的职业道德和教学行为规范	刘晓娟	楚雄师范学院学报	2003（6）
04138	教师行动研究和对外汉语教学	崔永华	世界汉语教学	2004（3）
04139	论零起点班第一堂汉语课教师的语言形式	黄均凤、程乐乐	云南师范大学学报（对外汉语教学与研究版）	2004（3）
04140	浅谈中外教师互相借鉴对外语教学的促进	陈琦	齐齐哈尔大学学报（哲学社会科学版）	2004（3）
04141	论对外汉语教师的教学行为研究	翁燕珩	民族教育研究	2004（4）
04142	试论对外汉语教师队伍建设	金春花	黑龙江教育学院学报	2004（4）
04143	对外汉语新教师如何适应以美国学生为对象的课堂教学	鲁洲	宁波大学学报（教育科学版）	2004（6）
04144	我国对外汉语教学师资稀缺	赵凤华	科技日报	2004-12-27
04145	教师专业化的系统分析与对策研究	王延文	天津大学（博士）	2004
04146	网络对外汉语教师的评价研究	许宏鉴	北京语言大学（硕士）	2004
04147	充分发挥网络优势，培训国外汉语教师	黄鸣奋	海外华文教育	2005（1）
04148	汉语教员应有的意识	陆俭明	世界汉语教学	2005（1）
04149	“国际汉语教师中国志愿者计划”志愿者语言习得理念纵深式个案调查	陶健敏	暨南大学华文学院学报	2005（4）

04150	谈汉语教学志愿者“菲律宾模式”的作用及经验	范启华	海外华文教育	2005（4）
04151	汉语教学志愿者“菲律宾模式”探析	范启华	云南师范大学学报（对外汉语教学与研究版）	2005（6）
04152	留学生电力教育中对外汉语教师的素质要求	赵焕梅	中国电力教育	2005（S1）
04153	谈对外汉语教学硕士研究生的知识结构	陈绂	语言文字应用	2005（S1）
04154	对外汉语教师应具备的知识素养与能力	郝晓梅	北京教育（高教版）	2005（Z1）
04155	对外汉语教学对教师文化素质的要求	吴竟红	光明日报	2005-08-01
04156	对外汉语教师问话的语用分析	郑颖	华东师范大学（硕士）	2005
04157	论教师权威与学习者自主性在中国外语学习中的融合	李玉梅	成都理工大学（硕士）	2005
04158	对外汉语教师教学归因初探	张宁志	国际汉语教学动态与研究	2006（1）
04159	对外汉语教师信息素养的内涵、评价体系与培养	徐娟、宋继华	国际汉语教学动态与研究	2006（1）
04160	对外汉语教师综合素质浅议	计道宏	湖北教育学院学报	2006（1）
04161	探索大学国际交流与合作的新模式，推进人才强国战略的实施	张晓光	黑龙江教育学院学报	2006（1）
04162	论国内对外汉语教学专业师资型人才的培养	张映光	云南师范大学学报（对外汉语教学与研究版）	2006（3）
04163	试论对外汉语教师自身跨文化交际能力的培养	刘晶晶	辽宁教育行政学院学报	2006（3）
04164	对外汉语教师专业发展模式初探	王晓华	浙江工商大学学报	2006（4）
04165	关于对外汉语教学师资队伍建设的思考	袁慧玲	九江学院学报（社会科学版）	2006（4）
04166	文化依附矛盾与跨文化交际能力——也谈对外汉语教师素质	蔡绿	黑龙江高教研究	2006（4）
04167	把握对外汉语教学特点，做合格的对外汉语兼职教师	杨立真	教育艺术	2006（6）
04168	谈对外汉语教师和留学生之间的语言的理解	粟甜	现代语文（语言研究版）	2006（6）
04169	海外汉语教师需求达 500 万	郭丽琨	人民日报（海外版）	2006-05-23

04170	“汉语热”凸显对外汉语人才紧缺	苏瑞霞	北京人才市场报	2006-07-19
04171	同出国汉语师资谈汉语作为外语进行教学的问题	钟梫	钟梫对外汉语教学初探 / 钟梫著 / 北京语言大学出版社	2006
04172	教师信念与教学行为的关系分析	赵云、侯又光	徐州建筑职业技术学院学报	2007（1）
04173	对来华泰国汉语教师汉语学习情况的调查	张艳萍	云南师范大学学报（对外汉语教学与研究版）	2007（2）
04174	对外汉语教师及其培养模式探索	茅海燕、唐敦挚	高校教育管理	2007（2）
04175	对外汉语教师自我教学效能感研究初探	徐彩华、程伟民	汉语学习	2007（2）
04176	论对外汉语教师反思能力的培养	黄晓颖	云南师范大学学报（对外汉语教学与研究版）	2007（4）
04177	对外汉语专业学生英语听力自主学习现状与项目需求的调查研究	张屹	浙江师范大学学报（社会科学版）	2007（5）
04178	汉语作为外语教学的师资问题的再思考	李春桃	中国成人教育	2007（5）
04179	汉语热凸显对外汉语人才稀缺	朱海滔	中国中小企业	2007（6）
04180	理工类院校对外汉语教学的师资建设	李卿、张振康	煤炭高等教育	2007（6）
04181	浅谈对外汉语教师的师德建设	刘超	教书育人	2007（6）
04182	对如何提高外教管理工作效率的探索与思考	何剑刚	黑龙江教育学院学报	2007（7）
04183	教老外学汉语的人	周范才	北京教育（成功就业版）	2007（8）
04184	全球化背景下对外汉语教师的素质	孙永红	现代教育科学	2007（11）
04185	对外汉语教师应懂点汉语史	甘勇	怀化学院学报	2007（12）
04186	试论对外汉语教师的职业角色转换	张建强	职业时空	2007（15）
04187	论对外汉语教师课堂用语的语言变异	刘弘	语文学刊	2007（16）
04188	汉语国际教育硕士：让汉语热透全球	羽白、万象	教育与职业	2007（19）

04189	我省将派 20 名赴美汉语教学志愿者	冯爱君	黑龙江经济报	2007-03-01
04190	美在华招汉语教学志愿者	赵鹰	科学时报	2007-03-20
04191	对外汉语教师的基本素质	李禄兴	人民日报（海外版）	2007-03-26
04192	独辟蹊径“汉语家教”走遍 11 国	王佳欣	中国新闻出版报	2007-06-22
04193	对外汉语教师的知识结构与能力结构研究	张洁	北京语言大学（博士）	2007
04194	教师认知视角下的语法教学	高强	山东大学（博士）	2007
04195	基于模糊综合评判的对外汉语教师教学质量评估指标体系的构建	张瑛瑛	重庆大学（硕士）	2007
04196	微格教学与对外汉语师资培训	李燕	北京语言大学（硕士）	2007
04197	论对外汉语教学中教师引导作用的发挥	郭宪春	鞍山师范学院学报	2008（1）
04198	来华美国留学生对汉语教师的评价标准——以 PiB“教学评价”为例	王学松	东北师大学报（哲学社会科学版）	2008（2）
04199	教师认知研究与教师发展	孙德坤	世界汉语教学	2008（3）
04200	基于行动研究的对外汉语教师培养模式探讨	吴慧、沈郁文	上饶师范学院学报	2008（4）
04201	浅析教师的眼神在对外汉语课堂教学中的运用	李彦春、董素兰	贵州工业大学学报（社会科学版）	2008（6）
04202	从语言教师到文化使者——浅议对外汉语教师的角色定位	黄莺、李鸿曜	思想战线	2008（S2）
04203	略论对外汉语教师的基本素质	陆应飞	北京高校来华留学生教育研究 / 贺向民、张凡、张国增著 / 北京语言大学出版社	2008
04204	浅谈对外汉语兼职教师队伍的问题与对策	朱明媚	北京高校来华留学生教育研究 / 贺向民、张凡、张国增著 / 北京语言大学出版社	2008
04205	试论加强对外汉语教学师资队伍的建设	郝晓梅	北京高校来华留学生教育研究 / 贺向民、张凡、张国增著 / 北京语言大学出版社	2008

04206	10 所高等中医药院校留学生生源及毕业率分析研究	白俊杰	北京中医药大学（硕士）	2008
04207	初级阶段对外汉语综合课教师话语特点分析	张巧艳	厦门大学（硕士）	2008
04208	对外汉语教学基础阶段教师课堂教学体态语考察	王磊	北京语言大学（硕士）	2008
04209	汉语作为第二语言教学人才培养新模式	贾宇	北京语言大学（硕士）	2008
04210	新手——熟手对外汉语教师选择注意研究	闵婕	北京语言大学（硕士）	2008
04211	新手与熟手对外汉语教师的实践性知识	郝丽霞	北京语言大学（硕士）	2008
04212	对外汉语初级听力课堂教师提问策略研究	张琨	北京师范大学（硕士）	2008
04213	对外汉语专业人才培养模式的实践与思考	何华珍、郭振伟	台州学院学报	2009（2）
04214	对外汉语教师教学效能感的特点	徐彩华	语言教学与研究	2009（3）
04215	对外汉语教学中的师生关系刍议	傅海峰	鞍山师范学院学报	2009（3）
04216	汉语国际教育硕士培养目标与教学理念探讨	李泉	语言文字应用	2009（3）
04217	广西将派逾百汉语教师志愿者赴东南亚任教	/	国际人才交流	2009（5）
04218	国际汉语教师的胜任力研究——任务分析和招聘面试问题归类得出的结论	王宏丽、陈海平	河北大学学报（哲学社会科学版）	2009（5）
04219	领导、管理干部与前线教师的关系处理	谢翠玲	中国科技信息	2009（5）
04220	泰国高校泰籍汉语教师现状及研究	徐武林	中国石油大学学报（社会科学版）	2009（5）
04221	对外汉语教学中师生关系的隐性课程价值	张红蕴	科教文汇（上旬刊）	2009（6）
04222	以专业发展为导向，强化对外汉语教学兼职教师队伍建设	王学松	中国高等教育	2009（Z1）
04223	HBA 教师提问研究	黄雯雯	北京语言大学（硕士）	2009
04224	初级对外汉语口语课交互活动中的教师话语调查与分析	王招玲	厦门大学（硕士）	2009

04225	对外汉语初级阶段教师课堂指令性言语研究	马英骁	北京语言大学（硕士）	2009
04226	对外汉语教师课堂教学效果评价的个案研究	祁林艳	东北师范大学（硕士）	2009
04227	对外汉语教师职业压力与教学效能感的研究	周丽	华东师范大学（硕士）	2009
04228	对外汉语实习教师职业认同发展现状研究	高婷婷	北京语言大学（硕士）	2009
04229	反思性教学培训对对外汉语职前教师教学思想影响的研究	王爽	北京语言大学（硕士）	2009
04230	国际汉语教师专业化教育实践个案研究	黄娇瑛	华东师范大学（硕士）	2009
04231	汉语国际推广教师资格证书制度研究	李祥	西南大学（硕士）	2009
04232	美国高中中文教师在课堂教学中使用目的语的调查分析	徐嘉	北京语言大学（硕士）	2009
04233	新手——熟手对外汉语教师对学生口语中语言错误认知过程的实验研究	佟玮	北京语言大学（硕士）	2009
04234	新手与熟手对外汉语教师教学计划能力的实验研究	吴兰	北京语言大学（硕士）	2009
04235	对外汉语教师实践性知识的个案研究	江新、郝丽霞	世界汉语教学	2010（3）
04236	教育叙事研究与对外汉语教师发展——《北京语言大学对外汉语教学名师访谈录》编后	孙德金	世界汉语教学	2010（3）
04237	传播学视角下的孔子学院教师培养	矫雅楠	山东大学（硕士）	2010
04238	对韩汉语教师社会融入迟滞问题研究	黄飞	长春工业大学（硕士）	2010
04239	对外汉语教师课堂和谐教学语言艺术研究	徐茂	四川师范大学（硕士）	2010
04240	对外汉语教师职业能力培养研究	王志海	东北师范大学（硕士）	2010
04241	国际学校汉语教师课堂输入相关考察与分析	劳哲	中山大学（硕士）	2010
04242	汉语国际教育硕士培养现状研究	曾燕	西南大学（硕士）	2010
04243	汉语教师强化培训模式研究	王子玥	华东师范大学（硕士）	2010

04244	人权问题对对外汉语教师的启示	敖开惠	四川师范大学（硕士）	2010
04245	对培养汉语国际教育专业硕士的思考	赵吉英	暨南大学（硕士）	2010
04246	汉语国际教师胜任力研究	王静	暨南大学（硕士）	2010
04247	成都高校对外汉语师资队伍建设研究	吴英博	四川师范大学（硕士）	2011
04248	调查对外汉语教学中英语专业教师的转型情况	赵婷婷	华东师范大学（硕士）	2011
04249	对外汉语教师课堂评价用语浅论	徐婷	首都师范大学（硕士）	2011
04250	对外汉语教师与留学生沟通探究	赵文佳	黑龙江大学（硕士）	2011
04251	对外汉语课堂中新教师纠错行为的调查研究	邵娜	华东师范大学（硕士）	2011
04252	对外汉语口语课堂教师非言语行为传达艺术研究	张扬	山东大学（硕士）	2011
04253	对外汉语听力课堂教师话语分析	张译方	东北师范大学（硕士）	2011
04254	对外汉语志愿者教师印尼语培训项目实施分析	史晓露	湖北大学（硕士）	2011
04255	对外汉语综合课新手教师课堂提问研究	冯怡	华东师范大学（硕士）	2011
04256	俄罗斯汉语教师来华研修培训模式及现实意义研究	宫楠	黑龙江大学（硕士）	2011
04257	汉语国际推广师资紧缺与对外汉语专业本科毕业生就业调查分析	余向春	华中师范大学（硕士）	2011
04258	精视精读教学模式、教材及教师角色研究	陈勤	浙江大学（硕士）	2011
04259	辽宁省对外汉语师资队伍现状分析及对策	张萌	辽宁师范大学（硕士）	2011
04260	论对外汉语教师的主动性	王韡韡	华中科技大学（硕士）	2011
04261	试论对外汉语“一对一”课堂教学中的教师话语研究	牛倩芳	首都师范大学（硕士）	2011
04262	在韩汉语教师志愿者跨文化适应影响因素的实证分析	祝婕	山东大学（硕士）	2011
04263	初级汉语综合课教师语言研究	伍晨辰	沈阳师范大学（硕士）	2012
04264	对外汉语初级听说课教师提问研究	郑贻瑜	南京师范大学（硕士）	2012

04265	对外汉语教师海外工作中面临的文化差异及文化适应	戴凯丽	云南大学（硕士）	2012
04266	对外汉语教师无效教学行为的研究	张博	中央民族大学（硕士）	2012
04267	对外汉语教学中教师文化调适的个案研究	邹津津	云南大学（硕士）	2012
04268	对外汉语课堂教学中的教师体态语	董欣	苏州大学（硕士）	2012
04269	对外汉语新手教师教学焦虑研究	张蔚	华东师范大学（硕士）	2012
04270	对外汉语新手教师教学适应情况调查	邵乐乐	浙江大学（硕士）	2012
04271	对外汉语专业本科大四学生就业竞争力调查研究	王玲	暨南大学（硕士）	2012
04272	广西汉语国际教育专业硕士生源多样性分析与评价	敬敏	广西大学（硕士）	2012
04273	国际汉语教师短期培训模式研究	吕妍醒	中央民族大学（硕士）	2012
04274	国际汉语教师培训研究	谢一平	北京大学（硕士）	2012
04275	国际汉语教师实践性知识的构建和发展	贡珂	浙江大学（硕士）	2012
04276	国内对外汉语教师与外籍英语教师教学方法的对比	张晓品	云南大学（硕士）	2012
04277	国内英语教师转型汉语师资培养研究	张辉	山东大学（硕士）	2012
04278	汉语国际教育硕士培养模式初探	贺双文	中央民族大学（硕士）	2012
04279	汉语教师文化形象对对外汉语教学有效性的影响	邓凤	中南大学（硕士）	2012
04280	汉语教师志愿者的绩效考核体系研究	欧亚	山东大学（硕士）	2012
04281	基于文化传播视角下的国际汉语教师培养定位研究	陈洪恋	湖北工业大学（硕士）	2012
04282	教师功能性言语对对外汉语课堂教学互动促进作用的研究	成琤	东北师范大学（硕士）	2012
04283	教师间接反馈在对外汉语课堂教学中的作用	李元青	中央民族大学（硕士）	2012
04284	论对外汉语课堂教学中教师的调控艺术	蒋慧	云南大学（硕士）	2012

04285	论师生关系在泰国中学汉语教育中的特点和作用	张妙晨	广西大学（硕士）	2012
04286	论学习共同体对汉语国际教育学生教师发展的影响	车溪	北京大学（硕士）	2012
04287	密集型对外汉语教学“大班课”教师课堂提问研究	金春花	中央民族大学（硕士）	2012
04288	全球“汉语热”背景下的对外汉语教师素质研究	韩东	广西大学（硕士）	2012
04289	泰国中学汉语教师志愿者培训模式分析	常凌霄	中央民族大学（硕士）	2012
04290	新疆高校对外汉语教师现状调查研究	朱金娥	新疆师范大学（硕士）	2012
04291	中国汉语国际教育与韩国对外韩语教育专业硕士培养对比研究	KIM JEEHYE（金智慧）	山东大学（硕士）	2012
04292	对外汉语专业（2+2）跨文化人才培养实践研究——以合肥学院为例	詹向红、张发清	合肥工业大学学报（社会科学版）	2013（1）
04293	汉语国际推广与对外汉语教师中国文化素养教育	姜葵	绵阳师范学院学报	2013（1）
04294	论对外汉语教师的跨文化素质	姚敏	南昌教育学院学报	2013（1）
04295	论对外汉语教学学科人才体系建设	李禄宁	湖北函授大学学报	2013（1）
04296	山东省高校专职对外汉语教师现状的调查分析	张金圈、唐雪凝	现代语文（学术综合版）	2013（1）
04297	文化自觉与文化尊重——论对外汉语教师文化观的树立	韩文淑	吉林省教育学院学报（下旬）	2013（1）
04298	对外汉语专业学习型社团建设与国际汉语教师培养	洪波、赵薇	大理学院学报	2013（2）
04299	论对外汉语教师的职业技能及其培养	陈薇、王艳荣	集美大学学报（教育科学版）	2013（2）
04300	外国留学生对汉语教师期望要素的初步调查	黄启庆、刘娟娟、杨春雍	云南师范大学学报（对外汉语教学与研究版）	2013（2）
04301	以“我”为主，以“爱”为先——对外汉语专业学生培养及专业建设启示	王淑华	社科纵横（新理论版）	2013（2）
04302	北部湾经济区对外汉语专业人才培养模式研究——以钦州学院为例	左凌姣、黄宇鸿	钦州学院学报	2013（3）

04303	对外汉语兼职教师培训现状与需求调查分析	盛双霞、柯航	云南师范大学学报（对外汉语教学与研究版）	2013（3）
04304	对外汉语教师语言学素养探究	汪媛	语文天地（高教·理论）	2013（3）
04305	对外汉语专业学生参与校内国际交流活动的角色定位探析	赵薇、肖丽莉	中国校外教育	2013（3）
04306	非汉语环境下对外汉语教师应具备的素质和能力	姚迪	吉林省教育学院学报（下旬）	2013（3）
04307	论对外汉语教学中教师语言规范	张飞祥	牡丹江教育学院学报	2013（3）
04308	新疆对外汉语师资队伍的现状调查及发展对策研究	张丽、吴晓永、赵炜	民族教育研究	2013（3）
04309	新疆高校对外汉语本科专业毕业生就业心理调查分析	闫新艳、王静、李娜	新疆广播电视大学学报	2013（3）
04310	从国外汉语学习者角度分析对外汉语教师的培养	李晓朋、吴增辉	科技信息	2013（4）
04311	关于西南边疆地方高校对外汉语专业师资培养的思考	郑升、时遂营、李潇潇	曲靖师范学院学报	2013（4）
04312	河南省对外汉语专业本科生就业问题及对策探析	茹莉	黄河水利职业技术学院学报	2013（4）
04313	跨文化交际意识与对外汉语师资培养	刘欣	泰山学院学报	2013（4）
04314	外语类院校对外汉语专业人才培养模式研究	申红义	重庆文理学院学报	2013（4）
04315	浅论构建对外汉语专业英语教学中培养跨文化交际能力的教学新模式	王胜、周景辉	吉林省教育学院学报（中旬）	2013（5）
04316	如何提高高校对外汉语专业学生的英语口语表达能力	杨阳	淮北职业技术学院学报	2013（5）
04317	地方高校对外汉语专业本科生英语写作策略的调查与分析	吴玲、李彤	吉林省教育学院学报（上旬）	2013（6）
04318	对外汉语教师的文化自觉	唐智芳	教育评论	2013（6）
04319	对外汉语专业人才培养及就业现状统计——以四川师范大学文学院为例	黄晟磊	中国人才	2013（6）

04320	汉语本体研究对对外汉语教师执业能力的重要性	山娅兰	佳木斯教育学院学报	2013（6）
04321	解决对外汉语本科生职业规划难题的对策——以潮汕地区高校为例	翁菁	科教导刊（中旬刊）	2013（7）
04322	以培养应用型人才为目标的现代汉语教学改革初探	费良华	教育观察（上旬刊）	2013（7）
04323	北部湾经济区对外汉语人才就业分析	左凌姣	赤峰学院学报（自然科学版）	2013（8）
04324	地方本科院校对外汉语专业人才培养模式刍议	贺洁	鸡西大学学报	2013（8）
04325	论创新型对外汉语教师的职业素质	李秀丽	中国成人教育	2013（8）
04326	对外汉语专业学生跨文化敏感调查研究	夏娜、夏百川	牡丹江大学学报	2013（9）
04327	汉语国际教育专业学生普通话现状的调查与思考——以延安大学西安创新学院为例	杨惠栋	现代语文（学术综合版）	2013（9）
04328	谈对外汉语专业本科生实习听课技巧	张淑媛	吉林省教育学院学报（下旬）	2013（9）
04329	对外汉语专业学生写作能力培养模式探究	李丹、聂英杰	吉林省教育学院学报（中旬）	2013（10）
04330	留学生对外汉语人才培养模式的实践研究	佟欣	文学教育（中）	2013（10）
04331	刍议对外汉语教师跨文化意识的培养与提高	李乐	兰州教育学院学报	2013（11）
04332	现代教育理念下对外汉语教师素质研究	刘佳音	长春师范学院学报（人文社会科学版）	2013（11）
04333	日语语境下的对外汉语专业人才培养研究	邢宇夏	中国校外教育	2013（12）
04334	涉外专业学生英语应用文写作能力现状分析——以红河学院为例	赵薇	赤峰学院学报（自然科学版）	2013（16）
04335	通识教育视角下对外汉语专业学生批判式思维能力的培养	张晓红	教育与职业	2013（17）
04336	新课程背景下试论对外汉语创新型人才教育的培养	王会东	语文建设	2013（17）
04337	对外汉语专业学生第二外语学习情况调查研究	赵薇、范春	长春教育学院学报	2013（18）
04338	对外汉语教学中存在的人才培养问题研究	常智勇	语文建设	2013（20）

04339	地方院校对外汉语专业应用型人才培养的探索与实践	郭志斌	教育与职业	2013（27）
04340	东南亚地区汉语国际教育资源的再认识	包学菊	东南亚地区汉语国际教育趋势与前沿问题研究 / 邱鸣、谷天刚主编 / 中国社会科学出版社	2013
04341	东南亚地区华语教师来华培训的实施与建议	林秀琴	东南亚地区汉语国际教育趋势与前沿问题研究 / 邱鸣、谷天刚主编 / 中国社会科学出版社	2013
04342	东南亚中小学汉语教师交流模式的几点设计	左福林、王祖姝	东南亚地区汉语国际教育趋势与前沿问题研究 / 邱鸣、谷天刚主编 / 中国社会科学出版社	2013
04343	对泰国本土汉语教师培训的思考	李彦春、徐棠	东南亚地区汉语国际教育趋势与前沿问题研究 / 邱鸣、谷天刚主编 / 中国社会科学出版社	2013
04344	关于印尼华文师资短期培训模式的思考	党静鹏	东南亚地区汉语国际教育趋势与前沿问题研究 / 邱鸣、谷天刚主编 / 中国社会科学出版社	2013
04345	国际汉语教师培养浅谈	王世利	东南亚地区汉语国际教育趋势与前沿问题研究 / 邱鸣、谷天刚主编 / 中国社会科学出版社	2013
04346	国际汉语教师文化素质培养策略管见	刘光婷	东南亚地区汉语国际教育趋势与前沿问题研究 / 邱鸣、谷天刚主编 / 中国社会科学出版社	2013
04347	国际汉语推广背景下对外汉语专业人才培养面临的机遇与挑战	张欣	东南亚地区汉语国际教育趋势与前沿问题研究 / 邱鸣、谷天刚主编 / 中国社会科学出版社	2013
04348	汉语国际教育与教师基本素养刍议	郭玲	东南亚地区汉语国际教育趋势与前沿问题研究 / 邱鸣、谷天刚主编 / 中国社会科学出版社	2013

04349	教师发展策略与东南亚地区的汉语国际教育	吴平	东南亚地区汉语国际教育趋势与前沿问题研究 / 邱鸣、谷天刚主编 / 中国社会科学出版社	2013
04350	教学行动研究与国际汉语教师个体专业化发展	张笑难	东南亚地区汉语国际教育趋势与前沿问题研究 / 邱鸣、谷天刚主编 / 中国社会科学出版社	2013
04351	面向东南亚地区汉语国际教育硕士的培养问题	张婧	东南亚地区汉语国际教育趋势与前沿问题研究 / 邱鸣、谷天刚主编 / 中国社会科学出版社	2013
04352	浅论对外汉语专业的建设与人才培养	李洪波	东南亚地区汉语国际教育趋势与前沿问题研究 / 邱鸣、谷天刚主编 / 中国社会科学出版社	2013
04353	浅谈东南亚华语教师培训中的问题——以马来西亚为例	杨桦	东南亚地区汉语国际教育趋势与前沿问题研究 / 邱鸣、谷天刚主编 / 中国社会科学出版社	2013
04354	浅析汉语国际教育硕士培养中的几个细节问题	孙红玲	东南亚地区汉语国际教育趋势与前沿问题研究 / 邱鸣、谷天刚主编 / 中国社会科学出版社	2013
04355	浅析远程网络教学培训外国汉语教师的特点	刘士勤	东南亚地区汉语国际教育趋势与前沿问题研究 / 邱鸣、谷天刚主编 / 中国社会科学出版社	2013
04356	从中学语文教师到对外汉语教师的转型培养研究	唐翀翀	山东大学（硕士）	2013
04357	对外汉语教师的素质探究	单亚兰	中央民族大学（硕士）	2013
04358	对外汉语新手教师实践性知识生成的个案研究	徐燕婷	华东师范大学（硕士）	2013
04359	赴韩汉语教师志愿者面对的困难和应对策略	欧洋	吉林大学（硕士）	2013
04360	赴泰汉语教师志愿者课堂教学的非言语行为调查研究	余海燕	暨南大学（硕士）	2013

04361	国外初级汉语课堂教学中教师话语对学生汉语输出的影响	杨蓓蓓	兰州大学（硕士）	2013
04362	海外汉语教师志愿者教学效能感研究	吴慧姣	山东大学（硕士）	2013
04363	汉语国际教育 / 对外汉语硕士毕业生就业状况调查	张北北	山东大学（硕士）	2013
04364	汉语教师志愿者的教师认知调查与分析	吴静	上海外国语大学（硕士）	2013
04365	中韩汉语教师平行合作教学的策略初探	刘艳萍	吉林大学（硕士）	2013
04366	中级汉语精读课教师有效提问方式模块式研究	霍晓雪	河北师范大学（硕士）	2013
04367	中学语文教师从事对外汉语教学的可行性研究	潘冬	安徽大学（硕士）	2013

五、语言要素教学研究

汉字教学研究

04368	汉字词统计的考察	〔韩〕徐廷国	国语教育（韩国国语教育学会）	1970（14、15）
04369	谈谈汉字教学	王学作	语言教学与研究（第一集）	1977
04370	再谈汉字教学	王学作	语言教学与研究（第二集）	1977
04371	现代汉字中声旁的表音功能问题	周有光	中国语文	1978（3）
04372	汉字图表教学法浅谈	王学作	语言教学与研究	1980（1）
04373	与汉语舌尖元音对应的朝鲜语汉字音及其演变	李得春	延边大学学报（哲学社会科学版）	1980（2）
04374	当前文字改革的几个问题	周有光	语言教学与研究	1980（4）
04375	汉字的构形、发展和汉字的千字教学——汉字平议之一	殷焕先	语文现代化	1980（4）
04376	析字教学法	王学作	语言教学与研究	1980（4）
04377	汉字究竟有多少	雨兹	语言教学与研究	1981（1）
04378	谈谈基础汉语的词汇教学	狄昌运	语言教学与研究	1981（1）
04379	汉字形音义关系种种	顾越	语言教学与研究	1981（2）
04380	汉字在日语中的作用	宋文军	日语学习与研究	1981（2）
04381	汉字在世界上	田鸿光	百科知识	1981（2）
04382	西德的汉学研究与汉语教学	赵永新	语言教学与研究	1981（4）
04383	六书说、简体字与汉字教学	陈亚川	语言教学与研究	1982（1）
04384	汉字教学体会点滴	李清华	语言教学与研究	1982（2）
04385	从对外汉语教学看文字改革	陈晨	文字改革	1982（3）

04386	通过日语汉音看假名五段与汉字四等的关系	曲翰章	中国语文	1982（5）
04387	汉字的日本借用音和北京音的比较	赵安博	日语学习与研究	1983（1）
04388	教学中有关笔顺的一些问题	李世之	对外汉语教学（第一期）/北京语言学院一系学术委员会/邓崇谟、胡炳忠、崔永华编/北京语言学院	1983
04389	汉字教学小议	董明、王魁京	对外汉语教学	1984（3）
04390	现代汉语用字的定量问题	周有光	辞书研究	1984（4）
04391	汉字识字教学的科学性	王伯熙	读书	1984（7）
04392	用声类和韵类汉字教学汉字字音	叶楚强	语言教学与研究	1985（2）
04393	汉字好学吗？	刘泽先	语文现代化	1985（8）
04394	初级阶段留学生错别字统计与分析	孙清顺、张朋朋	第三届科学报告会论文选/北京语言学院	1985
04395	汉字的特征	〔日〕铃木修次；曲翰章译	国外语言学	1986（1）
04396	谈谈对外汉语教学中的汉字课	张静贤	语言教学与研究	1986（1）
04397	一个正在复苏的词儿——“先生”	鲍延毅	语言教学与研究	1986（2）
04398	汉语教学中的汉字问题	雅·沃哈拉	语言教学与研究	1986（3）
04399	关于汉语字词计量研究的几点刍议	常宝儒	语文建设	1986（5）
04400	中国的汉字改革和汉字教学	周有光	语文建设	1986（6）
04401	对外汉字教学要从形体入手	施光亨	世界汉语教学	1987（2）
04402	汉字的学习和跨文化研究	佟乐泉、宋钧	语文建设	1987（2）
04403	对外汉语教学中汉字教学的新尝试	〔新加坡〕卢绍昌	世界汉语教学	1987（3）
04404	汉字的性质、特点与汉字教学	史有为	世界汉语教学	1987（3）
04405	汉字与书法	刘永山	世界汉语教学	1988（2）
04406	一个认识汉字的新方案	〔香港〕安子介	世界汉语教学	1988（3）

04407	汉字与日本文化	〔日〕余焕睿	世界汉语教学	1988（4）
04408	“字同义异”的中日汉字（一）	姚俊元	日语学习与研究	1988（5）
04409	“字同义异”的中日汉字（二）	姚俊元	日语学习与研究	1988（6）
04410	“字同义异”的中日汉字（三）	姚俊元	日语学习与研究	1989（1）
04411	谈汉字教学的“难”和“易”	刘缙	世界汉语教学	1989（1）
04412	英语母语者汉字教学琐谈	祝敏申	上海大学学报（社会科学版）	1989（3）
04413	音义关系在汉语汉字中的特殊组合	张清常	语言教学与研究	1989（4）
04414	《说文解字》省声蠡测	常耀华	古汉语研究（第二辑）/ 河南大学古代汉语研究室编 / 河南大学出版社	1989
04415	汉字笔画的写法及常见错误分析	刘永山	世界汉语教学	1990（1）
04416	从汉字部件到汉字结构——谈对外汉字教学	张旺熹	世界汉语教学	1990（2）
04417	对外汉字教学的尝试	黄立华	广西民族学院学报（哲学社会科学版）	1990（2）
04418	谈谈汉字教学的问题	刘社会	语言教学与研究	1990（2）
04419	朝鲜语汉字词字序颠倒及其词义	朴泰衡	双语双文化论丛（第1辑）/ 延边大学汉语系《双语双文化论丛》编委会编 / 延边大学出版社	1990
04420	让简化汉字走向世界——《汉字简化方案》发布35周年感言	胡裕树、陈光磊	语文建设	1991（1）
04421	论汉字的改进	卢绍昌	语文建设	1991（2）
04422	在汉字的十字路口——浅谈中日汉字的发展趋势	曲翰章	中国社会科学	1991（6）
04423	日本“略字”与中国简化汉字的异同	王英斌	日语知识	1991（8）
04424	从拼音文字到方块字——浅谈葡籍人士中文班的写字教学	阮宇华	对外汉语教学研究 / 张维耿、何子铨、黄皇宗主编 / 中山大学出版社	1991
04425	词本位教学法和字本位教学法的比较	张朋朋	世界汉语教学	1992（3）

04426	繁简之争与正字之法	吴松贵	武汉教育学院学报（哲学社会科学版）	1992（4）
04427	浅谈日语汉字与汉语汉字的异同	阎丽艳	沈阳师范学院学报（社会科学版）	1992（4）
04428	谈日、汉语汉字词义的同与异	翁木全	日语知识	1992（10）
04429	1992 年大学生汉字实力评价——评价结果分析	韩国语文教育研究会	语文研究	1992（74、75）合并号
04430	国语汉字、汉字语问题教育	〔韩〕闵丙俊	韩国国语教育研究会论文集	1992
04431	从信息处理看汉字阅读	曾志朗、洪兰、Linda Garro、沈家煊	国外语言学	1993（1）
04432	留学生汉字书写差错规律试析	杜同惠	世界汉语教学	1993（1）
04433	现代日语中的汉字特点说要——兼与汉语比较	曲维	日语学习与研究	1993（2）
04434	汉语水平考试汉字大纲所收 2905 个汉字分析结果	朱一之	语言教学与研究	1993（3）
04435	谈谈汉字教学	刘又辛	语言教学与研究	1993（3）
04436	从外国学生书写汉字的错误看汉字字形特点和汉字教学	范可育	语文建设	1993（4）
04437	汉字阅读初探	〔香港〕霍陈婉媛、汤才伟	世界汉语教学	1993（4）
04438	汉字——在中日不同的文化框架上	赵双之、钟玉秀	解放军外语学院学报	1993（5）
04439	关于汉字规范化的几个具体问题——答王义明先生	费锦昌	语文建设	1994（1）
04440	现代汉字中的非形声字	李海霞	三峡学刊	1994（1）
04441	从闽南话到日本汉字音	严棉	中国语文	1994（2）
04442	浅谈汉字规范化教学问题	罗玉兰	伊犁师范学院学报（社会科学版）	1994（2）
04443	现代汉字左声右形结构析得	吕永进	语言文字应用	1994（2）

04444	从留学生识记汉字的心理过程探讨基础阶段汉字教学	王碧霞、李宁、种国胜、徐叶菁	语言教学与研究	1994（3）
04445	繁简汉字文本转换初探	陈亚川	语言教学与研究	1994（3）
04446	日本汉语教学中的汉字问题	〔日〕杜君燕	世界汉语教学	1994（3）
04447	现代汉字教学法探讨	郝恩美	语言文字研究	1994（3）
04448	“字”和汉语研究的方法论——兼评汉语研究中的“印欧语的眼光”	徐通锵	世界汉语教学	1994（3）
04449	对外汉语教学中的常用汉字教学刍议	王敏	三峡学刊	1994（4）
04450	汉字教学及其教材编写问题	肖奚强	世界汉语教学	1994（4）
04451	汉字文化与对外汉语教学——兼评安子介《解开汉字之谜》	余志鸿	上海大学学报（社会科学版）	1994（6）
04452	解开汉字之谜，推动对外汉语教学	刘力生、徐乃忠	上海大学学报（社会科学版）	1994（6）
04453	试论安子介汉字思想在应用语言学上的意义	沈益洪	上海大学学报（社会科学版）	1994（6）
04454	语素组合教学法与汉字解析——兼谈《解开汉字之谜》的一点启示	元立	上海大学学报（社会科学版）	1994（6）
04455	连环生字教学法的尝试	刘春娥	山东教育	1994（12）
04456	“汉字部件教学法”刍议——兼论汉字教学方法应与编码方法“兼容”	潘天华	镇江高专学报（综合版）	1994（Z1）
04457	开隶变端绪的东周盟书	常耀华	中日书法史论研讨会论文集 / 雅安博物馆、文物出版社编 / 文物出版社	1994
04458	分化字的类型研究	张希峰	语言教学与研究	1995（1）
04459	汉字结构分析法在汉字教学中的地位和作用	黎纪	武当学刊	1995（1）
04460	汉字在日本	许秋寒	中国文化研究	1995（1）
04461	汉语教学应重视字义的教学	李新龙	喀什师范学院学报	1995（2）
04462	文字处理与语文规范	陈亚川	语言教学与研究	1995（2）
04463	部件组合——潜在的汉字结构层次	韩布新	中文信息学报	1995（3）

04464	现代汉字的部件切分	苏培成	语言文字应用	1995（3）
04465	论汉字部件与英文字母的认知对应关系	韩布新、林仲贤	心理科学	1995（6）
04466	《汉字字源入门》（汉英、汉法）	/	对外大传播	1995（9）
04467	有趣的中日汉字比较和数字观的差异	祝大鸣	世界博览	1995（9）
04468	科学地评价汉语汉字	周奎杰	中国出版年鉴（1995）/ 中国出版年鉴社编辑 / 中国出版年鉴社	1995
04469	汉字部件的换位和结构变化	丁学明	内蒙古教育学院学报	1996（1）
04470	汉字词化教学试说	亦葩	汉字文化	1996（1）
04471	揭示汉字造字法则，提高对外汉语教学质量	严光仪	重庆大学学报（社会科学版）	1996（1）
04472	究竟是“谁想废除汉字？”（读书杂感之一）	栗宗朋	汉字文化	1996（1）
04473	中国汉字与日本汉字字形的同异	李永增	天津外国语学院学报	1996（2）
04474	略论歌曲创作与汉字字调和语调的关系	刘延新	沈阳大学学报	1996（3）
04475	刍议留学生的“写”	李秀坤	辽宁师范大学学报（社会科学版）	1996（4）
04476	对日本人书写中文汉字差错规律的分析及思考	王幼敏	华东师范大学学报（哲学社会科学版）	1996（4）
04477	论对外汉语教学中的汉字识记教学——兼评安子介先生的汉字研究成绩	高玉昆	国际关系学院学报	1996（4）
04478	对外汉语汉字教学文化因素的注入	李秀坤	学汉语	1996（12）
04479	同形汉字词使用区别浅谈	毛峰林	日语知识	1996（12）
04480	汉字结构分析与形声原则的统一	聂在富	山东教育	1996（Z1）
04481	关于夏代文字的一点思考——兼论中国文字的起源	常耀华	夏文化研究论集 / 中国先秦史学会、洛阳市第二文物工作队编 / 中华书局	1996
04482	汉字笔顺刍议	万业馨	语言文化教学研究 / 李振杰主编 / 华语教学出版社	1996
04483	对外汉字教学不应再走随文识字的老路	欧阳国泰	海外华文教育	1997（1）

04484	根据现代汉语词典词条拟测汉字语义场	高辟天	世界汉语教学	1997（1）
04485	汉字研究与对外汉语教学	石定果	语言教学与研究	1997（1）
04486	据理识字——“字理识字法”初探	白双法	山西大学学报（哲学社会科学版）	1997（1）
04487	试析日语汉字音读及其汉语读音	应骥	日语学习与研究	1997（1）
04488	也说研究汉字的“立场问题”——与王开扬先生商榷	艾华仁	汉字文化	1997（1）
04489	多媒体技术与汉字教学	刘庆俄	汉字文化	1997（2）
04490	汉字编码与中文教学——兼谈唯物码的新发展	傅丽丽	世界汉语教学	1997（2）
04491	《汉字教学的规律和方法》序	李行健	汉语学习	1997（2）
04492	现代汉字笔画规范刍议	费锦昌	世界汉语教学	1997（2）
04493	汉字部件和对外汉字教学	崔永华	语言文字应用	1997（3）
04494	汉字的学与教	〔美〕程朝晖	世界汉语教学	1997（3）
04495	汉字教学的现状与设想	王志胜	青海师范大学学报（哲学社会科学版）	1997（3）
04496	关于汉字的称说问题	易洪川、杨夷平	语言文字应用	1997（4）
04497	关于现代汉字的构字法	匡祖山	玉林师专学报	1997（4）
04498	汉字与汉字教学研讨会侧记	中国国家对外汉语教学领导小组办公室学术交流部	世界汉语教学	1997（4）
04499	浅谈当前社会用字——汉字规范化势在必行	葛磊	大连大学学报	1997（5）
04500	关于汉字笔画的教学（上）	林亚莉	贵州教育	1997（6）
04501	谈集中识字教学	张凤麟	汉语学习	1997（6）
04502	日语“和字”与汉语汉字的渊源关系	王黎	日语知识	1997（8）
04503	关于偏旁和部首的教学	邬建华	江西教育	1997（10）

04504	关于汉字笔画的教学（下）	林亚莉	贵州教育	1997（Z2）
04505	外国人汉字速成	周奎杰	中国出版年鉴（1997）/中国出版年鉴社编辑/中国出版年鉴社	1997
04506	关于对外汉字教学的调查报告	石定果、万业馨	语言教学与研究	1998（1）
04507	华文：智慧的文字	庄连枝	广东社会科学	1998（1）
04508	民汉学生汉字错别字对比分析	李继莹	伊犁师范学院学报（社会科学版）	1998（1）
04509	一千高频度汉字的解析及教学构想	陈仁凤、陈阿宝	语言文字应用	1998（1）
04510	独体字是学好汉字的基础	杜晓俐、王贵福、吕景和	黑龙江教育学院学报	1998（2）
04511	关于编写对外汉字教材的思考	张静贤	语言教学与研究	1998（2）
04512	“汉字难学”的分析与对策	周健	汉字文化	1998（2）
04513	基础阶段留学生识记汉字的过程	姜丽萍	汉语学习	1998（2）
04514	留学生汉字教学的新思路	周健	暨南学报（哲学社会科学）	1998（2）
04515	日语汉字词同词异体的古汉语用字关系	春复	辽宁师范大学学报（社会科学版）	1998（2）
04516	从汉语的两个特点谈必须切实重视汉字教学	李大遂	北京大学学报（哲学社会科学版）	1998（3）
04517	对外汉字教学刍议	翟汛	武汉大学学报（哲学社会科学版）	1998（3）
04518	对外汉字教学的特点、难点及其对策	费锦昌	北京大学学报（哲学社会科学版）	1998（3）
04519	对外汉字教学实验报告	钱学烈	北京大学学报（哲学社会科学版）	1998（3）
04520	对外汉字教学研究的角度	卢小宁	汉语学习	1998（3）
04521	根据汉字特点强化字形教学	刘汉玉	宁夏教育	1998（3）
04522	关于汉字教学的一种思路	崔永华	北京大学学报（哲学社会科学版）	1998（3）
04523	汉字认知规律研究综述	冯丽萍	世界汉语教学	1998（3）

04524	论常用汉字的语像和习得	李开	南京大学学报（哲学·人文科学·社会科学版）	1998（3）
04525	美国中文教育的“识繁写简”	樊培绪	汉字文化	1998（3）
04526	从基本字表的研制看汉字学与汉字教学	易洪川、杨夷平、朱全红	语言文字应用	1998（4）
04527	对外汉语教学中汉字教学的新尝试	〔新加坡〕卢绍昌	彭城职业大学学报	1998（4）
04528	汉字结构“暂拟体系”——识字教学的科学化与规范化探讨	达世平	上海师范大学学报（哲学社会科学版）	1998（4）
04529	浅谈汉字、汉语词汇对日语的再塑造作用	潘钧	日语学习与研究	1998（4）
04530	认知心理学的记忆原理对汉字教学的启迪	吴世雄	语言教学与研究	1998（4）
04531	现代汉日汉字读音对照研究	王军彦	日语学习与研究	1998（4）
04532	现代汉字的几何性质及其在汉字教学中的意义	施正宇	语言文字应用	1998（4）
04533	对外汉语教学用 2905 汉字的语音状况分析	冯丽萍	北京师范大学学报（社会科学版）	1998（6）
04534	对于华文——汉字的反思与前瞻	庄连枝	东南学术	1998（6）
04535	关于对西方国家学生汉字教学的理论性思考	田惠刚	北京大学学报（哲学社会科学版）	1998（6）
04536	汉字的理据性与汉字教学	郑继娥	华东师范大学学报（哲学社会科学版）	1998（6）
04537	浅谈汉字教学	俞信宝	北大海外教育（第二辑）/郭振华主编 / 北京大学出版社	1998
04538	现代汉字部件变形分析	梁彦敏	北大海外教育（第二辑）/郭振华主编 / 北京大学出版社	1998
04539	从语言学经典著作看汉字与汉语教学	郭均	语言与翻译	1999（1）
04540	关于汉字文化研究与汉字教学的几点思考	张德鑫	世界汉语教学	1999（1）
04541	汉字教学：教什么？怎么教？	卞觉非	语言文字应用	1999（1）
04542	谈第二语言的汉字教学	余又兰	世界汉语教学	1999（1）

04543	3500常用汉字中声旁的表音功能	项菊	黄冈师专学报	1999（2）
04544	从对外汉语教学看汉字字形规范	陈阿宝	语文建设	1999（2）
04545	对外汉字教学与小学识字教学	潘先军	汉字文化	1999（2）
04546	汉字中的非形非声符号	江明镜	昌吉师专学报	1999（2）
04547	论汉字能力	施正宇	世界汉语教学	1999（2）
04548	浅谈汉字教学	莎丽塔娜提	伊犁师范学院学报（文理综合版）	1999（2）
04549	手写汉字识别与识字教学	〔新加坡〕吴英成	世界汉语教学	1999（2）
04550	现代汉语汉字与日语当用汉字的比较分析	赵旭	北京第二外国语学院学报	1999（2）
04551	笔顺规范化问题研究	易洪川	语言教学与研究	1999（3）
04552	从古今字看汉字的特点和规范	张劲秋	语言文字应用	1999（3）
04553	从汉英构词法比较看国际汉字研究	滕永超	汉字文化	1999（3）
04554	对外汉字教学改革探索	赵明德	语言教学与研究	1999（3）
04555	汉字词语国俗语义的文化透析	蔡振生	语言文字应用	1999（4）
04556	汉字加工理论在对外汉语教学中的应用	陈慧	北京邮电大学学报（社会科学版）	1999（4）
04557	汉字字符分工与部件教学	万业馨	语言教学与研究	1999（4）
04558	前修未密，后出转精	常耀华	殷都学刊	1999（4）
04559	语言文字应用的一个重要领域——汉字识字教学的心理实质及其规律	张大成、伍新春	语言文字应用	1999（4）
04560	《汉字立体结构教具、学具》通过鉴定	田艳	汉语学习	1999（5）
04561	波兰学生暨欧美学生汉字习得的考察、分析和思考	朱志平、哈丽娜	北京师范大学学报（社会科学版）	1999（6）
04562	汉字的“因形示义”在教学中的应用	鲍文超	聊城师范学院学报（哲学社会科学版）	1999（6）
04563	韩用汉字、汉语词汇与对韩汉语教学	张和生	北京师范大学学报（社会科学版）	1999专刊
04564	关于建构“教学汉字”体系，辅助对外国人汉字教学的初步设想	徐甲申	大连外国语学院35周年校庆学术系列丛书——对外汉语卷/校庆丛书编委会编/长春出版社	1999

04565	汉字的识记	吴仁甫	对外汉语教研论丛 / 吴碧莲主编 / 华东师范大学出版社	1999
04566	语文分开、集中识字的思路和具体做法	张朋朋	汉语速成教学研究（第二辑）/ 北京语言文化大学汉语速成学院编 / 华语教学出版社	1999
04567	谈谈对外汉语的书写教学	张永奋	对外汉语教研论丛 / 吴碧莲主编 / 华东师范大学出版社	1999
04568	略论形声字声旁与对外汉字教学	万业馨	世界汉语教学	2000（1）
04569	影响非汉字圈汉语学习者汉字学习因素的分析	崔永华、陈小荷	海外华文教育	2000（1）
04570	从汉字的偏旁部首和英语的词根词缀看不同的思维形式	张吉生	汉语学习	2000（2）
04571	对外汉语教学更应重视汉字的表意性	敖桂华	白城师范高等专科学校学报	2000（2）
04572	汉语汉字与日语音读汉字读音之间的关系	何秋莎	延边大学学报（社会科学版）	2000（2）
04573	从“图式”理论角度谈留学生的汉字学习问题	黄卓明	汉语学习	2000（3）
04574	从汉字和拼音文字的比较谈对外汉字教学的方法	孙海丽	理论观察	2000（3）
04575	汉字电脑输入与对外汉字教学	潘先军	汉字文化	2000（3）
04576	“X 儿”的书写形式问题	郭展	语言教学与研究	2000（4）
04577	笔画法同序现象与笔画细化研究	马显彬	宁夏大学学报（人文社会科学版）	2000（4）
04578	汉字教学与学习的新思路——评《多媒体汉字字典》	赵金铭	语言教学与研究	2000（4）
04579	外国留学生汉语阅读中音、形信息对汉字辨认的影响	高立群、孟凌	世界汉语教学	2000（4）
04580	对外汉字教学之我见	翟英华	齐齐哈尔大学学报（哲学社会科学版）	2000（5）
04581	汉字教学中的几个认知心理问题	徐彩华	北京师范大学学报（人文社会科学版）	2000（6）
04582	汉字教学中要不要作字形分析及如何分析	邹燕平	首都师范大学学报（社会科学版）	2000（S3）

04583	从《多媒体汉字教学字典》看多媒体汉语教学的特点	王弘宇	中国语言学年鉴（1995—1998）/《中国语言学年鉴》编辑部编 / 语文出版社	2000
04584	汉字的认知及教学方法	徐子亮	语文论丛（第六辑）/ 上海市语文学会编 / 上海教育出版社	2000
04585	关于对外汉字教学如何走出困境的思考	李大遂	北大海外教育（第三辑）/ 赵燕皎、李晓琪主编 / 华语教学出版社	2000
04586	汉字文本的汉语拼音文本自动转换及实现	张卫国	现代化教育技术与对外汉语教学 / 张普主编 / 广西师范大学出版社	2000
04587	汉字与写作能力调查的整体设计	王又民	语言文化教学研究集刊（第四辑）/ 北京语言文化大学汉语学院编 / 华语教学出版社	2000
04588	当今对外汉字教学的情况调查	河南师范大学对外汉字教学研究课题组	双语学研究（《民族教育研究》2000 年增刊）	2000
04589	母语识字教学及其对对外汉字教学的启示	田艳	双语学研究（《民族教育研究》2000 年增刊）	2000
04590	试论朝鲜语汉字教育	池福淑	双语学研究（《民族教育研究》2000 年增刊）	2000
04591	双语教学中的汉字教学研究	赵明德	双语学研究（《民族教育研究》2000 年增刊）	2000
04592	谈谈日本学生书写中文汉字中的差错问题	郭红焱	双语学研究（《民族教育研究》2000 年增刊）	2000
04593	关于韩国学习者掌握汉字情况的分析	全秀贞	北京语言文化大学（硕士）	2000
04594	“炳人识字法”与汉语语文教育体系	胡重光	湖南第一师范学报	2001（1）
04595	汉字教学刍议	王艳玲	喀什师范学院学报	2001（1）
04596	汉字识别中形音义激活时间进程的研究（Ⅰ）	陈宝国、彭聃龄	心理学报	2001（1）
04597	华裔学生的汉字教学	欧阳国泰	海外华文教育	2001（1）

04598	记忆原理对汉字听写训练的启示	王静	语言教学与研究	2001（1）
04599	文字学视野中的部件教学	万业馨	语言教学与研究	2001（1）
04600	对外汉语汉字教学浅探	高惠敏	安徽教育学院学报	2001（2）
04601	关于对外汉语汉字教材的思考	卢小宁	天津外国语学院学报	2001（2）
04602	汉字认知心理研究成果与汉字教学	郑继娥	成都教育学院学报	2001（2）
04603	汉字识读和阅读课在对日本留学生汉语言培训中的作用和意义	王珊	外语教学	2001（2）
04604	外国学生识别形声字的实验研究	陈慧、王魁京	世界汉语教学	2001（2）
04605	关于汉字教学法研究的思考与探索——兼论利用汉字“字族理论”进行汉字教学	陈曦	汉语学习	2001（3）
04606	汉字课教学技法初探	邓小琴	海外华文教育	2001（3）
04607	“字”与 Word 的对应性（上）	潘文国	暨南大学华文学院学报	2001（3）
04608	初级阶段外国留学生汉字学习策略的调查研究	江新、赵果	语言教学与研究	2001（4）
04609	汉字是汉语语法学的最小单位	张宝胜	海南师范学院学报（人文社会科学版）	2001（4）
04610	汉字字形识别的认知途径及其认知心理学意义述评	余平	浙江教育学院学报	2001（4）
04611	日本学生书写汉语汉字的讹误及其产生原因	陈绂	世界汉语教学	2001（4）
04612	“系联法”对外汉字教学初探	杨冰郁、石凯民	延安教育学院学报	2001（4）
04613	“字”与 Word 的对应性（下）	潘文国	暨南大学华文学院学报	2001（4）
04614	外国留学生规则字偏误分析——基于中介语语料库的研究	高立群	语言教学与研究	2001（5）
04615	构建全方位的对外汉字教学格局	张景业	外语与外语教学	2001（6）
04616	“字本位”理论与汉语的能指投射原则	孟华	语言教学与研究	2001（6）
04617	汉字部首教学浅探	肖发学	甘肃教育学院学报（社会科学版）	2001（S2）

04618	汉字学习的问题分析及教学策略	王又民	语言文化教学与研究（二〇〇一年卷）/ 北京语言文化大学汉语学院编 / 人民教育出版社	2001
04619	论初级汉语水平欧美留学生汉字复现规律	马燕华	汉语学习	2002（1）
04620	汉语方块字的优越性与其世界地位	张孔彰、任国钧	山西农业大学学报（社会科学版）	2002（1）
04621	简论偏旁和偏旁教学	李大遂	暨南大学华文学院学报	2002（1）
04622	什么样的汉字学习策略最有效？——对基础阶段留学生的一次调查研究	赵果、江新	语言文字应用	2002（2）
04623	谈第二语言汉语教学中的汉字教学	葛勇	西北民族大学学报（哲学社会科学版）	2002（2）
04624	非汉字背景留学生汉字形音识别的影响因素	冯丽萍	汉字文化	2002（3）
04625	母语为拼音文字的学习者汉语正字法意识发展的研究	鹿士义	语言教学与研究	2002（3）
04626	形旁表意功能在留学生汉字学习中的负迁移及对策	潘先军	汉字文化	2002（3）
04627	韩中同形词异义汉字合成词的对比分析	甘瑞瑗	广东社会科学	2002（4）
04628	汉字构形学说与对外汉字教学	朱志平	语言教学与研究	2002（4）
04629	外国留学生汉字读音的识别规律与汉字教学原则	冯丽萍	唐山师范学院学报	2002（4）
04630	笔画复杂性和重复性对笔画和汉字认知的影响	张积家、王惠萍、张萌、张厚粲	心理学报	2002（5）
04631	从识记因素谈汉字教材的编写原则	柳燕梅	汉语学习	2002（5）
04632	汉字的构造特征及其习得机制与对外汉语教学	田茂松	黔东南民族师范高等专科学校学报	2002（5）
04633	论汉字形音义相结合的特点及其在识字教学领域当中的应用	李静峰	广西大学学报（哲学社会科学版）	2002（5）
04634	建构科学的对外汉字教学传播体系	杜敏	陕西师范大学学报（哲学社会科学版）	2002（6）

04635	谈对 L_2 的多媒体辅助汉字教学	李金兰	安阳师范学院学报	2002（6）
04636	在甲级字解析基础上的对外汉字教学构想	王晓光	语言研究	2002（S1）
04637	汉字教学疑难辨析	朱振平	首都师范大学学报（社会科学版）	2002（S2）
04638	对外汉字教学的规范问题	肖奚强	现代汉语语法与对外汉语教学 / 肖奚强著 / 学林出版社	2002
04639	关于对外汉语教学中汉字教学的认识	安挪亚	对外汉语论丛（第二集）/ 竟成主编 / 上海外语教育出版社	2002
04640	汉字教学中的文化阐释	张永奋	对外汉语教研论丛（第二辑）/ 华东师范大学国际中国文化学院编 / 华东师范大学出版社	2002
04641	浅谈针对欧盟学员的汉字教学	来静青	汉日语言研究文集（五）/ 北京外国语大学国际交流学院编 / 北京出版社、文津出版社	2002
04642	试论对日汉字教学——日本留学生汉字生字考察统计分析	郑杰	汉日语言研究文集（五）/ 北京外国语大学国际交流学院编 / 北京出版社、文津出版社	2002
04643	小议汉字拼音化的艰难性和可行性	朱勘宇	对外汉语教研论丛（第二辑）/ 华东师范大学国际中国文化学院编 / 华东师范大学出版社	2002
04644	也谈对西方学生的汉字教学	郭校珍	对外汉语教研论丛（第二辑）/ 华东师范大学国际中国文化学院编 / 华东师范大学出版社	2002
04645	汉字特点和词汇教学	王燕灵、张霞	塔里木农垦大学学报	2003（1）
04646	汉字与汉字教学	王梅	海外华文教育	2003（1）
04647	留学生汉字习得问题考察	李金兰	周口师范学院学报	2003（1）
04648	美国大学汉字初级阶段教学效率的问题与对策	〔美〕印京华	云南师范大学学报（对外汉语教学与研究版）	2003（1）

04649	欧美学生汉字学习方法的实验研究——回忆默写法与重复抄写法的比较	柳燕梅、江新	世界汉语教学	2003（1）
04650	笔画数、部件数和拓扑结构类型对非汉字文化圈学习者汉字掌握的影响	尤浩杰	世界汉语教学	2003（2）
04651	从汉字识别谈汉字与汉字认知的综合研究	万业馨	语言教学与研究	2003（2）
04652	“道可道，非常道”——试论“俗说文解字”的若干问题	季素彩	汉字文化	2003（2）
04653	汉字识读心理与汉字编排方式	杜敏	吉林大学社会科学学报	2003（2）
04654	谈对外“理性识字法”的构造	〔法〕安雄	世界汉语教学	2003（2）
04655	中高级留学生识字量抽样测试报告	李大遂	暨南大学华文学院学报	2003（2）
04656	初级阶段欧美留学生识字量与字的构词数	赵果	语言文字应用	2003（3）
04657	对外汉字教学中的诵读法	朱宇清	学语文	2003（3）
04658	汉字的结构对称特点及其在对外汉语教学中的运用	郭智	云南师范大学学报（对外汉语教学与研究版）	2003（3）
04659	汉字汉语是科技术语翻译审定的基础	吴凤鸣	汉字文化	2003（3）
04660	汉字象形符号与对外汉语中的虚词教学	王继洪	上海大学学报（社会科学版）	2003（3）
04661	“系联法”对外汉字教学初探	刘威	黑龙江教育学院学报	2003（3）
04662	针对韩国人的汉语教学——“文字代沟”对对外汉语教学的启示	全香兰	汉语学习	2003（3）
04663	“中华汉字城”展望——太原将升起汉字文化产业新星	杨瑞武	中共太原市委党校学报	2003（3）
04664	韩、日汉字探源二题	张涌泉	中国语文	2003（4）
04665	汉字的结构对称特点及其识别加工机制	陈传锋、董小玉	语言教学与研究	2003（4）
04666	浅谈形声字及其教学	刘院琴	延安教育学院学报	2003（4）
04667	声旁有义和形声字教学	胡双宝	汉字文化	2003（4）
04668	增加汉字书写系统的语法信息	陆丙甫	南昌大学学报（人文社会科学版）	2003（4）

04669	汉字偏旁的名称与翻译	简启贤	云南师范大学学报（对外汉语教学与研究版）	2003（5）
04670	不同母语背景的外国学生汉字知音和知义之间关系的研究	江新	语言教学与研究	2003（6）
04671	对外汉语初级阶段汉字教学重要性初探	陈俊羽	云南师范大学学报（对外汉语教学与研究版）	2003（6）
04672	汉字背景与汉语认知	徐子亮	汉语学习	2003（6）
04673	利用汉字的文化性进行汉字教学	谭海涛	云南师范大学学报（对外汉语教学与研究版）	2003（6）
04674	论海外华裔儿童汉字教学的特殊性	马燕华	北京师范大学学报（社会科学版）	2003（6）
04675	汉字繁简之分与对外汉字教学	王光和	成都教育学院学报	2003（12）
04676	对外汉字教学规律探究	张惠芬	汉语学报·第4期（2001年下卷）/邢福义主编/湖北教育出版社	2003
04677	日语汉字词与汉语相关词汇的对比分析	邹文	华中师范大学（硕士）	2003
04678	现代汉字部件规范和HSK汉字等级大纲部件的属性调查	韩秀娟	北京语言大学（硕士）	2003
04679	关于《汉语水平词汇与汉字等级大纲》的思考	姜德梧	世界汉语教学	2004（1）
04680	汉字高效教学模式之探讨	乔印伟	海外华文教育	2004（1）
04681	拼音文字背景的外国学生汉字书写错误研究	江新、柳燕梅	世界汉语教学	2004（1）
04682	研究学习策略，改进汉字教学	周健、尉万传	暨南大学华文学院学报	2004（1）
04683	对外汉字教学发展与研究概述	李大遂	暨南大学华文学院学报	2004（2）
04684	论对外汉字教学中的部件教学	殷凌燕	云南师范大学学报（对外汉语教学与研究版）	2004（2）
04685	再论汉字笔画——对外汉字教学初探之一	黄健秦、冯平	海外华文教育	2004（2）
04686	从汉字的特点及发展规律谈留学生汉字教学	郝晓梅	云南师范大学学报（对外汉语教学与研究版）	2004（3）
04687	对外汉语教学中的汉字教学研究	刘建梅、许嘉璐	语言文字应用	2004（3）
04688	汉字基础在韩国留学生汉语学习中的负迁移	潘先军	辽宁教育行政学院学报	2004（3）

04689	汉字简化的得与失	郭龙生	现代语文（理论研究版）	2004（3）
04690	论汉字学理论建设与汉字教学	〔韩〕洪映熙、赵学清	延安大学学报（社会科学版）	2004（3）
04691	突出系统性，扩大识字量——关于中高级汉字课的思考与实践	李大遂	语言文字应用	2004（3）
04692	汉字部件区别特征与对外汉字教学	梁彦民	语言教学与研究	2004（4）
04693	华语教学应“以汉字为本位”	李润新	海外华文教育	2004（4）
04694	二十世纪汉字字形结构研究	张晓明	语言教学与研究	2004（5）
04695	关于联想式对外汉字教学法的构想	黄雪梅	云南师范大学学报（对外汉语教学与研究版）	2004（5）
04696	对外汉字教学与汉字规范问题	李宝贵	教育科学	2004（6）
04697	对外汉语教学中的汉字教学探讨	伍巍	广州大学学报（社会科学版）	2004（7）
04698	“系联法”对外汉字教学研究	杜丽荣	西南民族大学学报（人文社科版）	2004（7）
04699	在起始阶段开设“汉字课”的必要与实践	印京华	云南师范大学学报（对外汉语教学与研究版）	2004 增刊
04700	部件理论在对外汉字教学中的运用	吴铮、李艳杰	双语学研究（第二辑）/ 戴庆厦主编 / 民族出版社	2004
04701	欧美学生汉字部件认知效应的实验研究	王建勤	汉语研究与应用（第二辑）/ 中国人民大学对外语言文化学院编 / 中国社会科学出版社	2004
04702	文化联想与对外汉字教学	张承明	汉语教学新理念 / 丛铁华主编 / 北京大学出版社	2004
04703	形声字读音习得中的归类推比法	李禄兴	汉语研究与应用（第二辑）/ 中国人民大学对外语言文化学院编 / 中国社会科学出版社	2004
04704	对外汉语教学 阅读课中的汉字教学初探	张敬洁	辽宁师范大学（硕士）	2004
04705	华文教材汉字研究——以《中文》、《汉语》、《标准中文》为例	郭楚江	暨南大学（硕士）	2004
04706	计算机辅助汉字笔顺教学的研究与实现	林华	华东师范大学（硕士）	2004

04707	泰国学生汉字习得途径和方法研究	李金兰	南京师范大学（硕士）	2004
04708	汉字理据性与对外汉字教学	李宝贵	汉字文化	2005（1）
04709	《(汉语水平）汉字等级大纲》汉字部件统计分析	邢红兵	世界汉语教学	2005（2）
04710	阿拉伯数字串到汉字数字串的自动转换	李斌、方芳	暨南大学华文学院学报	2005（2）
04711	对外汉语教学中的形声字表义状况分析	李蕊	语言文字应用	2005（2）
04712	论对外汉字教学的层次性	潘先军	汉字文化	2005（2）
04713	部件位置信息在留学生汉字加工中的作用	冯丽萍、卢华岩、徐彩华	语言教学与研究	2005（3）
04714	对外汉语教学中的“笔画组合方式辨字”问题	何洪峰	汉语学习	2005（3）
04715	美国学生短期汉语学习中的汉字教学研究	杨悦	云南师范大学学报（对外汉语教学与研究版）	2005（3）
04716	部首对于汉字认知的意义——杜克大学中文起点班学生部首认知策略测查报告	李俊红、李坤珊	世界汉语教学	2005（4）
04717	度过汉字的难关——当西方人尝试阅读中文	〔德〕顾安达	国际汉语教学动态与研究	2005（4）
04718	非汉字文化圈留学生汉字习得规律与教学研究	赵悦	东北财经大学学报	2005（4）
04719	汉字教学与词汇教学的衔接	朱志平	国际汉语教学动态与研究	2005（4）
04720	计算机技术与无笔汉字教学	〔美〕徐平、任长慧	国际汉语教学动态与研究	2005（4）
04721	留学生形声字形旁意识发展的实验研究	李蕊	语言教学与研究	2005（4）
04722	马来西亚国民小学汉字教学	张秀玲	国际汉语教学动态与研究	2005（4）
04723	日本所用汉字的汉语“转型”初探	史有为	世界汉语教学	2005（4）
04724	声旁语音信息在留学生汉字学习中的作用	郝美玲、舒华	语言教学与研究	2005（4）
04725	外国学生汉字构形意识发展模拟研究	王建勤	世界汉语教学	2005（4）

04726	基于字本位的字义研究	李遐	云南师范大学学报（对外汉语教学与研究版）	2005（6）
04727	“字本位”和语言研究	徐通锵	语言教学与研究	2005（6）
04728	汉字教学制约因素分析	张晓明	求实	2005（S1）
04729	漫谈对外汉语教学中的汉字教学	吕晓玲	福建论坛（社科教育版）	2005（S1）
04730	新世纪对外汉字教学研究情况综述	朱轶	福建论坛（社科教育版）	2005（S1）
04731	中级欧美留学生识字效果的实验研究	汪琦	语言文字应用	2005（S1）
04732	汉语汉字风行世界	施芳、赵婧	人民日报	2005-07-21
04733	多媒体汉字呈现与汉字习得研究：三个跨语言组的汉字测试分析	靳洪刚	汉语研究与应用（第三辑）/中国人民大学对外语言文化学院编/中国社会科学出版社	2005
04734	汉字有几个侧面	安挪亚	对外汉语论丛（第4集）/王德春主编/学林出版社	2005
04735	汉字字源语境多媒体再现之教育研究	涂涛	西南师范大学（博士）	2005
04736	日本語教育のための日中漢字音対照研究	李华	延边大学（硕士）	2005
04737	中韩汉字比较研究	徐新伟	华中科技大学（硕士）	2005
04738	韩语汉字词对学生习得汉语词语的影响	全香兰	世界汉语教学	2006（1）
04739	汉字的系统性与汉字认知	李大遂	暨南大学华文学院学报	2006（1）
04740	汉字教学的危机	王丽君	语言与翻译	2006（1）
04741	外国留学生汉字正字法意识及其发展研究	冯丽萍	云南师范大学学报（对外汉语教学与研究版）	2006（1）
04742	现代汉字构件的表义性分析	周妮	暨南大学华文学院学报	2006（1）
04743	语素意识在留学生汉字学习中的作用	郝美玲、张伟	汉语学习	2006（1）
04744	对外汉字教学中的“新说文解字”评述	李香平	语言教学与研究	2006（2）
04745	谈汉字教学新的路子问题	刘社会	海外华文教育	2006（2）

04746	21世纪汉语第二语言教学展望——第八届国际汉语教学讨论会暨西方学习者汉字认知研讨会述评	朱志平	北京师范大学学报（社会科学版）	2006（3）
04747	从汉字的应用看汉字的性质	徐福坤	安徽广播电视大学学报	2006（3）
04748	非汉字圈学生书写汉字及修正过程的个案研究	安然、单韵鸣	暨南大学华文学院学报	2006（3）
04749	“字本位”理论的哲学思考	潘文国	语言教学与研究	2006（3）
04750	汉字频率和构词数对非汉字圈学生汉字学习的影响	江新	心理学报	2006（4）
04751	跨文化背景下的对外汉字教学	于天昱	运城学院学报	2006（4）
04752	论汉字教学的性质、类型及其特征	马燕华	国际汉语教学动态与研究	2006（4）
04753	笔位变体与笔画教学——由“文字”与“字”的区分谈起	顾颖、杨文惠	云南师范大学学报（对外汉语教学与研究版）	2006（5）
04754	从语音感知到理解过程的差异——汉字圈和非汉字圈学生初级听力的差异比较	安然、张仕海	云南师范大学学报（对外汉语教学与研究版）	2006（5）
04755	对外汉语传授的联想法与汉字构意关系探讨	高惠宁	山东理工大学学报（社会科学版）	2006（5）
04756	从汉字字形的“中介性”看对外汉字教学	宁宁	现代语文（语言研究版）	2006（6）
04757	从一份调查报告和一次教学实验看对外汉字教学的几个问题	陈洁	科技信息	2006（10）
04758	浅谈汉字课中的“互动”教学	王亚娟	语言文字应用	2006（S2）
04759	现代汉字的理据性与对外汉字教学	赵妍	语言文字应用	2006（S2）
04760	从汉字习得角度看单笔部件拆分	李禄兴	汉语研究与应用（第四辑）/ 中国人民大学对外语言文化学院编 / 中国社会科学出版社	2006
04761	汉字研究与汉字教学研究综观	李泉	汉语研究与应用（第四辑）/ 中国人民大学对外语言文化学院编 / 中国社会科学出版社	2006

04762	论第一语言与第二语言汉字教学之异同	马燕华	汉语研究与应用（第四辑）/ 中国人民大学对外语言文化学院编 / 中国社会科学出版社	2006
04763	字本位与认知法的对外汉语教学	王骏	华东师范大学（博士）	2006
04764	常用汉字部件分析与对外汉字教学研究	李明	北京语言大学（硕士）	2006
04765	对外汉字混合式教学的研究与设计	周静嫣	华东师范大学（硕士）	2006
04766	非汉字文化圈留学生的汉字教学研究	吴俊英	华中科技大学（硕士）	2006
04767	留学生对汉字结构中表音线索的意识及其发展的实验研究	李维肖	暨南大学（硕士）	2006
04768	欧美留学生汉字部件难易度调查及部件成字性的实验研究	李银屏	北京语言大学（硕士）	2006
04769	现代汉字的构形特点与对外汉字教学	曹璐	厦门大学（硕士）	2006
04770	新加坡《小学华文》基础阶段汉字教学考察	王劼	暨南大学（硕士）	2006
04771	初级阶段非汉字圈留学生汉字学习策略的个案研究	马明艳	世界汉语教学	2007（1）
04772	从汉字研究到汉字教学——认识汉字符号体系过程中的几个问题	万业馨	世界汉语教学	2007（1）
04773	当前汉字部首法关注的主要问题研究	陈燕	语言文字应用	2007（1）
04774	对外汉语中的汉字教学艺术	梁文勤	文学教育（下）	2007（1）
04775	精读课框架内相对独立的汉字教学模式初探	王汉卫	语言文字应用	2007（1）
04776	留学生汉字教学方法略说	王海欧	吉林教育（教科研版）	2007（1）
04777	留学生汉字正字法意识的萌芽与发展	郝美玲	世界汉语教学	2007（1）
04778	外国留学生汉字分解水平的发展	徐彩华	世界汉语教学	2007（1）
04779	对外汉字教学回顾与展望	李大遂	渤海大学学报（哲学社会科学版）	2007（2）
04780	非汉字文化圈留学生汉字课教学策略研究	杜娅林	上海商学院学报	2007（2）

04781	汉语基础教材的字频统计与跨区域比较——兼论全球华语区划与汉字教育问题	王惠、余桂林	长江学术	2007（2）
04782	理据识字法是对外汉字教学的重要方法	石传良、罗音	云南师范大学学报（对外汉语教学与研究版）	2007（2）
04783	留学生教材汉字复现率的实验研究	郝美玲、刘友谊	语言文字应用	2007（2）
04784	论海外周末制中文学校汉字教学的性质、特征及教学原则	马燕华	暨南大学华文学院学报	2007（2）
04785	论形声字声旁在汉字教学中的作用	张熙昌	语言教学与研究	2007（2）
04786	“认写分流、多认少写”汉字教学方法的实验研究	江新	世界汉语教学	2007（2）
04787	非汉字圈学生的笔顺问题——从书写汉字的个案分析谈起	安然、单韵鸣	语言文字应用	2007（3）
04788	汉字系统性研究与应用	李大遂	语言文字应用	2007（3）
04789	论海外华裔汉字教学	王潇潇	辽宁行政学院学报	2007（3）
04790	浅谈汉字网络探究性学习	行玉华	天津电大学报	2007（3）
04791	汉字标志与对外汉语教学	原新梅	渤海大学学报（哲学社会科学版）	2007（4）
04792	留学生汉字形误识别能力发展的实验研究	徐彩华、刘芳、冯丽萍	语言教学与研究	2007（4）
04793	现代汉字构形法在对外汉语汉字教学中的应用策略——对英美学习者的汉字教学	王颖	渤海大学学报（哲学社会科学版）	2007（4）
04794	从“字中心”看对外汉字教学	张丽敏	曲靖师范学院学报	2007（5）
04795	对外汉语汉字教学的难点问题探析	王笑然	兰州交通大学学报	2007（5）
04796	对外汉字教学初探	卢红艳	大众科学（科学研究与实践）	2007（5）
04797	对外汉字教学中几个问题的探讨	李文焘	学术界	2007（5）
04798	对外汉字教学中迁移理论的应用	乔璐璐	辽宁教育行政学院学报	2007（5）
04799	论汉字的特点与对外汉语汉字教学	唐娟	文教资料	2007（5）
04800	高频汉字软件的开发及使用方法	符君健	南阳师范学院学报	2007（7）

04801	从《现代汉语》“文字”章的编排探索汉字学习	陈建萍	现代语文（语言研究版）	2007（8）
04802	传统识字教学的优点及其对对外汉字教学的启示	余国江	教育与职业	2007（9）
04803	使汉字成为对外汉语教学的工具——“字本位”理论与教学法探讨	章章	怀化学院学报	2007（10）
04804	国内小学识字法在对外汉字教学中的应用	孙德华	语文学刊	2007（12）
04805	中国汉字中的意境与意象——兼谈对外汉语教学中的汉字教学	林运运	双语学习	2007（12）
04806	浅谈对外汉语教学中的趣味汉字教学法	刘慧玉	科技信息（科学教研）	2007（36）
04807	对外汉语教学中的形似字识别研究	彭倩	华中科技大学（硕士）	2007
04808	汉字“成字部件”与对外汉字教学	薛靓	广西民族大学（硕士）	2007
04809	汉字文化信息解读在对外汉字教学中的运用	程知文	湖南师范大学（硕士）	2007
04810	汉字造字法与结构类型理论思辨	王华军	西北大学（硕士）	2007
04811	基于多媒体技术的对外汉字学习长时记忆效果分析	范祖奎	华东师范大学（硕士）	2007
04812	中国传统识字教学理论和方法在对外汉字教学中的应用研究	余国江	安徽大学（硕士）	2007
04813	笔画数与结构方式对留学生汉字学习的影响	刘丽萍	语言教学与研究	2008（1）
04814	对外汉字教学中的字理阐释	李香平	暨南大学华文学院学报	2008（1）
04815	俄罗斯首例汉字科学化教学方案——19世纪王西里的汉字识记体系分析	吴贺	世界汉语教学	2008（1）
04816	《说文》中的六书理论与对外汉语汉字教学	刘博	科教文汇（上旬刊）	2008（1）
04817	词·语素·汉字教学初探	施正宇	世界汉语教学	2008（2）
04818	从母语儿童识字看对外汉字教学	崔永华	语言教学与研究	2008（2）
04819	对外汉字教学现状的调查研究	行玉华、马瑜	天津中医药大学学报	2008（2）
04820	关系对外汉字教学全局的几个问题	李大遂	暨南大学华文学院学报	2008（2）

04821	汉字合体化与汉语词汇复音化	彭明权	青海师专学报	2008（2）
04822	对外汉字教学的原则与方法	董福升	湖北函授大学学报	2008（3）
04823	对外汉字教学和中国传统文化的传播	苏瑞琴	和田师范专科学校学报	2008（3）
04824	对外汉字教学中的汉字研究	范祖奎、彭国庆	乌鲁木齐成人教育学院学报	2008（3）
04825	汉字结构中的信息和对外汉字教学	周殿生	新疆大学学报（哲学人文社会科学版）	2008（3）
04826	“字本位”教学法新理念与汉语教材的编写	赵敏	新疆职业大学学报	2008（3）
04827	非汉字圈学生汉语词汇的提取与书写过程	安然、邹艳	语言教学与研究	2008（4）
04828	留学生高级班汉字课汉字知识教学与教材编写研究	李香平	语言教学与研究	2008（4）
04829	浅谈对外汉语教学中的汉字教学	刘斌	云南电大学报	2008（4）
04830	日、韩留学生形声字声旁一致性意识的萌芽与发展	吴思娜	暨南大学华文学院学报	2008（4）
04831	部件特征与结构类型对留学生汉字书写的影响	郝美玲、范慧琴	语言教学与研究	2008（5）
04832	对外汉字教学现状与应对措施	卢竑	沈阳教育学院学报	2008（5）
04833	试论对外汉语教学中古文字知识的运用	吴红松	安徽农业大学学报（社会科学版）	2008（5）
04834	教学对外汉语汉字字源教学法论略	彭万勇	重庆文理学院学报（社会科学版）	2008（6）
04835	略论对外汉语教学中汉字难写的成因及对策	尹文婷	保山师专学报	2008（6）
04836	加强高频汉字的学习，提高留学生写听读用能力	符君健	职业时空	2008（7）
04837	论汉字的特点与对外汉字教学	于茜	辽宁教育行政学院学报	2008（7）
04838	谈对非汉字圈学生的汉字教学	周凤玲	成都大学学报（教育科学版）	2008（9）
04839	信息时代汉字研究的重要性	赵学清	山东社会科学	2008（10）
04840	“易五码”查字法在国外汉语教学中的应用	周昊、Clemens Schweizer	广州大学学报（社会科学版）	2008（12）

04841	论韩语“汉字词”与汉语词汇教学	闵丙珍	消费导刊	2008（24）
04842	对外汉字教学的分析和方法	厉芹	广西大学学报（哲学社会科学版）	2008（S1）
04843	对越汉字教学法研究——字理识字教学法	张英俊	华中师范大学（博士）	2008
04844	日语汉字词与对日汉语教学研究	曹瑞泰	厦门大学（博士）	2008
04845	安徽TC镇希望小学“书法篆刻教室”综合实践活动个案研究	张丽彬	东北师范大学（硕士）	2008
04846	分词连写汉字文本对日韩留学生学习效率影响的量化研究	姜雪	辽宁师范大学（硕士）	2008
04847	汉字部件格式塔教学理论研究	高垚	内蒙古师范大学（硕士）	2008
04848	汉字构形研究在对外汉字教学中的应用	吕振华	华中科技大学（硕士）	2008
04849	汉字理据研究与对外汉字教学	王茜	河北大学（硕士）	2008
04850	汉字字理在中学古诗文教学中的应用研究	覃冬生	广西师范大学（硕士）	2008
04851	基于对外汉语教学的形声字研究	桂亮	兰州大学（硕士）	2008
04852	家族式汉字教学系统的设计与实现	程继洪	山东大学（硕士）	2008
04853	面向对外汉语教学的汉字部件研究	张韶萍	扬州大学（硕士）	2008
04854	面向中小学生和留学生的形声字教学研究	范景行	华中师范大学（硕士）	2008
04855	审美视野下的对外汉字教学	张安威	湖南师范大学（硕士）	2008
04856	双重边缘的女性书写	吴晓芬	广西民族大学（硕士）	2008
04857	泰国汉字教学的现状与教学对策研究	许翠英	厦门大学（硕士）	2008
04858	泰国中学生汉字偏误分析及教学策略	刘国画	暨南大学（硕士）	2008
04859	关于对外汉字教学层次性原则的思考	田艳	汉字文化	2009（1）
04860	汉字繁简亲疏计量研究	李菁菁	暨南大学华文学院学报	2009（1）
04861	留学生汉字习得的相关因素研究	王骏	语言教学与研究	2009（1）
04862	浅论汉语作为第二语言教学中的汉字教学	张明虎、彭杰、刘志英	红河学院学报	2009（1）

04863	认知心理学在对外汉语形声字教学中的应用研究	熊婷、王玲娟	齐齐哈尔师范高等专科学校学报	2009（1）
04864	关于对外汉字教学研究的思考和探索——兼论“字源理论”在对外汉字教学中的应用	彭万勇	现代教育论丛	2009（2）
04865	汉字策略训练的必要性、可教性和有效性的实验研究	柳燕梅	世界汉语教学	2009（2）
04866	汉字教学中部件策略训练效果的研究	柳燕梅	语言教学与研究	2009（2）
04867	汉字文化与对外汉语汉字教学	李莉	甘肃广播电视大学学报	2009（2）
04868	汉字易学与对外汉语教学新路子	赵明德	汉字文化	2009（2）
04869	面向留学生的汉字书法教学刍议	曾昭聪、朱华	吉林师范大学学报（人文社会科学版）	2009（2）
04870	浅谈如何发挥汉字教学在对外汉语教学中的作用	刘潇屿	科教文汇（中旬刊）	2009（2）
04871	《说文解字》“心”部字与常用简化汉字对应分析	戴媛媛	安徽电子信息职业技术学院学报	2009（2）
04872	分类识字法及其在对外汉语教学中的应用	郭玲	湖州师范学院学报	2009（3）
04873	汉字教学是对外汉语教学的重中之重	胥宇虹	贵州民族学院学报（哲学社会科学版）	2009（4）
04874	论汉语和汉字的关系及相关的研究	李如龙	语言教学与研究	2009（4）
04875	针对外国留学生进行汉字教学的方法	廖新玲	西南农业大学学报（社会科学版）	2009（4）
04876	“字本位”与对外汉字教学	刘婷婷	鲁东大学学报（哲学社会科学版）	2009（4）
04877	从外国学生汉字书写偏误看形声字意符在对外汉语汉字教学中的作用	凌帅	赤峰学院学报（汉文哲学社会科学版）	2009（5）
04878	试论对外汉语教学中的汉字教学难点及策略	李丽、于丽萍	内蒙古师范大学学报（教育科学版）	2009（5）
04879	从留学生汉字学习情况看汉字教学策略	高菊	文学教育（上）	2009（6）
04880	对外汉语汉字字源教学法理论建构论略	彭万勇	绵阳师范学院学报	2009（6）
04881	对外汉语教学中汉字的教学研究	张海燕	理论界	2009（6）
04882	认知角度看汉字部件的教学意义	徐黄荣	湘潮（下半月）（理论）	2009（6）

04883	以汉字教学为例论对外汉语教材	程伟、刘波	才智	2009（12）
04884	初级班非汉字文化圈留学生辅助性汉字课课程设计	曹艳	复旦大学（硕士）	2009
04885	初级阶段留学生常用字研究	莫姝婧	上海外国语大学（硕士）	2009
04886	对外汉语教学《初级汉字表》研制	杨林	北京语言大学（硕士）	2009
04887	对外汉语教学初级汉字的优选研究	杨成思	华东师范大学（硕士）	2009
04888	对外汉语教学用 2503 字形义关系的梳理与教学对策	周琳媛	北京语言大学（硕士）	2009
04889	对外汉语教学中的汉字教学初探	张雯君	复旦大学（硕士）	2009
04890	对外汉字教学研究	赵倩	大连理工大学（硕士）	2009
04891	对外汉字字源教学法构建研究	彭万勇	西南大学（硕士）	2009
04892	多媒体条件下的对外汉字教学	王荔	华中师范大学（硕士）	2009
04893	留学生高频汉字识别过程中形音义激活的时间进程	赵永桂	暨南大学（硕士）	2009
04894	网络辅助对外汉字教学优化研究	董博	山东大学（硕士）	2009
04895	字本位和词本位教学法对留学生汉语字、词习得的影响	罗美才	北京语言大学（硕士）	2009
04896	研制《音节和汉字词汇等级划分》探寻汉语国际教育新思维	刘英林、马箭飞	世界汉语教学	2010（1）
04897	再谈电子抽认卡对美国汉语初学者汉字记忆的影响	朱宇	世界汉语教学	2010（1）
04898	HSK 形近字研究	许丹	四川外语学院（硕士）	2010
04899	从汉字文化圈国家母语文字与汉字的关系看对外汉字教学的针对性	马月	云南大学（硕士）	2010
04900	对外汉语教学中的多音字研究	窦连芳	中国海洋大学（硕士）	2010
04901	对外汉字教学模式研究	马舒琦	华东师范大学（硕士）	2010
04902	多媒体字源识字法在对外汉语教学中的应用研究	刁静	西南大学（硕士）	2010
04903	非汉字文化圈留学生汉字教学对策研究	吴焕宝	东北师范大学（硕士）	2010
04904	汉语作为第二语言的汉字能力及其测试的研究	赵晋烨	华东师范大学（硕士）	2010

04905	汉字教学中非汉字文化圈学生的字感研究	谭宏	重庆师范大学（硕士）	2010
04906	汉字学习对阅读过程的指导机制	李力	天津大学（硕士）	2010
04907	汉字在对外汉语教学中的作用研究	李灵	黑龙江大学（硕士）	2010
04908	基于 LED 汉字笔顺教学仪的开发及应用	席志刚	南昌大学（硕士）	2010
04909	论对外汉字教学的确定性和情趣化	丁晴	湖南师范大学（硕士）	2010
04910	论汉字的性质特点在对外汉字教学中的应用	苏海菊	南昌大学（硕士）	2010
04911	美国学生汉语教学课堂中汉字文化教学策略的实践研究	杨瑾钰	浙江大学（硕士）	2010
04912	支架式汉字教学模式	李攀	上海外国语大学（硕士）	2010
04913	基于对外汉字教学的汉字构形理论应用研究	张智慧	河北师范大学（博士）	2011
04914	成对联想记忆在对外汉语汉字教学中的运用	尚菲	华东师范大学（硕士）	2011
04915	初级阶段汉字特点与留学生汉字习得特点研究	张晴	南京师范大学（硕士）	2011
04916	初级学生汉字记忆策略考察与分析	张媛	复旦大学（硕士）	2011
04917	初中级阶段泰国留学生汉字部件学习策略实验研究	陈静	西南大学（硕士）	2011
04918	对外汉语教学中的独体字研究	刘可	安徽大学（硕士）	2011
04919	对外汉语教学中的对外汉字教学顺序设计	朱科	黑龙江大学（硕士）	2011
04920	对外汉语教学中汉字理据研究	崔珍珍	辽宁师范大学（硕士）	2011
04921	对外汉语教学中汉字认读层次教学法研究	刘瑜	湖北工业大学（硕士）	2011
04922	对外汉语形声字教学方案设计	张进	山东大学（硕士）	2011
04923	对外汉语中汉字笔顺教学软件的研究与实现	刘丹青	云南大学（硕士）	2011
04924	对外汉字教学研究	朴宣泳	辽宁大学（硕士）	2011
04925	对外汉字课的设计	李成琳	陕西师范大学（硕士）	2011
04926	对外汉字字理教学法研究	陈密	南京师范大学（硕士）	2011

04927	对印尼人的汉字教学研究	张笑怡	湖南师范大学（硕士）	2011
04928	俄罗斯留学生初级阶段汉字学习策略分析与教学思考	罗琴	黑龙江大学（硕士）	2011
04929	非汉字文化圈初级阶段汉字教学研究	胡慧芬	华中师范大学（硕士）	2011
04930	非汉字文化圈留学生的汉字习得研究	刘畅	黑龙江大学（硕士）	2011
04931	非汉字文化圈留学生汉语成语理解调查与分析	李璘	华中师范大学（硕士）	2011
04932	海峡两岸四地汉字“书同文”研究	曹传梅	山东师范大学（硕士）	2011
04933	汉字 / 非汉字文化圈 HSK 甲级心理动词搭配的语料库研究	黄聪	重庆大学（硕士）	2011
04934	汉字的理据性与对外汉语汉字教学研究	柳琳	辽宁师范大学（硕士）	2011
04935	汉字教学中的文化导入	李俊菁	黑龙江大学（硕士）	2011
04936	汉字教学中的文化渗透	邓璐	华中师范大学（硕士）	2011
04937	汉字识别的正字法加工方式	余成武	杭州师范大学（硕士）	2011
04938	汉字文化圈和非汉字文化圈留学生之中国书法学习动机比较	胡予宸	浙江大学（硕士）	2011
04939	汉字中的文化因素研究	白萨	黑龙江大学（硕士）	2011
04940	基于非汉字文化圈的汉语谦语教学研究	李森	沈阳师范大学（硕士）	2011
04941	基于形源关系的汉字部件及其教学问题研究	毛丽	安徽大学（硕士）	2011
04942	结合认知记忆策略的对外形似字教学设计	王禄	山东大学（硕士）	2011
04943	近十年对外汉字教学研究的检讨	张薇	湖北工业大学（硕士）	2011
04944	“六书”理论在对外汉字教学中的应用研究	刘霖	吉林大学（硕士）	2011
04945	欧美学生汉字习得的偏误分析	王馨	黑龙江大学（硕士）	2011
04946	试析非汉字文化圈留学生汉字习得存在的问题及教学方法	赵娜	黑龙江大学（硕士）	2011
04947	图解汉字在对外汉字教学中的应用	刘雅芳	西安外国语大学（硕士）	2011
04948	网络对外汉字教学中的联想教学法对学生学习汉字的影响	郑奕珺	浙江大学（硕士）	2011

04949	越南的汉字教学方法研究	管国仁	华中科技大学（硕士）	2011
04950	针对韩国成年学生汉字教学的部件教学法设计	金妍琼	黑龙江大学（硕士）	2011
04951	针对湄公河流域学生的汉字教学研究	郑博	广西大学（硕士）	2011
04952	针对美国学生的汉字教学法研究	李国华	青岛大学（硕士）	2011
04953	针对拼音文字背景留学生的汉字教学	马捷飞	浙江大学（硕士）	2011
04954	针对泰国学生的基本汉字 100 字教学设计	黄友信	广西大学（硕士）	2011
04955	中级阶段留学生的汉字教学研究	白阿林	山东师范大学（硕士）	2011
04956	“字本位”理论及其在对外汉语教学中的影响	刘忠花	黑龙江大学（硕士）	2011
04957	汉字构形阐释与对外汉字教学策略探讨	郭玲	安徽大学（博士）	2012
04958	不同实验任务下东南亚留学生汉字识别中形音义的激活	张晓成	福建师范大学（硕士）	2012
04959	“部件教学法”在汉字教学中的应用	臧婷	华中科技大学（硕士）	2012
04960	部件在非汉字文化圈留学生汉字教学中的应用	段婧	辽宁大学（硕士）	2012
04961	“部件—整字—字族”对外汉字教学方法探索	王粲	西南大学（硕士）	2012
04962	常用部首教学法及其在高级阶段对外汉字教学中的应用	武佳加	西北大学（硕士）	2012
04963	“初级阶段汉字部件频率例表”的生成及使用法探索	霍晶晶	重庆师范大学（硕士）	2012
04964	初级阶段留学生汉字学习策略调查与研究	吴卓然	安徽大学（硕士）	2012
04965	从菲律宾华裔学生的汉字偏误看综合课的汉字教学	孟若虹	福建师范大学（硕士）	2012
04966	从汉字出发看对外汉字教学	陈思媛	兰州大学（硕士）	2012
04967	从文化传播谈对外汉语教学的汉字教学	王楠	黑龙江大学（硕士）	2012
04968	对比语言学视角下的汉语字本位研究	倪庆行	山东农业大学（硕士）	2012

04969	对法国中学汉语教学大纲字表的研究	宋诗琴	山东大学（硕士）	2012
04970	对外汉语教学中的含记号字研究	何翔宏	安徽大学（硕士）	2012
04971	对外汉语教学中的汉字教学	张丽敏	河南大学（硕士）	2012
04972	对外汉语教学中的汉字教学研究	王丽媛	兰州大学（硕士）	2012
04973	对外汉语教学中的汉字书法教学研究	童子漫	湖北工业大学（硕士）	2012
04974	对外汉语教学中的形近偏旁及形近字研究	章文文	安徽大学（硕士）	2012
04975	对外汉语教学中汉字“茶”的教学设计	杨倩	西北大学（硕士）	2012
04976	对外汉语教学中汉字书法教学构想	崔维艳	吉林大学（硕士）	2012
04977	对外汉语中的汉字文化教学观察	金敏	陕西师范大学（硕士）	2012
04978	对外汉语中的合体字教学问题研究	魏亚辉	黑龙江大学（硕士）	2012
04979	对外汉字教学备课平台研究	程子珊	东北师范大学（硕士）	2012
04980	对外汉字教学的趣味性研究	张晓梅	黑龙江大学（硕士）	2012
04981	对外汉字教学技巧研究	鲁梦桥	西北大学（硕士）	2012
04982	对外汉字教学中的民俗视角	张金颖	陕西师范大学（硕士）	2012
04983	对外汉字教学主要教学法研究	赵云连	吉林大学（硕士）	2012
04984	对外汉字趣味性教学探讨	孙薇	曲阜师范大学（硕士）	2012
04985	对外汉字知识体系及教材编写研究	陈胄	广西大学（硕士）	2012
04986	俄罗斯学生汉字偏误研究	郭盛	黑龙江大学（硕士）	2012
04987	法国“字本位”汉语教学研究	王凡凡	山东大学（硕士）	2012
04988	非汉字文化圈汉语初学者“文语同步”与“文语异步”教学实验研究	刘晓凤	吉林大学（硕士）	2012
04989	非汉字文化圈留学生汉字教学方法研究	潘玉家	吉林大学（硕士）	2012
04990	国内小学识字教学法在对外汉字教学中的应用研究	翟淼淼	山东大学（硕士）	2012
04991	韩语汉字词与对外汉语教学	李宇哲	黑龙江大学（硕士）	2012
04992	汉泰文字对比及对泰汉字教学研究	马伶娟	郑州大学（硕士）	2012

04993	《汉语水平词汇与汉字等级大纲》甲级字的记忆教学	张元	广西大学（硕士）	2012
04994	汉字的部件与对外汉字教学	赵晶	浙江大学（硕士）	2012
04995	汉字的形旁与对外汉语教学	段红玉	黑龙江大学（硕士）	2012
04996	汉字书法体验式教学评价体系的建构与分析	王磊	山东大学（硕士）	2012
04997	黑龙江大学留学生汉字偏误情况调查分析	徐霄	黑龙江大学（硕士）	2012
04998	基于部件认知的汉字教学案例	谢慧君	华中师范大学（硕士）	2012
04999	基于语素教学法的韩语汉字词教学方法研究	王远	吉林大学（硕士）	2012
05000	集中识字法在中高级对外汉语教学中的应用	李娜	辽宁大学（硕士）	2012
05001	利用“六书”提高对外汉字教学效率	吴海艳	广西大学（硕士）	2012
05002	“六书”理论在对外汉字教学中的应用	迟安然	吉林大学（硕士）	2012
05003	“六书”理论在对外汉字教学中的应用	杨亮亮	陕西师范大学（硕士）	2012
05004	面向对外汉语教学的形声字声符研究	邓雯	湖南师范大学（硕士）	2012
05005	母语教学启示下的“语文分进、识写分流”对外汉字教学策略初探	王凤霞	山东大学（硕士）	2012
05006	农村小学生错别字纠正策略初探	薛海超	河北师范大学（硕士）	2012
05007	浅析对外汉语教学的汉字教学	王冬	黑龙江大学（硕士）	2012
05008	浅析非汉字文化圈汉字学习障碍	胡娜	西北大学（硕士）	2012
05009	认知心理学视角下的初级阶段对外汉字教学	杨朝霞	西安外国语大学（硕士）	2012
05010	日本学生常见汉字书写错误调查分析及应对策略	杨帆	黑龙江大学（硕士）	2012
05011	日语汉字词对日本学生学习汉语正负迁移及其策略研究	张捷楠	吉林大学（硕士）	2012
05012	试论白乐桑的“法式字本位”教学法	史亿莎	南京大学（硕士）	2012

05013	泰国少儿汉字教学活动设计	李雪华（KIATT-HEERAT NOPPA-SORN）	中央民族大学（硕士）	2012
05014	文化诠释法在对外汉字教学中的运用	张颜钦	吉林大学（硕士）	2012
05015	现代汉语常用字形近字研究	陈姝	辽宁师范大学（硕士）	2012
05016	现代教学手段在对外汉字教学中的应用研究	杨贺仙	广州大学（硕士）	2012
05017	以“心”为例谈对外汉字教学	王春芳	吉林大学（硕士）	2012
05018	《音节汉字词汇等级划分》高级汉字研究	桑萍	苏州大学（硕士）	2012
05019	《音节汉字词汇等级划分》普及化等级汉字研究	胡瑞杰	苏州大学（硕士）	2012
05020	语文分进的教学模式对汉字部件策略使用的影响	杨媛	中山大学（硕士）	2012
05021	在华留学生汉字学习调查研究	梁冰	河北师范大学（硕士）	2012
05022	针对中亚留学生的对外汉字教学研究	罗振	西北大学（硕士）	2012
05023	中级阶段韩国学生汉字教学设计	杜晓媛	辽宁大学（硕士）	2012
05024	中级阶段泰国留学生错别字分析及教学建议	谭世松	西南大学（硕士）	2012
05025	中亚留学生汉字识别的眼动研究	赵燕	新疆师范大学（硕士）	2012
05026	“字本位”视角下的对外汉语教学法设计	王鹏熹	西北大学（硕士）	2012
05027	字本位理念下的对维汉语教学研究	康建华	西南大学（硕士）	2012
05028	汉语国际推广背景下的汉字教学改革	凌璧君	现代语文（语言研究版）	2013（1）
05029	浅析汉字教学中渗透中国文化的途径	张晶、金夏伊	东北农业大学学报（社会科学版）	2013（1）
05030	《说文》“六书”在对外汉字教学中的运用	胡永鹏、郭照川	漯河职业技术学院学报	2013（1）
05031	训诂学在对外汉字教学中的作用	沈晨	文学界（理论版）	2013（1）

05032	对外汉语教学中的汉字笔顺问题探析	赵亚琼	文学教育（下）	2013（2）
05033	对外汉语教学中的汉字教学改革初探	明月熙	兴义民族师范学院学报	2013（2）
05034	汉字的取象特征与对外汉语教学	李广焱	佳木斯教育学院学报	2013（2）
05035	浅谈字谜在对外汉语汉字教学中的应用	张昀	安徽文学（下半月）	2013（2）
05036	小议对外汉语汉字教学	温爱华	读与写（教育教学刊）	2013（2）
05037	反思“秀才识字认半边”在对外汉字教学中的价值	景丽芳	山西职工医学院学报	2013（3）
05038	从繁体字到中国文化——关于对外汉语汉字教学的构想	王一聪	剑南文学（经典教苑）	2013（4）
05039	对外汉字教学现状及对策探析	王丽、朱宏	南昌教育学院学报	2013（4）
05040	对外汉语汉字教学软件的先行组织者设计	任飞翔、刘少楠、任翔	软件导刊（教育技术）	2013（6）
05041	对外汉字的有效教学研究	张晓东	长春教育学院学报	2013（9）
05042	浅论汉字理据构字对对外汉语汉字教学法的启示	潘鹂	科教文汇（上旬刊）	2013（9）
05043	试论汉字思维导图建立的可行性	汪秦君	价值工程	2013（10）
05044	对外汉语的汉字教学理念和策略	覃俏丽	语文建设	2013（29）
05045	浅谈对外汉语教学中的言语互动与汉字教学	沙杰	首都师范大学学报（社会科学版）	2013（S1）
05046	关于提高汉字教学效果的几点思考	王秀荣	东南亚地区汉语国际教育趋势与前沿问题研究 / 邱鸣、谷天刚主编 / 中国社会科学出版社	2013
05047	巧借语境轻松识字	宋秋菊	东南亚地区汉语国际教育趋势与前沿问题研究 / 邱鸣、谷天刚主编 / 中国社会科学出版社	2013
05048	初级对外汉语开放式识字行动研究	李雪	上海外国语大学（硕士）	2013
05049	对日汉语教学中汉字的形义研究	耿冬妮	渤海大学（硕士）	2013
05050	对外汉语初级汉字分析及教案设计	袁婧楠	山西大学（硕士）	2013

05051	对外汉语教学中形近字的教学方法研究	黄华	内蒙古师范大学（硕士）	2013
05052	非汉字文化圈零起点青少年留学生汉字教学形式探讨	耿良云	南京大学（硕士）	2013
05053	汉字笔顺与对外汉字教学研究	李颖	上海师范大学（硕士）	2013
05054	汉字拆分教学法在留学生汉字教学中的应用	白如云	辽宁大学（硕士）	2013
05055	汉字国俗语义认知考察	陈礼权	四川外国语大学（硕士）	2013
05056	汉字文化在对外汉语汉字教学中的应用	李冰	河南师范大学（硕士）	2013
05057	基于 HSK 动态作文语料库的别字分析	许香谭	吉林大学（硕士）	2013
05058	基于对外汉语教学的多音字研究	张艳艳	暨南大学（硕士）	2013
05059	跨文化交际中的书法教学路径研究	王琳琳	吉林大学（硕士）	2013
05060	来华留学生书法学习兴趣的现状调查及对策	谢慧	暨南大学（硕士）	2013
05061	零起点混合班留学生汉字教学策略初探	詹楠	安徽大学（硕士）	2013
05062	蒙古国留学生汉语写字教学研究	贾鑫	内蒙古师范大学（硕士）	2013
05063	民族地区多媒体字源识字教学设计研究	李晓盼	西南大学（硕士）	2013
05064	泰国汉语零基础中学生笔顺感受与汉语学习关系研究	党玉坤	暨南大学（硕士）	2013
05065	泰国汉字教学模式调查研究	史翠玲	中央民族大学（硕士）	2013
05066	泰国学生汉字写读偏误调查与分析	周文汇	云南大学（硕士）	2013
05067	形声字声旁表音功能的调查研究与对外汉语汉字教学	刘玮	吉林大学（硕士）	2013
05068	针对日本留学生的汉字教学技巧	陈飞	山西大学（硕士）	2013
05069	智利学生汉字学习状况的调查与分析	徐帅	安徽大学（硕士）	2013

语音教学研究

05070	北平语调的研究	赵元任	《最后五分钟：国语罗马字对话戏戏谱》附录 / 赵元任谱 / 上海中华书局	1929
05071	中国字调跟语调（英文）	赵元任	历史语言研究所集刊第四本第二分	1933
05072	汉语的字调跟语调	赵元任	中国现代语言学的开拓和发展——赵元任语言学论文选 / 袁毓林主编 / 清华大学出版社	1933/1992
05073	汉语的字调、停顿与语调的交互关系	齐声乔	中国语文	1956（10）
05074	从一个外国人的角度来看汉语拼音方案草案	陈国	中国语文	1957（12）
05075	从阿拉伯语的语音特点看阿生的汉语教学	王绍新、杨石泉	语言教学与研究	1977（1）
05076	北京语音表在教学上的使用	胡炳忠	语言教学与研究（第三集）	1978
05077	关于汉语语音的若干问题	钟梫	语言教学与研究（第三集）	1978
05078	谈对说英语的学生进行汉语语音教学的问题	刘月华、刘广徽	语言教学与研究（第三集）	1978
05079	谈谈普通话变调中的两个小问题	徐世荣	语言教学与研究（第三集）	1978
05080	关于三个上声连读变调问题的商榷	卢甲文	语言教学与研究	1979（2）
05081	关于声调教学的一点建议	石佩雯	语言教学与研究（第四集）	1979
05082	对阿拉伯学生进行汉语语音教学的几个问题	施光亨	语言教学与研究	1980（2）
05083	关于播音语调的探讨	陈平	广播电视杂志	1980（3）
05084	关于轻声的一些问题	王志武、黄佩文	语言教学与研究	1981（2）
05085	关于读错字音的问题	江澄	中国语文通讯	1981（5）
05086	关于普通话“日”母的音值（一）	朱晓农	中国语文通讯（北京）	1982（3）

05087	从日语声调拟测中国唐朝时代的四声调值	金田一春彦；林璋译	语言教学与研究	1983（2）
05088	关于轻声语素前的上声变调问题	李明	语言教学与研究	1983（2）
05089	关于同音现象运用的问题	姚宝元	语言教学与研究	1983（3）
05090	基础汉语教学中的儿化韵问题	胡炳忠	语言教学与研究	1983（3）
05091	《汉语拼音方案》在对外国学生汉语教学中的作用	杨甲荣	文字改革	1983（9）
05092	对外汉语教学中应该充分发挥汉语拼音的作用	石佩雯	文字改革	1983（12）
05093	从对外汉语教学谈汉语拼音的分词连写	杨惠元	语言教学与研究	1984（1）
05094	对罗马尼亚学生的汉语语音教学琐谈	任远	语言教学与研究	1984（2）
05095	汉语入门的捷径——谈用汉语拼音教外国人学习汉语	李珠	文字改革	1985（2）
05096	汉语 *s- 鼻音声母	〔美〕张琨著；刘宝俊节译	音韵学研究通讯	1985（7）
05097	汉语发音法基础及语调对比	王宪荣	现代俄语语音学（第十编）/ 王宪荣编著 / 黑龙江人民出版社	1985
05098	关于轻声“得”的语义特征和词性的一点质疑	力量	淮阴师专学报（社会科学版）	1986（3）
05099	从表达上看谐音	杨庆蕙	语言教学与研究	1986（4）
05100	汉语语音教学的重点	李培元	世界汉语教学	1987（1）
05101	“轻声”就是“轻轻读”吗？——谈怎样教读轻声	贾宝凰	兰州教育学院学报（社会科学版）	1987（1）
05102	汉语的塞擦音和非正则元音、舌尖元音	刘月华	世界汉语教学	1987（3）
05103	关于北京话的语调问题	胡明扬	北京话初探 / 胡明扬 / 商务印书馆	1987
05104	关于美国人学习汉语声调	〔美〕沈晓楠	世界汉语教学	1989（3）

05105	汉语词句中音节的长度与强度的伴随性	徐世荣	世界汉语教学	1988（4）
05106	北京话的语流音变与对外汉语教学	任国庆	世界汉语教学	1989（4）
05107	比比看——“汉语拼音方案”跟罗马字母斯拉夫字母几种主要汉语拼音方案的比较	张清常	世界汉语教学	1990（1）
05108	“洋腔洋调”的语调和声调	孟国	天津师大学报（社会科学版）	1990（3）
05109	从对外汉语教学看汉语的音变问题	丁迪蒙	上海大学学报（社会科学版）	1990（4）
05110	语流的语音训练	黄明晔	上海师范大学学报（哲学社会科学版）	1990（4）
05111	怎样教母语为英语的学生学会汉语的辅音	〔美〕米凯乐	世界汉语教学	1990（4）
05112	标准语与对外汉语教学	张宁	汉语学习	1990（5）
05113	为什么日本学生最难掌握的是汉语的声调	〔日〕长谷川良一	中国语文	1990（6）
05114	英语国家学生学习汉语语音难点分析	倪彦、王晓葵	汉语学习	1992（2）
05115	部分中古入声字读音与日语汉字音读的对应关系	袁庆述	古汉语研究	1993（1）
05116	关于汉语拼音化改革的一些设想	博望	学术界	1993（1）
05117	汉语的节奏规律和朗读艺术	吴洁敏	世界汉语教学	1993（2）
05118	浅谈泰国学生学习汉语语音的难点	〔泰〕蒋嫦娥	古今中国面面观——北京语言学院来华留学生毕业论文选 / 武柏索主编 / 北京语言学院出版社	1993
05119	汉语的反切与日语的约音完全相同吗——兼与邹儒生、邹本建二同志商榷	谯燕	日语学习与研究	1994（2）
05120	初级汉语水平留学生的普通话声调误区	马燕华	北京师范大学学报（社会科学版）	1994（3）
05121	现代汉语语音概要	贾寅淮	中国出版年鉴（1993）/ 中国出版年鉴社编辑 / 中国出版年鉴社	1994

05122	对外籍生汉语语音教学的返想	郭翠霞	语言与翻译	1995（2）
05123	汉语语音递增输出实验	柯传仁	语言教学与研究	1995（2）
05124	印尼学生汉语语音教学之我见	王易平	海外华文教育	1996（1）
05125	对外汉语语音教学中的几个问题	程棠	语言教学与研究	1996（3）
05126	从汉语中古音看日语吴音与汉音之差异	李月松	外国语	1996（6）
05127	要重视“说”的能力培养——谈谈语调问题	李书章	中学语文教学	1996（12）
05128	从调号标注看外国学生的汉语声调特点	王又民	语言文化教学研究 / 李振杰主编 / 华语教学出版社	1996
05129	韩国人学习汉语发音难点初探	王改改	汉语言文化研究 / 胡明扬、金天相等著 / 广西师范大学出版社	1996
05130	印尼华裔学生学习普通话语音的难点及其克服办法	董琳莉	汕头大学学报	1997（2）
05131	谈对日本学生的初级汉语语音教学	何平	语言教学与研究	1997（3）
05132	对日本学生鼻韵母音的教学	董玉国	世界汉语教学	1997（4）
05133	《翻译老乞大·朴通事》所反映的汉语声调调值	李钟九	古汉语研究	1997（4）
05134	第一、第二语言学习在语音掌握过程上的区别性特征探讨	王魁京	北京师范大学学报（社会科学版）	1997（6）
05135	对外汉语教学中一个不容忽视的问题——谈朗读和朗读技巧	滕吉海	汉语学习	1997（6）
05136	《汉语拼音方案》在对外汉语教学使用中的一些问题	叶军	语文建设	1997（8）
05137	日韩学生的汉语声调分析	刘艺	世界汉语教学	1998（1）
05138	谈对韩国学生的语音教学——难音及对策	宋春阳	南开学报（哲学社会科学版）	1998（3）
05139	谈初级汉语语音教学——对日本学生教学的思考	何平	北大海外教育（第二辑）/ 郭振华主编 / 北京大学出版社	1998
05140	中级汉语水平日韩留学生汉语语音听辨范畴的异同	马燕华	北京师范大学学报（社会科学版）	1999（6）
05141	日本学生汉语音位听觉的训练难点及其习得顺序	周奕	北京师范大学学报（社会科学版）	1999 专刊

05142	对韩国学生进行汉语语音教学应注意的问题	丁立群	大连外国语学院35周年校庆学术系列丛书——对外汉语卷 / 校庆丛书编委会编 / 长春出版社	1999
05143	法语国家学生汉语发音问题初探	朱晓琳	对外汉语教研论丛 / 吴碧莲主编 / 华东师范大学出版社	1999
05144	关于初级形式的语调训练	董玉国	汉语速成教学研究（第二辑）/ 北京语言文化大学汉语速成学院编 / 华语教学出版社	1999
05145	韩国人学习汉语普通话发音难点浅谈	张春芳	对外汉语教研论丛 / 吴碧莲主编 / 华东师范大学出版社	1999
05146	浅谈对韩国留学生的初级汉语语音教学	黄贞姬	双语双文化论丛（第四辑）/ 崔健主编 / 延边大学出版社	1999
05147	美国英语语调对美国学生学习汉语普通话声调的干扰	〔美〕桂明超著；杨吉春译	世界汉语教学	2000（1）
05148	从汉语方言看汉语声调的发展	钱曾怡	语言教学与研究	2000（2）
05149	关于印尼华裔学生汉语语音的调查及相应的教学对策	倪伟曼、林明贤	华侨大学学报（哲学社会科学版）	2000（2）
05150	论对外汉语语言教学中“声调”的纠偏	何丽静、王阳	北京联合大学学报	2000（2）
05151	越南语语音习得难点分析	石宝洁	解放军外国语学院学报	2000（2）
05152	从普通话水平测试看声调、语调教学的重要性	文红	桂林市教育学院学报（综合版）	2000（3）
05153	关于上声字的一类特殊变调	丁启阵	语言教学与研究	2000（3）
05154	法语区留学生学习汉语语音的难点及其对策	朱芳华	海外华文教育	2000（4）
05155	对外汉语语音教学简论	张英	北大海外教育（第三辑）/ 赵燕皎、李晓琪主编 / 华语教学出版社	2000

05156	关于现代汉语语音（知识）课的一些思考——从一次调查谈起	曹文	语言文化教学研究集刊（第四辑）/ 北京语言文化大学汉语学院编 / 华语教学出版社	2000
05157	探讨对日汉语教学中的语音与语感问题	喻捷	双语学研究（《民族教育研究》2000 年增刊）	2000
05158	初级班说话课语音教学	李盛娣	海外华文教育	2001（2）
05159	词重音及语调错误分析	张巍成	辽宁师专学报（社会科学版）	2001（3）
05160	关于对外汉语声调教学的一些思考	姜晓红	宁夏大学学报（人文社会科学版）	2001（3）
05161	泰国、印尼华裔学生声母发音特点研究	朱湘燕	海外华文教育	2001（4）
05162	应该怎样拼写中国人的姓名——以学术界为例看人名汉拼规范问题	原新梅	天津外国语学院学报	2001（4）
05163	语音牵引：汉语语音习得中的汉字音介入	张维佳	陕西教育学院学报	2001（4）
05164	从现代汉字字音看现代汉语语音的几个特点	易洪川	语言教学与研究	2001（5）
05165	韩国、日本学生感知汉语普通话高元音的初步考察	王韫佳	语言教学与研究	2001（6）
05166	新加坡的汉语拼音教学	卜兆凤	语文建设	2001（12）
05167	初级阶段的对外汉语语音教学刍议	缪小放	汉日语言研究文集（第四集）/ 北京出版社、文津出版社	2001
05168	外国留学生汉语语音意识发展研究	高小丽	北京语言文化大学（硕士）	2001
05169	北京地名中部分通名的儿化情况	彭宗平	语言教学与研究	2002（1）
05170	日本学习者感知和产生普通话鼻音韵母的实验研究	王韫佳	世界汉语教学	2002（2）
05171	关于“方言语调”的思考	印平	南京社会科学	2002（4）
05172	手势在语音教学中的作用	张园	语言教学与研究	2002（6）
05173	对外汉语教学中粤语口音普通话听辨训练问题探讨	杨蔚	广州大学学报（社会科学版）	2002（10）

05174	关于对外汉语语音教学的反思	毛世桢	对外汉语教研论丛（第二辑）/ 华东师范大学国际中国文化学院编 / 华东师范大学出版社	2002
05175	汉语语音研究与汉语语音教学接口中的若干问题	王韫佳	对外汉语论丛（第二集）/ 竟成主编 / 上海外语教育出版社	2002
05176	建立日本学生汉语中介音语料库的设想及其对日本学生语音教学的启示	林晓勤	对外汉语教研论丛（第二辑）/ 华东师范大学国际中国文化学院编 / 华东师范大学出版社	2002
05177	认知教学法在对外汉语语音教学中的应用	邵菁	对外汉语论丛（第二集）/ 竟成主编 / 上海外语教育出版社	2002
05178	汉语普通话轻声的语音特征分析	陈春艳	云南师范大学（硕士）	2002
05179	再论美国英语语调对美国学生学习汉语声调的干扰	〔美〕桂明超著；杨吉春译	云南师范大学学报（对外汉语教学与研究版）	2003（1）
05180	从汉语的语音模糊看汉语语音教学	蔚草	语言与翻译	2003（2）
05181	对外汉语初级阶段语音感教学研究	王玲娟	重庆大学学报（社会科学版）	2003（3）
05182	韩国汉字音和普通话声调的对应关系	〔韩〕任少英	汉语学习	2003（3）
05183	汉语词语构成的音节因素和节奏语感的培养	吴淮南	南京大学学报（哲学·人文科学·社会科学版）	2003（3）
05184	基础阶段声调教学四题	王汉卫	暨南大学华文学院学报	2003（3）
05185	从周边方言看北京话儿化韵的形成和发展	张世方	语言教学与研究	2003（4）
05186	谈对韩汉语语音对比教学	闫安阳	连云港职业技术学院学报	2003（4）
05187	对外汉语教学中语音教学的几种方法	郝小明	太原大学学报	2004（1）
05188	闽南方言语音对东南亚学生学习普通话语音的影响及教师的对策	连志丹	海外华文教育	2004（2）
05189	日本学习者对汉语普通话不送气 / 送气辅音的加工	王韫佳、上官雪娜	世界汉语教学	2004（3）

05190	法国学生学习汉语辅音中的一些问题	刘苏乔、齐冲	语言文字应用	2004（4）
05191	汉语作为第二语言之声调教学研究综述	段轶娜	文教资料（初中版）	2004（Z1）
05192	《汉语正音课》与语音实验	金晓达	数字化对外汉语教学理论与方法研究 / 张普等主编 / 清华大学出版社	2004
05193	对日汉语句重音教学问题	涩谷周二	吉林大学（硕士）	2004
05194	汉语洋文盲与汉语拼音的教学和应用	刘涛	现代语文（理论研究版）	2005（1）
05195	日本学习者习得普通话卷舌声母的语音变异研究	梅丽	世界汉语教学	2005（1）
05196	对韩国留学生汉语发音中一些问题的解析	闫恒	青岛职业技术学院学报	2005（2）
05197	对日本留学生的语音教学问题	梁亚东、邹德文	长春师范学院学报（人文社会科学版）	2005（2）
05198	关于普通话上声变调的教学问题	邵燕梅	临沂师范学院学报	2005（2）
05199	汉语词复音化问题概说	唐子恒	临沂师范学院学报	2005（2）
05200	汉语的几种同音删略现象	司富珍	语言教学与研究	2005（2）
05201	《汉语拼音方案》与世界汉语语音教学	王理嘉	世界汉语教学	2005（2）
05202	留学生入门阶段语音教学研究	顾筝、吴中伟	云南师范大学学报（对外汉语教学与研究版）	2005（2）
05203	影响外国留学生汉语语音短时记忆的因素研究	田靓、高立群	语言文字应用	2005（2）
05204	不同母语外国留学生汉语语音意识发展研究	高立群、高小丽	云南师范大学学报（对外汉语教学与研究版）	2005（3）
05205	对外汉语语音教学有效途径的选择	柴俊星	语言文字应用	2005（3）
05206	印尼学生汉语语音教学难点及对策	欧阳国泰	海外华文教育	2005（3）
05207	汉语单句的结构对称特点	郭智	云南师范大学学报（对外汉语教学与研究版）	2005（4）
05208	零起点韩国学生阳平二字组声调格局研究	冯丽萍、胡秀梅	汉语学习	2005（4）
05209	印尼留学生习得汉语塞音和塞擦音实验研究	林奕高、王功平	语言教学与研究	2005（4）

05210	印尼语语音对汉语普通话语音学习的影响	高惠敏	海外华文教育	2005（4）
05211	对外汉语教学中的儿化问题	徐越	语言教学与研究	2005（5）
05212	汉语作为第二语言的声调教学——也从上声谈起	王鹿	喀什师范学院学报	2005（S1）
05213	韩国学生汉语声调知觉和发音的实验研究	李晓雪、周小兵	汉语研究与应用（第三辑）/中国人民大学对外语言文化学院编/中国社会科学出版社	2005
05214	韩国学生汉语主要韵母发音—知觉的实验研究	陈凡凡、周小兵	对外汉语研究（第1期）/上海师范大学《对外汉语研究》编委会编/商务印书馆	2005
05215	试论“洋腔洋调”成因的多样性——在汉语目的语环境下“洋腔洋调”难以走向标准语音原因浅析	夏晴、毛世桢	云南师范大学学报（对外汉语教学与研究版）	2006（1）
05216	对外汉语语音研究与语音教学研究综述	周芳	云南师范大学学报（对外汉语教学与研究版）	2006（2）
05217	苏格兰留学生汉语普通话单字音声调音高的实验研究——以两名发音人的语音样本为例	陈彧	世界汉语教学	2006（2）
05218	印尼华裔留学生汉语声调习得分析	王茂林	暨南大学华文学院学报	2006（2）
05219	对外汉语声调教学研究回望	彭玉康、胡袁圆	暨南大学华文学院学报	2006（4）
05220	法国学生汉语元音学习中母语迁移的实验研究	高玉娟、石锋	云南师范大学学报（对外汉语教学与研究版）	2006（4）
05221	《语言自迩集》中的入声字读音	高晓虹、刘淑学	语言教学与研究	2006（6）
05222	对外汉语初级班第三声的类推法教学	刘若云	中山大学学报论丛	2006（9）
05223	对外汉语教育中的语音教学初探	郑悦	科技资讯	2006（25）
05224	初级汉语水平韩国留学生汉语双音节词声调的发音规律研究	侯晓虹、李彦春	语言文字应用	2006（S2）
05225	略论对外汉语语音教学的“难点频现”原则	周奕	语言文字应用	2006（S2）
05226	中级阶段语音教学刍议	刘巍	语言文字应用	2006（S2）

05227	东南亚学生华语声调听辨分析	曾金金	汉语研究与应用（第四辑）/中国人民大学对外语言文化学院编/中国社会科学出版社	2006
05228	留学生汉语语音意识发展及教学实验研究	张冬红	北京语言大学（硕士）	2006
05229	普通话双音节非轻声词的轻重格式研究	沈倍蕾	华东师范大学（硕士）	2006
05230	日本人的汉语拼音拼写错误问题研究	大西耕司	华东师范大学（硕士）	2006
05231	印尼学习者习得汉语普通话塞音和塞擦音实验研究	林奕高	暨南大学（硕士）	2006
05232	越南留学生汉语声调偏误实验分析	刘晓军	广西大学（硕士）	2006
05233	越南语语调对学习汉语语调的影响研究	陈翠珠	云南师范大学（硕士）	2006
05234	对韩汉语语音教学的基本方法	屠爱萍	现代语文（语言研究版）	2007（1）
05235	韩国学生汉语中介语语音模式分析	胡晓研	汉语学习	2007（1）
05236	汉语y韵母与朝鲜文献的对音	金基石	民族语文	2007（1）
05237	《汉语拼音方案》在对外汉语教学中容易形成的若干误区	王晶	现代语文（语言研究版）	2007（1）
05238	汉语语音教学笔记	石锋	南开语言学刊	2007（1）
05239	留学生语音阶段结束后之语音跟进调查	李玉军	暨南大学华文学院学报	2007（1）
05240	对外汉语语音教学难点	孙月	今日湖北（理论版）	2007（3）
05241	越南留学生汉语声调的声学研究	李璨	湘潮（下半月）（理论）	2007（3）
05242	留学生汉语音节感知差异探析	安然、张仕海	汉语学习	2007（4）
05243	《汉语拼音方案》在对外汉语教学中的缺憾及辨正	丁迪蒙	上海大学学报（社会科学版）	2007（6）
05244	初级汉语水平外国留学生汉语语音意识横向发展研究	邵良红	暨南大学（硕士）	2007
05245	汉语单音节句语调比较研究	谯蓉	北京语言大学（硕士）	2007
05246	汉语拼音在对外汉语教学中的应用研究	张双	湖南师范大学（硕士）	2007

05247	留学生汉语语素意识的发展及其与阅读能力的关系	张琦	北京语言大学（硕士）	2007
05248	日本留学生汉语陈述句核心重音的韵律表现	裘珊珊	北京语言大学（硕士）	2007
05249	对外汉语声韵调教学研究	张桂芳	辽宁师专学报（社会科学版）	2008（1）
05250	越南留学生的汉语声调学习难点探究	陈钰、武青春	绍兴文理学院学报（教育教学研究版）	2008（2）
05251	对外汉语语音教学的盲点——试论朗读教学在对外汉语语音教学中的作用	关英伟	桂林师范高等专科学校学报	2008（3）
05252	从对外汉语教学的角度看中日辅音对比	李存锋	承德民族师专学报	2008（4）
05253	日本学生汉语元音习得的实验研究	温宝莹	语言教学与研究	2008（4）
05254	印尼留学生汉语声母感知实验研究	王功平	语言教学与研究	2008（5）
05255	对外汉语初级阶段的语音课堂教学	党永芬	青海师专学报	2008（6）
05256	对外汉语教学中的语调教学	唐玉萍	当代教育论坛（学科教育研究）	2008（6）
05257	越南留学生汉越声调比较	高春燕	红河学院学报	2008（6）
05258	初级水平留学生汉语语音学习策略研究	刘枫	北京语言大学（硕士）	2008
05259	汉语拼音在初级对外汉语教学中的应用研究	左杉	辽宁师范大学（硕士）	2008
05260	汉语普通话双音节句实验研究	王瑞	北京语言大学（硕士）	2008
05261	基于语料库的上海话—普通话中介音韵母特征研究	李静静	华东师范大学（硕士）	2008
05262	现代汉语“A像B一样C”的研究	耿晓涛	上海师范大学（硕士）	2008
05263	现代汉语的轻重音研究	李静	上海师范大学（硕士）	2008
05264	印尼高中生声调学习难点及其教学应对策略	汤友	湖南师范大学（硕士）	2008
05265	中级汉语水平韩国留学生声调声学实验与分析	刘珊珊	广西师范大学（硕士）	2008
05266	声调与无声调母语背景留学生汉语语音意识发展对比研究	吴波	暨南大学（硕士）	2008

05267	对日汉语语音教学中的几个问题——兼谈语音训练方法	耿光怡	东疆学刊	2009（2）
05268	冯胜利：汉语的韵律功能	张耀文	暨南大学华文学院学报	2009（2）
05269	日本学习者对汉语普通话“相似元音”和“陌生元音”的习得	王韫佳、邓丹	世界汉语教学	2009（2）
05270	对外汉语声调教学策略探索	宋益丹	语言教学与研究	2009（3）
05271	对外汉语语音教学中声母教学研究	沈丽娜、于艳华	长春理工大学学报（社会科学版）	2009（3）
05272	知觉训练和日本留学生汉语辅音送气/不送气特征的习得	张林军	语言教学与研究	2009（4）
05273	对外汉语教学中初级语音教学模式初探	吴懿纯、黄丹玫	科教文汇（上旬刊）	2009（6）
05274	初中级日韩美汉语学习者声调输入输出的相关性和不平衡性	李娜	华东师范大学（硕士）	2009
05275	海峡两岸现代汉语通用语语音差异对比研究	张岚	华东师范大学（硕士）	2009
05276	汉德语音对比基础上的初级汉语语音教学研究	王小戎	华东师范大学（硕士）	2009
05277	基于生成性词库分词技术的汉语拼音自动转换研究	罗万	湖南师范大学（硕士）	2009
05278	留学生语音学习策略研究	刘湘忆	华东师范大学（硕士）	2009
05279	泰国高校中文系汉语语音教学研究	刘晓勋	扬州大学（硕士）	2009
05280	泰国学生汉语发音质量与语音意识和汉字识别的关系	赵晓玉	北京语言大学（硕士）	2009
05281	英语背景汉语学习者翻译式偏误分析	王海珍	扬州大学（硕士）	2009
05282	语音接口在汉语学习寓教于乐系统中的应用	高国栋	北京交通大学（硕士）	2009
05283	从 Robert Gardner 和 Wallace Lambert 动机理论看越南学生汉语语音学习	黄景君	重庆师范大学（硕士）	2010
05284	对外汉语轻声词教学研究	王敏	中国海洋大学（硕士）	2010
05285	越汉中介语声调系统研究	黎明清	重庆师范大学（硕士）	2010
05286	中级阶段泰国学生汉语学习声调研究	李瑞	西南大学（硕士）	2010
05287	基于“协同教学”的韩国高中汉语语音教学研究	袁媛	广西师范大学（硕士）	2010

05288	初级水平缅甸学生汉语元音习得的声学研究	侯娟	广西师范大学（硕士）	2011
05289	对巴西葡语学生对外汉语语音教学的探究	杨帆	湖北大学（硕士）	2011
05290	对韩国学生汉语语音教学研究	李凤花	吉林大学（硕士）	2011
05291	对外汉语教材语音体系编排研究	殷佩蓓	新疆师范大学（硕士）	2011
05292	俄罗斯留学生汉语语音偏误及教学策略	张迪	黑龙江大学（硕士）	2011
05293	俄罗斯留学生汉语语音习得研究	奥克桑娜	辽宁师范大学（硕士）	2011
05294	韩国学生汉语学习中的语音偏误分析及相关对外汉语教学策略	胡园园	首都师范大学（硕士）	2011
05295	汉英语音对比及对英语国家留学生语音教学方法初探	闫冰洁	黑龙江大学（硕士）	2011
05296	汉语语音教学个案研究	李露	华东师范大学（硕士）	2011
05297	马达加斯加初级汉语语音教学初探	刘寅	华中科技大学（硕士）	2011
05298	美国留学生汉语单字调习得的实验研究	胡小英	杭州师范大学（硕士）	2011
05299	面向对外汉语教学的汉葡语音对比分析	郭鸣	湖北大学（硕士）	2011
05300	面向俄罗斯学生的初级汉语语音教学研究	李雅琴	华中师范大学（硕士）	2011
05301	面向哈萨克斯坦留学生的汉语拼音教学方案	Dvumarov Shakir（马龙）	西北大学（硕士）	2011
05302	欧美留学生汉语语流音变习得现象调查报告	陈慧博	黑龙江大学（硕士）	2011
05303	浅谈汉语拼音在中级对外汉语教学中的应用	温雅淳	黑龙江大学（硕士）	2011
05304	浅谈亚裔儿童汉语声调的习得	张颖	华东师范大学（硕士）	2011
05305	泰国大学生汉语语音偏误分析及教学对策	李黎	华中科技大学（硕士）	2011
05306	泰国留学生汉语陈述句句重音声学特征	戴婷	暨南大学（硕士）	2011
05307	“同伴纠错性反馈”在对外汉语语音教学中的作用研究	王青	浙江大学（硕士）	2011

05308	印尼非华裔学生汉语语音学习难点初探	沈清华	重庆大学（硕士）	2011
05309	在韩汉语外教现状及韩国学生汉语发音错误的分析指导	全顺善	延边大学（硕士）	2011
05310	针对印尼学生的汉语声调教学研究	曾莉梅	河北师范大学（硕士）	2011
05311	中高级法国留学生汉语单字调习得的实验研究	周兰	杭州师范大学（硕士）	2011
05312	中级汉语水平越南留学生汉语声韵调时长及轻声时长的实验研究	刘潇	广西师范大学（硕士）	2011
05313	中学阶段日韩学生汉语语音学习差异比较研究	张晟达	华东师范大学（硕士）	2011
05314	初级阶段印尼学习者习得汉语语音难点研究	彭慧	南昌大学（硕士）	2012
05315	对母语为俄语的学生的汉语语音教学研究	安泽	东北师范大学（硕士）	2012
05316	对泰初级汉语语音教学分析	黄天惠	云南大学（硕士）	2012
05317	对外汉语教学初级阶段的语调教学策略	孙婵娟	安徽大学（硕士）	2012
05318	对外汉语教学中语调教学的对比教学法	石昭	广西大学（硕士）	2012
05319	对中亚留学生汉语字词声调教学的探讨	罗小品	兰州大学（硕士）	2012
05320	俄罗斯留学生双音节词声调习得研究	王璇	辽宁师范大学（硕士）	2012
05321	俄罗斯学生汉语语音教学对策	宰伊采娃·克里斯蒂娜	黑龙江大学（硕士）	2012
05322	“还”和“Still”的语用分析及相关语音问题研究	孟宏	南京航空航天大学（硕士）	2012
05323	汉语与斯瓦希里语语音对比研究	沙瑞发（Noordin Shariffa Begam）	天津师范大学（硕士）	2012
05324	汉语正音课研究	赵立博	黑龙江大学（硕士）	2012
05325	节律练习在对外汉语语音教学中的应用	王珊	山东大学（硕士）	2012

05326	蒙古学生汉语习得中的语音偏误及教学对策	孟和图拉	黑龙江大学（硕士）	2012
05327	蒙古学生汉语语音教学对策	特古德尔吉雅	山东大学（硕士）	2012
05328	情境教学法在汉语国际教育语音教学中的探索与运用	徐晔	浙江大学（硕士）	2012
05329	泰国汉语零起点中学生拼音教学方法探索	刘彦如	广西师范大学（硕士）	2012
05330	泰国零起点高中生汉语拼音教学实例探究	曹丹	吉林大学（硕士）	2012
05331	外国留学生多音字读音情况的调查与研究	丁萍	湖南师范大学（硕士）	2012
05332	以游戏教学法为辅的语音教学设计	董皓月	云南大学（硕士）	2012
05333	英语母语者学习汉语声调阴平、阳平、去声的教学设计	张子游	华中师范大学（硕士）	2012
05334	有关建立日本汉语学习者汉语语音范畴的基础研究探讨日本人的汉语语音有效学习方法	长井由花	复旦大学（硕士）	2012
05335	越南、泰国、印尼留学生汉语普通话声调习得建模	姚云	广西师范大学（硕士）	2012
05336	针对韩国学生汉语声调教学教材编写设计方案	SHIN JAEHYUK	新疆大学（硕士）	2012
05337	针对美国留学生的汉语语音教学	曹倩	辽宁大学（硕士）	2012
05338	针对英语国家学生的网络拼音学习资源的调查研究	李茜	湖南师范大学（硕士）	2012
05339	从对外汉语教学中口语和书面语的冲突论拼音的重要性	杨倩	大众文艺	2013（1）
05340	汉语语音在对外汉语教学中的运用	蒋荔	剑南文学（经典教苑）	2013（1）
05341	音译词在汉语语音教学阶段的应用实验——以卢旺达三个零起点班的语音教学实践为例	陈爱香、曾广煜	现代语文（语言研究版）	2013（1）
05342	语音实验室在语言学课程教学中的作用	栗华益	宿州学院学报	2013（1）
05343	中亚留学生汉语声调教学初探	李媛、洪勇明	伊犁师范学院学报（社会科学版）	2013（1）
05344	初级阶段声调教学方法新探	龙小玲	时代文学（上半月）	2013（2）

05345	浅谈教师在对外汉语语音教学中应注意的几个问题	熊春花	剑南文学（经典教苑）	2013（2）
05346	语音意识理论对对外汉语语音研究的启示	郑梅	教学研究（社会科学版）	2013（2）
05347	唱歌学汉语语音	张玉珍、邹晶	吉林广播电视大学学报	2013（3）
05348	对外汉语声调教学的症结及克服办法	邹铃声	教育文化论坛	2013（4）
05349	泰国小学生的汉语拼音学习分析	郝连芳	中国—东盟博览	2013（4）
05350	从 r[z] 音看韩国留学生汉语语音习得	杨雯	中外企业家	2013（7）
05351	对外汉语声调教学新思路	董宁	现代语文（语言研究版）	2013（7）
05352	试论对外汉语语音教学主要内容	刘瑜	艺术科技	2013（7）
05353	对外汉语教学暨汉字注音方法的改进	季林彧	科学大众（科学教育）	2013（8）
05354	对外汉语教学中语音教学的反轨研究——浅谈对外汉语教学中的音译词语音教学法	李欢	剑南文学（经典教苑）	2013（9）
05355	浅析普通话声调在对外汉语教学中的重要性	曾丽萍	长春教育学院学报	2013（20）
05356	对外汉语语音教学方法浅谈	朱琳	才智	2013（26）
05357	对外汉语中的语音与词汇教学	高澜瑄	教育教学论坛	2013（27）
05358	汉语语音习得初期难点分析——以巴基斯坦留学生为例	黄柳青	教育教学论坛	2013（39）
05359	脑半球对汉语元音音节声调的加工与瞬时记忆——母语以西班牙语为背景的墨西哥初级汉语习得者	王红斌	东南亚地区汉语国际教育趋势与前沿问题研究 / 邱鸣、谷天刚主编 / 中国社会科学出版社	2013
05360	从对比分析角度论对泰汉语语音教学的重点	高昊阳	云南大学（硕士）	2013
05361	对蒙汉语拼音教学调查研究	李芸	内蒙古师范大学（硕士）	2013
05362	对外汉语语音教学研究	林帅	吉林大学（硕士）	2013
05363	韩国高中生汉语语音偏误分析及对策	李博	鲁东大学（硕士）	2013

05364	韩国留学生学习汉语语音时的主要障碍和解决策略	党艳平	鲁东大学（硕士）	2013
05365	蒙古国零起点小学生声调教学探析	王亚男	吉林大学（硕士）	2013

词汇教学研究

05366	汉语词汇教学琐谈	张维	语言教学与研究	1979（1）
05367	文选课的词语教学	李玉敬、孙瑞珍	语言教学与研究	1980（2）
05368	词语对比杂谈	陈中绳	外语教学与研究	1980（3）
05369	对等词观念害人不浅——Send 是“送”吗?	金堤	语言教学与研究	1980（3）
05370	《基础汉语课本》生词教学点滴	周翠琳	对外汉语教学	1983（1）
05371	留学生词汇教学举例	毛修敬	语言教学与研究	1983（1）
05372	对外国留学生进行词汇教学的探讨	郑玉蓉	对外汉语教学	1984（2）
05373	“热”和“暖和”“冷”和“凉快”——教学笔记之一	徐家桢	语言教学与研究	1985（1）
05374	词语教学中的病句分析和批改	汪宗虎	语言教学与研究	1985（3）
05375	替代与原词复现	吕天石	外国语（上海外国语大学学报）	1985（4）
05376	试谈词语搭配的形式和条件	马挺生	语言教学与研究	1986（3）
05377	同“译”词教学初探	阎德早	世界汉语教学	1987（2）
05378	词汇规范和对外汉语教学	李行健	语言教学与研究	1987（4）
05379	对外汉语词汇教学中的综合教学原则	吴淮南	南京大学学报（哲学·人文科学·社会科学版）	1987（S）
05380	对外汉语教学中词义辨析的几个问题	郭志良	世界汉语教学	1988（1）
05381	试论对日本留学生的词汇教学	李菊光	南京师大学报（社会科学版）	1988（3）
05382	词组的功能和析句的原则	程观林	徽州师专学报（哲学社会科学版）	1988（4）

05383	从历时和共时对比的角度看颜色词的模糊性	吴玉璋	外国语（上海外国语学院学报）	1988（5）
05384	词汇教学中的联想法	李立	华南地区对外汉语教学讨论会论文选 / 中山大学出版社	1988
05385	基础汉语阅读课中的词汇教学	谢红花	华南地区对外汉语教学讨论会论文选 / 中山大学出版社	1988
05386	从标记理论看亲属词的普遍现象	刘玲	山东外语教学	1989（2）
05387	台湾新词语管窥	李振杰	语言教学与研究	1990（1）
05388	一万和更大的数字——怎样教授汉语大数字	〔美〕米凯乐著；薛红译	语言教学与研究	1990（2）
05389	对外汉语教学释词的几个问题	李泉	汉语学习	1991（3）
05390	对外汉语教学中的词义理解和词汇记忆问题	朱敏	南京师大学报（社会科学版）	1991（4）
05391	词汇教学的联想法	李立	对外汉语教学研究 / 张维耿、何子铨、黄皇宗主编 / 中山大学出版社	1991
05392	词义变化的原因简析	李玉宝	世界汉语教学	1992（1）
05393	认字辨词与阅读理解能力	〔新加坡〕谢世涯、苏启祯	语言教学与研究	1992（4）
05394	日来汉词与对外汉语教学	石慧敏	上海师范大学学报（哲学社会科学版）	1993（2）
05395	也谈“扎啤”	姚德怀	语言教学与研究	1993（2）
05396	对外汉语词汇教学初探	常敬宇	语文建设	1993（6）
05397	谈基础汉语词汇教学	周翠琳	语文建设	1993（9）
05398	词与词义俄汉差异浅谈	汪成慧	达县师专学报	1994（1）
05399	汉语常用词分析及词汇教学	王又民	世界汉语教学	1994（2）
05400	初级阶段汉语词汇教学的几种方法	黄振英	世界汉语教学	1994（3）
05401	谈对外汉语词汇教学	刘镰力	语文建设	1994（8）
05402	从外国学生的病句看方位词的用法	陈满华	语言教学与研究	1995（3）

05403	高水平汉语阅读难点词语调查及其有关问题	李绍林	语言文字应用	1995（3）
05404	对外汉语词汇教学初探	王小宁	清华大学学报（哲学社会科学版）	1995（4）
05405	单音节同音近义词的教学	李炜	语文建设	1995（5）
05406	对外基础汉语词汇教学浅谈	温敏	武汉大学学报（哲学社会科学版）	1995（6）
05407	由表及里，形具神生——对外汉语成语教学探论	杨晓黎	安徽大学学报（哲学社会科学版）	1996（1）
05408	谈对欧美留学生的字词教学	陈绂	语言教学与研究	1996（4）
05409	对外汉语高级阶段的词汇教学	张捷鸿	山东师大学报（社会科学版）	1996（5）
05410	对外汉语教学中词语辨析之浅见	刘缙	中国人民大学学报	1996（5）
05411	谈对外汉语教学中的字词教学	陈绂	北京师范大学学报（社会科学版）	1996（6）
05412	对外汉语教学中的“骑马词”问题	袁嘉	西南民族学院学报（哲学社会科学版）	1996（S6）
05413	新词新语与中高级对外汉语教学	王世生	语言文化教学研究 / 李振杰主编 / 华语教学出版社	1996
05414	英语国家学生学习高级汉语词汇的心理特征与教学策略	罗青松	汉语言文化研究 / 胡明扬、金天相等著 / 广西师范大学出版社	1996
05415	对外汉语教学中语汇教学的若干问题	胡明扬	语言文字应用	1997（1）
05416	对外汉语近义词教学漫谈	刘缙	语言文字应用	1997（1）
05417	离合词的结构特点和语用分析——兼论中高级对外汉语离合词的教学	饶勤	汉语学习	1997（1）
05418	论汉语词汇对越南语词汇的影响	谭志词	解放军外语学院学报	1997（1）
05419	配价语法理论和对外汉语教学	陆俭明	语言教学与研究	1997（1）
05420	谈对外汉语教学中的词汇教学	王锡三	天津师大学报（社会科学版）	1997（1）
05421	国俗语义与对外汉语教学	蔡振生	世界汉语教学	1997（2）
05422	篇章与词汇教学	刘辰诞	外语教学	1997（2）
05423	浅谈对外汉语教学中的词汇教学	李小梅	西安外国语学院学报	1997（2）

05424	对外汉语词义教学中的两个问题	万艺玲	语言教学与研究	1997（3）
05425	对外汉语教学中的时间词问题	温云水	天津外国语学院学报	1997（3）
05426	谈对外汉语教学中的近义词辨析	孟祥英	天津师大学报（社会科学版）	1997（3）
05427	从大同中辨析小异——并联式复合词同义语素的语义差别	谭汝为	平顶山师专学报	1997（4）
05428	对外汉语词汇教学的多维性	田卫平	世界汉语教学	1997（4）
05429	对外汉语教学中的词义讲解和词义辨析	张玉娥	中山大学学报论丛	1997（4）
05430	谈谈对外交往中中国人姓名外译的规范化	鲍世修	中国翻译	1997（4）
05431	称谓语：对外汉语教学中的一个难点	温象羽	天津师大学报（社会科学版）	1997（6）
05432	汉语词汇学教学初探	〔俄〕谢米纳斯	语言教学与研究	1998（1）
05433	韩国语中的汉字源词及对韩汉语的词语教学	贺国伟	华东师范大学学报（哲学社会科学版）	1998（2）
05434	词汇习得研究及其在教学上的意义	江新	语言教学与研究	1998（3）
05435	关于词语教学的思考	陈桂德	华侨大学学报（哲学社会科学版）	1998（3）
05436	词汇中的文化蕴含	谷建军	北京联合大学学报	1998（4）
05437	课堂词语教学浅谈	罗青松	汉语学习	1998（5）
05438	对外汉语词语教学的拓展法	杨晓黎	华东师范大学学报（哲学社会科学版）	1998（6）
05439	对外汉语词语教学方法的初步探索	胡秀春	浙江师大学报（社会科学版）	1998（6）
05440	对外汉语教学中词的转移意义研究	姜恩庆	天津商学院学报	1998（6）
05441	谈日本留学生学习汉语复合词时的母语负迁移现象	陈绂	北京师范大学学报（社会科学版）	1998（6）
05442	说“简直”	张明莹	北大海外教育（第二辑）/郭振华主编/北京大学出版社	1998
05443	词语的理据与词义理解——兼及词语的理据研究在对外汉语词汇教学中的作用	王立杰	天津商学院学报	1999（1）

05444	从几个例子看新加坡华语和普通话的词义差别	〔新加坡〕周烈婷	语言文字应用	1999（1）
05445	论对外汉语教学中的词汇教学	李莉	天津外国语学院学报	1999（1）
05446	谈科技词语词义的扩展	彭志平	世界汉语教学	1999（1）
05447	浅谈词汇教学	刘红云	黄石高等专科学校学报	1999（2）
05448	对外汉语教学中的外来词语	敖依昌、严光仪	重庆大学学报（社会科学版）	1999（3）
05449	对外汉语中级阶段教学改革构想——词语的集中强化教学	陈贤纯	世界汉语教学	1999（4）
05450	集合式词汇教学探讨	胡鸿、褚佩如	世界汉语教学	1999（4）
05451	认知心理学关于记忆的研究对汉语词汇教学的启迪	吴世雄	语文学刊	1999（4）
05452	汉语缩略语与对外汉语教学	杨庆蕙	北京师范大学学报（社会科学版）	1999 专刊
05453	同义或近义语素与词的误用——语素教学中的一个问题	胡秀梅、李炜东	北京师范大学学报（社会科学版）	1999 专刊
05454	对俄汉对应词的文化语义学分析	孙凯、付长友	解放军外国语学院学报	1999（S1）
05455	汉语词语教学的几种方法	周翠琳	泰安师专学报	1999（S1）
05456	汉语水平考试督导初级词汇教学	赵秀娟	汉语速成教学研究（第二辑）/北京语言文化大学汉语速成学院编/华语教学出版社	1999
05457	基础词语难度分析及教学设想	李绍林	语言文化教学研究集刊（第三辑）/北京语言文化大学汉语学院编/华语教学出版社	1999
05458	谈对外汉语教学中的近义词教学	耿京茹	汉语速成教学研究（第二辑）/北京语言文化大学汉语速成学院编/华语教学出版社	1999
05459	新词语中的简缩词	李国慧	继续教育研究	2000（1）
05460	词汇理论对词汇习得的启示	李向勤	广东教育学院学报	2000（2）
05461	论第二语言词汇习得研究	戴曼纯	外语教学与研究	2000（2）

05462	对外汉语词语教学的几个问题	王吉辉	天津外国语学院学报	2000（4）
05463	汉语形同、形近义异词与教学对策	王玉华	天津中医学院学报	2000（4）
05464	谈类推造词法	高燕	沈阳师范学院学报（社会科学版）	2000（4）
05465	语境与第二语言词汇学习	孙燕青	宁波大学学报（教育科学版）	2000（5）
05466	中级汉语阶段词语教学刍议	戴莉	西北师大学报（社会科学版）	2000（5）
05467	韩国学生“文化词”学习特点探析——兼论对韩国留学生的汉语词汇教学	李大农	汉语学习	2000（6）
05468	“貌合神离”的词语文化涵义对比研究	毕继万	外语与外语教学	2000（9）
05469	从中高级阶段学生词汇习得的偏误看中高级阶段词汇教学的基本问题	张若莹	首都师范大学学报（社会科学版）	2000（S3）
05470	对外汉语教学中语汇教学的若干问题	张旺熹	中国语言学年鉴（1995—1998）/《中国语言学年鉴》编辑部编 / 语文出版社	2000
05471	对外汉语离合词循环递进复式教学法	周上之	汉语学报・第 1 期（2000 年上卷）/ 邢福义、萧国政主编 / 湖北教育出版社	2000
05472	论对外汉语高级阶段精读课词汇教学的原则和策略	焉德才	华中师范大学（硕士）	2000
05473	词的文化义、交际文化义与对外汉语教学	汲传波	聊城师范学院学报（哲学社会科学版）	2001（1）
05474	从汉字“吃”看汉语词语的信息特征	卢小宁	北京邮电大学学报（社会科学版）	2001（1）
05475	对外汉语教学中的古代汉语词汇教学探讨	高惠敏	海外华文教育	2001（1）
05476	从对外汉语教学看双音词和单音词的界定问题	毕艳莉	辽宁大学学报（哲学社会科学版）	2001（2）
05477	对外汉语教学中的同义词辨析	赵新、李英	暨南大学华文学院学报	2001（2）
05478	汉民族的审美价值取向与汉语词汇	朱芳华	海外华文教育	2001（2）
05479	初级汉语词义教学的扩展法	连晓霞	天津外国语学院学报	2001（3）
05480	词汇习得与第二语言能力研究	鹿士义	世界汉语教学	2001（3）

05481	试论汉语造词理据在对外汉语教学中的应用	刘兰民	山东省青年管理干部学院学报	2001（5）
05482	词的形态理据与词汇习得的相关性	黄远振	外语教学与研究（外国语文双月刊）	2001（6）
05483	同素反序词及其在对外汉语教学中的应用	叶长荫	北方论丛	2001（6）
05484	日本留学生口中的汉语动物词	亓华	语文建设	2001（7）
05485	韩国学生汉语反义词学习情况考察	朴祉泳	北京语言文化大学（硕士）	2001
05486	汉语量词的语法、语义、语用特征——兼谈对外汉语量词教学	王景萍	福建师范大学（硕士）	2001
05487	英汉谚语对比研究	周玉亮	四川师范大学（硕士）	2001
05488	汉语词语教学应导入中华文化的辩证思维方式	林宝卿	海外华文教育	2002（1）
05489	对外汉语教学词汇复习方略	王嘉宾、吴海燕	莱阳农学院学报（社会科学版）	2002（1）
05490	配价理论与对外汉语词汇教学	邵菁	语言教学与研究	2002（1）
05491	从留学生作文谈篇章层面的词汇教学	曹慧	语言文字应用	2002（2）
05492	高级阶段汉语词义教学的几个问题	沈履伟	天津外国语学院学报	2002（2）
05493	汉语新词语和对外汉语教学	汤志祥	语言教学与研究	2002（2）
05494	论词语搭配与对外汉语教学	方艳	连云港职业技术学院学报	2002（3）
05495	成语教学策略刍议	何一薇	海外华文教育	2002（4）
05496	词语的形象色彩与词汇教学	杨爱芬、冯丽娜、毛俊萍	天津大学学报（社会科学版）	2002（4）
05497	对留学生口语词汇和笔语词汇的调查	余文青	世界汉语教学	2002（4）
05498	“我国”中的“我”——兼论对外汉语词汇教学	赵果	汉语学习	2002（4）
05499	对外汉语教学中的词汇教学与设计	李开	语言教学与研究	2002（5）
05500	生词重现率对欧美学生汉语词汇学习的影响	柳燕梅	语言教学与研究	2002（5）

05501	词汇教学的特点及其认知理据	齐春红	云南师范大学学报（哲学社会科学版）	2002（6）
05502	对外汉语词汇教学中“语素法”的几个问题	肖贤彬	汉语学习	2002（6）
05503	试论对外汉语教学中的词语文化内涵	卢华岩	北京师范大学学报（人文社会科学版）	2002（6）
05504	留学生中级汉语词汇教学的理论与实践	杨金华	汉语学报·第3期（2001年上卷）/邢福义主编/湖北教育出版社	2002
05505	关于初级阶段读写课的词汇教学	刘凤芹	语海新探（第五辑）——信息网络时代中日韩语文现代化国际学术研讨会论文集/香港文化教育出版社	2002
05506	论中级阶段汉语词语教学的原则和方法	王小曼	对外汉语教学研究/陈阿宝编/山西人民出版社	2002
05507	试谈词汇归类教学	俞茜华	对外汉语一对一个别教授研究/吴仁甫主编/中国社会科学出版社	2002
05508	对外汉语量词教学初探	曲凤霞	辽宁师范大学（硕士）	2002
05509	个体量词的语义特征和对外汉语教学	白少辉	黑龙江大学（硕士）	2002
05510	浅谈汉语委婉语与对外汉语教学——兼谈汉韩委婉语的对比	朴缮希	北京语言文化大学（硕士）	2002
05511	应酬语的辨识及其对教学的启示	仲洁	南京师范大学（硕士）	2002
05512	词汇习得研究与对外汉语教学	江新	语言教学与研究	2003（1）
05513	词语的文化含义对词汇教学的影响及其对策	朱芳华	海外华文教育	2003（1）
05514	论二语词汇深度习得及其研究的若干问题	肖善香、刘绍龙	暨南学报（哲学社会科学版）	2003（1）
05515	对外汉语成语教学探论	洪波	中山大学学报论丛	2003（2）
05516	对外汉语词汇教学的几个基本理论问题	王世友、莫修云	云南师范大学学报（对外汉语教学与研究版）	2003（2）
05517	论词汇教学中的意识增进	傅瑞华	世界汉语教学	2003（2）
05518	词的理据理论与词汇教学	黄远振	山东外语教学	2003（3）
05519	关于意译词的类型归属	戚晓杰、姜维枫	青岛职业技术学院学报	2003（3）

05520	中级汉语水平外国学生的中文词汇识别规律分析	冯丽萍	暨南大学华文学院学报	2003（3）
05521	对外汉语教学中的习惯用语问题	潘先军	汉字文化	2003（4）
05522	汉语阅读中的伴随性词汇学习研究	钱旭菁	北京大学学报（哲学社会科学版）	2003（4）
05523	论对外汉语教学中的离合词	韩明	温州师范学院学报（哲学社会科学版）	2003（4）
05524	谈对外汉语教学中的词语释义	郝小明	太原大学学报	2003（4）
05525	谈谈对外汉语词汇教学的几个原则	木欣	八桂侨刊	2003（5）
05526	语言词汇习得顺序研究	黄剑平	齐齐哈尔大学学报（哲学社会科学版）	2003（5）
05527	语块对基本词汇习得的作用	严维华	解放军外国语学院学报	2003（6）
05528	对外汉语词汇教学琐议	杨满生	北京第二外国语学院学报	2003（6）
05529	试论对外汉语教学中的国俗词教学	刘晓娟	云南师范大学学报（对外汉语教学与研究版）	2003（6）
05530	颜色词语在跨文化交际中的语义分析	杨悦	云南师范大学学报（对外汉语教学与研究版）	2003（6）
05531	汉语双音词的属性测查与汉语第二语言教学	朱志平	北京师范大学（博士）	2003
05532	泰国华语书面语词汇变异研究	张淑娟	河北师范大学（硕士）	2003
05533	词块理论及其对第二语言能力发展的启示	贾琳琳	江汉大学学报	2004（1）
05534	对外汉语教学中的近义词辨析	周莉	理论观察	2004（1）
05535	汉语词汇的结构对称特点及其在教学中的运用	郭智	云南师范大学学报（对外汉语教学与研究版）	2004（1）
05536	汉语第二语言词汇学习问题刍议	朱勇	云南师范大学学报（对外汉语教学与研究版）	2004（1）
05537	对外汉语词汇教学应把握的几个原则	孙新爱	云南师范大学学报（对外汉语教学与研究版）	2004（2）
05538	对外汉语词语教学方法探讨	钱少青	湖南工程学院学报（社会科学版）	2004（2）
05539	对外汉语词语教学中的词义应用	崔雪梅	成都大学学报（社会科学版）	2004（2）
05540	基础汉语教学课堂中的生词复现技巧	刘若云、林凌	中山大学学报论丛	2004（2）

05541	简论对外汉语词汇教学中的语素义教学	钱润池	暨南大学华文学院学报	2004（2）
05542	聚合词在对外汉语教学中的意义	董茜	云南师范大学学报（对外汉语教学与研究版）	2004（2）
05543	课堂词汇输入探微	卜佳晖	语言教学与研究	2004（2）
05544	略谈汉语同形词及对外汉语教学	陈绂	语言文字应用	2004（2）
05545	谈对外汉语词汇教学	李青	玉溪师范学院学报	2004（2）
05546	对外汉语教学中词汇语境的设置	方艳	北京教育学院学报	2004（3）
05547	汉语合成词的语义理据与留学生词汇习得的相关性	曹贤文、吴淮南	海外华文教育	2004（3）
05548	课堂教学中怎么进行近义词语用法对比	杨寄洲	世界汉语教学	2004（3）
05549	口语词汇与书面语词汇教学研究	吴丽君	云南师范大学学报（对外汉语教学与研究版）	2004（3）
05550	试论汉语新词新语翻译原则及其质量	季绍斌	云南师范大学学报（对外汉语教学与研究版）	2004（3）
05551	对外汉语教学应以词汇教学为中心	李如龙、杨吉春	暨南大学华文学院学报	2004（4）
05552	论对外汉语教学中口语课的词汇教学	郭宏	西南民族大学学报（人文社会科学版）	2004（4）
05553	“字”本位理论与对外汉语词汇教学	刘晓梅	广东外语外贸大学学报	2004（4）
05554	语素教学是对外汉语词汇教学的基础	王周炎、卿雪华	云南师范大学学报（对外汉语教学与研究版）	2004（5）
05555	现代汉语词汇词义不对称与对外汉语教学	袁嘉	西南民族大学学报（人文社科版）	2004（8）
05556	“一再”和“再三”用法考察与辨析	武惠华	汉语研究与应用（第二辑）/ 中国人民大学对外语言文化学院编 / 中国社会科学出版社	2004
05557	国别化“对外汉语教学用词表”制定的研究：以韩国为例	甘瑞瑗	北京语言大学（博士）	2004
05558	留学生汉语词汇学习策略的研究	鄢胜涵	北京语言大学（硕士）	2004
05559	词汇教学与文化	肖宁宁	山东师范大学（硕士）	2004
05560	从认知心理学的角度看对外汉语词汇教学	刘琛	华东师范大学（硕士）	2004

05561	对外汉语教学中的词类体系和词性标注	刘曼	辽宁师范大学（硕士）	2004
05562	对外汉语教学中的量词研究	林霞	华中科技大学（硕士）	2004
05563	关注词语的多元文化信息，增强学生的多元文化意识	裴正东	内蒙古师范大学（硕士）	2004
05564	韩国留学生习得汉语双音节 VO 型离合词的言语加工策略	孙书姿	北京语言大学（硕士）	2004
05565	留学生复合词认知中的语素意识	徐晓羽	北京语言大学（硕士）	2004
05566	试论对外汉语教学中的成语教学	王美玲	湖南师范大学（硕士）	2004
05567	语境中教词汇的探讨性研究	雷玲	江西师范大学（硕士）	2004
05568	“语素教学法”初探	解永俊	华中科技大学（硕士）	2004
05569	越南语和汉语的人体部分词汇语义特点的对比研究	谭秀琼	华中师范大学（硕士）	2004
05570	词义猜测的过程和猜测所用的知识——伴随性词语学习的个案研究	钱旭菁	世界汉语教学	2005（1）
05571	对外汉语词汇教学的若干思考	张亚冰	辽宁教育行政学院学报	2005（1）
05572	谈基础阶段词汇集中教学	王汉卫	语言与翻译	2005（1）
05573	隐含义与对外汉语词汇教学	赵峰	宁德师专学报（哲学社会科学版）	2005（1）
05574	词形、词义因素在留学生汉语词汇选择判断中的作用	张金桥、吴晓明	世界汉语教学	2005（2）
05575	从“这个歌星很白”看颜色词的对外汉语教学	辛亚宁	郧阳师范高等专科学校学报	2005（2）
05576	对外汉语惯用语教学研究	孟繁杰	海外华文教育	2005（2）
05577	对外汉语教学中的词语搭配研究	齐春红	云南师范大学学报（对外汉语教学与研究版）	2005（2）
05578	国别化“对外汉语教学用词表”制定的研究：以韩国为例	甘瑞瑗、张普	语言文字应用	2005（2）
05579	留学生利用词汇语境学习策略之探析	方艳	云南师范大学学报（对外汉语教学与研究版）	2005（2）
05580	略论对外汉语词汇教学的两个原则	李如龙、吴茗	语言教学与研究	2005（2）
05581	日本留学生汉语词汇学习过程中借用母语策略研究	孙俊	北京第二外国语学院学报	2005（2）

05582	习惯用语与对外汉语教学	陈岩、赵宏	东北农业大学学报（社会科学版）	2005（2）
05583	对外汉语教学中新词语问题刍议	史慧	唐山师范学院学报	2005（3）
05584	认知心理学理论在对外汉语词汇教学中的应用	刘潇潇、毛贻锋	广西社会科学	2005（3）
05585	日本留学生汉日同形词词汇通达的实验研究	高立群、黎静	世界汉语教学	2005（3）
05586	谈对外汉语的词汇教学	许光烈	五邑大学学报（社会科学版）	2005（3）
05587	投入因素对欧美学生汉语词汇学习的影响	孙晓明	语言教学与研究	2005（3）
05588	词的复现率和字的复现率对非汉字圈学生双字词学习的影响	江新	世界汉语教学	2005（4）
05589	惯用语与对外汉语教学	李国慧	佳木斯大学社会科学学报	2005（4）
05590	留学生汉语词汇课的性质和定位	万艺玲	中国大学教学	2005（4）
05591	现代汉语词汇构造特点与对外汉语词汇教学	冯传强	胜利油田师范专科学校学报	2005（4）
05592	对外汉语词汇习得的研究及其在教学上的启发	樊莉	安阳工学院学报	2005（5）
05593	对外汉语词汇教学要点评述	邵彤	理论界	2005（6）
05594	对外汉语教学中的同义词辨析	张丽娟、李芳芳	台声・新视角	2005（6）
05595	韩国学生学习汉语词汇中的若干干扰因素	金贞子	延边教育学院学报	2005（6）
05596	泰国汉语词汇特点浅析	孙淑芹	长春师范学院学报	2005（6）
05597	对外汉语教学中的同义词辨析	陈杰	理论界	2005（12）
05598	谈离合词的界定与对外汉语教学	鲁文霞	语文学刊	2005（23）
05599	近十年对外汉语词汇教学研究中的三大流派	李彤	语言文字应用	2005（S1）
05600	留学生使用离合词的情况调查及分析	郑海丽	社会科学家	2005（S2）
05601	对外汉语教学中要重视词汇教学	陆俭明	作为第二语言的汉语本体研究 / 陆俭明著 / 外语教学与研究出版社	2005

05602	对韩汉语教学离合词研究	林美淑	山东大学（博士）	2005
05603	对外汉语教学中介词教学	邢意和	天津大学（硕士）	2005
05604	关注词块	谭爱华	西南师范大学（硕士）	2005
05605	汉语第二语言教学中双音节形容词三分法分类教学理论初探	乌兰	内蒙古师范大学（硕士）	2005
05606	基于DCC动态流通报纸语料库的流通度词表和使用度词表的对比分析	史中琦	北京语言大学（硕士）	2005
05607	基于词汇法的词汇学习	何少娴	福建师范大学（硕士）	2005
05608	日本留学生对“还”“又”“再”的使用状况分析	盐见亮太	辽宁师范大学（硕士）	2005
05609	提高词汇与短语意识对中国学生外语写作能力的影响	侯小芳	武汉大学（硕士）	2005
05610	同义词、近义词研究与对外汉语词汇教学	邹雪	四川大学（硕士）	2005
05611	透明度对中高级水平韩国学习者理解汉语惯用语的影响	李传燕	北京语言大学（硕士）	2005
05612	用词汇法教惯用词组：对一名小学生的个案研究	孙凤	山东大学（硕士）	2005
05613	语境中虚词实化现象初探	李桢	广西大学（硕士）	2005
05614	越南留学生词汇衔接中复现手段的考察分析	孙西瑾	广西师范大学（硕士）	2005
05615	常用合成词语素显义类型统计分析及其对教学的启示	郭胜春	暨南大学华文学院学报	2006（1）
05616	简论对外汉语教学中的成语问题	潘先军	汉字文化	2006（1）
05617	浅谈对外汉语教学中文化词汇的空缺	汪灵灵	云南财贸学院学报（社会科学版）	2006（1）
05618	试论高级阶段的成语教学	张亚茹	语言文字应用	2006（1）
05619	外国学生汉语词汇学习状况计量研究	张和生	世界汉语教学	2006（1）
05620	现象和解释：词汇重现率及其他	刘颂浩	暨南大学华文学院学报	2006（1）
05621	中级水平韩国学生习得汉语离合词情况分析	杨峥琳	昆明理工大学学报（社会科学版）	2006（1）
05622	近五年来对外汉语词汇教学研究综述	刘智伟、任敏	云南师范大学学报（对外汉语教学与研究版）	2006（2）

05623	开展面向对外汉语教学的词汇语法研究	陆俭明、王黎	语言教学与研究	2006（2）
05624	论对外汉语词汇教学过程中的“有度放射”策略	焉德才	语言文字应用	2006（2）
05625	探讨汉语成语习得在对外汉语教学中的作用	成宁	语文学刊	2006（2）
05626	词义的动态性与对外汉语词汇教学	马杜娟	邢台学院学报	2006（3）
05627	对外汉语教学中的语气副词教学研究	齐春红	云南师范大学学报（对外汉语教学与研究版）	2006（3）
05628	汉语词义系统性与对外汉语词汇教学	周健、廖暑业	语言文字应用	2006（3）
05629	图示理论与词汇习得	路晓琴、洪军	浙江万里学院学报	2006（3）
05630	留学生汉语惯用语理解特点的实验研究	吴晓明、张金桥	暨南大学华文学院学报	2006（4）
05631	近十年对外汉语词汇教学新思路的开拓	徐开妍	现代语文（语言研究版）	2006（5）
05632	论第二语言词汇研究与教学地位的变迁	陈万会	聊城大学学报（社会科学版）	2006（5）
05633	强化词汇教学意识，提高词汇教学质量	张亚冰	辽宁教育行政学院学报	2006（5）
05634	初级汉语教学中的词汇释义方法	简榕蓉	牡丹江师范学院学报（哲学社会科学版）	2006（6）
05635	词块——对外汉语词汇教学中待开发的资源	郝友	湘潭师范学院学报（社会科学版）	2006（6）
05636	对外汉语口语课中的词汇教学问题	徐丽华、蓝蕊	浙江师范大学学报（社会科学版）	2006（6）
05637	关于建立语素教学的几点意见	陈俊羽	云南师范大学学报（对外汉语教学与研究版）	2006（6）
05638	论对外汉语教学中的近义词辨析	胡亮节	云南师范大学学报（对外汉语教学与研究版）	2006（6）
05639	外国人汉语双字词习得中的频率效应再探	江新	语言科学	2006（6）
05640	英语外来语对汉语的渗透和影响	张秀芝、马巧正	西安文理学院学报（社会科学版）	2006（6）
05641	对外汉语教学中的词汇空缺现象及对策	汪灵灵	辽宁行政学院学报	2006（7）

05642	“眼看”与“马上”辨析——兼谈对外汉语词汇教学	沈敏	语文学刊	2006（7）
05643	词语的理据性与对外汉语教学	史宁宁	文教资料	2006（9）
05644	论商贸汉语口语的词汇教学	汤玲	中山大学学报论丛	2006（10）
05645	对对外汉语教学中词汇教学的几点思考	魏艳伶	社会科学家	2006（S1）
05646	对外汉语语素教学的实施策略	杨捷	语言文字应用	2006（S2）
05647	惯用语在对外汉语教学中的难点与应对策略	车晓庚	语言文字应用	2006（S2）
05648	论对外汉语词汇教学对语境理论的应用	李立新	陕西师范大学学报（哲学社会科学版）	2006（S2）
05649	略谈对外汉语教学中的词语辨析问题	曹成龙	黑龙江教育（高教研究与评估）	2006（Z2）
05650	对外汉语教学高级阶段同义词的范围与辨析	刘晓梅	对外汉语教学习得研究/周小兵、朱其智主编/北京大学出版社	2006
05651	“以至”与“以致”——兼论汉语近义虚词的中和倾向	张谊生	对外汉语研究（第二期）/上海师范大学《对外汉语研究》编委会编/商务印书馆	2006
05652	对外汉语教学中的颜色词	许娜	江西省语言学会2006年年会论文集	2006
05653	文化模式与对外汉语词语教学	吴平	中央民族大学（博士）	2006
05654	“不得不”与“不能不”的辨析	谭惠敏	辽宁师范大学（硕士）	2006
05655	策略培训对词汇能力的影响	周颙	上海外国语大学（硕士）	2006
05656	词边界信息对留学生汉语阅读的影响	高珊	北京语言大学（硕士）	2006
05657	对外汉语双音名词的词义研究与教学	刘静	广西大学（硕士）	2006
05658	“风、花、雪、月”的国俗语义研究	高美丽	上海外国语大学（硕士）	2006
05659	汉语第二语言教学中双音节复合词认知模式的构建	赵红花	内蒙古师范大学（硕士）	2006
05660	汉语反义语素合成词及其习得研究	廖暑业	暨南大学（硕士）	2006
05661	基于对外教学的汉语常用成语功能考察	李燕凌	北京语言大学（硕士）	2006

05662	基于语境的中级对外汉语阅读课词汇教学研究	厉力	华东师范大学（硕士）	2006
05663	“连连”与“一连”的比较研究	施伟伟	吉林大学（硕士）	2006
05664	论汉语成语中十二种生肖动物的象征意义及其教学	马丹	四川大学（硕士）	2006
05665	“能”“会”“可以”比较研究	邓小菲	华中科技大学（硕士）	2006
05666	评注性副词“毕竟”、“到底”、“终究”、“究竟”的对比研究	陈秀明	暨南大学（硕士）	2006
05667	生词与课文的关联度研究	高小亚	四川大学（硕士）	2006
05668	试论对外汉语教学中的惯用语教学	袁曦	湖南师范大学（硕士）	2006
05669	探析二语词汇习得中的母语迁移现象	张莉	西南大学（硕士）	2006
05670	头部词语的转指意义	何晓曦	华中科技大学（硕士）	2006
05671	现代汉语动词计量的语义分析及教学策略	简榕蓉	华中科技大学（硕士）	2006
05672	现代汉语动词计量的语义分析及教学策略	张莹	华中科技大学（硕士）	2006
05673	新加坡华语特色词语考察——以《联合早报》为例	许迎春	暨南大学（硕士）	2006
05674	中高级程度留学生汉语四字格成语习得与教学	张文一	暨南大学（硕士）	2006
05675	对外汉语教学中的颜色隐喻输入	杨惠茹	绵阳师范学院学报	2007（1）
05676	汉语常用多义词在中介语语料库中的义项分布及偏误考察	李慧、李华、付娜、何国锦	世界汉语教学	2007（1）
05677	留学生字母词语的知晓度	原新梅、梁盟	语言文字应用	2007（1）
05678	论对韩国留学生的汉语成语教学	杜艳青	海外华文教育	2007（1）
05679	试论对外汉语教学中的新词新语问题	白朝霞	德州学院学报	2007（1）
05680	《雨中登泰山》的超纲词统计与分析	郭曙纶	语言文字应用	2007（1）
05681	从三个平面看“常常”与“往往”的异同	李琳	海外华文教育	2007（2）

05682	对日汉语词汇教学研究的现状与前瞻	朱勇	语言文字应用	2007（2）
05683	对外汉语教学中动植物词语的国俗语义	王艳芳、寇改萍	辽宁医学院学报（社会科学版）	2007（2）
05684	依据词汇属性有效进行对外汉语教学	周艳丽、程阳	文学教育（下）	2007（2）
05685	中级口语的生词教学	张念	海外华文教育	2007（2）
05686	词汇教学与词汇研究之管见	陆俭明	江苏大学学报（社会科学版）	2007（3）
05687	从“红”与“red”的语义对比看对外汉语词汇教学	何秀峰	云南师范大学学报（对外汉语教学与研究版）	2007（3）
05688	对外汉语词汇教学中的文化因素及其导入	赵峰	现代语文（语言研究版）	2007（3）
05689	对外汉语教学词汇主导法刍议	赵世举	长江学术	2007（3）
05690	对外汉语教学基础词语的难度分析	李绍林	语言文字应用	2007（3）
05691	留学生汉语新词语课的建设问题初探	常志斌	上海大学学报（社会科学版）	2007（3）
05692	新词语与对外汉语教学	李必辉、王作新	三峡大学学报（人文社会科学版）	2007（3）
05693	汉语作为L2词汇放射性教学的理论基础	焉德才	柳州师专学报	2007（4）
05694	基于语言内化理论的汉语词汇教学策略研究	焉德才、胡晓清	暨南大学华文学院学报	2007（4）
05695	论中高级阶段韩国留学生的成语教学	石慧敏	云南师范大学学报（对外汉语教学与研究版）	2007（4）
05696	对外汉语速成教育中的字词教学	陈平	无锡商业职业技术学院学报	2007（6）
05697	试析词汇模因的理念及其在教学中的启示	任伟光、郭译	电子科技大学学报（社科版）	2007（6）
05698	对外汉语教学中的惯用语问题	寸金燃	大理学院学报	2007（7）
05699	“i+1”在对外汉语词汇教学中的体现	常晓晋	安徽文学（下半月）	2007（8）
05700	对韩汉语词汇教学中同义词近义词的分析与比较	李春梅	西南民族大学学报（人文社科版）	2007（9）
05701	对外汉语词汇教学的瓶颈与突破	陆华、李业才	当代教育论坛（学科教育研究）	2007（9）

05702	对外汉语词汇教学与文化教学的衔接	石瑛	文学教育（上）	2007（9）
05703	论对外汉语词汇教学的“四个维度”	焉德才	现代语文（语言研究版）	2007（10）
05704	近十年来对外汉语教学中的成语教学综述	沈莉娜	语文学刊	2007（13）
05705	语块法的对外汉语词汇教学	韩瑜	文教资料	2007（28）
05706	谈谈对外汉语教学中的熟语教学	赵清永	语言文字应用	2007（S1）
05707	也谈对外汉语词汇教学的本位之争	张和生	语言文字应用	2007（S1）
05708	词语搭配研究与对外汉语教学	周新玲	上海外国语大学（博士）	2007
05709	基于动态流通语料库的通用词语用字研究及字词语关系考察	韩秀娟	北京语言大学（博士）	2007
05710	词语呈现方式对二语词汇习得的影响	魏艳丽	南京师范大学（硕士）	2007
05711	从统计学的角度看留学生对于动宾式离合词的习得	马萍	四川大学（硕士）	2007
05712	“大小类”反义词有/无标记项在汉语及中介语词汇层面的不对称研究	陈艳华	北京语言大学（硕士）	2007
05713	对外汉语个体量词教学的层级和方法	孙雯燕	上海外国语大学（硕士）	2007
05714	对外汉语兼类词的教学探究	舒春芳	云南师范大学（硕士）	2007
05715	对外汉语教学词群教学理论研究	罗程	内蒙古师范大学（硕士）	2007
05716	对外汉语教学中的近义词辨析	李立冬	河北大学（硕士）	2007
05717	对外汉语敬语教学研究	牛艳霞	吉林大学（硕士）	2007
05718	对外汉语同音词、多义词、多音词教学探究	李玮琳	云南师范大学（硕士）	2007
05719	对外汉语委婉语教学研究	程宇	吉林大学（硕士）	2007
05720	非显性文化词语及留学生习得情况考察	曲美燕	暨南大学（硕士）	2007
05721	“高”“强”“好”“棒”的综合考察及认知解释	张敏	郑州大学（硕士）	2007
05722	汉语目视类词群的语义范畴与隐喻认知研究——兼及视觉动词和“眼睛”隐喻的汉英对比	潘玉华	云南师范大学（硕士）	2007

05723	汉语问候语及其教学研究	周旋	上海交通大学（硕士）	2007
05724	汉语语气词及其对外汉语教学初探	张海荣	上海外国语大学（硕士）	2007
05725	汉语语素义对中级阶段韩国留学生复合词词义获得的影响研究	薄祎明	上海外国语大学（硕士）	2007
05726	化石化现象与对外汉语成语教学研究	何雅男	四川大学（硕士）	2007
05727	量词“点”及与之相关的“X 点”研究	郑慧敏	辽宁师范大学（硕士）	2007
05728	留学生单音节多义语素习得考察	王娟	北京语言大学（硕士）	2007
05729	留学生副词“才”和“就”的习得过程考察	曹金艳	北京语言大学（硕士）	2007
05730	留学生汉语委婉表达法习得研究	尹晓静	天津大学（硕士）	2007
05731	面向国际大企业员工的初级汉语词汇网络课程的设计与实现	汪业宏	北京语言大学（硕士）	2007
05732	时频副词“动不动”与“经常”对比研究	王宪坤	吉林大学（硕士）	2007
05733	输入输出任务对伴随性词语习得的影响——基于任务投入量假说的伴随性词语习得研究	李梅	华东师范大学（硕士）	2007
05734	泰国初级汉语课程的词汇教学	胡惠莲	厦门大学（硕士）	2007
05735	析对外汉语教学中的称呼语教学	李忠平	中南大学（硕士）	2007
05736	现代汉语量词研究与对外汉语量词教学	李月炯	四川大学（硕士）	2007
05737	现代汉语同素异序词研究与对外汉语教学	杨芬	四川大学（硕士）	2007
05738	现代汉语形容词 ABB 式研究及其在对外汉语教学应用中的若干思考	王树建	内蒙古师范大学（硕士）	2007
05739	以蒙古语为母语的学生汉语学习中的离合词问题研究	白金莲	内蒙古师范大学（硕士）	2007
05740	语境在对外汉语词义教学中的释义作用	王笑楠	广西民族大学（硕士）	2007
05741	语气副词“并”与“又”的对比研究	唐子捷	北京语言大学（硕士）	2007
05742	语素教学在对外汉语词汇教学中的作用	陈俊羽	北京语言大学（硕士）	2007

05743	越南学生汉语动宾式离合词习得研究与教学对策	吴氏流海	北京语言大学（硕士）	2007
05744	中级汉语口语语气词教学研究	刘小洁	吉林大学（硕士）	2007
05745	中医汉语词汇教学研究	翟乃刚	华东师范大学（硕士）	2007
05746	字词因素对日韩留学生双字词词义理解的影响研究	李文韬	华东师范大学（硕士）	2007
05747	从蒙古学生汉语词语误用现象看《蒙汉辞典》存在的若干问题	萨仁其其格、周琳	世界汉语教学	2008（1）
05748	对外汉语教学最低量基础词汇试探	史有为	语言教学与研究	2008（1）
05749	留学生汉语单字词识别的笔画数效应、词频效应和词素频率效应	张金桥	暨南大学华文学院学报	2008（1）
05750	系统化、程序化的对外汉语同义词教学	吴琳	语言教学与研究	2008（1）
05751	词汇能力评测的立体观	赵守辉	暨南大学华文学院学报	2008（2）
05752	对外汉语教学用词表的多元化与动态更新	刘长征、张普	语言文字应用	2008（2）
05753	基于中介语语料库的成语使用偏误分析	石琳	社会科学家	2008（2）
05754	论对外汉语教学中注重新词新语的必要性	何彦杰、高兵	汉字文化	2008（2）
05755	词的色彩意义与对外汉语词汇教学	杨灿、皮爱红	中南林业科技大学学报（社会科学版）	2008（3）
05756	词块在二语习得中的价值与作用	翟汛、秦艳萍	长江学术	2008（3）
05757	从“望文生义”说起	谢静静	科教文汇（下旬刊）	2008（3）
05758	从认知学角度浅析外语词汇习得本质	郑宇、王奶妮	读与写（教育教学刊）	2008（3）
05759	对外汉语近义词辨析教学对策	敖桂华	汉语学习	2008（3）
05760	聋人和留学生汉语生造词比较研究	吕会华	中国听力语言康复科学杂志	2008（3）
05761	论对外汉语词汇教学中联想法的使用	余瑞雪	潍坊教育学院学报	2008（3）
05762	对外汉语教学词语释义的原则与方法	马静、行玉华	重庆教育学院学报	2008（4）
05763	对外汉语中的委婉语教学方法小议	郑燕	宿州教育学院学报	2008（4）

05764	汉语词汇在长时记忆中的贮存模式及其对教学的意义	王骏	语言教学与研究	2008（4）
05765	近而能远——对外汉语教学中同义词教学新解	杨柳	河北农业大学学报（农林教育版）	2008（4）
05766	利用汉语义类进行词汇教学的实验报告	张和生	世界汉语教学	2008（4）
05767	词汇短语教学法应用研究综述	冯潇	韶关学院学报	2008（5）
05768	谈对外汉语词汇教学	周凤玲	河北广播电视大学学报	2008（5）
05769	对外汉语教学中的词汇教法问题	许华	长春理工大学学报（社会科学版）	2008（6）
05770	谈对外汉语教学中的新词语教学	高兵、何彦杰	河北大学学报（哲学社会科学版）	2008（6）
05771	略论对外汉语口语词教学	宋婧婧	湖北第二师范学院学报	2008（7）
05772	对外汉语词语教学策略之探析	王媚、张艳荣	辽宁行政学院学报	2008（9）
05773	交际原则下的汉语词汇教学策略	鲍丽娟、史立辉、孙永红	长春大学学报	2008（9）
05774	试论对外汉语教学中的字母词语教学	王燕	科教文汇（上旬刊）	2008（10）
05775	从汉语构词的特点看如何进行对外汉语教学	王小穹	湖北经济学院学报（人文社会科学版）	2008（11）
05776	对外汉语词汇教学方法初探	张如梅	大理学院学报	2008（11）
05777	对外汉语教学中的“国俗词语”研究	杨曦	贵州政协报	2008-05-30
05778	第二语言学习者跨越产出性词汇门槛的机制研究	孙晓明	北京语言大学（博士）	2008
05779	现代汉语常用语素项属性研究——兼论对外汉语教学的语素项分级	吴茗	中国传媒大学（博士）	2008
05780	新加坡华语词语研究	陈琪	复旦大学（博士）	2008
05781	词汇呈现方式对儿童汉语词汇习得的影响	侯伟	山东大学（硕士）	2008
05782	从跨文化的角度探讨对外汉语词汇教学	张翎	上海外国语大学（硕士）	2008
05783	从隐喻角度探讨对外汉语熟语教学	陈树峰	云南师范大学（硕士）	2008

05784	对对外汉语同义词辨析角度的思考和设想	索菲娅庄	陕西师范大学（硕士）	2008
05785	对泰汉语初级阶段教学词表研究	万日升	厦门大学（硕士）	2008
05786	对外汉语“近义词辨析的教学”探究	王艺澄	云南师范大学（硕士）	2008
05787	对外汉语成语教学	曹素冉	北京师范大学（硕士）	2008
05788	对外汉语抽象名词释义模式研究与“HSK抽象名词多维释义数据库”的建立	孙永梅	北京语言大学（硕士）	2008
05789	对外汉语初级阶段精读课词汇教学模式探究	孙晓虹	上海外国语大学（硕士）	2008
05790	对外汉语教学中的形容词重叠研究	季青峰	山东大学（硕士）	2008
05791	对外汉语教学中成语的研究与教学	陈晓娣	陕西师范大学（硕士）	2008
05792	对外汉语教学中的成语教学初探	冯艳艳	上海外国语大学（硕士）	2008
05793	对外汉语教学中的动量词研究	陈云	厦门大学（硕士）	2008
05794	对外汉语教学中的合成词教学	张洪洁	山东大学（硕士）	2008
05795	对外汉语新词语教学研究	刘佳莹	吉林大学（硕士）	2008
05796	非汉语环境中最低量基础词汇研究	周娜	山东大学（硕士）	2008
05797	“感冒”多角度研究	刘合柱	云南师范大学（硕士）	2008
05798	含同一语素的同义单双音节名词研究	蔡露	陕西师范大学（硕士）	2008
05799	汉语量词“种、类、样”探析	张璇	暨南大学（硕士）	2008
05800	汉语数量词的模糊使用与教学对策	杨红	暨南大学（硕士）	2008
05801	基于对外汉语教学的反义形容词不均衡性研究	郭怡颖	山东大学（硕士）	2008
05802	结合语境的对外汉语中级阶段综合课词汇教学模式研究	于小雨	北京语言大学（硕士）	2008
05803	离合词的特点和对外汉语离合词教学——以《汉语教程》离合词的问卷调查与分析为例	林丹丹	厦门大学（硕士）	2008
05804	列举助词“之类”探析	黄俐娜	华中科技大学（硕士）	2008
05805	论对外汉语中级阶段词汇教学的原则和策略	厉燕	新疆大学（硕士）	2008

05806	面向对外汉语教学的现代汉语同义复合词研究	檀晶晶	黑龙江大学（硕士）	2008
05807	试论汉语惯用语的对外教学	季青	山东大学（硕士）	2008
05808	现代汉语“前、后”隐喻研究	郑金勇	鲁东大学（硕士）	2008
05809	现代汉语复合式合成词理据研究与对外汉语教学	刘小娥	四川师范大学（硕士）	2008
05810	现代汉语惯用语研究及在对外汉语教学中的应用	陈忠	山东大学（硕士）	2008
05811	现代汉语旧词新义及其对外汉语词汇教学研究	武楠稀	鲁东大学（硕士）	2008
05812	现代汉语职衔类称谓语研究	王心玉	鲁东大学（硕士）	2008
05813	新课改条件下朝鲜族高中词汇教学的现状及思考	孙红	辽宁师范大学（硕士）	2008
05814	中、高级留学生汉语词汇跨域义获得研究	陈汜	暨南大学（硕士）	2008
05815	试论泰国汉语词汇教学策略	张逊	暨南大学（硕士）	2008
05816	从搭配问题看中级汉语词语教学	李林立	陕西教育学院学报	2009（1）
05817	对外汉语教学中的词缀问题	尹海良、桑哲	西华师范大学学报（哲学社会科学版）	2009（1）
05818	汉语初级阶段的词汇教学策略——基于语素教学的角度	张向荣	广东外语外贸大学学报	2009（1）
05819	汉语惯用语特征分析与对外汉语教学	谭宏	齐齐哈尔师范高等专科学校学报	2009（1）
05820	外国留学生汉语词汇教学问题探讨	王志海	佳木斯大学社会科学学报	2009（1）
05821	“信息差”在对外汉语课堂教学中的应用	高杰	商业文化（学术版）	2009（1）
05822	从理据分析谈双音名词词义的教学	刘静	科教文汇（上旬刊）	2009（2）
05823	对外汉语教学中词汇色彩义的释义问题	赵丹	陕西广播电视大学学报	2009（2）
05824	对外汉语教学中词语情感分析	李菲	社科纵横（新理论版）	2009（2）
05825	对外汉语教学中的现代汉语新词语	杨蕾	东北农业大学学报（社会科学版）	2009（2）
05826	关于对外汉语词汇教学的几点思考	仲清	合肥学院学报（社会科学版）	2009（2）

05827	加强对外汉语教学中字母词语教学探究	宿捷	辽宁师专学报（社会科学版）	2009（2）
05828	借代词语与留学生的词汇教学	刘艳平	山东师范大学学报（人文社会科学版）	2009（2）
05829	探讨对外汉语离合词教学之现状与对策	林丹丹	漳州师范学院学报（哲学社会科学版）	2009（2）
05830	天人关系哲学思想在对外汉语成语教学中的运用	王洋	民族论坛	2009（2）
05831	汉语词义衍化规律的微观研究及其在二语教学中的应用	张博	世界汉语教学	2009（3）
05832	从教师因素看留学生写作词汇僵化	徐金晶	科教文汇（中旬刊）	2009（4）
05833	对外汉语词汇教学中的例句设计	徐茗	安徽师范大学学报（人文社会科学版）	2009（4）
05834	论对外汉语新词语教学及其规范问题	胡倩	凯里学院学报	2009（4）
05835	浅析对外汉语易混淆词教学	张蕾	科教文汇（中旬刊）	2009（4）
05836	对外汉语教学中的“人家”	马文娟	科教文汇（下旬刊）	2009（5）
05837	当前对外汉语成语教学的弊端和方法革新	周青、王美玲	湖南科技学院学报	2009（6）
05838	对外汉语教学中的“歇后语”	王沛纯	商业文化（学术版）	2009（7）
05839	情境体验——论对外汉语成语课堂教学	王丽	安徽文学（下半月）	2009（8）
05840	从认知语言学的范畴观看汉语词汇的教与学	李媛媛	大众文艺（理论）	2009（14）
05841	试论对外汉语词汇教学	李双梅	黑龙江史志	2009（16）
05842	对外汉语教学中的“明”“亮”对比	刘畅	学理论	2009（17）
05843	浅议对外汉语视野下的流行语教学	王晶	科技资讯	2009（22）
05844	区域变异与互动视角下的华语新词新义研究	王洁	暨南大学（博士）	2009
05845	BA 式状态形容词的语义研究与对外汉语教学	芦秀平	内蒙古师范大学（硕士）	2009
05846	HSK10 组不含相同语素的单双音同义动词考察	刘志刚	北京语言大学（硕士）	2009
05847	HSK 同义单音节词及其复加式双音词研究	魏群	扬州大学（硕士）	2009

05848	成语词典释义考察与对外汉语成语词典编纂新探	张帅	河北大学（硕士）	2009
05849	词语释义与对外汉语词汇教学	周莉娟	复旦大学（硕士）	2009
05850	从“主观性”看对外汉语中几组近义词的辨析	何小静	苏州大学（硕士）	2009
05851	从认知的角度看歇后语的理解与习得	张恒翔	天津大学（硕士）	2009
05852	从现代汉语常用同义单双音节形容词的替换现象考察对外汉语教学中的同义词辨析	周颖	河北师范大学（硕士）	2009
05853	对外汉语词汇教学之同义词辨析与教学方法研究	陈静	首都师范大学（硕士）	2009
05854	对外汉语词汇教学中的语素教学研究	高珊	黑龙江大学（硕士）	2009
05855	对外汉语词语韵律问题研究	徐晓娜	华东师范大学（硕士）	2009
05856	对外汉语教学“同义词辨析”研究	厉坚	复旦大学（硕士）	2009
05857	对外汉语教学中的词汇空缺现象研究与解决对策	鲍晓彦	东北师范大学（硕士）	2009
05858	对外汉语教学中的数词教学——以英语母语学生为例	柳小冰	暨南大学（硕士）	2009
05859	对外汉语离合词扩展形式及教学	王燕明	北京语言大学（硕士）	2009
05860	对外汉语量词教学探析	雷敏	四川师范大学（硕士）	2009
05861	对外汉语委婉语教学研究	刘燕	北京语言大学（硕士）	2009
05862	反义语素合成词之教学探究	甘利娜	上海外国语大学（硕士）	2009
05863	关于中、高级阶段汉语词汇教学的原则、策略和方法的研究	缪斯	复旦大学（硕士）	2009
05864	惯用语研究与对外汉语教学	朱鄰	苏州大学（硕士）	2009
05865	韩国高中生汉语教学用词表研究	赵熙罗	东北师范大学（硕士）	2009
05866	韩中跨文化同形异义词的比较研究	金美英	上海师范大学（硕士）	2009
05867	汉英语人体词汇对比研究	杨晓燕	云南师范大学（硕士）	2009
05868	汉语多义词的认知阐释及教学策略探讨	肖婷华	福建师范大学（硕士）	2009
05869	汉语复合词语义构成与对外汉语词汇教学	李晓平	北京语言大学（硕士）	2009

05870	汉语委婉语及委婉表达与对外汉语教学	张梅一	北京语言大学（硕士）	2009
05871	汉语作为第二语言学习者量词掌握模式诊断研究	赵雪晶	北京语言大学（硕士）	2009
05872	基于词汇深度知识理论的同义词教学	章洁	复旦大学（硕士）	2009
05873	基于语境理论的中级汉语综合课词汇教学研究	杨晶晶	四川师范大学（硕士）	2009
05874	基于字本位理论的汉语词汇教学——韩国语“汉字词”与针对韩国学生的汉语词汇教学	吴恩锡	华东师范大学（硕士）	2009
05875	蒙汉语构词法对比分析及其在对蒙生汉语词汇教学中的应用	张跃东	内蒙古师范大学（硕士）	2009
05876	面向对外汉语的离合词研究	周荔	西南大学（硕士）	2009
05877	面向对外汉语教学的现代汉语拟声词考察	梁琼	北京语言大学（硕士）	2009
05878	日本学生汉日同形词习得情况的调查与教学建议——以初等阶段词汇为中心	汤慧芹	复旦大学（硕士）	2009
05879	三字格及其对外汉语教学研究	王慧	华中科技大学（硕士）	2009
05880	现代汉语常用性别词及其习得研究——兼与英语性别表达方式对比	李海霞	暨南大学（硕士）	2009
05881	现代汉语惯用语研究及对外汉语教学	吕霁航	东北师范大学（硕士）	2009
05882	针对日本留学生的汉语惯用语教学研究	习浩亮	复旦大学（硕士）	2009
05883	中高级汉语隐喻词汇分析及其习得研究	刘璐	暨南大学（硕士）	2009
05884	高级阶段留学生当代汉语政治类新词语的认知研究	郭晓慧	暨南大学（硕士）	2009
05885	汉语词群的意义成因机理分析	石亚辉	燕山大学（硕士）	2009
05886	面向泰国汉语教学“国别化”词表的研制	孙红	暨南大学（硕士）	2009
05887	对外汉语教学词义辨析的对象和原则	李绍林	世界汉语教学	2010（3）
05888	中介语动作动词混用的调查与分析	蔡北国	世界汉语教学	2010（4）

05889	汉语空间极性词组配研究	刘甜	暨南大学（博士）	2010
05890	插入语的主观性探析	韦宁杰	上海外国语大学（硕士）	2010
05891	称呼语与对外汉语教学	张丽	西北大学（硕士）	2010
05892	成语的隐喻认知研究	刘婷	内蒙古师范大学（硕士）	2010
05893	初级汉语离合词使用情况分析	张丽鋆	华东师范大学（硕士）	2010
05894	初级汉语学习者产出性词汇分析	王晓慧	上海师范大学（硕士）	2010
05895	初级与中高级阶段对外汉语词汇教学策略比较研究	张玉晶	吉林大学（硕士）	2010
05896	词汇空缺现象及教学策略	汤海英	复旦大学（硕士）	2010
05897	词块教学法在初级对外汉语教学中的应用	严斌	上海师范大学（硕士）	2010
05898	词语的理据性与对外汉语词汇教学	张林静	辽宁师范大学（硕士）	2010
05899	“倒”和“却”的对比分析及教学研究	沈安怡	复旦大学（硕士）	2010
05900	对外汉语词语教学中的色彩义难点分析及教学策略	于菲	吉林大学（硕士）	2010
05901	对外汉语教学的惯用语研究	孙花萍	中国海洋大学（硕士）	2010
05902	对外汉语教学近义词辨析策略研究——兼论反义词的词汇教学功能	宋一鸣	云南大学（硕士）	2010
05903	儿化词的对外汉语教学研究	孔军	中国海洋大学（硕士）	2010
05904	泛义动词“弄”的探析——兼与“搞”、“干”、“做”的对比研究	铁艳凤	暨南大学（硕士）	2010
05905	关于俄语背景留学生对汉语助动词习得的研究	罗菱	内蒙古师范大学（硕士）	2010
05906	汉语动宾式离合词研究与对外汉语教学	魏淑梅	内蒙古师范大学（硕士）	2010
05907	汉语动量词的语义分析与对外汉语动量词教学研究	郭瑞峰	内蒙古师范大学（硕士）	2010
05908	汉语生肖称谓语理据研究与对外汉语教学	李宛	广州大学（硕士）	2010
05909	汉语转折关联词语语义背景探析及教学应用	刘洋	山东大学（硕士）	2010
05910	核心词汇理论与对外汉语教学	徐颖	上海师范大学（硕士）	2010

05911	基于词义和心理认知的对外汉语量词研究——以甲级量词为中心	熊婷	重庆师范大学（硕士）	2010
05912	跨文化视角下的对外汉语颜色词教学研究	王洁	西北大学（硕士）	2010
05913	面向对外汉语教学的同义单双音名词研究	徐丽亚	安徽大学（硕士）	2010
05914	“其”的回指功能及原则	张月芬	上海师范大学（硕士）	2010
05915	“任何”与表任指义代词“什么”的对比研究	沈刚	上海师范大学（硕士）	2010
05916	日本留学生汉语称谓语教学研究	逄萌佳	中国海洋大学（硕士）	2010
05917	说“都”	范闻鹤	黑龙江大学（硕士）	2010
05918	外国学习者汉语新词习得状况研究	盛婧	山东大学（硕士）	2010
05919	物质文化类汉语象征词语研究	田桴佳	大连理工大学（硕士）	2010
05920	现代汉语“本来”、“原来”研究	徐小林	西南大学（硕士）	2010
05921	现代汉语惯用语理据研究及对外汉语教学	包秋圆	广州大学（硕士）	2010
05922	现代汉语惯用语研究与惯用语的对外汉语教学	胡帆	重庆师范大学（硕士）	2010
05923	现代汉语频率副词研究与对外汉语教学	李燕	内蒙古师范大学（硕士）	2010
05924	现代汉语指示语和语境的关系研究	徐立群	曲阜师范大学（硕士）	2010
05925	隐喻理论在对外汉语词汇教学中的应用	张彩丽	新疆大学（硕士）	2010
05926	语境理论与对外汉语惯用语教学	王小姣	云南大学（硕士）	2010
05927	语境在词汇教学中的释义作用和释义方式	杨倩	暨南大学（硕士）	2010
05928	语素教学及练习设计	汪礼俊	复旦大学（硕士）	2010
05929	字母词遴选及其对外汉语教学	郑强	广州大学（硕士）	2010
05930	基于元语言的对外汉语学习词典释义模式研究	翁晓玲	华东师范大学（博士）	2011
05931	英汉植物词语对比研究	陈晦	上海外国语大学（博士）	2011
05932	澳大利亚初级汉语词汇教学现状分析及策略研究	王绍斌	山东大学（硕士）	2011

05933	猜词游戏在对外汉语词汇教学中的实践性研析	尹绪彪	复旦大学（硕士）	2011
05934	初级汉语口语词汇复现问题研究	张晓会	南京师范大学（硕士）	2011
05935	初级汉语综合课词汇与语法教学案例分析	李巍	南京师范大学（硕士）	2011
05936	初级阶段词语教学环节交际化活动设计	王霜霜	中央民族大学（硕士）	2011
05937	词汇专题课“打”的教学策略研究	景冬梅	吉林大学（硕士）	2011
05938	词群化新词语与对外汉语教学文化导入策略	马宁宁	华东师范大学（硕士）	2011
05939	从学生偏误角度探讨对外汉语中高级阶段的成语教学	侯朝龙	复旦大学（硕士）	2011
05940	当代汉语流行语研究与对外汉语教学	王海娜	华中师范大学（硕士）	2011
05941	动宾、趋向动词的对外汉语教学实践研究	季菲菲	南京师范大学（硕士）	2011
05942	动宾式离合词研究与对外汉语教学	李和平	东北师范大学（硕士）	2011
05943	对比分析在对外汉语词汇教学中的应用研究	杨佳乐	黑龙江大学（硕士）	2011
05944	对外惯用语课堂有效教学法研究	谭丽丽	四川师范大学（硕士）	2011
05945	对外汉语成语教学的意义和方法探讨	冯娟	华中师范大学（硕士）	2011
05946	对外汉语成语教学研究	郭静	中国海洋大学（硕士）	2011
05947	对外汉语词汇教学中的词语释义方法研究	闵敬淞	东北师范大学（硕士）	2011
05948	对外汉语词汇教学中的语素教学研究	王丽	四川师范大学（硕士）	2011
05949	对外汉语高级阶段谚语及教学研究	黄美英	重庆师范大学（硕士）	2011
05950	对外汉语高频词的计算机自适应测试设计方案研究	刘登	湖南大学（硕士）	2011
05951	对外汉语惯用语教学研究	项琨	黑龙江大学（硕士）	2011
05952	对外汉语教材词汇处理问题研究	马田甜	四川师范大学（硕士）	2011
05953	对外汉语教学表将来词汇的研究	陈洋	吉林大学（硕士）	2011
05954	对外汉语教学离合词研究	吕明	辽宁师范大学（硕士）	2011

05955	对外汉语教学逆序词研究	经典	山东大学（硕士）	2011
05956	对外汉语教学中的称谓语研究	代玲玲	安徽大学（硕士）	2011
05957	对外汉语教学中的称谓语研究	魏滢	辽宁师范大学（硕士）	2011
05958	对外汉语教学中的词汇空缺现象研究与解决对策	丁静	山东大学（硕士）	2011
05959	对外汉语教学中的动词配价与意合研究	王锦志	新疆大学（硕士）	2011
05960	对外汉语教学中的反义词不对称原则研究	李慧	内蒙古师范大学（硕士）	2011
05961	对外汉语教学中的惯用语研究	李丹	华中师范大学（硕士）	2011
05962	对外汉语教学中的国俗词语	卫寒夕	四川师范大学（硕士）	2011
05963	对外汉语教学中的汉语惯用语	李林	东北师范大学（硕士）	2011
05964	对外汉语教学中的区别词研究	谢琳琳	辽宁师范大学（硕士）	2011
05965	对外汉语教学中的新词新义教学研究	张国华	黑龙江大学（硕士）	2011
05966	对外汉语教学中的新词语研究	李波	黑龙江大学（硕士）	2011
05967	对外汉语教学中的颜色词教学	邱桂路	黑龙江大学（硕士）	2011
05968	对外汉语教学中两对时间副词的习得研究	袁征	安徽大学（硕士）	2011
05969	对外汉语教学中两组同义连词的辨析	何榕	华中师范大学（硕士）	2011
05970	对外汉语教学中同音词界定策略研究	李云松	安徽大学（硕士）	2011
05971	对外汉语类词缀教学浅谈	黄玲俐	湖北大学（硕士）	2011
05972	对外汉语离合词教学研究	王小宁	复旦大学（硕士）	2011
05973	对外汉语名量词教学研究	王爽	沈阳师范大学（硕士）	2011
05974	对外汉语虚词教学实践探析	彭媛	南京师范大学（硕士）	2011
05975	对外汉语学习词典动词释义方法初探	张雁	山东大学（硕士）	2011
05976	对外汉语易混淆词教学研究	理楠楠	华中师范大学（硕士）	2011
05977	对外汉语中的新词语教学研究	张乐	黑龙江大学（硕士）	2011
05978	对外汉语中高级词汇教学中的语素本位问题	吕晴	黑龙江大学（硕士）	2011
05979	对外汉语中惯用语的教学研究	宁佳	西北大学（硕士）	2011

05980	对外汉语综合课成语教学初探	苏丽	天津大学（硕士）	2011
05981	对越初级阶段汉语生词课堂教学设计	阮青玄	华东师范大学（硕士）	2011
05982	对中高级水平留学生的常用汉语惯用语教学思考	姚娇寅	复旦大学（硕士）	2011
05983	俄汉表动物词语隐喻义对比分析	王雪飞	哈尔滨师范大学（硕士）	2011
05984	俄语背景学习者汉语成语学习策略调查研究	竺姆彦（TEREN-TYEV DEMY-AN）	辽宁师范大学（硕士）	2011
05985	反义并列式方位词及习得研究	刘园园	扬州大学（硕士）	2011
05986	反义词头尾和 head/tail 的隐喻认知研究	胡娟	广西师范学院（硕士）	2011
05987	关于对外汉语教学中惯用语等级划分的研究和思考	梁千	首都师范大学（硕士）	2011
05988	惯用语研究与对外汉语教学	陈璐	华中师范大学（硕士）	2011
05989	含比喻义双音并列复合词之教学探究	段洁琼	西北大学（硕士）	2011
05990	韩国汉字词与对外汉语词汇教学研究	朴志炫	湖南师范大学（硕士）	2011
05991	汉民族的思维特点与对外汉语词汇教学	李若	南京师范大学（硕士）	2011
05992	汉日量词对比研究与对外汉语教学	德永泰	苏州大学（硕士）	2011
05993	汉英词义差异在对外汉语教学中的影响及策略	徐杰	黑龙江大学（硕士）	2011
05994	汉英量词对比与对外汉语量词教学	王贺	黑龙江大学（硕士）	2011
05995	汉英文化影响下对动物词的选择研究	向治国	湖南师范大学（硕士）	2011
05996	汉英形容词反义词的对比研究及教学应用	孟曙光	山东大学（硕士）	2011
05997	汉英语基本颜色词对比及其对对外汉语教学的启示	朱王芳	复旦大学（硕士）	2011
05998	汉语词汇理据研究与对外汉语词汇教学	余婉芳	辽宁师范大学（硕士）	2011
05999	汉语词源学在对外汉语词汇教学中的应用	瞿秋石	复旦大学（硕士）	2011

06000	汉语多义词教学初探	明德阿木尔	河北师范大学（硕士）	2011
06001	汉语人称词缀、类词缀的对外汉语教学研究	张雪	东北师范大学（硕士）	2011
06002	汉语指人专名隐喻的语义和功能分析	王丹	吉林大学（硕士）	2011
06003	汉语作为第二语言的时间副词教学研究	桂善永	东北师范大学（硕士）	2011
06004	汉语作为二语的心理词汇教学研究及教学建议	赵毅	上海外国语大学（硕士）	2011
06005	互动式多媒体与国际学校对外汉语词汇教学	杨晶	复旦大学（硕士）	2011
06006	基于《信息库》的对外汉语新词教学研究	刘善涛	鲁东大学（硕士）	2011
06007	基于HSK词汇大纲甲级词的汉日同形词对比分析	王斌	山东大学（硕士）	2011
06008	基于欧美留学生的汉语称谓语教学研究	于颖	沈阳师范大学（硕士）	2011
06009	基于语料库的趋向动词“来”、“去”的语义认知与对外汉语教学研究	张士超	浙江大学（硕士）	2011
06010	基于语义分析法的对外汉语量词教学研究	王佳	辽宁大学（硕士）	2011
06011	结合字本位理论对泰中级汉语词汇教学设计	张若竹	山东大学（硕士）	2011
06012	“开心”类词的多维辨析及其教学探讨	肖萃萃	江西师范大学（硕士）	2011
06013	离合词离合形式的调查统计及其应用分析	姚亿兵	曲阜师范大学（硕士）	2011
06014	立足于对外汉语词汇教学的“语素法”	杨涛	湖北大学（硕士）	2011
06015	留学生的汉语惯用语分级研究	姜润希	东北师范大学（硕士）	2011
06016	留学生汉语委婉语习得状况研究	王昀	山东大学（硕士）	2011
06017	留学生汉语习得中委婉表达的考察与分析	孟雯	华中科技大学（硕士）	2011
06018	留学生习得汉语惯用语研究	方晓	华中科技大学（硕士）	2011
06019	论对外汉语新词新语教学	金妍珍	黑龙江大学（硕士）	2011

06020	论主观性在“如果说”词义演变中的作用	张冠乔	吉林大学（硕士）	2011
06021	缅汉量词比较研究	吴爱菁	云南大学（硕士）	2011
06022	面向对外汉语教学的汉语惯用语研究	金效先	上海师范大学（硕士）	2011
06023	面向汉语国际教育的字本位词典编纂研究	刘嘉明	黑龙江大学（硕士）	2011
06024	欧美留学生汉语词汇学习的跨文化意识调查研究	隆超	西南大学（硕士）	2011
06025	浅析汉语新兴词汇对对外汉语教学的影响	甲文维	华中师范大学（硕士）	2011
06026	日本学生汉语称呼语的习得研究及教学对策	唐敏	复旦大学（硕士）	2011
06027	深圳市城市绿洲学校六年级外国小学生成语教学思考	王珊珊	华中师范大学（硕士）	2011
06028	试论对外汉语惯用语教学	王嫣红	南京师范大学（硕士）	2011
06029	数字词语及其对外汉语教学研究	李鹏兴	西南大学（硕士）	2011
06030	泰国大学生学习汉语中的英语外来词策略研究	姜志成（Nattha-wut Suk-prasong）	吉林大学（硕士）	2011
06031	泰国学生汉语常用易混介词习得研究	秀莲	黑龙江大学（硕士）	2011
06032	同素近义单双音形容词及教学问题研究	陈曼曼	安徽大学（硕士）	2011
06033	网络新词新语与对外汉语教学研究	吴伟清	广州大学（硕士）	2011
06034	网络新词语与对外汉语教学	杨燕芳	华中师范大学（硕士）	2011
06035	现代汉语“高兴”与“不高兴”的表达方式研究	郑家洁	安徽大学（硕士）	2011
06036	现代汉语“看”的多角度考察	徐沙沙	山东大学（硕士）	2011
06037	现代汉语动宾式离合词在韩国语的对应表达研究	柳景珠（Lew KyungJu）	中央民族大学（硕士）	2011
06038	现代汉语概数助词“把”、“来”、“多”的用法考察	李柔冰	上海师范大学（硕士）	2011

06039	现代汉语借用动量词研究及其对外汉语教学	刘鹏昱	广州大学（硕士）	2011
06040	现代汉语流行语在对外汉语教学中的导入	朱可可	复旦大学（硕士）	2011
06041	现代汉语新兴指人“类词缀”研究	王春娇	山东大学（硕士）	2011
06042	小句中枢说与对外汉语副词教学关系探究	钟虹	华中师范大学（硕士）	2011
06043	以“化”为例浅析现代汉语类词缀在对外汉语中高级词汇教学中的策略	冯灿	首都师范大学（硕士）	2011
06044	以字带词的组合汉语教学	余璐	上海外国语大学（硕士）	2011
06045	语境在对外汉语词义教学中的应用	李晓娜	首都师范大学（硕士）	2011
06046	语素教学法与整词教学相结合加强对外汉语词汇教学	孙辉	安徽大学（硕士）	2011
06047	原型理论在对外汉语词汇教学中的应用研究	洪立媛	湖北大学（硕士）	2011
06048	原型理论指导下的初级汉语词汇教学设计	黄氏兰英	华东师范大学（硕士）	2011
06049	粤语词汇与粤方言区对外汉语教学	彭菲菲	首都师范大学（硕士）	2011
06050	针对韩国留学生的汉语惯用语教学研究	金琇珍	华中师范大学（硕士）	2011
06051	针对韩国学生的汉语新外来词教学研究	朴钟安	山东师范大学（硕士）	2011
06052	中法委婉语对比分析及对外汉语教学中的委婉语教学建议	李丹妮（Danielle Ly）	辽宁师范大学（硕士）	2011
06053	中高级阶段对外汉语国俗语义教学调查研究	曾伟英	西南大学（硕士）	2011
06054	中高级阶段泰国留学生汉语类词缀教学研究	汪颖	西南大学（硕士）	2011
06055	中高级阶段泰国学生汉语离合词习得研究	兰海洋	广西民族大学（硕士）	2011
06056	中高级留学生汉语成语教学研究	孙雷	东北师范大学（硕士）	2011
06057	中高级留学生借用动量词习得情况调查与研究	张薇	暨南大学（硕士）	2011

06058	中美高校师生社交称呼语对比研究	王琪	山东大学（硕士）	2011
06059	字本位理念的对外汉语初级阶段精读课词汇教学模式设计探究	韩涛	新疆师范大学（硕士）	2011
06060	字本位与对外汉语词汇教学	姚美娜	黑龙江大学（硕士）	2011
06061	汉字词在韩国学生汉语习得中的利与弊	李仁淑	华中科技大学（硕士）	2011
06062	《HSK 词汇大纲》中的单音反义实词及其教学研究	杨文萍	陕西师范大学（硕士）	2012
06063	《HSK 大纲》类词缀（后缀）常用搭配分析	潘显丽	山东大学（硕士）	2012
06064	HSK 甲乙级动词三级体系	袁海霞	华中科技大学（硕士）	2012
06065	HSK 中高级惯用语分析及其对对外汉语教学的启示	樊海亮	西安外国语大学（硕士）	2012
06066	《报刊阅读课程词汇大纲》研究	闫文静	吉林大学（硕士）	2012
06067	“悲哀”、“悲伤”、“伤心”的辨析及教学	马明川	陕西师范大学（硕士）	2012
06068	北美初级阶段控制式汉语词汇教学法研究	曹婵	陕西师范大学（硕士）	2012
06069	初、中高级阶段汉语词汇教学方法的比较研究	李晶	广西师范大学（硕士）	2012
06070	初、中级对外汉语教材生词重现率研究	池中华	新疆师范大学（硕士）	2012
06071	初级汉语词汇教学框架构建及应用研究	易彩凤	广西民族大学（硕士）	2012
06072	初级汉语口语课堂词汇教学游戏初探	苏萍	西北大学（硕士）	2012
06073	初级汉语综合课词汇教学策略研究	李慕霜	东北师范大学（硕士）	2012
06074	初中级对外汉语教材生词表中同译词语研究	胡秀英	重庆师范大学（硕士）	2012
06075	从功能对等论谈汉语新词英译中存在的问题及对策	陈永江	大连外国语学院（硕士）	2012
06076	对成功汉语学习者的词汇学习策略的调查与分析	徐丽君	浙江大学（硕士）	2012
06077	对俄高级阶段汉语学习者的成语教学设计	王佳	山东大学（硕士）	2012

06078	对韩汉语词汇教学中韩国汉字词的迁移作用及教学策略	秦思	黑龙江大学（硕士）	2012
06079	对韩留学生的汉语成语教学	赵倩	河南大学（硕士）	2012
06080	对外汉语常用应用文写作词汇分类及分析	金秀珉	黑龙江大学（硕士）	2012
06081	对外汉语常用政治词语教学研究	李文新	吉林大学（硕士）	2012
06082	对外汉语抽象词语教学初探	韦世钰	西北大学（硕士）	2012
06083	对外汉语词汇教学的方法探究	宋颖	郑州大学（硕士）	2012
06084	对外汉语词汇教学的国俗语义视角	王敏	上海外国语大学（硕士）	2012
06085	对外汉语词汇教学的几点感悟	张小乔	河南大学（硕士）	2012
06086	对外汉语词汇教学中的文化导入研究	阚立玮	浙江大学（硕士）	2012
06087	对外汉语词汇教学中二语习得者回避现象的探析	尹夏燕	浙江大学（硕士）	2012
06088	对外汉语递进连词辨析及教学策略研究	张凤	上海师范大学（硕士）	2012
06089	对外汉语高级阶段词汇教学对策研究	吕兵	东北师范大学（硕士）	2012
06090	对外汉语教材生词英语注释的比较研究	王哲	山东大学（硕士）	2012
06091	对外汉语教材同译词语的考察与研究	侯嘉	湖南师范大学（硕士）	2012
06092	对外汉语教材中的词汇英文注释研究	毛毳	吉林大学（硕士）	2012
06093	对外汉语教材中的词汇英译问题研究	李莹	广州大学（硕士）	2012
06094	对外汉语教材中汉法熟语对比	赵亮	黑龙江大学（硕士）	2012
06095	对外汉语教学初中级阶段离合词教学研究	肖静	辽宁大学（硕士）	2012
06096	对外汉语教学中成语教学问题及其对策研究	黄玉芳	湖北工业大学（硕士）	2012
06097	对外汉语教学中词汇空缺现象的研究	程兰博	广西大学（硕士）	2012
06098	对外汉语教学中的成语教学	李继娜	吉林大学（硕士）	2012
06099	对外汉语教学中的词汇文化因素教学	白向玲	黑龙江大学（硕士）	2012
06100	对外汉语教学中的动物成语教学研究	赵钰	吉林大学（硕士）	2012
06101	对外汉语教学中的惯用语问题	谷芳	吉林大学（硕士）	2012

06102	对外汉语教学中的汉语委婉语教学的研究	张雪迪	苏州大学（硕士）	2012
06103	对外汉语教学中的离合词教学探究	杨夏	湖北大学（硕士）	2012
06104	对外汉语教学中的离合词研究	胡华丽	郑州大学（硕士）	2012
06105	对外汉语教学中的色彩词教学研究	韦敏婕	广西大学（硕士）	2012
06106	对外汉语教学中的同义词辨析	张妍	黑龙江大学（硕士）	2012
06107	对外汉语教学中的同义词辨析问题研究	李婷婷	黑龙江大学（硕士）	2012
06108	对外汉语教学中的委婉语教学	方乘骋	华中师范大学（硕士）	2012
06109	对外汉语教学中的文化词语教学	宋静	辽宁大学（硕士）	2012
06110	对外汉语教学中的新词语教学	李婧	黑龙江大学（硕士）	2012
06111	对外汉语教学中的新词语教学研究	陈禹彤	广西民族大学（硕士）	2012
06112	对外汉语教学中的易混淆词研究	韩美美	鲁东大学（硕士）	2012
06113	对外汉语教学中的易混淆词研究	闫秀丽	天津大学（硕士）	2012
06114	对外汉语教学中的语素教学法	李思宓	黑龙江大学（硕士）	2012
06115	对外汉语教学中汉语新词语教学探究	石宁	黑龙江大学（硕士）	2012
06116	对外汉语教学中语素教学的探索	乔洋	黑龙江大学（硕士）	2012
06117	对外汉语流行语教学调查研究	李宇峰	吉林大学（硕士）	2012
06118	对外汉语数字词教学	王娟	西北大学（硕士）	2012
06119	对外汉语同素异序词教学研究	戚妍	吉林大学（硕士）	2012
06120	对外汉语网络词汇教学现状及策略研究	吴岩峰	吉林大学（硕士）	2012
06121	对外汉语文化色彩反义词语研究	刘柳	渤海大学（硕士）	2012
06122	对外汉语新词新语教学研究	贾俊杰	广西大学（硕士）	2012
06123	对外汉语新词语教学研究	李琦	西安外国语大学（硕士）	2012
06124	对外汉语学习词典成语用例的研究	王彤	暨南大学（硕士）	2012
06125	对外汉语中的动物词语教学研究	郭晓祎	吉林大学（硕士）	2012
06126	对外汉语中的同义词辨析及教学方法研究	冯迟迟	郑州大学（硕士）	2012

06127	对外汉语中流行语教学的调查与构想	李蓉	湖南师范大学（硕士）	2012
06128	对外汉语字母词教学研究	张朗峰	吉林大学（硕士）	2012
06129	对外汉语综合课教学中的成语教学	黄筠	湖南师范大学（硕士）	2012
06130	多媒体在对外汉语词汇教学中的应用	欧小玲	广西师范大学（硕士）	2012
06131	分析色彩词成语在对外汉语教学中的应用	丁艺	华东师范大学（硕士）	2012
06132	高级汉语阅读课词汇教学研究	李欣	上海师范大学（硕士）	2012
06133	关于对外汉语教材生词英文注释的研究	张娣	兰州大学（硕士）	2012
06134	关于泰国中级阶段汉语学习者词汇习得的研究	张爱珍	山东大学（硕士）	2012
06135	韩国儿童汉语词汇教学研究报告	李志惠	华中师范大学（硕士）	2012
06136	韩国留学生汉语称呼语习得研究及其教学	邢君兰	吉林大学（硕士）	2012
06137	韩国中高级汉语水平留学生动宾式离合词学习策略研究	李群飞	南京大学（硕士）	2012
06138	汉韩基本味觉词对比研究	金善熙	复旦大学（硕士）	2012
06139	汉英成语对比及对对外汉语教学的启示	王雪影	黑龙江大学（硕士）	2012
06140	汉英构词法的对比研究与对外汉语教学	左尚依	华中科技大学（硕士）	2012
06141	汉英饮食成语隐喻认知研究与对外汉语教学	张艳红	江苏师范大学（硕士）	2012
06142	汉英隐喻词汇对比研究及其在对外汉语词汇教学中的应用	郑剑红	华中科技大学（硕士）	2012
06143	汉语成语多维研究及对外汉语教学问题	郑德超	江苏师范大学（硕士）	2012
06144	汉语词汇教学不成功案例分析	和晓莹	云南大学（硕士）	2012
06145	汉语词汇教学中融合文化因素的重要性及其对学习兴趣的培养	刘璇	云南大学（硕士）	2012
06146	汉语惯用语教学研究初探	樊珈池	苏州大学（硕士）	2012
06147	汉语国际教育中的古代敬语教学研究	韩程程	吉林大学（硕士）	2012
06148	汉语区别词的特点及对外汉语教学中的区别词教学研究	李杨	兰州大学（硕士）	2012

06149	汉语实词的模糊性研究及对外汉语教学	张宇婷	内蒙古师范大学（硕士）	2012
06150	汉语数字词教学研究	梁爽	吉林大学（硕士）	2012
06151	《汉语水平考试（HSK）词汇大纲》中隐喻词汇教学研究	杨苗燕	浙江大学（硕士）	2012
06152	汉语同素反序词及对泰汉语教学研究	孙东平	西南大学（硕士）	2012
06153	汉语外来词研究与对外汉语教学	殷姣智	江苏师范大学（硕士）	2012
06154	汉语颜色词集合式词汇教学设计	王涛	山东大学（硕士）	2012
06155	汉语招呼语语用及教学对策研究	潘晓芬	兰州大学（硕士）	2012
06156	汉语中的国俗词语及其对外教学	杜姗书	河南大学（硕士）	2012
06157	华裔留学生汉语词汇学习策略研究	周真真	暨南大学（硕士）	2012
06158	基于5C目标的对外汉语中级阶段词汇集中化教学	王曼曼	曲阜师范大学（硕士）	2012
06159	基于HSK动态作文语料库的介词“对”习得研究	何静静	曲阜师范大学（硕士）	2012
06160	基于OPI的高级汉语学生的词汇测试及分析	申海澈	山东师范大学（硕士）	2012
06161	基于艾宾浩斯记忆遗忘规律的初级对外汉语词汇教学设计	薛丹	辽宁大学（硕士）	2012
06162	基于对外汉语教学的成语语义透明度分析	付培丽	山东大学（硕士）	2012
06163	基于对外汉语教学的同义词辨析研究	许珊	广西师范大学（硕士）	2012
06164	基于海外版时政新闻语料库的对外汉语词汇研究	刘远博	吉林大学（硕士）	2012
06165	基于韩国留学生的汉语离合词教学的研究	黄钟淳	黑龙江大学（硕士）	2012
06166	基于语料库的对外汉语《词汇大纲》形容词带宾语情况考察	韦璇	广西民族大学（硕士）	2012
06167	交际文化词语对留学生词义获得的影响	李栗纬	四川师范大学（硕士）	2012
06168	近三十年对外汉语教材中的字母词语研究	杨媛媛	辽宁师范大学（硕士）	2012
06169	境外粤语华人汉语普通话词汇教学问题探讨	周珊珊	吉林大学（硕士）	2012

06170	旧词新义及其对外汉语教学研究	刘蓓	中国海洋大学（硕士）	2012
06171	跨文化交际视野下的汉英表人动作核心词语教学研究	朱盼	广西大学（硕士）	2012
06172	跨文化交际下的对韩汉语词汇教学策略	杜佳	广西师范大学（硕士）	2012
06173	联系法与初级对外汉语词语教学	赵莹	渤海大学（硕士）	2012
06174	留学生成语学习策略研究	朴惠仁	东北师范大学（硕士）	2012
06175	留学生词汇量的调查报告	王婷婷	中央民族大学（硕士）	2012
06176	留学生汉语成语教学研究	王焱	南京大学（硕士）	2012
06177	留学生汉语离合词习得研究	杨柳	中国海洋大学（硕士）	2012
06178	留学生离合词习得情况调查与教学对策	郑丽娅	浙江师范大学（硕士）	2012
06179	论《朴通事谚解》的词汇编写	王娜	陕西师范大学（硕士）	2012
06180	论对韩汉语成语教学参照表的制定	李冰	山东师范大学（硕士）	2012
06181	论对外汉语教学中词汇教学的文化渗透	柯慧俐	陕西师范大学（硕士）	2012
06182	论对外汉语教学中的汉语惯用语教学	吴兰英	云南大学（硕士）	2012
06183	论对外汉语中同义词教学	魏美喜	兰州大学（硕士）	2012
06184	论现代汉语中词语的超常搭配及对外汉语教学	孙梦珣	苏州大学（硕士）	2012
06185	美国留学生汉语词汇学习策略调查	杨彧	中央民族大学（硕士）	2012
06186	美国留学生汉语能愿动词的习得顺序考察	沙茜	南京大学（硕士）	2012
06187	蒙古国汉语词汇教学研究	姜欢	吉林大学（硕士）	2012
06188	蒙古国育才中文中学成语教学研究	陈路	吉林大学（硕士）	2012
06189	蒙古国育才中文中学词汇教学研究	魏静	吉林大学（硕士）	2012
06190	面向对外汉语词汇教学的词语模定级定量研究	马杰	暨南大学（硕士）	2012
06191	面向对外汉语的数字成语研究	向晗	湖南师范大学（硕士）	2012
06192	面向对外汉语教学的“百、千、万”类词语研究	谭俐	湖南师范大学（硕士）	2012

06193	面向对外汉语教学的汉德词汇空缺现象研究	陈姗	郑州大学（硕士）	2012
06194	面向对外汉语教学的汉英网络新词语构词法对比研究	刘斯咪	湖南师范大学（硕士）	2012
06195	面向对外汉语教学的同素异序词研究	王静	沈阳师范大学（硕士）	2012
06196	面向对外汉语教学的状位双音形容词研究	孙多翠	安徽大学（硕士）	2012
06197	面向中级水平留学生的新词语教学研究	成瑜	中山大学（硕士）	2012
06198	模因论视野下现代汉语类词缀分析及其教学策略探究	郎瑞	上海外国语大学（硕士）	2012
06199	浅谈中高级阶段汉语国际教育中的成语文化创意教学	单玉莹	吉林大学（硕士）	2012
06200	嵌否定词熟语对外汉语教学研究	张媛媛	华中师范大学（硕士）	2012
06201	认知功能教学法在汉语初级阶段词汇教学中的应用研究	欧元婷	苏州大学（硕士）	2012
06202	任务型对外汉语词汇教学的探索与实践	陈积峰	浙江大学（硕士）	2012
06203	日本留学生汉日双音节同形词学习中的偏误研究	于洪雨	吉林大学（硕士）	2012
06204	日本留学生汉日同形词学习负迁移情况调查研究	冯英	暨南大学（硕士）	2012
06205	日本学生习得汉语离合词情况考察	平井章子	复旦大学（硕士）	2012
06206	试论对外汉语报刊阅读课中新词语的教学	谢莉琳	暨南大学（硕士）	2012
06207	试论对外汉语教学中的成语教学	赖菲菲	西北大学（硕士）	2012
06208	试论跨文化交际中词汇的语用失误	潘丽英	黑龙江大学（硕士）	2012
06209	熟语在对韩汉语教学中的教学价值及教学策略研究	韩宪镇	上海外国语大学（硕士）	2012
06210	泰国初级汉语听力课话题式词汇教学实验研究	程雪	山东大学（硕士）	2012
06211	泰国学生离合词教学研究	代璐	西南大学（硕士）	2012
06212	泰国学生让步类关联词语的习得研究	张静雯	广西大学（硕士）	2012
06213	泰国中学汉语词汇课堂教学设计研究	罗尘尘	云南大学（硕士）	2012

06214	谈如何对高级汉语水平学习者进行词汇教学	李媛	西北大学（硕士）	2012
06215	同素同义单双音节名词辨析	金秋	黑龙江大学（硕士）	2012
06216	图式法与菲律宾华校汉语文化词汇教学探析	常丽	福建师范大学（硕士）	2012
06217	外向型汉语学习词典的副词释义研究	孙运芹	鲁东大学（硕士）	2012
06218	乌克兰成人汉语初级班词汇教学问题研究	珍妮	河北师范大学（硕士）	2012
06219	现代汉语表物名词单义与多义认知机制研究	程晓翠	辽宁师范大学（硕士）	2012
06220	现代汉语插入语的第二语言习得研究	郝杰	安徽大学（硕士）	2012
06221	现代汉语概数表达方式及其对外汉语教学研究	陈哲	福建师范大学（硕士）	2012
06222	现行对外汉语教材生词表的汉英翻译问题研究	王珂瑛	华中师范大学（硕士）	2012
06223	英汉词汇搭配对比分析与对外汉语教学中词汇搭配的教学策略	吴倩	陕西师范大学（硕士）	2012
06224	英母语留学生汉语词汇负迁移研究及其对汉语教学的启示	武维	吉林大学（硕士）	2012
06225	语块理论与惯用语的对外汉语教学	贾慧	华中师范大学（硕士）	2012
06226	语素法在汉语高级阶段词汇教学中的探究	梁茜	陕西师范大学（硕士）	2012
06227	语素分析法在对外汉语生词教学中的应用研究	肖秋香	兰州大学（硕士）	2012
06228	语素教学法研究	王晓希	兰州大学（硕士）	2012
06229	越南汉语离合词教学之现状与对策	阮氏翠安	华中科技大学（硕士）	2012
06230	越南学生汉语能愿动词习得研究	刘郑婵	广西民族大学（硕士）	2012
06231	针对不同阶段汉语学习者的词语释义方法	景璇	西北大学（硕士）	2012
06232	中高级韩国学生的汉语惯用语习得情况调查与教学研究	徐真贤	山东师范大学（硕士）	2012
06233	中亚留学生成语使用现状调查研究	张忠	新疆师范大学（硕士）	2012
06234	中英称呼语对比研究与对外汉语教学	毛仕慧	黑龙江大学（硕士）	2012

06235	重现与对外汉语初级阶段词汇教学	吴英	暨南大学（硕士）	2012
06236	字本位理论在对外汉语词汇教学中作用的研究	刘荣	新疆师范大学（硕士）	2012
06237	字本位与对外汉语词汇教学	符影馨	黑龙江大学（硕士）	2012
06238	传统度量衡量词现状及其对外汉语教学策略	魏艳伶	攀枝花学院学报	2013（1）
06239	对举式合成方位词“左右”的认知研究	徐华	边疆经济与文化	2013（1）
06240	对外汉语教学中的词汇语义网络构建研究	刘吉艳、魏巍	渤海大学学报（哲学社会科学版）	2013（1）
06241	汉语词汇编码理据与对外汉语词汇教学	郑桦	宁夏大学学报（人文社会科学版）	2013（1）
06242	汉语中的借形词及其在对外汉语教学中存在的问题	华若云	文学界（理论版）	2013（1）
06243	浅谈对外汉语教学中汉语成语的教学	高秋娟	经营管理者	2013（1）
06244	上下位词与对外汉语词汇教学	单贞、蔡鑫	现代语文（语言研究版）	2013（1）
06245	网络新词语与对外汉语教学	祖迪	鸡西大学学报	2013（1）
06246	语义韵倾向词的对外汉语教学初探——针对在华留学生的教学研究	邓婷	时代文学（下半月）	2013（1）
06247	对外汉语词语易混淆组的类型及教学策略	陈艳	湖北成人教育学院学报	2013（2）
06248	对外汉语教学中民俗语言学习刍议	夏素芬	沈阳大学学报（社会科学版）	2013（2）
06249	对外汉语中级口语教学中的词汇教学——以《中级汉语口语》第八课《我在校外租了房子》为例	杨艮花	现代交际	2013（2）
06250	论汉语四字格在对外汉语词汇教学中的意义	王天虹	内蒙古师范大学学报（哲学社会科学版）	2013（2）
06251	浅谈对外汉语词汇教学隐喻能力的培养	任婧媛	时代文学（上半月）	2013（2）
06252	浅谈对外汉语口语课词汇教学研究	冯婷婷	佳木斯教育学院学报	2013（2）
06253	网络流行语衍生的特点以及其对对外汉语教学的影响	张齐美晨	剑南文学（经典教苑）	2013（2）
06254	象似性与对外汉语字词教学	张鑫	太原师范学院学报（社会科学版）	2013（2）

06255	汉语史语料学在对外汉语词汇教学中的应用初探	张静	现代语文（语言研究版）	2013（3）
06256	浅谈歇后语的对外汉语教学应用分析	姜博洋	内江科技	2013（3）
06257	浅析《对外汉语课堂教学概论》中的汉语词汇教学法	王建	语文知识	2013（3）
06258	谈对外汉语“文化词汇”的类聚性及教学策略	王衍军	华文教学与研究	2013（3）
06259	HSK 词汇在线查询系统的设计与实现	林君峰	吉林省教育学院学报（上旬）	2013（4）
06260	对外汉语词汇教学技巧研究	郑菊颖	大庆师范学院学报	2013（4）
06261	对外汉语教学中的求偶单音语素问题	张海涛	语言与翻译	2013（4）
06262	对外汉语教学中同义词辨析的三个平面	唐冠宇	剑南文学（经典教苑）	2013（4）
06263	论两岸对外汉语教学融通词表的研制	曾毅平	江汉学术	2013（4）
06264	浅析《发展汉语 I》的生词释义问题	李萍	西北成人教育学报	2013（4）
06265	谈对外汉语教材中词汇英译的编写	方艳	安庆师范学院学报（社会科学版）	2013（4）
06266	对外汉语词汇教学中的跨文化意识——以汉语成语为例	石琳	中华文化论坛	2013（5）
06267	对外汉语教学中的熟语教学策略	钟舟海、肖静	现代语文（学术综合版）	2013（5）
06268	功能教学法在初级对外汉语同义词辨析教学中的应用	赵鑫硕	佳木斯教育学院学报	2013（5）
06269	基于词源分析的对外中高级汉语词汇教学刍议	卞仁海	信阳师范学院学报（哲学社会科学版）	2013（5）
06270	浅析“X style”及该类网络词语的对外汉语教学	梁旭	文学教育（上）	2013（5）
06271	试论对外汉语教学中的新词语教学原则	李泊宁、陈鸿铭	时代文学（下半月）	2013（5）
06272	谈对外汉语多义词教学——“求同存异”，以“爱”为例	丁薇	语文建设	2013（5）
06273	谈对外汉语教学中的词汇教学	魏畅	辽宁师专学报（社会科学版）	2013（5）
06274	心理词典理论与对外汉语词汇教学	刘慎军、陈佳宜	现代语文（语言研究版）	2013（5）

06275	中、高级对外汉语成语教学的调查与反思	刘艳平	汉语学习	2013（5）
06276	对外汉语教学中词汇教学的思考	王蕾	南昌教育学院学报	2013（6）
06277	汉语词汇理据性在对外汉语词汇教学中的运用	田永芳	广西民族师范学院学报	2013（6）
06278	近 20 年来对外汉语词汇教学研究	李明	天津师范大学学报（社会科学版）	2013（6）
06279	谈对外汉语词义教学	余莉	剑南文学（经典教苑）	2013（8）
06280	图式理论在对外汉语词汇记忆教学中的理论与实践	黄彩玉、朱淑洁	继续教育研究	2013（8）
06281	歇后语与对外汉语教学	刘中博	语文教学通讯 · D 刊（学术刊）	2013（9）
06282	谚语教学中的民俗文化内涵研究及其与对外汉语教学	冯金花	安徽文学（下半月）	2013（9）
06283	汉语作为第二语言的词汇研究新动向	刘枫	现代语文（学术综合版）	2013（10）
06284	小议成语在对外汉语教材中的复现	王劼	湖北函授大学学报	2013（10）
06285	汉语作为第二语言的词语习得途径与词汇教学	王天虹、张金竹	语文建设	2013（11）
06286	浅谈对外汉语新词语教学	李欣雨	东方企业文化	2013（11）
06287	对外汉语教学中的同义词辨析	戴明溪	学理论	2013（26）
06288	30 年来对外汉语初中级口语教材词汇更替研究	刘美丹	暨南大学（硕士）	2013
06289	初中级对外汉语教学词典参见系统构建研究	周建建	南京大学（硕士）	2013
06290	传承语素在现代汉语颜色词构成中的使用及对外汉语词汇教学	舒春晖	安徽大学（硕士）	2013
06291	地域文化与对外汉语教学方言词汇教学研究	江晓丽	西南大学（硕士）	2013
06292	对韩汉语词汇教学方法研究	徐静怡	吉林大学（硕士）	2013
06293	对外汉语成语教学教案设计	何宁宁	上海外国语大学（硕士）	2013
06294	对外汉语成语教学探究	贾冰	内蒙古师范大学（硕士）	2013
06295	对外汉语初级词汇教学探究	李晓楠	内蒙古师范大学（硕士）	2013
06296	对外汉语词汇教学法研究	崔久峰	吉林大学（硕士）	2013

06297	对外汉语词汇教学中的文化因素及其教学	赵德荣	兰州大学（硕士）	2013
06298	对外汉语多义词教学中的语境选择	高航	中央民族大学（硕士）	2013
06299	对外汉语惯用语教学	马崇环	山东师范大学（硕士）	2013
06300	对外汉语惯用语教学探究	相艳艳	内蒙古师范大学（硕士）	2013
06301	对外汉语国俗词语教学研究	何西茜	山东师范大学（硕士）	2013
06302	对外汉语教材词汇研究	李琳	苏州大学（硕士）	2013
06303	对外汉语教材同译词考察及对留学生汉语学习影响研究	糜英	暨南大学（硕士）	2013
06304	对外汉语教材中异形词的调查研究	王丹	暨南大学（硕士）	2013
06305	对外汉语教学视角下的惯用语研究	刁晶晶	山东师范大学（硕士）	2013
06306	对外汉语教学视野下的离合词研究	曹艳	山西大学（硕士）	2013
06307	对外汉语教学中的成语教学研究	田鑫	吉林大学（硕士）	2013
06308	对外汉语教学中的成语教学研究	徐丹伟	吉林大学（硕士）	2013
06309	对外汉语教学中的多义词教学研究	吕洁	内蒙古师范大学（硕士）	2013
06310	对外汉语教学中的味觉词研究	陈粟	山东师范大学（硕士）	2013
06311	对外汉语教学中的颜色词教学研究	王秦玮	兰州大学（硕士）	2013
06312	对外汉语教学中的中高段学生寓言成语教学研究	刘雪峰	内蒙古师范大学（硕士）	2013
06313	对外汉语教学中近义词辨析方法研究	刘冰	吉林大学（硕士）	2013
06314	对外汉语教学中同素逆序词教学研究	徐慧	南京大学（硕士）	2013
06315	对外汉语教学中五组同义连词的辨析	和月	兰州大学（硕士）	2013
06316	对外汉语口语课生词教学研究	周姗	安徽大学（硕士）	2013
06317	对外汉语生词英译注释问题研究	闫娜	兰州大学（硕士）	2013
06318	对外汉语学习词典语义韵表征研究	刘莉	四川外国语大学（硕士）	2013
06319	对外汉语学习词典中的冗余信息研究	李娇娇	鲁东大学（硕士）	2013
06320	对外汉语颜色词文化内涵的教学研究	张凤娇	内蒙古师范大学（硕士）	2013
06321	对外汉语中的“国俗词语”教学研究	梅倩	苏州大学（硕士）	2013
06322	对外汉语综合课教材方言词调查研究	严莉平	暨南大学（硕士）	2013

06323	韩国学生汉语词界切分的调查分析及应对策略	穆超	山东师范大学（硕士）	2013
06324	汉日同形词对日本学生汉语学习的负迁移调查研究	王亚妮	兰州大学（硕士）	2013
06325	汉语初级学习者语义协商研究	范佩华	中央民族大学（硕士）	2013
06326	汉语惯用语在对外汉语教学中的应用	胡淼	吉林大学（硕士）	2013
06327	《汉语国际教育用音节汉字词汇等级划分》词汇部分分析	宋晓艳	暨南大学（硕士）	2013
06328	汉语国际教育中常用成语的教学方法分析	丁兰岚	云南大学（硕士）	2013
06329	汉语作为第二语言的同素词教学研究	苟栎心	西南大学（硕士）	2013
06330	基于《词汇等级划分》的对外汉语词汇语义韵教学初探	邓婷	暨南大学（硕士）	2013
06331	基于汉语作为第二语言教学的惯用语研究	刘潇萌	沈阳师范大学（硕士）	2013
06332	基于语料库的词汇教学在对外汉语教学中的应用研究	王丽丽	上海外国语大学（硕士）	2013
06333	结合语素法的对蒙大学中级汉语词汇教学设计	OYUNS-AIKHAN（乌云赛汗）	山东大学（硕士）	2013
06334	流行语的对外汉语教学研究	姚崇媛	上海外国语大学（硕士）	2013
06335	蒙古国初级汉语词汇教学研究	刚道丽格尔	内蒙古师范大学（硕士）	2013
06336	蒙古国留学生四字格成语研究	何文彤	内蒙古师范大学（硕士）	2013
06337	面向对外汉语教学的类词缀研究	王小曼	安徽大学（硕士）	2013
06338	面向对外汉语教学的离合词研究	刘芳宜	山东师范大学（硕士）	2013
06339	面向对外汉语教学的同素同义单双音节形容词研究	许乐	沈阳师范大学（硕士）	2013
06340	面向二语学习者的汉语成语教学大纲研究	万兵	山东大学（硕士）	2013
06341	母语为英语的学生习得惯用语偏误研究	王艺佳	吉林大学（硕士）	2013
06342	趣味性词汇教学在幼儿汉语课堂教学中的应用	周艳	上海外国语大学（硕士）	2013

06343	试论韩语汉字词对韩国留学生习得汉语词语的影响	滕藤	内蒙古师范大学（硕士）	2013
06344	同素同义单双音名词的对外教学研究	呼建仁	内蒙古师范大学（硕士）	2013
06345	外国留学生习得汉语离合词研究	姚篮	山东师范大学（硕士）	2013
06346	现代汉语时间格句法语义研究	朱玉燕	南京大学（硕士）	2013
06347	现代汉语新词新语五类类词缀研究	李文艳	山西大学（硕士）	2013
06348	现代汉语新词语教学探究	乌仁毕力格	内蒙古师范大学（硕士）	2013
06349	学习型词典中离合词的释义对比研究	周爱丽	鲁东大学（硕士）	2013
06350	英汉语言对比法在汉语成语教学中的应用	刘川	辽宁大学（硕士）	2013
06351	游戏教学法在泰国大学汉语词汇教学中的实践分析	常青	吉林大学（硕士）	2013
06352	与称谓相关的传承语素构词及其在对外汉语词汇教学中的应用	贺晶晶	安徽大学（硕士）	2013
06353	与动植物相关的传承语素构词及其在汉语二语词汇教学中的应用	杨柳	安徽大学（硕士）	2013
06354	与人体相关的传承语素构词及其在对外汉语词汇教学中的应用	曹梦芸	安徽大学（硕士）	2013
06355	与饮食相关的传承语素构词及其在汉语二语词汇教学中的应用	芦洁媛	安徽大学（硕士）	2013
06356	语境理论在对外汉语词义教学中的应用策略探究	李响	内蒙古师范大学（硕士）	2013
06357	语义场理论与对外汉语词汇教学	何珊珊	山东师范大学（硕士）	2013
06358	针对韩国留学生的汉语成语分类和教学	金平	上海外国语大学（硕士）	2013
06359	中高级水平留学生汉语惯用语教学研究	巩欣杰	南京大学（硕士）	2013
06360	“字”本位理念下的中级汉语阅读课词汇教学研究	张妤君	兰州大学（硕士）	2013

语法教学研究

06361	汉语的词类问题	钟梫、赵淑华、金德厚、王还	中国语文	1954（26）
06362	关于“补语”	史存直	语文学习	1955（2）
06363	试谈“一样”、“像……一样”、“似（是）的”	黄岳洲	语文学习	1955（5）
06364	附加语后边的“的”字	何钟杰、欧阳复生、黄永镇	语文学习	1955（6）
06365	谈谈“有着”	邹国统	中国语文	1956（6）
06366	词头“被”和词尾“了”	余建萍	中国语文	1956（9）
06367	关于判断词“是”	郭中平	语文学习	1957（2）
06368	试说表概数的“来”	吕叔湘	中国语文	1957（4）
06369	汉语“时态”的表达形式	王惠丽	语文学习	1957（9）
06370	关于外语教学中的对比及对比语法的讨论	张会森	俄语教学与研究	1958（3）
06371	关于“无论、不论”的用法	陆俭明、侯学超	中国语文	1961（5）
06372	关于副词修饰名词	邢福义	中国语文	1962（5）
06373	关于“着”的某些用法	孟琮	中国语文	1963（3）
06374	带“得”字的补语句	李临定	中国语文	1963（5）
06375	关于动词重叠	李人鉴	中国语文	1964（4）
06376	关于《说“的”》	朱德熙	中国语文	1966（1）
06377	汉语的一种紧缩结构	毛成栋	语言教学与研究（第二集）	1977
06378	从带“了”的病句谈起	王砚农	语言教学与研究	1979（1）
06379	汉语构词的特点和方法	葛信益	语言教学与研究	1979（2）
06380	从汉语词序看长句翻译	林同济	现代英语研究	1980（1）
06381	关于汉语语法体系分歧问题	张志公	语言教学与研究	1980（1）

06382	谈谈“正”“在”和“正在”	潘文娱	语言教学与研究	1980（1）
06383	关于趋向补语“来”、“去”的几个问题	刘月华	语言教学与研究	1980（3）
06384	通过对比帮助说西班牙语的学生掌握汉语语序	朱一之	语言教学与研究	1980（3）
06385	关于汉语虚词教学	陆俭明	语言教学与研究	1980（4）
06386	谈谈“咱”和“咱们”的用法	杨淑璋	语文教学	1980（5）
06387	汉语“您”的语法规范及其注释	陈元胜	中国语文通讯	1980（6）
06388	代词“等”和“等等”的一些用法	杨淑璋	语言教学与研究	1981（1）
06389	谈谈“所以”	钱进德	绍兴师专学报（社会科学版）	1981（1）
06390	谈谈动词和形容词的重叠	龚继华	天津师院学报（社会科学版）	1981（1）
06391	关于“有以”、“无以”的用法	洪成玉	语言教学与研究	1981（3）
06392	试论汉语时间名词和时间副词的划分标准——从“刚才”和“刚”、“刚刚”的词性谈起	冯成林	陕西师大学报（哲学社会科学版）	1981（3）
06393	关于动词的向和的字结构	欧阳寿荪	江西大学学报（社会科学版）	1981（4）
06394	关于时间助词“的”和“来着”	宋玉柱	中国语文	1981（4）
06395	汉语词序和词序变化	〔美〕Timothy Light 著；张旭译	国外语言学	1981（4）
06396	汉语的四种句式	斯君	语言文学	1981（6）
06397	从汉语语序看分布理论	史存直	语言教学与研究	1982（1）
06398	关于“又”和“再”	李文治	语言教学与研究	1982（1）
06399	关于语气助词“的”	刘公望	青海民族学院学报	1982（1）
06400	关于后分句主语承前宾语而出现及省略问题	陈信春	语言教学与研究	1982（2）
06401	关于状态助词“的”	刘公望	兰州大学学报（社会科学版）	1982（2）
06402	词组的结构与语法教学	杨石泉、宋希仲	语言教学与研究	1982（3）

06403	关于“在黑板上写字”句式分化和变换的若干问题	邵敬敏	语言教学与研究	1982（3）
06404	关于 AABB 式重叠的问题	董树人	语言教学与研究	1982（3）
06405	固定格式“从 A 到 B”的意义、功能和结构	李晋荃	苏州大学学报（哲学社会科学版）	1982（S1）
06406	关于“象”和“好象”的用法	段玉成	语文知识丛刊（3）/ 北京市语言学会编 / 地震出版社	1982
06407	从留学生的语病看汉语助动词的特点和用法	王晓钧	语言教学与研究	1983（1）
06408	关于复句的几点分析（上）	张拱贵	语言教学与研究	1983（1）
06409	程度补语教学一例	杜玉华	对外汉语教学	1983（1）
06410	宾语使用情况考察	李临定	语文研究	1983（2）
06411	关于补语性词尾“着 /zhe/”和“了 /le/”	〔日〕木村英树	语文研究	1983（2）
06412	关于复句的几点分析（下）	张拱贵	语言教学与研究	1983（2）
06413	关于所谓“助动词”	李人鉴	语文研究	1983（3）
06414	如何对阿拉伯学生进行“是”字句教学	张月池、杜同惠	语言教学与研究	1983（3）
06415	关于“着、了、过”的语法单位的性质问题	宋玉柱	语文学习	1983（5）
06416	从几种语言比较看汉语数词的优点	伍铁平	语文月刊	1983（12）
06417	从“把饺子吃在五道口食堂”谈起	陆述生	河北师院学报（哲学社会科学版）	1984（1）
06418	对能愿动词的一点看法	蒋有经	上饶师专学报	1984（1）
06419	汉语“更”和日语“もっと”	〔日〕章纪孝、水野义道	语言教学与研究	1984（1）
06420	汉语的词序及其变迁	屈承熹	语言研究	1984（1）
06421	关于动词“搞”的对话	黄声义	益阳师专学报（哲学社会科学版）	1984（2）
06422	汉语比较句结构的变化	张琪昀	淮阴师专学报（社会科学版）	1984（2）
06423	“やる・くれる・もらう”与汉语“给”字的语法对比	金裕雪	延边大学学报（社会科学版）	1984（2）

06424	谈谈非谓语动词“起来”	吴洁敏	语言教学与研究	1984（2）
06425	关于表示程度浅的副词“还”	马真	中国语文	1984（3）
06426	汉语的动态与俄语的体	赵敏善	现代外语	1984（4）
06427	留学生汉语教学语法二题——兼与《实用现代汉语语法》作者商榷	陈亚川、郑懿德	语言教学与研究	1984（4）
06428	词序与辖域——英汉比较	沈家煊	语言教学与研究	1985（1）
06429	从对外汉语教学观点看所谓汉语的“连锁复句”	史存直	语言教学与研究	1985（1）
06430	单用“不”构成的一种辞格及句式	吴土良	语文研究	1985（1）
06431	关于时量补语的另外两种格式	贾颖	语言教学与研究	1985（1）
06432	跟副词“再”有关的几个句式	马希文	中国语文	1985（2）
06433	关于汉语的存在句	〔日〕矢野光治、蓝清汉作著；柴世森译	河北师院学报（哲学社会科学版）	1985（2）
06434	从科学和学科体系上看修辞语法的分合	吴士文	语言教学与研究	1985（3）
06435	关于鲁迅作品中结构助词叠用的问题	杨亦鸣	语言教学与研究	1985（3）
06436	关于名词活用作动词	蔡镜浩	语言教学与研究	1985（4）
06437	从“们”字谈到汉语语法的特点	胡裕树	语文园地	1985（12）
06438	带“了”格式浅析	曾明路	第三届科学报告会论文选 / 北京语言学院	1985
06439	关于否定句的两个问题	赵淑华	第三届科学报告会论文选 / 北京语言学院	1985
06440	汉语的“什么”和法语的“que”	王钟华	语言教学与研究	1986（1）
06441	汉语动词的分类角度	申小龙	语言教学与研究	1986（1）
06442	汉语复句与印欧语复句的异同	林立	山东外语教学	1986（1）
06443	关联词“一面……一面……”使用规则及其他	范胜田	中国民航学院学报	1986（2）
06444	关于动态助词“过$_1$”和“过$_2$”	孔令达	安徽师大学报（哲学社会科学版）	1986（4）

06445	关于现代汉语语法研究中的“同一性”原则	孙维张	吉林大学社会科学学报	1986（5）
06446	超越分句的语言成分	刘月华	汉语研究（第一辑）/ 南开大学对外汉语教学中心编 / 南开大学出版社	1986
06447	关于表示总括全部的“都”	程美珍	语言教学与研究	1987（2）
06448	汉语教学语法二三议	李临定	世界汉语教学	1987（2）
06449	基础汉语语法点的针对性及试分类	胡炳忠	世界汉语教学	1987（2）
06450	谈汉语虚词教学	白雨滋	语言与翻译	1987（2）
06451	谈句型教学中交际性原则的运用	王德珮	语言教学与研究	1987（2）
06452	关于修饰性临时量词	李延瑞	语言教学与研究	1987（3）
06453	汉语方位补语“来”“去”的两个功能	〔日〕木村秀树著；王志译	徐州师范学院学报（哲学社会科学版）	1987（3）
06454	词性与语言环境的关系	王需民	九江师专学报（哲学社会科学版）	1987（4）
06455	从“刚才”和“方才”浅谈时间名词与时间副词的区别	刘勇	淮北煤师院学报（社会科学版）	1987（4）
06456	关于《现代汉语句型统计与研究》的几个问题	鹿琮世	世界汉语教学	1987（4）
06457	关于量词“棵”的出现时间	董树人	汉语学习	1987（6）
06458	从朝汉语多谓语句对比中看朝鲜语复句问题	金祥元	朝鲜语言学论文集 / 吉林省朝鲜语言学会编；柳英绿译 / 延边大学出版社	1987
06459	“x 不 x”格式考察	李子云	安徽教育学院学报（社会科学版）	1988（1）
06460	定语（le complément déterminatif）——汉法对比	马河清	语言教学与研究	1988（1）
06461	汉语动词“时态”的表现形式	蔡永贵	银川师专学报	1988（1）
06462	关于复杂谓语的几个问题	吴延枚	语言教学与研究	1988（2）
06463	汉语称数法教学一得——兼谈汉英称数法比较	王金柱	语言教学与研究	1988（2）
06464	代词理解和称代类型	胡盛仑	语言教学与研究	1988（3）

06465	关于华语语法教学问题	〔新加坡〕吴英成	语言教学与研究	1988（3）
06466	关于中、日两国语言在连体修饰句中的时态问题	刘丽	现代外语	1988（3）
06467	关于怎么教“不、没、了、过”	王还	世界汉语教学	1988（4）
06468	“于是”的意义和用法——兼析学生中的“于是”病句	詹继曼	新疆大学学报（哲学社会科学版）	1988（4）
06469	关联词一面……一面≠一方面……另一方面	范胜田、吕惠君	天津师大学报（社会科学版）	1988（5）
06470	汉语表达俄语词序变化的基本原则和手段	陈国亭	外语学刊	1988（6）
06471	初探汉语副词“就”的用法及就字句的德语表达形式	陆曾荣	二外专刊	1988 专刊
06472	谈谈“及其”结构	李宗江	教学研究（社会科学版）	1988 创刊号
06473	含程度补语的述补结构	马庆株	语法研究和探索（四）/ 中国语文杂志社编 / 北京大学出版社	1988
06474	“把”字句教学中的两个问题	黄振英	世界汉语教学	1989（1）
06475	从“甲服务乙”看语法的逻辑性	陈月华	语文建设	1989（2）
06476	对外汉语语法课堂教学的一种模式	崔永华	世界汉语教学	1989（2）
06477	词类判别四要点	邢福义	语言教学与研究	1989（3）
06478	近代汉语中介词“和、同、替”的特殊用法	〔日〕植田均	安庆师院学报（社会科学版）	1989（3）
06479	带“小”的儿化现象	毛修敬	中国语文	1989（4）
06480	第三人称代词的特点	徐丹	中国语文	1989（4）
06481	试论 ABB 式形容词	辛尚奎、周成	内蒙古大学学报（哲学社会科学版）	1989（4）
06482	《高级汉语》教法探讨二题	赵双之	天津师大学报（社会科学版）	1989（5）
06483	对外汉语语法教学的思考	谢文庆	天津师大学报（社会科学版）	1989（6）
06484	“VA 了”述补结构语义分析	陆俭明	汉语学习	1990（1）
06485	从汉代注释书论汉语介词的表义功能——兼谈否定介词结构的合理性	孙良明	语言教学与研究	1990（1）

06486	从母语影响看朝鲜学生在动词、介词使用中的问题	汪寿顺	天津师大学报（社会科学版）	1990（1）
06487	汉语被动句与其基础句关系的宏观分析	袁义林	山东师大学报（社会科学版）	1990（1）
06488	从语言比较研究中去认识汉语语法的特点	凌德祥	安徽教育学院学报	1990（2）
06489	关于外国人学习汉语助词“了”的几个问题	丁桂贤	湖南师范大学社会科学学报	1990（2）
06490	对外汉语的语法教学和语法分析	陆世光、史松明	天津师大学报（社会科学版）	1990（3）
06491	对外汉语语法教学的重点和难点	龙青然	汉语学习	1990（3）
06492	关于对外汉语教学语法体系的思考	崔永华	语言学和汉语教学 / 胡盛仑主编 / 北京语言学院出版社	1990
06493	汉语“个”的朝译刍议	张义源	双语双文化论丛 / 延边大学汉语系《双语双文化论丛》编委会编 / 延边大学出版社	1990
06494	试论连词“而”字的语意与语法功能	薛凤生	语言研究	1991（1）
06495	对外汉语形容词教学漫谈	韩荔华	世界汉语教学	1991（2）
06496	关于体宾动词和谓宾动词	宋玉柱	世界汉语教学	1991（2）
06497	对外汉语教学对语法研究的需求与推动	郑懿德	世界汉语教学	1991（4）
06498	多元・柔性・主体——80~90 年代语法研究大势之我见	史有为	世界汉语教学	1991（4）
06499	汉语的“补语”概念在意大利语中的表现	赵秀英	语言教学与研究	1991（4）
06500	回顾与展望——试谈 80 和 90 年代的现代汉语语法研究	徐枢	语言教学与研究	1991（4）
06501	谈谈“$了_1$”和“$了_2$”的区别方法	卢英顺	中国语文	1991（4）
06502	从施、动、受的表层形式看汉语的特点——比较汉语和俄语的三种语义成分在语法形式上的差别	李宗江	汉语学习	1991（5）
06503	关于对外汉语教学的语法体系	吕文华	中国语文	1991（5）
06504	比较语法与翻译	刘殿爵	中国语文通讯（香港）	1991（12）

06505	单音节形容词反义结构的考察	洪材章	对外汉语教学研究 / 张维耿、何子铨、黄皇宗主编 / 中山大学出版社	1991
06506	动词及其相关成分的教学误区	汤志祥	对外汉语教学研究 / 张维耿、何子铨、黄皇宗主编 / 中山大学出版社	1991
06507	从句子预设看"了 $_1$"的意义	晏懋思	对外汉语教学研究 / 张维耿、何子铨、黄皇宗主编 / 中山大学出版社	1991
06508	对外粤语语法教学要贯彻交际性原则	方小燕	对外汉语教学研究 / 张维耿、何子铨、黄皇宗主编 / 中山大学出版社	1991
06509	官话和闽方言中的几个动词短语结构的比较研究	李英哲著；赵宏译；邢福义审	语言教学与研究	1992（1）
06510	汉语被动式结构在俄语中的表达	徐新初	外语研究	1992（2）
06511	汉语比较句的两种否定形式——"不比"型和"没有"型	相原茂	语言教学与研究	1992（3）
06512	试说"自己""本人""本身"及"自身"——兼议"本人""本身""自身"的词性	许和平	世界汉语教学	1992（3）
06513	"把"字句的课堂教学	程相文、周翠琳	世界汉语教学	1992（4）
06514	补语与状语的比较——从《实用汉语课本》说起	王邱丕君、施建基	语言教学与研究	1992（4）
06515	汉民族文化心态对汉语语法特点的影响	常敬宇	世界汉语教学	1992（4）
06516	汉语趋向动词及动趋短语的语义和语法特点	居红	世界汉语教学	1992（4）
06517	被动句的俄汉对比	田文琪	外语学刊	1992（6）
06518	当心句式杂糅	宋擎柱	语文教学与研究	1992（9）
06519	关于动态助词"了"的语法意义问题	竟成	语文研究	1993（1）
06520	关于汉英句子结构差异	毕继万	外语教学	1993（1）
06521	汉语复句与单句的对立和纠结	邢福义	世界汉语教学	1993（1）
06522	补语的分类及其教学	竟成	世界汉语教学	1993（2）

06523	从汉语“把”字句看语言分类规律在第二语言习得过程中的作用	靳洪刚	语言教学与研究	1993（2）
06524	从汉语的“动结式结构”看日语的“中相动词”	陈红	外语研究	1993（2）
06525	关于中高级阶段汉语语法教学的构想	吕文华	世界汉语教学	1993（2）
06526	外国学生现代汉语“了・le”的习得过程初步分析	孙德坤	语言教学与研究	1993（2）
06527	从对外汉语教学看现代汉语语法研究	黄南松	语文研究	1993（3）
06528	对应结构：一类富有特点的汉语语法结构形式	徐国玉	延边大学学报（哲学社会科学版）	1993（3）
06529	论对外汉语虚词教学	李晓琪	世界汉语教学	1993（3）
06530	对外汉语语法教学札记	宋玉柱	汉语学习	1993（4）
06531	从对外汉语教学角度看汉语的结构模式	胡炳忠	语言教学与研究	1994（1）
06532	对外汉语教学：汉语内部规律的试金石——以“反而”为例	王还	世界汉语教学	1994（1）
06533	关于句子的功能分类	吴为章	语言教学与研究	1994（1）
06534	试析汉语被动句的习得机制	周国光	世界汉语教学	1994（1）
06535	谈语法教学中的对比教学	范维杰	外语与外语教学	1994（1）
06536	词频统计的新概念和新方法	尹斌庸、方世增	语言文字应用	1994（2）
06537	教外国人汉语语法的一些原则问题	赵金铭	语言教学与研究	1994（2）
06538	我是怎样教韩国学生学习汉语的副词的	〔韩〕韩容洙	汉语学习	1994（2）
06539	编插句式论析	彭占清	世界汉语教学	1994（3）
06540	多层定语的次序及其逻辑特性	田惠刚	世界汉语教学	1994（3）
06541	关于汉语口语中同义、近义句式的辨异	杨嘉敏	东北师大学报（哲学社会科学版）	1994（3）
06542	汉语“自己”一词的代词性	程工	现代外语	1994（3）
06543	对外汉语教学语法体系改革的新蓝图——评吕文华《对外汉语教学语法探索》	邵敬敏	汉语学习	1994（5）
06544	从“该来的不来”谈起	单春樱	语文建设	1994（8）

06545	汉语的配价语法理论研究	周国光、张国宪	语文建设	1994（9）
06546	关于现代汉语词语的语法功能分类	俞士汶	中国计算机报	1994-05-31
06547	“把”字句的语义类型及教学	吕文华	对外汉语教学语法探索 / 吕文华著 / 语文出版社	1994
06548	从思维过程入手，结合语境教“把”字结构	王有芬	北京第二外国语学院学报	1995（3）
06549	答句的语义类型	朱晓亚	语言教学与研究	1995（3）
06550	材料宾语和工具宾语	谭景春	汉语学习	1995（6）
06551	留学生“把”字结构的表现分析	熊文新	世界汉语教学	1996（1）
06552	“谁胜谁败”——对外汉语教学中的难点之一	赵方禹	北京第二外国语学院学报	1996（3）
06553	汉语作为第二语言学习中的句子的语调、语气理解问题	王魁京	北京师范大学学报（社会科学版）	1996（6）
06554	汉语的重叠结构及其语义特征	房玉清	语言文化教学研究 / 李振杰主编 / 华语教学出版社	1996
06555	关于名词和方位词的关系	高桥弥守彦	世界汉语教学	1997（1）
06556	汉语搭配定量分析初探	孙茂松、黄昌宁、方捷	中国语文	1997（1）
06557	汉语规范化和对外汉语教学	许嘉璐	语言文字应用	1997（1）
06558	汉语语法“本位”论评——兼评邢福义“小句中枢说”	李宇明	世界汉语教学	1997（1）
06559	日本留学生汉语趋向补语的习得顺序	钱旭菁	世界汉语教学	1997（1）
06560	V 前受事结构的功能及其表现形式	曹秀玲	语言教学与研究	1997（2）
06561	从几个例词看唐代动量词的发展	王绍新	古汉语研究	1997（2）
06562	从类型学和认知语法的角度看汉语重叠现象	张敏	国外语言学	1997（2）
06563	多层状语的顺序及其逻辑特性与对外汉语教学	肖莉	赣南师范学院学报	1997（2）
06564	建立三维语法教学体系——初级阶段对外汉语语法教学研究的回顾与展望	李珠	世界汉语教学	1997（2）

06565	留学生“了”的习得过程考察与分析	赵立江	语言教学与研究	1997（2）
06566	关于存现结构的理论探讨	顾阳	现代外语	1997（3）
06567	汉语处所价语的初步考察	陈昌来	语言教学与研究	1997（3）
06568	汉语动态形容词与俄语形动词比较研究	王亚民	西北师大学报（社会科学版）	1997（3）
06569	Unit Noun 与汉语量词的比较与翻译	徐莉娜	中国科技翻译	1997（4）
06570	句式“S都是O”中“都”的语义、语用分析	刘川平	汉语学习	1997（4）
06571	谈对外汉语虚词教学	李小荣	世界汉语教学	1997（4）
06572	汉语存现宾语与朝鲜语中的对应形式	金岩	汉语学习	1997（5）
06573	对外汉语语法教学的重点和难点	龙青然	对外汉语教学的理论与实践 / 柳英绿、金基石主编 / 延边大学出版社	1997
06574	论话题及其在汉语语法分析中的应用	唐秀玲	上海师范大学（博士）	1997
06575	B级证书获得者作文中的杂糅现象分析	杨翼	语言教学与研究	1998（1）
06576	汉语语法教学的新探索——读《CHINOIS MODE D'EMPLOI》	南丰言	世界汉语教学	1998（1）
06577	谈对外汉语教学中的双音节合成动词	李美玲	青海民族学院学报（社会科学版）	1998（1）
06578	从话语角度论证语气词“的”	李讷、安姗笛、张伯江	中国语文	1998（2）
06579	从跨语言的角度看汉语中的形容词	程工	现代外语	1998（2）
06580	从情状类型来看“把”字句（上）	杨素英	汉语学习	1998（2）
06581	对外古汉语教学初探——以“也”及其相关句型为例	俞志强、柯蔚南	语言教学与研究	1998（2）
06582	从情状类型来看“把”字句（下）	杨素英	汉语学习	1998（3）
06583	汉语比较句嬗变的动因	李讷、石毓智	世界汉语教学	1998（3）
06584	祈使句式“V着点儿！”对动词的语用、语义和句法选择	周元琳	安徽师大学报（人文社会科学版）	1998（3）
06585	汉语功能语法刍议	屈承熹	世界汉语教学	1998（4）

06586	外国留学生22类现代汉语句式的习得顺序研究	施家炜	世界汉语教学	1998（4）
06587	关于程度副词的对外汉语教学	徐晶凝	南开学报（哲学社会科学版）	1998（5）
06588	“把”字句的三个平面分析及其在对外汉语教学中的应用	任玉华	华东师范大学学报（哲学社会科学版）	1998（6）
06589	对韩汉语教学中的介词教学	〔韩〕韩容洙	汉语学习	1998（6）
06590	关于语言功能和言语功能——兼谈汉语交际语法	徐晶凝	北京大学学报（哲学社会科学版）	1998（6）
06591	谈谈“动趋结构”	李婷	北京第二外国语学院学报	1998（6）
06592	中级汉语语法教学体系亟待建立	张明莹	北京大学学报（哲学社会科学版）	1998（6）
06593	程度副词研究	徐晶凝	北大海外教育（第二辑）/郭振华主编/北京大学出版社	1998
06594	对外汉语教学语法分级初探	祖人植	北大海外教育（第二辑）/郭振华主编/北京大学出版社	1998
06595	对外汉语虚词教学的回顾与展望	李晓琪	北大海外教育（第二辑）/郭振华主编/北京大学出版社	1998
06596	汉语病句辨析九百例	贾寅淮	中国出版年鉴（1998）/中国出版年鉴社编辑/中国出版年鉴社	1998
06597	“了”在“太+形/动”句中出现的条件——兼谈“太+形/动”的功能	刘元满	北大海外教育（第二辑）/郭振华主编/北京大学出版社	1998
06598	试析“V/A得+Np+Vp”与“Np+V/A得+Vp”的变换问题	赵清永	北大海外教育（第二辑）/郭振华主编/北京大学出版社	1998
06599	语境与否定比较句	殷志平	语言研究的新思路/范晓、李熙宗、戴耀晶编著/上海教育出版社	1998
06600	语气和语气词研究	孙汝建	上海师范大学（博士）	1998

06601	从变换分析到变元相关分析——谈语法分析方法的改进	邱广君、张俐、王宝库、邱波	世界汉语教学	1999（1）
06602	从非宾格动词现象看语义与句法结构之间的关系	杨素英	当代语言学	1999（1）
06603	对外汉语教学中“了”（le）的语法项目及其等级切分	程伟民	清华大学学报（哲学社会科学版）	1999（1）
06604	汉语“着”的日译浅析	忽海燕	山西农业大学学报	1999（1）
06605	汉语变换理论研究的总结、探索与创获——读《汉语语法变换研究》	张谊生	世界汉语教学	1999（1）
06606	从自动句法分析角度看汉语词类问题	陈小荷	语言教学与研究	1999（3）
06607	对外汉语语法课语段教学刍议	彭小川	语言文字应用	1999（3）
06608	现代汉语句型与对外汉语句型教学	温云水	世界汉语教学	1999（3）
06609	表差异比较的否定结构的习得过程	王建勤	世界汉语教学	1999（4）
06610	从独词句和否定句看标记与习得序列	于善志、张新红	现代外语	1999（4）
06611	对外汉语名量词选用教学的一点探索	戴梦霞	汉语学习	1999（4）
06612	关于《语法研究入门》的组编	马庆株	世界汉语教学	1999（4）
06613	汉语“了”字教学研究	李晓琪	华东师范大学学报（哲学社会科学版）	1999（4）
06614	论副词“倒”的语篇功能——兼论对外汉语语篇教学	彭小川	北京大学学报（哲学社会科学版）	1999（5）
06615	“使动”义的“动词＋结果补语”结构的教与学	全裕慧	汉语学习	1999（5）
06616	韩国汉语教学中的语法用语问题	〔韩〕李根孝	汉语学习	1999（6）
06617	汉语动量词“次”和“遍”使用的条件及制约因素	赵清永	北京师范大学学报（社会科学版）	1999 专刊
06618	日本留学生习得助词“了”的经验及其对教学的启示	亓华	北京师范大学学报（社会科学版）	1999 专刊
06619	抽象名词的语法分类及其语法特征	王珏	对外汉语教研论丛/吴碧莲主编/华东师范大学出版社	1999

06620	从“我班有九口留学生”谈汉语物量词的教学	金志军、赵柳英	对外汉语教研论丛 / 吴碧莲主编 / 华东师范大学出版社	1999
06621	从谓语成分来看介词“对”、“给”与日语格助词“に”	汪灵灵	大连外国语学院35周年校庆学术系列丛书——对外汉语卷 / 校庆丛书编委会编 / 长春出版社	1999
06622	对外汉语教学语法问题研究的基本态势	张旺熹、崔永华	世纪之交的中国应用语言学研究 / 陈章太等编 / 华语教学出版社	1999
06623	试分析“能”和“会”（可能义）在句中的语义指向	来思平	汉语速成教学研究（第二辑）/ 北京语言文化大学汉语速成学院编 / 华语教学出版社	1999
06624	面向中文信息处理的现代汉语短语结构规则研究	詹卫东	北京大学（博士）	1999
06625	动态助词“着”的对外汉语教学设计	陈广艳	池州师专学报	2000（2）
06626	关于“太”字结构的教学与研究——谈对外汉语语法教学三个平面的结合问题	卢福波	世界汉语教学	2000（2）
06627	关于结果宾语	〔韩〕王秀珍	汉语学习	2000（2）
06628	汉语的“序量组合”与“基量组合”	金有景	语言教学与研究	2000（2）
06629	留学生学习和使用汉语介词的调查	赵葵欣	世界汉语教学	2000（2）
06630	答友人——关于语法分析的几个原则问题	刘勋宁	世界汉语教学	2000（3）
06631	“对外汉语教学”中的语法教学	陆俭明	语言教学与研究	2000（3）
06632	对外汉语教学初级阶段语法项目的排序问题	杨寄洲	语言教学与研究	2000（3）
06633	汉语动宾结构的理解因素	王纯清	世界汉语教学	2000（3）
06634	“X着（O）”的语法意义及“·着”的状态化功能	李大勤	世界汉语教学	2000（4）
06635	从思维差异看英汉句法	吕艳梅	周口师范高等专科学校学报	2000（4）
06636	对外汉语教学语法体系中的主语和主题	吴中伟	汉语学习	2000（4）

06637	对外汉语教学中汉语量词的教学及其文化意蕴	李清	楚雄师专学报	2000（4）
06638	否定语气词 HE 的非否定意义及其与汉语的对比	许凤才	中国俄语教学	2000（4）
06639	关于“了”的教学——《初级汉语课本》与《现代汉语教程读写课本》之比较	叶蓉	西南交通大学学报（社会科学版）	2000（4）
06640	汉语量度形容词的优化组合教学	吴玉峰	海外华文教育	2000（4）
06641	留学生使用汉语趋向补语的情况调查及分析	李淑红	民族教育研究	2000（4）
06642	传信语气词“的”“了”“呢”的共现顺序	史金生	汉语学习	2000（5）
06643	留学生使用“把”字句的调查报告	余文青	汉语学习	2000（5）
06644	关于英汉语语法化比较研究——英汉语比较研究的一个新视角	牛保义、徐盛桓	外语与外语教学	2000（9）
06645	关于某些模糊形容词的语境化教学	胡秀春	首都师范大学学报（社会科学版）	2000（S3）
06646	对外汉语语法教学的三个阶段及其教学主旨	张旺熹	中国语言学年鉴（1995—1998）/《中国语言学年鉴》编辑部编 / 语文出版社	2000
06647	汉语“不”和“没”否定结构的习得过程	张旺熹	中国语言学年鉴（1995—1998）/《中国语言学年鉴》编辑部编 / 语文出版社	2000
06648	“除了……还……”和“除了……也……”	赵燕皎	北大海外教育（第三辑）/ 赵燕皎、李晓琪主编 / 华语教学出版社	2000
06649	单变类动词考察	王俊毅	语言文化教学研究集刊（第四辑）/ 北京语言文化大学汉语学院编 / 华语教学出版社	2000
06650	对外汉语教学语法体系的建构	胡裕树	对外汉语教学：回眸与思考 / 张德鑫主编 / 外语教学与研究出版社	2000
06651	副词的功能分类	杨德峰	北大海外教育（第三辑）/ 赵燕皎、李晓琪主编 / 华语教学出版社	2000

06652	关于连词“即使”的考察	张明莹	北大海外教育（第三辑）/赵燕皎、李晓琪主编/华语教学出版社	2000
06653	韩国人怎样准确地使用汉语的量词	陈秀美	双语学研究（《民族教育研究》2000年增刊）	2000
06654	汉语动词重叠的时间特征	吴振国	汉语学报·第1期（2000年上卷）/邢福义、萧国政主编/湖北教育出版社	2000
06655	汉语复叠类型综论	李宇明	汉语学报·第1期（2000年上卷）/邢福义、萧国政主编/湖北教育出版社	2000
06656	对外汉语教学语法探索	王弘宇	中国语言学年鉴（1995—1998）/《中国语言学年鉴》编辑部编/语文出版社	2000
06657	汉语作为第二语言教学中的语法体系问题	孙德金	双语学研究（《民族教育研究》2000年增刊）	2000
06658	无主句与天候的表达关系	刘元满	北大海外教育（第三辑）/赵燕皎、李晓琪主编/华语教学出版社	2000
06659	对外汉语语法教学方法浅议	陆俭明	纪念张志公学术文集/北京市语言学会、课程教材研究所编/人民教育出版社	2000
06660	对N/NP+L中L的考察	DAO THI HA NINH（陶氏河宁）	北京语言文化大学（硕士）	2000
06661	论普通话中表达个人意愿的否定形式	李艳	暨南大学（硕士）	2000
06662	母语教学语法的定位	曹保平	首都师范大学（硕士）	2000
06663	外国学生汉语让步式复句习得研究及教学新思路	刘谦功	北京语言文化大学（硕士）	2000
06664	“VO+N”与语义、结构的兼容与冲突——汉语动宾组合带宾语结构中的语义问题	杨海明	汉语学习	2001（1）
06665	从《汉语初级教程》看对外汉语教学补语体系	李江	北京邮电大学学报（社会科学版）	2001（1）
06666	工具主语和工具宾语异议	陈昌来	世界汉语教学	2001（1）

06667	感官动词模块性的句法分析——认知词典学对词库的描写	赵彦春、黄建华	暨南大学华文学院学报	2001（2）
06668	汉语的限定动词和非限定动词之别	石毓智	世界汉语教学	2001（2）
06669	阿拉伯学生汉语语法使用不当举例	〔埃及〕伊斯拉·阿卜杜·塞义德·哈桑	世界汉语教学	2001（3）
06670	关于“这是……”和“这个是……”用法差异的认知解释	范伟	语言教学与研究	2001（3）
06671	关于动词、形容词作主语、宾语问题	卓素娟	唐山师范学院学报	2001（3）
06672	关于述补结构系统的思考——兼谈对外汉语教学的补语系统	吕文华	世界汉语教学	2001（3）
06673	汉语体词性词组的语义类型、功能及其在对外汉语教学中的应用	李开	东南大学学报（哲学社会科学版）	2001（3）
06674	关于可能补语的教学	田化冰	安顺师专学报	2001（4）
06675	新加坡华语句法特点及其规范问题（上）	陆俭明	海外华文教育	2001（4）
06676	以英语为母语者学习汉语关联词难点及对策	李晓琪	暨南大学华文学院学报	2001（4）
06677	中级汉语水平日本留学生汉语语段衔接调查分析	马燕华	语言文字应用	2001（4）
06678	关于“N^A给N^BV（O）”结构及其教学	董付兰	湛江师范学院学报	2001（5）
06679	汉语定中结构在罗语中的表述	董原	汉语学习	2001（5）
06680	洪堡特的词类划分理论及其意义	钟吉娅	语文学刊	2001（5）
06681	对日本学生的汉语词序教学研究	何重先	武汉大学学报（人文科学版）	2001（6）
06682	韩国留学生口语中使用介词“在”的调查分析	丁安琪、沈兰	语言教学与研究	2001（6）
06683	浅谈汉语宾语的语义类别问题	高云莉、方琰	语言教学与研究	2001（6）
06684	汉语作为外语教学语法体系革新的焦点——汉语动词词法	〔德〕柯彼德	汉语学报·第2期（2000年下卷）/邢福义、萧国政主编/湖北教育出版社	2001

06685	单音名词的 AABB 叠结现象	储泽祥	汉语学报·第 2 期（2000 年下卷）/ 邢福义、萧国政主编 / 湖北教育出版社	2001
06686	关于动词重叠的几个问题	张宝胜	汉语学报·第 2 期（2000 年下卷）/ 邢福义、萧国政主编 / 湖北教育出版社	2001
06687	从名词及名词的属性看汉语句子的语义结构	徐卡嘉	北京语言文化大学（硕士）	2001
06688	对外汉语语法教学浅议	徐晓菲	黑龙江大学（硕士）	2001
06689	论“V 上 / 下”	曾小红	广西师范大学（硕士）	2001
06690	词尾“了”的时体意义及其句法条件	金立鑫	世界汉语教学	2002（1）
06691	对外汉语教学语法与语法教学	赵金铭	语言文字应用	2002（1）
06692	新加坡华语句法特点及其规范问题（下）	陆俭明	海外华文教育	2002（1）
06693	对外汉语教学语法与语法教学	赵金铭	语言文字应用	2002（1）
06694	动词虚化与对外汉语教学	高顺全	语言教学与研究	2002（2）
06695	对外汉语教学语法的体系与方法问题	卢福波	汉语学习	2002（2）
06696	汉语“动词 + 时量短语”结构的情状类型和界性分析	秦洪武	当代语言学	2002（2）
06697	汉语的标句词“的”及相关的句法问题	司富珍	语言教学与研究	2002（2）
06698	《马氏文通》中的复句研究与对外汉语教学	李开	海外华文教育	2002（2）
06699	叹词习得情况的调查与分析	刘蕾	语言教学与研究	2002（2）
06700	对外汉语教学句型系统的审视与前瞻	祖人植	海外华文教育	2002（3）
06701	关于汉语惯用法结构的性质、范围与教学方法的思考	徐建华	锦州师范学院学报（哲学社会科学版）	2002（3）
06702	汉语中的两种不及物动词与汉语第二语言习得	〔英〕袁博平	世界汉语教学	2002（3）
06703	洪堡特论汉语语法及其对现代汉语研究之启发	张晓路	暨南大学华文学院学报	2002（3）
06704	浅谈运用交际原则进行语法教学的必要性	吴晓颖	玉溪师范学院学报	2002（3）
06705	谈对外汉语副词教学中的语境利用	周利芳	语言教学与研究	2002（3）

06706	对外汉语教学语法体系研究思路述评——从语言共性与个性的视角	祖人植	北京大学学报（哲学社会科学版）	2002（4）
06707	对外汉语教学中引导留学生产出“使”字兼语句的教学策略	张新明	无锡商业职业技术学院学报	2002（4）
06708	韩国留学生汉语句式习得的个案研究	施家炜	世界汉语教学	2002（4）
06709	汉语作为第二语言语法教学的“语法词汇化”问题	吴勇毅	暨南大学华文学院学报	2002（4）
06710	析特提式联合短语“A 特别是 B”	吴凌云、范开泰	世界汉语教学	2002（4）
06711	差比句语义指向类型比较研究	赵金铭	中国语文	2002（5）
06712	汉语递加关系多项定语与法语相关句式的比较	耿京茹	汉语学习	2002（5）
06713	关于“真”与“真的”作状语情况的考察	〔日〕宫下尚子	汉语学习	2002（6）
06714	汉语第二语言教学语法的特点	周小兵	中山大学学报（社会科学版）	2002（6）
06715	汉语口语体口语教学语法体系的建立与量化	郭颖雯	汉语学习	2002（6）
06716	“两种信号系统”学说与对外汉语教学	董明、吕嵛辉	北京师范大学学报（人文社会科学版）	2002（6）
06717	外国留学生汉语“得”字补语句习得情况考察	孙德金	语言教学与研究	2002（6）
06718	“知其然”与“知其所以然”——对汉语第二语言词汇教学的反思	朱志平	北京师范大学学报（对外汉语教学与研究专辑）	2002
06719	试论俄语接续结构对汉语学习的干扰	陈流芳	对外汉语教研论丛（第二辑）/ 华东师范大学国际中国文化学院编 / 华东师范大学出版社	2002
06720	对外汉语教学初级阶段的语法问题	周子衡	对外汉语教研论丛（第二辑）/ 华东师范大学国际中国文化学院编 / 华东师范大学出版社	2002
06721	名词的比喻义与名词、非谓形容词的界限——兼谈“金、银”的归属	吴长安	汉语学报 · 第 3 期（2001 年上卷）/ 邢福义主编 / 湖北教育出版社	2002
06722	“并 / 可 + 否定”的主观性差异研究	朱明媚	北京语言文化大学（硕士）	2002

06723	朝鲜族学生学习汉语动词研究	金花子	东北师范大学（硕士）	2002
06724	副词“还”的各项意义的演变及其语义网络系统	童小娥	北京语言文化大学（硕士）	2002
06725	汉语常用同义介词比较研究	王亚西	广西师范大学（硕士）	2002
06726	名动组合的偏正结构的多维考察	徐秀芬	天津师范大学（硕士）	2002
06727	现代汉语“复合动趋式＋宾语”的语序研究	牛彦敏	首都师范大学（硕士）	2002
06728	初级阶段美国留学生“吗”字是非问的习得	赵果	世界汉语教学	2003（1）
06729	从俄汉语对比角度看汉语中的主语	王利众、孙晓薇	哈尔滨工业大学学报（社会科学版）	2003（1）
06730	从认知语言学的角度看汉语语法的问题	〔美〕李英哲	云南师范大学学报（对外汉语教学与研究版）	2003（1）
06731	关于“把”字句教学系统性的几点思考	陆庆和	暨南大学华文学院学报	2003（1）
06732	汉语的动态助词与对外汉语教学	魏红	云南师范大学学报（对外汉语教学与研究版）	2003（1）
06733	强化词语教学，淡化句法教学——也谈对外汉语教学中的语法教学	杨惠元	语言教学与研究	2003（1）
06734	释“能”——兼谈对外汉语教学助动词释词的系统化	郑天刚	南开语言学刊	2003（1）
06735	从日语的角度看汉语被动句的特点	〔日〕杉村博文	语言文字应用	2003（2）
06736	对外汉语教学语法的层级划分与项目排序问题	卢福波	汉语学习	2003（2）
06737	书面语语法及教学的相对独立性	冯胜利	语言教学与研究	2003（2）
06738	谈汉语句式作为程序性知识的习得	马玉汴	黄河科技大学学报	2003（2）
06739	英语母语学习者趋向补语的习得顺序——基于汉语中介语语料库的研究	杨德峰	世界汉语教学	2003（2）
06740	汉语“起来”一词在维吾尔语中的对应表达	赵永红	语言与翻译	2003（3）
06741	基于语体的对外汉语教学语法体系构建	李泉	汉语学习	2003（3）
06742	论英汉翻译中词类转换	贾涛	河南广播电视大学学报	2003（3）
06743	“把”字句练习设计中的语境问题	刘颂浩、汪燕	汉语学习	2003（4）

06744	朝鲜语母语学习者趋向补语习得情况分析——基于汉语中介语语料库的研究	杨德峰	暨南大学华文学院学报	2003（4）
06745	对外汉语基础语法认知法教学初探	刘若云、徐韵如	暨南大学华文学院学报	2003（4）
06746	对外汉语教学语法中存在的若干问题	王素梅	沈阳师范大学学报（社会科学版）	2003（4）
06747	近义动词的配价差异及其对习得的影响	方绪军	海外华文教育	2003（4）
06748	试说“不免”的隐含义	金朝霞	世界汉语教学	2003（4）
06749	完句成分在对外汉语教学中的运用	司红霞	汉语学习	2003（5）
06750	从形合和意合看英汉句子对比与翻译	彭忍钢、孙霞	云梦学刊	2003（6）
06751	对外汉语中结果补语的课堂教学	杨司薇	云南师范大学学报（对外汉语教学与研究版）	2003（6）
06752	从量词“把”的“泛化”谈起	陈绂	汉语学报·第4期（2001年下卷）/邢福义主编/湖北教育出版社	2003
06753	对日汉语语法教学的难点	〔日〕郭春贵	对外汉语教学语法探索/国家汉办教学处编/中国社会科学出版社	2003
06754	对外汉语教学语法的方法问题点滴：以如何教表示完成的“了”为例	何宝璋	对外汉语教学语法探索/国家汉办教学处编/中国社会科学出版社	2003
06755	对外汉语语法点难易度的评定	〔美〕邓守信	对外汉语教学语法探索/国家汉办教学处编/中国社会科学出版社	2003
06756	副词的系统研究与第二语言教学	周小兵	对外汉语教学语法探索/国家汉办教学处编/中国社会科学出版社	2003
06757	功能篇章语法及其在对外汉语教学上的应用	〔美〕屈承熹	对外汉语教学语法探索/国家汉办教学处编/中国社会科学出版社	2003
06758	关于对外汉语教学语法体系的若干问题	吕文华	对外汉语教学语法探索/国家汉办教学处编/中国社会科学出版社	2003

06759	汉语词序和数量在空间同对象中的分配	〔美〕李英哲	对外汉语教学语法探索/国家汉办教学处编/中国社会科学出版社	2003
06760	谈对外汉语教学语法	刘月华	对外汉语教学语法探索/国家汉办教学处编/中国社会科学出版社	2003
06761	留学生“被”字句言语表达调查研究	赵万勋	汉语研究与应用（第一辑）/中国人民大学对外语言文化学院编/中国社会科学出版社	2003
06762	“出来”与宾语同现情况的系统考察	吴纪梅	湖南师范大学（硕士）	2003
06763	定中式[A单+N]中“形名组合”的选择性研究	祁峰	上海师范大学（硕士）	2003
06764	动量短语句法歧解初探	吴凌云	上海师范大学（硕士）	2003
06765	动态助词“了”的使用规律与认知解释	谭春健	北京语言大学（硕士）	2003
06766	概念层次网络理论及其在“把”字句理解中的应用	郭敏	华南师范大学（硕士）	2003
06767	介词“往”“朝”“向”比较研究	余敏	华中师范大学（硕士）	2003
06768	“去+VP”与“VP+去”的对比分析——兼论语序、位置和不对称现象	刘滢	上海师范大学（硕士）	2003
06769	现代汉语动态助词“了”“着”“过”的对韩教学研究	薛晶晶	广西大学（硕士）	2003
06770	现代汉语泛义动词研究	黄彩玉	黑龙江大学（硕士）	2003
06771	现代汉语副词“倒”考察	崔晓飞	河南大学（硕士）	2003
06772	亚洲地区汉语学习者“是”字句习得情况调查与研究	刘丽宁	暨南大学（硕士）	2003
06773	以英语为母语者对汉语疑问句的习得研究	蔡建丰	福建师范大学（硕士）	2003
06774	“有点+AP/VP”结构研究	张科	华中师范大学（硕士）	2003
06775	“真”和“真的”论析——句法、语义、语用功能及其语法化过程和机制分析	厉霁隽	上海师范大学（硕士）	2003
06776	汉语否定句的语义确定性	戴耀晶	世界汉语教学	2004（1）

06777	汉语作为第二语言的“把”字句习得研究	黄月圆、杨素英	世界汉语教学	2004（1）
06778	“在＋L”词序研究及其对外汉语教学策略	杨丽姣	云南师范大学学报（对外汉语教学与研究版）	2004（1）
06779	关于理论语法与教学语法科学衔接的构想	程书秋	黑龙江高教研究	2004（2）
06780	泰国学生学习现代汉语虚词“了”的探讨	陈楚芬	南京师范大学文学院学报	2004（2）
06781	不同母语类型留学生表达汉语句子的比较	王永德	心理学报	2004（3）
06782	不同母语类型留学生理解汉语句子的实验研究	王永德	语言文字应用	2004（3）
06783	对外汉语教学中的语义链接模式	解正明	伊犁教育学院学报	2004（3）
06784	对外汉语教学中同义副词辨析之浅见	章婷	语文学刊	2004（3）
06785	对外汉语教学中语法教学的若干问题	郑华辰	南京晓庄学院学报	2004（3）
06786	韩国学生习得汉语补语研究	黄玉花	和田师范专科学校学报	2004（3）
06787	汉语副词“又”的歧义——兼谈范畴语法对汉语研究的适用性	韩玉国	云南师范大学学报（对外汉语教学与研究版）	2004（3）
06788	日语母语学习者趋向补语习得情况分析——基于汉语中介语语料库的研究	杨德峰	暨南大学华文学院学报	2004（3）
06789	外国学生中文三价动词的习得规律研究	冯丽萍、盛双霞	云南师范大学学报（对外汉语教学与研究版）	2004（3）
06790	对外汉语教学一得——要重视交代词语或句法格式使用的语义背景	陆俭明	海外华文教育	2004（4）
06791	对外汉语教学中兼语句的语音切分研究	王丽香、姜海陵	云南师范大学学报	2004（4）
06792	汉语存现句及相关并列紧缩结构的认知功能语法分析	胡文泽	语言教学与研究	2004（4）
06793	当代语法研究与对外汉语教学	王晓坤	长春大学学报	2004（5）
06794	对外汉语教学中“是……的”句型分析	杨春雍	云南师范大学学报（对外汉语教学与研究版）	2004（5）
06795	汉语语法习得异同论	王永德	安徽大学学报（哲学社会科学版）	2004（5）
06796	处所角色宾语的判定及其典型性问题	储泽祥	语言教学与研究	2004（6）

06797	词素性质与构词能力对留学生中文词素识别的影响	冯丽萍、宋志明	云南师范大学学报（对外汉语教学与研究版）	2004（6）
06798	构块语法对语言研究及外语教学的启示	郑靓	云南师范大学学报（对外汉语教学与研究版）	2004（6）
06799	字本位与对外汉语教学	张学涛、阎汝香	语言教学与研究	2004（6）
06800	浅析语言比较研究在对外汉语语法教学中的作用	赵建、孙风波	边疆经济与文化	2004（12）
06801	对比分析与语法教学	〔美〕邓守信	汉语研究与应用（第二辑）/ 中国人民大学对外语言文化学院编 / 中国社会科学出版社	2004
06802	汉语初级教程语法项目分布考察及思考	李晓琪	汉语研究与应用（第二辑）/ 中国人民大学对外语言文化学院编 / 中国社会科学出版社	2004
06803	“了$_2$”的一种教学设计	赵万勋	汉语研究与应用（第二辑）/ 中国人民大学对外语言文化学院编 / 中国社会科学出版社	2004
06804	现代汉语致使句式研究	郭姝慧	北京语言大学（博士）	2004
06805	典型有标记反问句研究	于天昱	东北师范大学（硕士）	2004
06806	对外汉语教学中介词“往”相关问题研究	王小溪	暨南大学（硕士）	2004
06807	汉语常用对象类介词的分析与教学	何薇	苏州大学（硕士）	2004
06808	《红楼梦》及其英译本语法衔接手段对比研究	谢明慧	大连海事大学（硕士）	2004
06809	介引处所的介词短语“在 NL”	林齐倩	苏州大学（硕士）	2004
06810	泰国学生汉语常用否定结构使用情况调查及研究	何山燕	云南师范大学（硕士）	2004
06811	“为了”与“以便”的对比分析以及留学生习得研究	王永娜	暨南大学（硕士）	2004
06812	现代汉、韩程度副词的比较	朴国柱	清华大学（硕士）	2004
06813	现代汉语“把”字句中状语位置研究	秦华芳	首都师范大学（硕士）	2004
06814	现代汉语介词结构位置的考察及影响其位置的句法、语义因素分析	魏庭新	北京语言大学（硕士）	2004

06815	现代汉语无标补语重动句息族类型研究	彭淑莉	华中师范大学（硕士）	2004
06816	现代汉语重动句研究	张静	南京师范大学（硕士）	2004
06817	语言中的主观性与“吗”字问句	廖崇阳	北京语言大学（硕士）	2004
06818	“NP＋了”的解释及教学策略	谭春健、赵刚	云南师范大学学报（对外汉语教学与研究版）	2005（1）
06819	“又 VP^1 又 VP^2”格式浅析	王丽彩	广西社会科学	2005（1）
06820	对外汉语教学助词“着”的选项与排序	李蕊、周小兵	世界汉语教学	2005（1）
06821	根据“V个A”格式质疑程度宾语	袁海霞	咸宁学院学报	2005（1）
06822	浅谈“语法—翻译”法在现代对外汉语教学中的运用	曲溪蒙、黄琳	林区教学	2005（1）
06823	试说“索性”及“干脆”	邓葵	海外华文教育	2005（1）
06824	意义被动句与“被”字句习得难度比较	吴门吉、周小兵	汉语学习	2005（1）
06825	固化的“用来”及其相关的句法格式	储泽祥、曹跃香	世界汉语教学	2005（2）
06826	关于对外汉语语法教学的几点思考	丁存越	云南师范大学学报（对外汉语教学与研究版）	2005（2）
06827	汉语第二语言教学中量词教法探微	李亚丽	文山师范高等专科学校学报	2005（2）
06828	汉语作为第二语言教学中的量词研究	伏学凤、陈绂	语言文字应用	2005（2）
06829	外国学生“除了”句式使用情况的考察	肖奚强	语言教学与研究	2005（2）
06830	从“经常不迟到”说起	孙汉平	海外华文教育	2005（3）
06831	对外汉语语法教学理论与实践之探讨	赵瑾	开封大学学报	2005（3）
06832	留学生“比”字句习得的考察	王茂林	暨南大学华文学院学报	2005（3）
06833	表里值三角理论与对外汉语教学	张邱林	江汉大学学报（人文科学版）	2005（4）
06834	从功能出发进行对外汉语语法教学的研究与实践	任燕平、彭莉	嘉兴学院学报	2005（4）
06835	从两种词表看名、动、形兼类的处理	安华林	语言教学与研究	2005（4）
06836	“倒”字句的含义及教学	吴中伟、傅传凤	汉语学习	2005（4）

06837	对外汉语教学基本句型的确立依据与排序研究	卢福波	语言文字应用	2005（4）
06838	对外汉语句法教学的三个平面问题	王鸿雁、阿依努尔·艾买提、艾力·木合塔尔	和田师范专科学校学报	2005（4）
06839	关于对外汉语的量词教学的不同意见	羽离子	南通大学学报（教育科学版）	2005（4）
06840	汉语被字句与法语被动语态的比较	耿京茹	海外华文教育	2005（4）
06841	汉语单复句区分问题的理论困惑与解决策略	张雪涛、唐爱华	语言教学与研究	2005（4）
06842	汉语动结式的核心	熊仲儒、刘丽萍	暨南大学华文学院学报	2005（4）
06843	浅析对外汉语教学中语法与语义的关系	姜苹、陈岩	黑龙江教育学院学报	2005（4）
06844	对外汉语教学中一个不可或缺的因素——汉语节律对句法的影响	赵成新	河南大学学报（社会科学版）	2005（5）
06845	汉语作为第二语言反身代词习得考察	黄月圆、杨素英、高立群、崔希亮	汉语学习	2005（5）
06846	从“有V（过）”现象看云南方言语法对留学生学习汉语的影响	茅维	大理学院学报（社会科学版）	2005（6）
06847	对外汉语教学中例句的选择	刘若云、徐韵如	中山大学学报论丛	2005（6）
06848	基于语料库的现代汉语离合词形式分析	任海波、王刚	语言科学	2005（6）
06849	隐喻：认知事物的镜像——关于留学生对“老师”和“学习”的调查与分析	唐雪凝、付宁	云南师范大学学报（对外汉语教学与研究版）	2005（6）
06850	针对英语母语者学习汉语疑问句的习得研究	蔡建丰	云南师范大学学报（对外汉语教学与研究版）	2005（6）
06851	对初级水平韩国留学生连动句教学的研究	孙红娟	语言文字应用	2005（S1）

06852	关联词语在“无条件句”中使用情况的考察与分析	武惠华	汉语研究与应用（第三辑）/ 中国人民大学对外语言文化学院编 / 中国社会科学出版社	2005
06853	关于一个有效的动宾式离合词的教学方案	李恩华	对外汉语论丛（第四集）/ 王德春主编 / 学林出版社	2005
06854	汉语的进行体与未完整体	陈前瑞	对外汉语研究（第一期）/ 上海师范大学《对外汉语研究》编委会编 / 商务印书馆	2005
06855	单音形容词原型性研究	李泉	北京语言大学（博士）	2005
06856	现代汉语受事前置句研究	彭锦维	北京语言大学（博士）	2005
06857	“V 一下”结构研究	路崴崴	吉林大学（硕士）	2005
06858	“别说”句式研究	简丽	北京语言大学（硕士）	2005
06859	从汉语趋向补语出发的汉俄对比及对对外汉语教学的启示	何戎	上海外国语大学（硕士）	2005
06860	从语法隐喻理论探对外汉语语篇教学	刘莹	四川大学（硕士）	2005
06861	从语用功能看越南留学生汉语被动句的习得	黎海情	广西师范大学（硕士）	2005
06862	“得”字句的语法整合研究	王阳	北京语言大学（硕士）	2005
06863	“动 + ‘个’ + 形 / 动”结构中“个”字研究	王立凤	天津大学（硕士）	2005
06864	过去时里“了$_1$”使用情况考察	陈静思	吉林大学（硕士）	2005
06865	汉语否定虚拟条件句研究	侯巍	吉林大学（硕士）	2005
06866	汉语三种致使句的致使性等级考察	姚肖莺	北京语言大学（硕士）	2005
06867	汉语唯一性范围副词的研究与应用	刘立成	吉林大学（硕士）	2005
06868	“很”与“太”结构的否定形式探析	焦巧	华中科技大学（硕士）	2005
06869	论“V 得 / 不 C”结构与对外汉语教学	秦慧云	北京师范大学（硕士）	2005
06870	面向对外汉语的几组语气副词的研究	陈熹	华中科技大学（硕士）	2005
06871	面向对外汉语教学的现代汉语描状性副词研究	钱如玉	南京师范大学（硕士）	2005

06872	情状类型和句法结构对日本留学生习得汉语体标记“了”的影响	王锦玉	北京语言大学（硕士）	2005
06873	“人称代词＋的＋名词”与“人称代词＋名词”的比较研究	罗敏	湖南师范大学（硕士）	2005
06874	外国留学生量词习得过程研究	张婷	华中科技大学（硕士）	2005
06875	现代汉语关联副词研究	段铁娜	南京师范大学（硕士）	2005
06876	现代汉语歧义句功能研究	于晓日	南京师范大学（硕士）	2005
06877	“V＋adj＋了”动补结构分析及在对外汉语教学中的应用	徐志刚、李绍玉	海外华文教育	2006（1）
06878	从方便学与教的角度谈量词多层次多角度的子类划分	周中兴	乌鲁木齐职业大学学报（人文社会科学版）	2006（1）
06879	大理学院留学生只用副词“不”表示否定原因初探	朱波	大理学院学报	2006（1）
06880	对外汉语教学中汉语的动态助词	陈杰	鞍山师范学院学报	2006（1）
06881	关于“要”类词的认知解释——论“要”由动词到连词的语法化途径	古川裕	世界汉语教学	2006（1）
06882	汉语作为第二语言教学中的副词研究综述	何淑冰	宿州教育学院学报	2006（1）
06883	留学生汉语教学中语法教学的探究	薛崇	沈阳农业大学学报（社会科学版）	2006（1）
06884	语法不教什么——对外汉语语法教学的两个原则问题	孙德金	语言教学与研究	2006（1）
06885	初级阶段泰国学生“把”字句偏误分析及教学策略	魏红	云南师范大学学报（对外汉语教学与研究版）	2006（2）
06886	从“怎么”反问句看反问句教学	肖治野	云南师范大学学报（对外汉语教学与研究版）	2006（2）
06887	对外汉语教学中的动词教学	杨翠	湘潭师范学院学报（社会科学版）	2006（2）
06888	汉语“动词＋处所宾语”结构在维吾尔语中的表达	阮宝娣	语言与翻译	2006（2）
06889	论第二语言汉语教学语法的“本位”	何清强	汉语学习	2006（2）
06890	“呢$_2$”的功能、用法及在对外汉语教学中的应对策略	周士宏、申莉	世界汉语教学	2006（2）
06891	也谈对外汉语教学的补语系统	李劲荣	云南师范大学学报（对外汉语教学与研究版）	2006（2）

06892	20世纪80年代以来对外汉语教学语法研究综述	丁崇明	北京师范大学学报（社会科学版）	2006（3）
06893	“A跟B（不）一样（X）”中“X”的隐现及其教学	肖奚强、郑巧斐	世界汉语教学	2006（3）
06894	初中级留学生是非问的分布特征与发展过程	丁雪欢	世界汉语教学	2006（3）
06895	从对外汉语教学谈“动＋上/下”结构的若干问题	缑瑞隆	郑州大学学报（哲学社会科学版）	2006（3）
06896	从竞争理论看“是”字强调句的习得	赖鹏	云南师范大学学报（对外汉语教学与研究版）	2006（3）
06897	对外汉语语法教学的理论性和实用性原则	陈璐	青岛职业技术学院学报	2006（3）
06898	副词“倒”的预期推断与语法意义——兼谈对外汉语副词教学	周红	云南师范大学学报（对外汉语教学与研究版）	2006（3）
06899	含有“意思”的三对否定肯定结构	于海滨	辽宁工学院学报（社会科学版）	2006（3）
06900	汉语数词的语词意义和修辞意义	汪如东	修辞学习	2006（3）
06901	浅谈对外汉语教学中的语义分析法——从“动＋补＋宾”结构的表现形式和语义关系看语义教学	郑超	北京化工大学学报（社会科学版）	2006（3）
06902	认知分析与对外汉语示形量词教学——对外汉语量词教学个案研究系列之一	缑瑞隆	云南师范大学学报（对外汉语教学与研究版）	2006（3）
06903	“形＋得＋很”结构在对外汉语教学中的语法分析	马赟	现代语文（语言研究版）	2006（3）
06904	针对日韩留学生的名量词教学	龙泉	和田师范专科学校学报	2006（3）
06905	初级韩国学生与汉族儿童习得“在”字句的对比研究	彭淑莉	云南师范大学学报（对外汉语教学与研究版）	2006（4）
06906	从类型学视野看汉语差比句偏误	赵金铭	世界汉语教学	2006（4）
06907	对外汉语教学中的句式教学研究	史冠新	山东社会科学	2006（4）
06908	汉语作为第二语言教学中的副词研究综述	吴娟娟	现代语文（语言研究版）	2006（4）
06909	母语为英语的习汉语者动词“能”、“会”使用情况分析	李琳、张娜	云梦学刊	2006（4）
06910	认知语言学视角下的汉语个体量词搭配——以“条”为例	朱晓军	语言与翻译	2006（4）

06911	以口语为主的对外汉语教学初级阶段的语法教学	张娜	现代语文（语言研究版）	2006（4）
06912	从语法化的角度看语言点的安排——以“了”为例	高顺全	语言教学与研究	2006（5）
06913	对外汉语量词教学二题	刘慧、吴慧	赣南师范学院学报	2006（5）
06914	留学生疑问代词不同句法位的习得顺序考察	丁雪欢	汉语学习	2006（5）
06915	时间副词在对外汉语教学中的句法语义分析	脱傲	北京理工大学学报（社会科学版）	2006（5）
06916	从关联触发作用谈对外汉语教学中实意副词的习得	杨彬	红河学院学报	2006（6）
06917	对外汉语教学中语气词“吧”的教学策略	赵卫、白晓红	天津大学学报（社会科学版）	2006（6）
06918	关于是非问句的几点思考	彭小川	语言教学与研究	2006（6）
06919	留学生汉语被动句输出情况的调查研究	彭淑莉	云南师范大学学报（对外汉语教学与研究版）	2006（6）
06920	语境与对外汉语语法教学	张华	现代语文（语言研究版）	2006（7）
06921	对外汉语教学中副词“又”的用法补议	朱波	大理学院学报	2006（11）
06922	对象类介词“向”的分析与教学	何薇	湖北社会科学	2006（12）
06923	配价理论与对外汉语教学语法体系	张健军	边疆经济与文化	2006（12）
06924	关于对外汉语语法教学的思考	徐冰若	科技资讯	2006（23）
06925	对外汉语教学中的语法研究	王素梅	教育与职业	2006（35）
06926	对语法研究的三个平面理论的几点质疑	陈海燕、张慧芳	社会科学家	2006（S1）
06927	对外汉语教学句型选择和确定的原则	李晟宇、伏学凤、朱志平	语言文字应用	2006（S2）
06928	试论程度副词的对外汉语教学	徐建宏	语言文字应用	2006（S2）
06929	标注词性的若干问题	钟梫	钟梫对外汉语教学初探/钟梫著/北京语言大学出版社	2006

06930	从句法结构到功能与篇章：对外汉语语法的循序教学	〔美〕屈承熹	对外汉语研究（第二期）/上海师范大学《对外汉语研究》编委会编 / 商务印书馆	2006
06931	汉语“担心”和日语“心配”的宾语类型考察——兼议汉日两种语言负面信息表达差异	徐桂梅	汉语研究与应用（第四辑）/ 中国人民大学对外语言文化学院编 / 中国社会科学出版社	2006
06932	非宾格性句法配置：句法语义接口	张达球	上海交通大学（博士）	2006
06933	“是”字存在句的表义模式及量类型研究	刘俊莉	武汉大学（博士）	2006
06934	外国学生习得汉语语气副词调查研究	李琳	华东师范大学（博士）	2006
06935	现代汉语述结式的不对称研究	杨峥琳	北京语言大学（博士）	2006
06936	AB 式象声词的重叠形式研究	张明芹	广西师范大学（硕士）	2006
06937	“NP 在哪”和“哪有 NP”	赵美娜	吉林大学（硕士）	2006
06938	“把”字句的认知语用分析	凌璧君	上海外国语大学（硕士）	2006
06939	标记理论及其在对外汉语教学中的应用	王秀娟	天津大学（硕士）	2006
06940	表感觉认知变化的“把”字句和“使”字句的差异	季静	苏州大学（硕士）	2006
06941	初级阶段韩国留学生习得汉语副词的中介语分析	高红娜	四川大学（硕士）	2006
06942	初级水平外国留学生汉语比较句习得研究	沈怡	华东师范大学（硕士）	2006
06943	从亚非留学生看汉语谓词前多项状语同现次序	王丽娟	广西大学（硕士）	2006
06944	对汉语本体和中介语中含“点儿”的几种格式的对比研究	陈鹤龄	北京语言大学（硕士）	2006
06945	对外汉语“比”字句的学与教	代雪曦	四川大学（硕士）	2006
06946	对外汉语教学疑问句语法项目选取与排序研究	宋芳	北京语言大学（硕士）	2006
06947	对外汉语教学中“被”字句的习得情况考察	刘红燕	北京语言大学（硕士）	2006
06948	关于中介语语法损伤的研究	唐雪梅	合肥工业大学（硕士）	2006

06949	韩国中小学生母语环境下“了”字习得的中介语分析	陈钊	中国传媒大学（硕士）	2006
06950	汉语“虽”类和“但”类连词匹配框架及其类型学解释	戴兴敏	湖南师范大学（硕士）	2006
06951	汉语被动表述	蔡红	上海外国语大学（硕士）	2006
06952	汉语起点处所范畴的句法表达及应用	王政卿	吉林大学（硕士）	2006
06953	“很多”、“很少”的对称性问题研究	许恺恺	上海师范大学（硕士）	2006
06954	基于认知语言学的现代汉语形状量词词义考察	郭敏	北京语言大学（硕士）	2006
06955	基于统计的现代汉语频率副词研究	何淑冰	南京师范大学（硕士）	2006
06956	基于网络文学的助动词“能”、“会”、“可（以）”研究	欧阳燕	云南师范大学（硕士）	2006
06957	留学生“住”作结果补语的习得研究	沈红红	北京语言大学（硕士）	2006
06958	留学生习得汉语紧缩句式的调查研究	李英俊	暨南大学（硕士）	2006
06959	留学生转折关系复句理解与使用情况的调查分析	孙丹	暨南大学（硕士）	2006
06960	面向对外汉语教学的介词研究	郭敏	华中科技大学（硕士）	2006
06961	“难免”、“不免”和“未免”的主观性差异考察	陈轩	北京语言大学（硕士）	2006
06962	“起来”与宾语同现情况考察	黎姐	东北师范大学（硕士）	2006
06963	“什么”的否定用法及其使用条件	刘睿研	吉林大学（硕士）	2006
06964	时间副词“老”的语法化过程考察	杨睿	北京语言大学（硕士）	2006
06965	数量模糊表达方式的研究	于晶晶	华中科技大学（硕士）	2006
06966	特殊“比”字句的研究与教学	季艳	苏州大学（硕士）	2006
06967	外国学生使用汉语趋向补语习得研究	洪婷	南京师范大学（硕士）	2006
06968	现代汉语“把”字句的语法语义特征及相关对外汉语教学的问题	李候约	华中科技大学（硕士）	2006
06969	现代汉语动态事件“贯连”与“断续”的表达方式	廖婷婷	华中科技大学（硕士）	2006
06970	现代汉语名词性成分从缺现象研究	赵淑娟	山西大学（硕士）	2006
06971	现代汉语双音形容词定语后“的”字隐现的定量研究	王利峰	南京师范大学（硕士）	2006

06972	现代汉语序数的考察与分析	李湘平	广西师范大学（硕士）	2006
06973	现代汉语主位结构研究	李宁	东北师范大学（硕士）	2006
06974	形式量词及量词式短语的语法和语义分析	吴清香	北京语言大学（硕士）	2006
06975	印尼留学生动态助词习得研究	刘催勤	暨南大学（硕士）	2006
06976	“越X越Y”及其对外汉语教学应用	王彦彦	上海外国语大学（硕士）	2006
06977	越南留学生“得”字情态补语句习得状况研究	刘娟	暨南大学（硕士）	2006
06978	正反问祈使义句的句法、语用分析	林娟廷	北京语言大学（硕士）	2006
06979	状态词句法功能转换	杨虹	华东师范大学（硕士）	2006
06980	对外汉语教学中的可能补语与状态补语	火玥人	华北电力大学学报（社会科学版）	2007（1）
06981	方位词“前”、“后”的语义认知基础与对外汉语教学	李计伟	语文知识	2007（1）
06982	关于对外汉语教学的汉语词语语法化研究——以“尽管”和“简直”为例	李计伟	云南师范大学学报（对外汉语教学与研究版）	2007（1）
06983	谈对外汉语教学中的语序教学	曹成龙	云南师范大学学报（对外汉语教学与研究版）	2007（1）
06984	语块在对外汉语教学中的价值与作用	周健	暨南学报（哲学社会科学版）	2007（1）
06985	越南人学习汉语语法点难度考察	周小兵	云南师范大学学报（对外汉语教学与研究版）	2007（1）
06986	“在、正、正在、呢”的语义特征、句法功能及其教学次序	陈晓桦	语言与翻译	2007（1）
06987	中、高级学生介词“在”习得情况考察及分析	刘瑜	海外华文教育	2007（1）
06988	“A + N”类区别词与区别词性结构的形成机制	刘春卉	世界汉语教学	2007（2）
06989	韩国留学生介词“向、往”使用情况的考察	林齐倩、金明淑	暨南大学华文学院学报	2007（2）
06990	汉语称呼语概念结构的研究	张积家、陈俊	语言文字应用	2007（2）

06991	汉语作为第二语言"被"字句习得的考察	黄月圆、杨素英、高立群、张旺熹、崔希亮	世界汉语教学	2007（2）
06992	汉语作为第二语言学习者疑问句早期习得的个案研究	丁雪欢	语言教学与研究	2007（2）
06993	谈谈"二"和"两"的用法差别	金有景	汉语学习	2007（2）
06994	从句尾"了"到词尾"了"——《祖堂集》《三朝北盟会编》中"了"用法的发展	陈前瑞、张华	语言教学与研究	2007（3）
06995	对外汉语教学中被动标记使用条件分析	王振来	云南师范大学学报（对外汉语教学与研究版）	2007（3）
06996	对外汉语语法教学浅谈	赵春红	邢台学院学报	2007（3）
06997	对外汉语语法教学原则的落实——以东南亚华裔留学生"了"教学为例	杨海明	中文自学指导	2007（3）
06998	教学语法需解决的几个问题	张先亮	语言文字应用	2007（3）
06999	"老""旧"与同一名词匹配的区别特征及教学策略	左双菊	云南师范大学学报（对外汉语教学与研究版）	2007（3）
07000	量词"只"、"头"的认知分析与对外汉语教学	牛巧红	鞍山师范学院学报	2007（3）
07001	浅谈对外汉语量词教学的现状	郭晓沛、蔡文丰、于为	长春教育学院学报	2007（3）
07002	"综合教学法"在初级"把"字句教学中的应用	丁孝莉	文化学刊	2007（3）
07003	"把"字句的连动本源与"把"字句的教学	张倩	河南职业技术师范学院学报（职业教育版）	2007（4）
07004	从对外汉语教学的视角重新审视教学语法	周子衡	语文学刊	2007（4）
07005	从范畴化过程看量词"副"对名词性成分的选择	宗守云	世界汉语教学	2007（4）
07006	对外汉语教学语法研究综述	陈叶红	齐齐哈尔师范高等专科学校学报	2007（4）
07007	对外汉语教学中相近表达式的用法研究——以形容词 AABB 重叠式和"很 + 形容词"为例	汝淑媛	北京师范大学学报（社会科学版）	2007（4）

07008	对外汉语语法教学研究综观	李泉	语言文字应用	2007（4）
07009	关于汉语"连……也/都……"句式的思考	杨晓明、韩闽红	北京邮电大学学报（社会科学版）	2007（4）
07010	韩国留学生存现句习得情况调查与教学探讨	樊海燕	宿州教育学院学报	2007（4）
07011	汉语动词的题元结构与其句法表现	黄正德	语言科学	2007（4）
07012	基于语料库的关联词搭配研究	张文贤、邱立坤	世界汉语教学	2007（4）
07013	建立以语义特征为标志的汉语复句教学新系统刍议	邵敬敏	世界汉语教学	2007（4）
07014	留学生动词重叠式使用情况浅析	王茂林	语言教学与研究	2007（4）
07015	日本研究汉语语法的历史	杨初晓	云南师范大学学报（对外汉语教学与研究版）	2007（4）
07016	对外汉语教学中的动宾式离合词带宾语问题	范妍南	语言教学与研究	2007（5）
07017	对外汉语语法教学中的形式与意义	孙德金	语言教学与研究	2007（5）
07018	关于外国留学生学习使用量词情况的调查分析	郭晓沛、韩梅	长春师范学院学报	2007（5）
07019	中级阶段汉语语法教学中功能类意识的构建	王俊毅	语言教学与研究	2007（6）
07020	汉语动宾词组非谓化策略	郝文华	湖北经济学院学报（人文社会科学版）	2007（7）
07021	从"X都NP了"句式的研究看副词"都"的教学	李姝	成人教育	2007（8）
07022	基于标注语料库的"把"字句的语义分析	许小星、亢世勇	语文学刊	2007（9）
07023	对外汉语教学中动词"算"的用法补议	李韵、杨文全	四川教育学院学报	2007（10）
07024	"了$_1$"和"了$_2$"的语义相似性及对外汉语教学	祁晓倩	乐山师范学院学报	2007（11）
07025	对外汉语教学中的趋向补语教学	陈金香	内蒙古电大学刊	2007（12）
07026	"连"字句式预设分析	谷亚丽	安徽文学（下半月）	2007（12）
07027	试论汉语趋向补语的教学	邹华丽	职业圈	2007（21）
07028	谈对外汉语教学中的"连"字句	徐春秀	科技信息（科学教研）	2007（33）

07029	关于程度副词的对外汉语教学研究	翟帆	内蒙古师范大学学报（哲学社会科学版）	2007（S1）
07030	现代汉语动词与动量词组合研究	周娟	暨南大学（博士）	2007
07031	“A有/没有B（这么/那么）X”的语义认知分析	张艳艳	广西师范大学（硕士）	2007
07032	“NP（对象）+V+起来+AP”句式考察及教学建议	吴玲玲	北京语言大学（硕士）	2007
07033	“V+个+N”结构研究	李美妍	吉林大学（硕士）	2007
07034	初、中级留学生习得汉语反问句的调查研究	潘莉	暨南大学（硕士）	2007
07035	从“三个平面”语法理论看现代汉语受事主语句	齐建涛	陕西师范大学（硕士）	2007
07036	从位移角度看介词“向、朝、对、冲”的异同	李卉	北京语言大学（硕士）	2007
07037	从中泰对比看泰国学生汉语常用介词的习得与教学	吴素兰（Yupin Karan-yadech）	苏州大学（硕士）	2007
07038	动词性短语的“自由”和“粘着”	崔正青	山西大学（硕士）	2007
07039	动态助词“着”的对外汉语教学研究	刘丽华	中南大学（硕士）	2007
07040	对韩汉语教学中“被”字句、兼语句的比较研究	陈璐	山东大学（硕士）	2007
07041	对外汉语教学初级阶段“把”字句教学顺序研究	何敏	上海外国语大学（硕士）	2007
07042	对外汉语教学中的“把”字句研究	郝茵	天津师范大学（硕士）	2007
07043	对外汉语教学中的转折复句研究	钱多	沈阳师范大学（硕士）	2007
07044	对外汉语教学中副词“就”的研究	李金莲	北京语言大学（硕士）	2007
07045	对外汉语教学中深层义的研究与教学	刘娜	广西大学（硕士）	2007
07046	对外汉语量词教学研究	唐淑宏	吉林大学（硕士）	2007
07047	对外汉语知识型语法课教学策略研究	张颖	北京语言大学（硕士）	2007
07048	“对于”类介词框架及相关研究	杨丹毅	上海师范大学（硕士）	2007
07049	副词“还、也、又、再”的重复义研究	刘建华	延边大学（硕士）	2007

07050	关于英汉语法对比研究在对外汉语语法教学中的应用	陈卓伦	四川大学（硕士）	2007
07051	韩国留学生“把”字句习得研究	张武宁	南京师范大学（硕士）	2007
07052	韩国留学生汉语动结式习得过程及其言语加工策略	唐鹏举	北京语言大学（硕士）	2007
07053	韩国留学生汉语趋向补语习得过程中的言语加工策略研究	李建成	北京语言大学（硕士）	2007
07054	韩国留学生习得汉语“是”字结构的言语加工策略	陈小颖	北京语言大学（硕士）	2007
07055	韩国留学生掌握汉语常用语气副词的情况考察与分析	王海娟	北京语言大学（硕士）	2007
07056	韩国学生和欧美学生汉语口语学习策略对比研究	那剑	重庆大学（硕士）	2007
07057	汉语“被”字句及其日译研究	王聆聆	暨南大学（硕士）	2007
07058	汉语补语的英译研究	刘艳丽	华中科技大学（硕士）	2007
07059	汉语带宾语动结式的研究	唐一萍	湖南师范大学（硕士）	2007
07060	汉语兼语句与英语复合宾语句的对比研究	徐银	湖南师范大学（硕士）	2007
07061	汉语使役结构及使役动词研究	向建雄	重庆大学（硕士）	2007
07062	汉语疑问指称词无定指现象研究	彭晓	四川大学（硕士）	2007
07063	汉语状定异位结构研究	冯庆宏	首都师范大学（硕士）	2007
07064	汉语作为第二语言的名量词习得研究	王敏媛	北京语言大学（硕士）	2007
07065	基于标注语料库的现代汉语特殊句式语义分析	许小星	鲁东大学（硕士）	2007
07066	基于集合概念的汉语疑问代词非疑问用法研究	陈天序	北京语言大学（硕士）	2007
07067	基于位置分布的汉语语气副词研究	周萍	华东师范大学（硕士）	2007
07068	介词“对 / 向”+ O + V 的替换研究	吉庆波	沈阳师范大学（硕士）	2007
07069	句管控视角下现代汉语“在 + V”与“V + 着”的比较研究	杨西彬	华中师范大学（硕士）	2007
07070	“了”的用法与对外汉语教学	王静	华中科技大学（硕士）	2007
07071	列举助词“什么的”分析	龙泉	华中科技大学（硕士）	2007
07072	留学生对“什么”非疑问用法的习得研究	周文婷	北京语言大学（硕士）	2007

07073	面向对外汉语教学的相对程度副词研究	张颖	河北大学（硕士）	2007
07074	面向对外汉语教学的语气副词考察	匡昕	北京语言大学（硕士）	2007
07075	面向信息处理的“并”类短语研究	窦金霞	上海师范大学（硕士）	2007
07076	“名＋数量”格式研究	安亚玲	吉林大学（硕士）	2007
07077	欧美学生汉语依据类介词结构习得顺序研究	胡媛媛	北京语言大学（硕士）	2007
07078	浅探汉语有向动词的方向范畴	王涛	华南师范大学（硕士）	2007
07079	情态助动词研究与对外汉语教学	欧倩	华中师范大学（硕士）	2007
07080	“让”字句功能分析与习得研究	周文华	南京师范大学（硕士）	2007
07081	“上／下”动宾结构对称与不对称现象的考察	蒋宁	广西师范大学（硕士）	2007
07082	时间关系与被字句	颜力涛	吉林大学（硕士）	2007
07083	“数＋形＋量”结构的构造	罗旋	广西师范大学（硕士）	2007
07084	外国留学生汉语否定差比句的习得研究	莫嘉琳	陕西师范大学（硕士）	2007
07085	外国留学生疑问句系统习得顺序的考察	张红欣	南京师范大学（硕士）	2007
07086	外国学生程度副词偏误分析与习得研究	吴娟娟	南京师范大学（硕士）	2007
07087	现代汉语“对”字句研究	赵玉娟	山西大学（硕士）	2007
07088	现代汉语“形＋（X）＋宾”结构研究	邓楠楠	上海师范大学（硕士）	2007
07089	现代汉语表频时间副词“常常”与“往往”的比较研究	王宇培	吉林大学（硕士）	2007
07090	现代汉语宾语从句研究	邓扬	北京语言大学（硕士）	2007
07091	现代汉语程度副词与动词配价组合理论的发现及应用	塔娜	内蒙古师范大学（硕士）	2007
07092	现代汉语动词重叠式的多维度研究	单凤娇	贵州大学（硕士）	2007
07093	现代汉语后缀“子”构词规律研究	兰清	四川大学（硕士）	2007
07094	现代汉语连谓句研究	夏婧	四川大学（硕士）	2007
07095	现代汉语是非问句的疑问程度研究	董宪臣	北京大学（硕士）	2007
07096	现代汉语述程式的认知语言学研究	程婧	四川大学（硕士）	2007

07097	印尼留学生“在”字简单句习得情况考察与研究	储成丽	暨南大学（硕士）	2007
07098	印尼留学生趋向补语的习得研究	傅子轩	暨南大学（硕士）	2007
07099	英汉双语儿童特殊疑问句习得研究	曹俐娇	北京语言大学（硕士）	2007
07100	与“是”字相关的句式的研究与教学——从中韩对比与偏误分析入手	杨晶淑	苏州大学（硕士）	2007
07101	语气副词“简直”的句法、语义和语用分析	韩娟	山东师范大学（硕士）	2007
07102	“中”在序列表达中的显现与空缺	贺洁	广西师范大学（硕士）	2007
07103	中高级日本留学生汉语被动句的习得研究	陶琴	华东师范大学（硕士）	2007
07104	中国EFL学习者语法语素习得顺序研究——对自然顺序假说的检验	阚智文	安徽大学（硕士）	2007
07105	注意功能在汉语句式教学中的应用研究	季狄	暨南大学（硕士）	2007
07106	对现代汉语中“形容词转类”现象及意义的研究	汪敏锋、张娜	晋中学院学报	2008（1）
07107	汉语处所化的机制及其在教学中的应用	王光全、柳英绿	世界汉语教学	2008（1）
07108	留学生汉语动宾搭配能力的习得	肖贤彬、陈梅双	汉语学报	2008（1）
07109	语篇语法教学——当前中高级阶段对外汉语语法教学的重中之重	张彩云	科教文汇（上旬刊）	2008（1）
07110	试论词汇语义对语法的决定作用	赵世举	武汉大学学报（人文科学版）	2008（2）
07111	藏缅语与汉语连动结构比较研究	戴庆厦、邱月	世界汉语教学	2008（2）
07112	程度副词在对外汉语教学中的句法语义分析	脱傲	北京理工大学学报（社会科学版）	2008（2）
07113	对外汉语教学中“把”字句构成要素语义分析	肖祥忠	佳木斯大学社会科学学报	2008（2）
07114	对外汉语语法教学模式探讨	薛萍	徐州教育学院学报	2008（2）
07115	汉语动态进程的“断、续、连”	廖婷婷	青海师专学报	2008（2）
07116	浅谈对韩“把字结构”教学	车政华	辽宁师专学报（社会科学版）	2008（2）

07117	试比较词本位与字本位在对外汉语教学中的应用	刘雯婺	商业文化（学术版）	2008（2）
07118	当代北京口语第二人称代词的用法与功能	郭风岚	语言教学与研究	2008（3）
07119	对外汉语简单趋向补语教学策略	火玥人	华北电力大学学报（社会科学版）	2008（3）
07120	对外汉语语法知识课教学的新模式	张宝林	语言教学与研究	2008（3）
07121	克服汉语母语思维对日语习得的负迁移——再论日语教学中的汉语母语语法问题	李维彬	上海商学院学报	2008（3）
07122	留学生汉语正反问句习得中的选择偏向及其制约因素	丁雪欢	世界汉语教学	2008（4）
07123	现代汉语动态事件进程的语义范畴分析——兼谈其在对外汉语教学中的运用	廖婷婷	重庆三峡学院学报	2008（4）
07124	语块理论在对外汉语教学中的应用	亓文香	语言教学与研究	2008（4）
07125	对外汉语教学中语气词“嘛”的教学策略	夏红娟	吉林省教育学院学报（学科版）	2008（5）
07126	留学生动宾式离合词习得研究——以统计学为视角	马萍	汉语学习	2008（5）
07127	“字本位”与中高级阶段汉语教学	张亚冰	辽宁行政学院学报	2008（5）
07128	现代汉语的“一点儿”和“有点儿”——从对外汉语教学说起	李燕	毕节学院学报	2008（6）
07129	对对外汉语程度副词教学的几点对策和建议	戴新英	科教文汇（上旬刊）	2008（7）
07130	对外汉语语法教学浅议	杨津津	安徽文学（下半月）	2008（7）
07131	留学生汉语结果补语习得研究	孙冬惠、张恒军	吉林省教育学院学报（学科版）	2008（9）
07132	ABB式形容词的语素法教学	王树建	内蒙古电大学刊	2008（11）
07133	从“了”说起看语法解释简便化——汉语语法在对外汉语教学中的释义简化问题	杜娟	安徽文学（下半月）	2008（12）
07134	对外汉语基本句式教学法再探	张健军	吉林省教育学院学报	2008（12）
07135	对外汉语教学中量词教学的研究	代丹	科教文汇（上旬刊）	2008（12）

07136	现代汉语介词“在”、“跟”、“对”、“从”的对英汉语教学研究综述	高霞	楚雄师范学院学报	2008（12）
07137	试谈对外汉语教学中概数词“多”的教学	杨瑜	科技信息（学术研究）	2008（20）
07138	“跟……一样”句式的对外汉语教学	陈曼丽	黑龙江史志	2008（21）
07139	集合量词的认知研究	宗守云	上海师范大学（博士）	2008
07140	面向汉语习得的常用动词带宾情况研究	魏红	华中师范大学（博士）	2008
07141	现代汉语“$V_{单}$ + NP”语块研究	李慧	北京语言大学（博士）	2008
07142	现代汉语方式范畴研究	王丽彩	暨南大学（博士）	2008
07143	新加坡华语语法变异研究	祝晓宏	暨南大学（博士）	2008
07144	“V + 个 + VP”结构中“个”的标记性质	张海涛	新疆大学（硕士）	2008
07145	“把”字句及其对外汉语教学	伏双全	福建师范大学（硕士）	2008
07146	被字句动词组研究	耿直	北京大学（硕士）	2008
07147	从“一律”和“一概”的语法化历程探求近义副词的异同及原因	陈勇	陕西师范大学（硕士）	2008
07148	从认知与语用的角度看反问句的对外汉语教学——结合 HSK（初、中等）考试相关内容	张寅男	苏州大学（硕士）	2008
07149	动态助词“了”的隐匿规律与对外汉语教学	丁蓉	湖南师范大学（硕士）	2008
07150	对外汉语初级阶段动趋式的习得与教学研究——以“V + 到”、“V + 上”为例	王隽颖	上海外国语大学（硕士）	2008
07151	对外汉语教学中的反问句研究	翟美玲	山东大学（硕士）	2008
07152	对外汉语教学中的述补结构	郭杰	新疆大学（硕士）	2008
07153	对外汉语视角中的被动句研究	祁晓倩	厦门大学（硕士）	2008
07154	多功能副词“也”的多角度研究	刘艳	浙江大学（硕士）	2008
07155	多媒体环境下对外汉语副词“就”的教学效果研究	戴黎红	华东师范大学（硕士）	2008
07156	多项定语定中结构中“的”字隐现规律考察	谢成名	北京语言大学（硕士）	2008

07157	反问句的三个平面研究	李周	西南大学（硕士）	2008
07158	“仿造说”与“吃食堂”类介宾义动宾结构说略	李加方	四川师范大学（硕士）	2008
07159	“复合动趋式＋宾语”句式的研究与对外汉语教学	张慧娜	内蒙古师范大学（硕士）	2008
07160	副词“确实”和“实在”的多角度辨析	王叶萍	暨南大学（硕士）	2008
07161	副词与谓词性成分语义选择限制考察	孟瑞森	北京语言大学（硕士）	2008
07162	韩国留学生汉语比较句习得顺序考察及言语加工策略研究	朱云凤	北京语言大学（硕士）	2008
07163	韩国学生汉语语气副词习得研究	郑恩贞	南京师范大学（硕士）	2008
07164	汉语基本结构单位界定方法及其在对外汉语中的应用	何国锦	北京语言大学（硕士）	2008
07165	汉语趋向补语基本意义的视频教学效果研究	王秋池	华东师范大学（硕士）	2008
07166	基于BNC和CLEC语料库的中国大学生介词习得研究	陈晓娟	武汉理工大学（硕士）	2008
07167	基于对外汉语教学的极限性程度补语研究	马超	山东大学（硕士）	2008
07168	基于认知语言学的个体量词词义考察与对外汉语量词教学研究	贺春枝	内蒙古师范大学（硕士）	2008
07169	介词短语“在＋X”的句法位置及介词“在”的隐现问题考察	冷淑梅	北京语言大学（硕士）	2008
07170	“开合类”单音动词与受事名词的搭配研究	付娜	北京语言大学（硕士）	2008
07171	“历来”与“历来”句探析	张秀琴	暨南大学（硕士）	2008
07172	留学生表趋向意义趋向补语的习得研究	霍晶莹	陕西师范大学（硕士）	2008
07173	留学生甲级形容词句法功能的统计分析	李芬芬	北京语言大学（硕士）	2008
07174	留学生习得汉语比较句研究	张蕾	陕西师范大学（硕士）	2008
07175	留学生疑问代词非疑问用法习得顺序研究	童丽娜	山东大学（硕士）	2008
07176	论“形·趋动”结构及其对外教学策略	冯伶丽	华中科技大学（硕士）	2008

07177	论“一下”	高频	上海师范大学（硕士）	2008
07178	《骆驼祥子》的被动结构及其英译研究	蔡建光	湖南师范大学（硕士）	2008
07179	“马上、赶紧”类短时副词研究	李姝	广西师范大学（硕士）	2008
07180	面向初中级阶段留学生的联合连词教学	张丽	华中科技大学（硕士）	2008
07181	面向对外汉语教学的假设和条件连词研究	于娜	南京师范大学（硕士）	2008
07182	面向对外汉语教学的现代汉语时间副词研究	翁宏伟	河北大学（硕士）	2008
07183	面向对外汉语教学的选择复句研究	崔岑岑	南京师范大学（硕士）	2008
07184	面向对外汉语教学的语气副词“毕竟”研究	韩瑜	吉林大学（硕士）	2008
07185	能愿动词肯否不对称问题分析	褚智歆	广西师范大学（硕士）	2008
07186	欧美留学生的儒家核心价值观文化图式构建研究	李江红	四川师范大学（硕士）	2008
07187	欧美学生对句尾“了”作为完句成分的习得考察	刘晶	北京语言大学（硕士）	2008
07188	“什么”的否定用法研究	黄喜宏	上海师范大学（硕士）	2008
07189	时间副词用于肯定与否定的对称与不对称现象的研究	宋晓娟	陕西师范大学（硕士）	2008
07190	双项 NP 主题句的形式变换分析	王珊珊	首都师范大学（硕士）	2008
07191	泰国学生汉语补语习得研究	胡发宣	广西民族大学（硕士）	2008
07192	外国留学生汉语复合趋向补语引申用法习得研究	邹华丽	华东师范大学（硕士）	2008
07193	外国学生“是……的”句的习得研究	谢福	上海师范大学（硕士）	2008
07194	外国学生汉语反问句的习得情况研究	路明洁	北京语言大学（硕士）	2008
07195	现代汉语“一……就……”句式探究及在教学中的应用	苑艳艳	山东大学（硕士）	2008
07196	现代汉语“又……又……”格式研究	翁颖萍	上海师范大学（硕士）	2008
07197	现代汉语表人的“老 X”结构的多角度考察	冯金娥	华中师范大学（硕士）	2008
07198	现代汉语程度副词研究及其对外汉语教学策略的探讨	翟帆	内蒙古师范大学（硕士）	2008

07199	现代汉语句段内的语义联系	马楠	黑龙江大学（硕士）	2008
07200	现代汉语连动句及其习得研究	孙晓华	南京师范大学（硕士）	2008
07201	现代汉语述宾式“V+VP”结构研究	蒋叶红	上海师范大学（硕士）	2008
07202	现代汉语协同副词研究	叶秋生	西南大学（硕士）	2008
07203	现代汉语因果连词研究	倪重阳	华中师范大学（硕士）	2008
07204	现代汉语重动句研究	付云华	北京语言大学（硕士）	2008
07205	现代汉语准及物动词研究	吕为光	辽宁师范大学（硕士）	2008
07206	形容词做结果补语的粘着动补结构的研究及其词汇—语法教学模式的思考	袁福静	内蒙古师范大学（硕士）	2008
07207	越南学生汉语介词习得顺序研究	李燕洲	广西民族大学（硕士）	2008
07208	“在LV”与“V在L”的考察	谭慧	华中师范大学（硕士）	2008
07209	“怎么”在对韩汉语教学中的策略研究	汤路	湖南师范大学（硕士）	2008
07210	针对初级阶段法国学生的汉语“比”字句研究与教学	许振敏	北京语言大学（硕士）	2008
07211	中高级阶段越南学生汉语“把”字句习得研究	吕桂云	广西民族大学（硕士）	2008
07212	中级印度尼西亚学习者汉语语气副词习得研究	陈燕娜	北京语言大学（硕士）	2008
07213	“最”的多角度比较研究	王晖	华中师范大学（硕士）	2008
07214	处置式带补语的历时发展	刘子瑜	语言教学与研究	2009（1）
07215	对外汉语教学语法疑问句系统考察	蔡建丰	暨南大学华文学院学报	2009（1）
07216	汉语的主观性和汉语语法教学	沈家煊	汉语学习	2009（1）
07217	汉语非宾格动词和心理动词的习得研究——兼论“超集—子集”关系与可学习性	赵杨	世界汉语教学	2009（1）
07218	时间副词“从来”与“向来”的比较研究——兼论对外汉语教学	曹爽	焦作师范高等专科学校学报	2009（1）
07219	外国学生汉语词素的形音义加工与心理词典的建构模式研究	冯丽萍	世界汉语教学	2009（1）
07220	现代汉语中的“与其p，宁可q”复句格式刍议	宋晖	语言与翻译	2009（1）

07221	“NP 上”和“NP 里”的认知分析与对外汉语教学	杨利娟	新乡教育学院学报	2009（2）
07222	对话语境与副词“可”的交互主观性	张旺熹、李慧敏	语言教学与研究	2009（2）
07223	关于汉语惯用法研究的若干问题	徐建华、李秋霞	淮海工学院学报（社会科学版）	2009（2）
07224	汉语常用动词的带宾能力考察	魏红	汉语学报	2009（2）
07225	几种动词义项区分的判定方法	邱金萍、裴雨来	滁州学院学报	2009（2）
07226	建立在语料库基础上的汉语本体研究与对外汉语教学——以现代汉语离合词研究为例	王海峰、王铁利	汉字文化	2009（2）
07227	论语块的特点、性质认定及作用	杨金华	暨南大学华文学院学报	2009（2）
07228	浅谈留学生汉语节律感的培养	李芳兰	宁波广播电视大学学报	2009（2）
07229	受程度副词修饰的动词的语义特点探析	李圃、王玥雯	长江学术	2009（2）
07230	外国留学生多义副词“就”的习得考察	黄露阳	语言教学与研究	2009（2）
07231	对外汉语个别实习中的语法教学	彭家法	皖西学院学报	2009（3）
07232	对外汉语教学中“一双”、“一对”、“一副”用法探究	荣智慧	安徽文学（下半月）	2009（3）
07233	对外汉语课“时间副词”的教学研究——时间副词的肯定与否定不对称现象探微	宋晓娟	民办教育研究（大众商务·教育版）	2009（3）
07234	汉语名词隐喻的语义映射分析	王治敏	语言教学与研究	2009（3）
07235	基于语料库的外国学生兼语句习得研究	周文华	语言教学与研究	2009（3）
07236	从事件的角度看补语“上来”和“下来”的对称与不对称	童小娥	世界汉语教学	2009（4）
07237	二语习得研究语言学视角的理论思考——形式—形态分离与句法—形态映射	戴曼纯、康悦	语言教学与研究	2009（4）
07238	构式语法理论对二语教学的启示	陈满华	语言教学与研究	2009（4）
07239	类型学背景下的汉泰语量词语义系统对比和汉语量词教学	张赪	世界汉语教学	2009（4）

07240	“选择性注意”与“差异效应”在汉语“得”字方式补语习得中的作用	靳洪刚、章吟	世界汉语教学	2009（4）
07241	对外汉语教学中“吧”字的句法、功能研究	夏红娟	长春理工大学学报（高教版）	2009（5）
07242	对外汉语教学中的数字词教学	张笛	赤峰学院学报（汉文哲学社会科学版）	2009（5）
07243	“已经”语法意义新探——对外汉语教学中引发的思考与探询	张明友	安徽文学（下半月）	2009（6）
07244	从个体哲学的角度看普遍语法在对外汉语教学中的可及性	丛岩	吉林省教育学院学报	2009（7）
07245	动结式带宾语结构的含义及教学	范熙	边疆经济与文化	2009（8）
07246	对外汉语语法教学的几点认识	李冬梅	才智	2009（8）
07247	论对外汉语教学中两种不同类型的比字句	杨惠敏	网络财富	2009（13）
07248	现代汉语可能补语研究	孙娅爱	北京语言大学（博士）	2009
07249	“A”、“很A”、“A点儿（些）”作状语主观性分析及留学生习得情况调查	王斯倩	北京语言大学（硕士）	2009
07250	“V着”存现句的动画教学效果研究	黄亚武	华东师范大学（硕士）	2009
07251	“X说”的语法化与主观性研究	于静丽	华中师范大学（硕士）	2009
07252	初级对外汉语教材中“把”字句的语法项目编排问题探析	解德道	复旦大学（硕士）	2009
07253	初级水平韩国留学生汉语比较句的习得分析和教学对策	何莉	四川师范大学（硕士）	2009
07254	初级水平韩国留学生掌握合成词构词方式的习得过程研究	宋欢	四川师范大学（硕士）	2009
07255	初中级水平留学生汉语反问句习得研究	韩师斯	厦门大学（硕士）	2009
07256	从发生认识学角度阐述汉语中介语建构过程	曾红艳	福建师范大学（硕士）	2009
07257	从外汉教学角度谈N1（的）N2结构中“的”字的隐现规则研究	王颖轶	上海外国语大学（硕士）	2009
07258	“带/戴+宾语”的共时、历时考察	肖牡丹	华中师范大学（硕士）	2009
07259	带宾的动宾式离合词及其带宾趋势考察	刘靖	北京语言大学（硕士）	2009

07260	动宾离合词和数量短语的组合及“了”的影响	金朝炜	上海外国语大学（硕士）	2009
07261	对蒙古国留学生“把”字句学习的研究	绳晓健	河北大学（硕士）	2009
07262	对外汉语常用语气助词的教学与研究——以英语为母语的学生为研究对象	华晴岚	苏州大学（硕士）	2009
07263	对外汉语教学中的趋向补语研究	鲁淑娟	天津师范大学（硕士）	2009
07264	对外汉语教学中虚词“就”、“也”、“都”的研究	郁梅	苏州大学（硕士）	2009
07265	对外汉语语块研究——以《汉语水平词汇等级大纲》为例	周倞	华东师范大学（硕士）	2009
07266	多功能副词“才”的习得顺序及教学研究	刘佳	复旦大学（硕士）	2009
07267	韩国留学生“比”字句习得研究	黄雪	东北师范大学（硕士）	2009
07268	韩国留学生汉语条件复句习得研究	郑玉荣	吉林大学（硕士）	2009
07269	韩国学习者汉语疑问句系统的习得研究	杨眉	华中师范大学（硕士）	2009
07270	汉语常用介词“给”、“跟”、“对”、“向”、“为”的研究及其教学	周颖	新疆大学（硕士）	2009
07271	汉语动结式的转喻理据研究	王瑞杰	华中师范大学（硕士）	2009
07272	汉语语块及其学习策略研究	宿飞鸿	上海交通大学（硕士）	2009
07273	汉语作为第二语言输入的“与外国人交谈语”研究	司甜	北京语言大学（硕士）	2009
07274	基于“HSK 动态作文语料库”的“比”字句习得研究	姜桂荣	北京语言大学（硕士）	2009
07275	基于“HSK 动态作文语料库”的韩国学习者“有”字句习得研究	张颖	北京语言大学（硕士）	2009
07276	基于“形式焦点”理论的对外汉语初级阶段把字句教学研究	苏叶	华东师范大学（硕士）	2009
07277	基于多媒体技术的对外汉语被动句的教学效果分析	郭盛岚	华东师范大学（硕士）	2009
07278	基于现代汉语语料库统计的表抽象意义的“在 X 上 / 下”的习得研究	刘梅	北京语言大学（硕士）	2009
07279	结合任务的 3P 模式在对外汉语初级语法教学中的应用	彭莺	复旦大学（硕士）	2009

07280	经贸汉语书面语语块及其习得研究	孔丹	暨南大学（硕士）	2009
07281	“来说”的多角度考察	马青青	暨南大学（硕士）	2009
07282	留学生对疑问代词“谁”的非疑问用法的使用情况研究	陈敏	东北师范大学（硕士）	2009
07283	留学生形名搭配句法与语义关系习得研究	张银丹	北京语言大学（硕士）	2009
07284	面向对外汉语的“都”类总括范围副词对比分析	王芹	湖南师范大学（硕士）	2009
07285	面向对外汉语教学的程度副词考察	孙欣	大连理工大学（硕士）	2009
07286	面向对外汉语教学的时间副词研究	薛婧婧	大连理工大学（硕士）	2009
07287	“呢”与副词同现探讨	尹胜娟	复旦大学（硕士）	2009
07288	判断句中“是”和“be”的认知对比研究	姚远	宁波大学（硕士）	2009
07289	“强调”类语气副词与对外汉语教学	王芝清	内蒙古师范大学（硕士）	2009
07290	使动结构“X＋让＋Y＋VP”的句法特点和语义类型研究	郭玲	上海师范大学（硕士）	2009
07291	“是……的”句研究及其在对外汉语教学中的应用	王凌云	山东大学（硕士）	2009
07292	泰国汉语教学中的形状量词语义考察	陈妹新	北京语言大学（硕士）	2009
07293	泰国留学生“被”字句习得问题研究	薛姗	暨南大学（硕士）	2009
07294	外国留学生汉语因果类复句习得研究	董福升	华中师范大学（硕士）	2009
07295	外国学生汉语“使”字句习得情况考察	梁婷婷	北京语言大学（硕士）	2009
07296	现代汉语“‘很’＋谓词性成分”研究	李树	上海师范大学（硕士）	2009
07297	现代汉语“V＋个＋X”结构研究	崔懋知	上海师范大学（硕士）	2009
07298	现代汉语“不A不B”格式的多角度考察	张健	上海师范大学（硕士）	2009
07299	现代汉语“轻易”的句法语义功能研究	王文娟	上海师范大学（硕士）	2009
07300	现代汉语“有”字句的句法语义研究	刘晶	内蒙古师范大学（硕士）	2009
07301	现代汉语PP＋VP状中短语研究	周北	首都师范大学（硕士）	2009
07302	现代汉语介词框架“Px以来”考察	朱攀	上海师范大学（硕士）	2009

07303	现代汉语实情连接成分考察	刘昱昕	北京语言大学（硕士）	2009
07304	现代汉语事实预设动词研究	蒋彩利	华东师范大学（硕士）	2009
07305	现代汉语受事主语句的认知研究	邱贤	湖南大学（硕士）	2009
07306	现代汉语形容词重叠式作状语和补语的对比研究	崔娅辉	黑龙江大学（硕士）	2009
07307	现代汉语疑问代词“什么”的否定量化语义研究	王栋	山东大学（硕士）	2009
07308	现代汉语致使句与韩语相关句式比较	徐英爱	复旦大学（硕士）	2009
07309	印尼留学生疑问代词非疑问用法的习得研究	张奕	暨南大学（硕士）	2009
07310	英汉带宾语动结构式的对比研究	张晓	湖南师范大学（硕士）	2009
07311	英汉语篇的语法衔接手段差异对比及成因研究	蒋丽	四川师范大学（硕士）	2009
07312	英语背景学生三类平比句式肯定形式的习得研究	张娣	北京语言大学（硕士）	2009
07313	语气副词“反正”的多角度考察	徐达松	北京语言大学（硕士）	2009
07314	语气副词“偏”与“偏偏”的多角度考察	胡玉智	华中师范大学（硕士）	2009
07315	预设否定副词“白”和“瞎”的比较研究	刘烨	北京语言大学（硕士）	2009
07316	越南学生汉语程度副词习得研究	周玲玄	广西民族大学（硕士）	2009
07317	越南学生汉语频率副词习得研究	寇美睿	广西民族大学（硕士）	2009
07318	“再X也Y”格式考察及教学研究	施雯	北京语言大学（硕士）	2009
07319	“在＋L”与对外汉语教学	李茜	北京语言大学（硕士）	2009
07320	中高级阶段汉语学习者介词的使用情况分析及教学对策研究	徐涂	华东师范大学（硕士）	2009
07321	中高级阶段汉语学习者连词的使用情况分析及教学对策研究	郦超彧	华东师范大学（硕士）	2009
07322	准固定语相关问题研究	李红	北京语言大学（硕士）	2009
07323	量词“颗”、“粒”、“枚”的比较研究	王晓蕾	中国海洋大学（硕士）	2009
07324	回避与泛化——基于“HSK动态作文语料库”的“把”字句习得考察	张宝林	世界汉语教学	2010（2）

07325	从句式群看“把”字句及相关句式的语法意义	施春宏	世界汉语教学	2010（3）
07326	汉语的无标记非主语话题	陈国华、王建国	世界汉语教学	2010（3）
07327	“构式—语块”句法分析法和教学法	苏丹洁、陆俭明	世界汉语教学	2010（4）
07328	“了”的教学三题	吕文华	世界汉语教学	2010（4）
07329	韩国学生学习汉语语法的困难和对策	丁银贞	华东师范大学（博士）	2010
07330	汉语待嵌格式研究	孟祥英	山东师范大学（博士）	2010
07331	基于平行语料库的中日被动句对比研究	李金莲	山东大学（博士）	2010
07332	留学生汉语体标记习得的实证研究	陈晨	中央民族大学（博士）	2010
07333	语气词“了”的隐现规律研究	王巍	吉林大学（博士）	2010
07334	“V＋到＋X”研究	李敬爱	复旦大学（硕士）	2010
07335	“V起”的句法、语义及语法化研究	张静	河南大学（硕士）	2010
07336	“X说”的词汇化和语法化研究	邱沉香	湖南师范大学（硕士）	2010
07337	“爱V不V”结构研究	易磊	湖南师范大学（硕士）	2010
07338	“被”字结构做定语现象研究	柳丹丹	湖南师范大学（硕士）	2010
07339	“程度副词＋有＋NP”分析	胡倩琳	四川师范大学（硕士）	2010
07340	初级汉语水平外国留学生疑问代词习得研究	李巍	华东师范大学（硕士）	2010
07341	初级阶段日本留学生“被”字句教学问题探析	沈远	复旦大学（硕士）	2010
07342	从“上”和“下”的不对称窥视反义词的不平衡发展	彦晶	河北师范大学（硕士）	2010
07343	“等”“等等”“什么的”的分析研究	毛书昌	华中科技大学（硕士）	2010
07344	“都”和“也”互换与同现研究及其在对外汉语教学中的应用	邹岚	复旦大学（硕士）	2010
07345	对外汉语教学角度的现代汉语重动句考察	刘梨花	湖南师范大学（硕士）	2010
07346	对外汉语教学中“上”、“下”等三组方位词的认知分析	包文静	新疆大学（硕士）	2010

07347	对外汉语教学中助词“了”研究	马莹	黑龙江大学（硕士）	2010
07348	对外汉语零起点阶段的副词教学方法研究	邵海灵	华东师范大学（硕士）	2010
07349	对外汉语语气词教学初探	叶柳	湖南大学（硕士）	2010
07350	对外汉语中的不定时时间副词的教学考察	刘金	西北师范大学（硕士）	2010
07351	多义动词“上 / 下”的范畴化分析	李双梅	广西师范大学（硕士）	2010
07352	二语汉语致使结构的习得研究	晓娓	上海交通大学（硕士）	2010
07353	附缀式状态形容词初探	沈丽娜	吉林大学（硕士）	2010
07354	副词“再”的习得情况考察	王玉琼	复旦大学（硕士）	2010
07355	韩国儿童汉语否定句习得研究	虢佳希	华中师范大学（硕士）	2010
07356	韩国留学生“比”字句教学策略研究	张文莲	东北师范大学（硕士）	2010
07357	韩国留学生汉语转折类复句习得研究	王军辉	华中师范大学（硕士）	2010
07358	韩国留学生习得汉语虚词“倒”“却”“但”的实验研究	卜亚南	天津师范大学（硕士）	2010
07359	韩国留学生现代汉语副词“都”的习得情况研究	孙旭虹	广州大学（硕士）	2010
07360	汉英名量结构的认知转喻研究	李松崎	曲阜师范大学（硕士）	2010
07361	汉语“什么”非疑问句用法的对外教学研究	孙丽娟	新疆大学（硕士）	2010
07362	汉语“一量名”结构的句法语义解读	徐正科	湘潭大学（硕士）	2010
07363	汉语等比句式教学研究	朴春姬	吉林大学（硕士）	2010
07364	汉语递归性与对外汉语教学	凌永刚	内蒙古师范大学（硕士）	2010
07365	汉语第一人称单数指标语研究	钱宝	曲阜师范大学（硕士）	2010
07366	汉语动结式主语选择的因果链视窗化研究	胡翠萍	重庆大学（硕士）	2010
07367	汉语二价动词及相关句型研究	余娟	四川外语学院（硕士）	2010
07368	汉语名量非常规搭配的认知机制研究	陈明琴	重庆大学（硕士）	2010
07369	汉语体标记“正在”和“着”的比较研究	李薇	吉林大学（硕士）	2010

07370	汉语语块及其在留学生第二语言习得中的应用	丛珊珊	东北师范大学（硕士）	2010
07371	汉语语气词的对外教学研究	管海英	新疆大学（硕士）	2010
07372	基于对外汉语教学的“X是”类转折连词研究	武丽文	黑龙江大学（硕士）	2010
07373	基于对外汉语教学的部分单音节语气副词功能及用法研究	牛聪	山东大学（硕士）	2010
07374	基于认知的现代汉语双宾句式教学研究	王志军	福建师范大学（硕士）	2010
07375	介词“给、替、为”的差异分析及虚化过程	祝华杰	广西师范大学（硕士）	2010
07376	句首介词“在”的隐现及其对外汉教学的启示	张友学	上海外国语大学（硕士）	2010
07377	“来、去”的语法化演变动因与机制	田建伟	暨南大学（硕士）	2010
07378	类固定短语“没X没Y”格式解析	骆林娜	上海师范大学（硕士）	2010
07379	留学生“哪”系疑问代词非疑问用法习得研究	高芸	南京师范大学（硕士）	2010
07380	留学生存现句习得调查与研究	李俊丽	福建师范大学（硕士）	2010
07381	留学生对汉语“谁”的非疑问用法的习得研究——语料库途径	陈琪	湘潭大学（硕士）	2010
07382	留学生汉语动量词习得研究	唐莹	江西师范大学（硕士）	2010
07383	论对外汉语教学中的语块	杨存娥	陕西师范大学（硕士）	2010
07384	面向对外汉语教学的“被”字句的语义语用特征	毕昕	黑龙江大学（硕士）	2010
07385	面向对外汉语教学的插入语研究	姜丹丹	辽宁师范大学（硕士）	2010
07386	面向对外汉语教学的联合式动词研究	刘迎霞	安徽大学（硕士）	2010
07387	面向对外汉语教学的现代汉语关联副词研究	孟元	黑龙江大学（硕士）	2010
07388	模因论及其在对外汉语教学中的应用	陈婷	辽宁师范大学（硕士）	2010
07389	情态补语的多媒体教学效果研究	张蓓蓓	华东师范大学（硕士）	2010
07390	情态副词多维考察	蒲晓红	西北师范大学（硕士）	2010
07391	任务型对外汉语语法教学的探索与实践	杜婷婷	浙江大学（硕士）	2010

07392	日韩留学生汉语语气词习得研究	徐黄荣	华东师范大学（硕士）	2010
07393	使动句同义句式的对外汉语教学研究与应用	杨程程	华中师范大学（硕士）	2010
07394	“数＋形＋量”格式研究	周希全	上海师范大学（硕士）	2010
07395	双及物构式的转喻认知研究	诸赟	宁波大学（硕士）	2010
07396	“说”类插入语研究	余奕	湖南师范大学（硕士）	2010
07397	泰国留学生汉语疑问句语调习得实验研究	伦茜	广西师范大学（硕士）	2010
07398	通过介词释义句揭示汉语给予类和获取类双及物构式的差异	郭磊	重庆大学（硕士）	2010
07399	外国留学生复合趋向补语引申用法的习得研究	杜芳芳	华中师范大学（硕士）	2010
07400	现代汉语“NP（受事）＋V 起来＋AP”句式研究	葛旭媚	上海师范大学（硕士）	2010
07401	现代汉语“程度副词＋名词”的多角度研究	黄冰	辽宁师范大学（硕士）	2010
07402	现代汉语“东 X 西 Y”格式探讨	何姝伶	四川师范大学（硕士）	2010
07403	现代汉语“动＋上 / 下”语义句法的认知研究	徐虹	曲阜师范大学（硕士）	2010
07404	现代汉语方位词“前”、“后”及其相关词用法研究	谷帅	上海师范大学（硕士）	2010
07405	现代汉语名词的复数表达形式及其标记问题	张欢	南昌大学（硕士）	2010
07406	现代汉语歧义研究及其在对外汉语教学中的应用	宫维俊	山东大学（硕士）	2010
07407	现代汉语强调范畴	程葆贞	河南大学（硕士）	2010
07408	现代汉语容认性让步复句套层研究	周云	华中师范大学（硕士）	2010
07409	现代汉语谓词修饰词前后位置比较研究	陶胜妃	上海外国语大学（硕士）	2010
07410	现代汉语疑问句习得研究	刘志成	辽宁师范大学（硕士）	2010
07411	现代汉语粘宾动词研究	毛颖	上海师范大学（硕士）	2010
07412	“要说”的词汇化和语法化	谢仙丹	浙江师范大学（硕士）	2010
07413	一项针对中国学生英语关系从句习得的实证研究	张春彦	四川外语学院（硕士）	2010

07414	印尼留学生11类有标转折复句习得顺序研究	李佳	江西师范大学（硕士）	2010
07415	英汉否定表达比较及在对外汉语教学中的应用	陶镜玉	南昌大学（硕士）	2010
07416	语块理论与对外汉语教学	马晓伟	辽宁师范大学（硕士）	2010
07417	越南留学生汉语趋向补语习得研究	白克宁	广西民族大学（硕士）	2010
07418	越南学生汉语“是……的”句式的习得研究	唐文成	广西民族大学（硕士）	2010
07419	“怎么”的非疑问用法及第二语言教学分析	李品威	东北师范大学（硕士）	2010
07420	中高级阶段越南留学生汉语“得”字补语句习得研究	王宣予	广西民族大学（硕士）	2010
07421	中亚留学生汉语程度副词习得研究	井婷宁	新疆师范大学（硕士）	2010
07422	汉语中介语否定形式变异的认知解释	张峻绫	华东师范大学（硕士）	2010
07423	基于语料库的形式动词研究及其对汉语国际教育的启示	裘洁	浙江大学（硕士）	2010
07424	面向对外汉语教学的比较句研究	谢白羽	华东师范大学（博士）	2011
07425	现代汉语把字句主观性研究	李青	吉林大学（博士）	2011
07426	现代汉语嵌入式预制语块研究	孟德腾	中央民族大学（博士）	2011
07427	《语言自迩集》的文献和语法研究	宋桔	复旦大学（博士）	2011
07428	初级汉语核心语言点调查研究	白斯达	首都师范大学（硕士）	2011
07429	AABB式和ABAB式形容词重叠形式与对外汉语教学	王翔	内蒙古师范大学（硕士）	2011
07430	“V/A+极/死/透/坏+了”的搭配关系考察及教学研究	戴霞	复旦大学（硕士）	2011
07431	“V+个+N”结构的多角度探析	张媛媛	华中师范大学（硕士）	2011
07432	“V不V”格式的多角度研究	赵妍妍	上海师范大学（硕士）	2011
07433	“V来V去”格式的多维度研究	王昉	中国海洋大学（硕士）	2011
07434	“X+透”与“X+坏”的比较研究	胡红燕	扬州大学（硕士）	2011
07435	“X就X吧”格式研究	顾海丽	河南大学（硕士）	2011
07436	“爱X不X”格式研究	李慧	南京师范大学（硕士）	2011

07437	表祈使义的“给我 + VP”的句法、语义研究	胡晓兰	复旦大学（硕士）	2011
07438	表延续义时间副词的对外汉语教学分析——以 HSK 动态作文语料库为例	刘林燕	陕西师范大学（硕士）	2011
07439	“不一定”与“不见得”的多角度辨析	李薇	浙江师范大学（硕士）	2011
07440	插入语“据说”的语法化与主观化研究	郭思华	华中师范大学（硕士）	2011
07441	存在句时空关系的认知研究与存在句教学	王立梅	新疆大学（硕士）	2011
07442	“的”字动态助词用法研究	李菁	黑龙江大学（硕士）	2011
07443	动态系统理论视角下汉语作为外语的磨蚀现象研究	姚永晶	燕山大学（硕士）	2011
07444	对韩汉语教学中“是……的”句的研究	张意	东北师范大学（硕士）	2011
07445	对蒙汉语教学视野下“把”字句研究	高永强	内蒙古师范大学（硕士）	2011
07446	对外汉语初级阶段存在句教学个案的调查研究	常晶晶	首都师范大学（硕士）	2011
07447	对外汉语初级阶段综合课语法教学设计研究	练姁	上海外国语大学（硕士）	2011
07448	对外汉语副词教学之语境设计研究	张剑	沈阳师范大学（硕士）	2011
07449	对外汉语假设复句教学设计	陈群	南京师范大学（硕士）	2011
07450	对外汉语教学强调方式语法项目的选取与排序研究	钟正岚	暨南大学（硕士）	2011
07451	对外汉语教学视角下的——“反而”及其相关句式研究	丛众	吉林大学（硕士）	2011
07452	对外汉语教学视野下的现代汉语“比”字句研究	陆福玲	内蒙古师范大学（硕士）	2011
07453	对外汉语教学中“否定”功能项目教学研究	马剑	华中师范大学（硕士）	2011
07454	对外汉语教学中的动词重叠研究	王雪婷	浙江大学（硕士）	2011
07455	对外汉语教学中的连词教学现状及对策	柳茜	西北师范大学（硕士）	2011
07456	对外汉语教学中的语气助词教学	董妍	黑龙江大学（硕士）	2011

07457	对外汉语教学助词“了”的选项与排序研究	陈春燕	暨南大学（硕士）	2011
07458	对越汉语趋向补语教学研究	阮胡君	中央民族大学（硕士）	2011
07459	俄罗斯留学生疑问代词非疑问用法的习得研究	周天阳	黑龙江大学（硕士）	2011
07460	俄罗斯学生学习汉语趋向补语的难点及教学对策	王芳君	黑龙江大学（硕士）	2011
07461	“放A些”格式检视——兼论格式在对外汉语教学中的教学策略	张卫娜	华中师范大学（硕士）	2011
07462	否定副词“不”和“没”的运用分析	楼庭兼	华东师范大学（硕士）	2011
07463	复合趋向动词中反向词的不对称现象研究	梁琳琳	黑龙江大学（硕士）	2011
07464	概数助词“多”、“来”和“把”的对外汉语教学	郭春艳	华中师范大学（硕士）	2011
07465	高级阶段留学生“得”字情态补语句的习得考察	田爽婷	福建师范大学（硕士）	2011
07466	关于留学生汉语结构助词“的”和“地”的习得考察	周美英	福建师范大学（硕士）	2011
07467	韩国留学生习得汉语趋向补语调查与分析	张广洲	东北师范大学（硕士）	2011
07468	汉英语N＋N复合名词构词认知理据对比研究	侯佩佩	西安外国语大学（硕士）	2011
07469	汉语“爱V不V”句式的习得与教学	姜娜	吉林大学（硕士）	2011
07470	汉语“比”字句与印尼语“lebih... dari（pada）”结构对比研究	刘美丽	广西民族大学（硕士）	2011
07471	汉语“动词＋处所宾语”结构的图形—背景理论阐述	杨芳芳	中南大学（硕士）	2011
07472	汉语话题句习得情况考察与分析	伊少波	复旦大学（硕士）	2011
07473	汉语基本结构单位的本位之争与对外汉语教学	苏哲	西安外国语大学（硕士）	2011
07474	汉语介词短语“在＋处所”与印尼语相关表述的比较研究	叶舒雅	浙江师范大学（硕士）	2011
07475	汉语空间介词“从、由、在、到”与韩语相应表达方式的对比	权宁美	辽宁师范大学（硕士）	2011
07476	汉语情态补语英译及对外汉语教学研究	张翠玲	复旦大学（硕士）	2011

07477	汉语语气助词“吗”、“呢”、“啊”研究	金浩真	华中科技大学（硕士）	2011
07478	汉语语序理据与对外汉语语序教学研究	曹地	辽宁师范大学（硕士）	2011
07479	汉语作为第二语言 / 外语教学中的语块教学	何所思	华东师范大学（硕士）	2011
07480	话语输出者和输入者的个人因素对疑问句中“呢”的影响	东孝拓	吉林大学（硕士）	2011
07481	基于“HSK”动态作文语料库汉语“已然”类时间副词研究及教学策略	谭佩玉	陕西师范大学（硕士）	2011
07482	基于“小三角”理论的“被”字句对外汉语教学研究	桂孟秋	华中师范大学（硕士）	2011
07483	基于 HSK 动态作文语料库的现代汉语兼语句习得研究	赵曾	四川外语学院（硕士）	2011
07484	基于 TPRS 面向儿童的对外汉语语法教学	毛燕玲	复旦大学（硕士）	2011
07485	基于对外汉语教学的对象类介词“对、向、给”研究	孟宇	沈阳师范大学（硕士）	2011
07486	基于语料库的结果补语认知与教学研究	张帆	山东大学（硕士）	2011
07487	基于中介语语料库的汉语递进复句习得研究	张剑萍	东北师范大学（硕士）	2011
07488	介连兼类虚词的语法化顺序和习得顺序研究	程阿西子	复旦大学（硕士）	2011
07489	“连 A 带 B”格式研究	张海林	吉林大学（硕士）	2011
07490	留学生“能”和“会”的习得研究	张晓睿	河北师范大学（硕士）	2011
07491	留学生特指问反问句运用情况研究	王颖	华东师范大学（硕士）	2011
07492	留学生习得否定副词“不”“没有”的研究	李景梅	辽宁师范大学（硕士）	2011
07493	留学生疑问语气词习得调查与研究	黄安妮	福建师范大学（硕士）	2011
07494	论语法化在对外汉语教学中的应用	李倩	华中师范大学（硕士）	2011
07495	美英学生现代汉语典型语气词习得研究	邢锐	河北大学（硕士）	2011
07496	面向对外汉语的疑问代词“什么”研究	戴金花	华中师范大学（硕士）	2011

07497	面向对外汉语教学的"'V + O' + T"句式研究	马淋淋	沈阳师范大学（硕士）	2011
07498	面向对外汉语教学的"V_1 + $V_{2趋}$ + 来 / 去"和"O"共现句式研究	徐健鑫	沈阳师范大学（硕士）	2011
07499	面向对外汉语教学的介词"在"与"从"的对比研究	李彩凤	暨南大学（硕士）	2011
07500	面向对外汉语教学的频率副词研究	苏文文	沈阳师范大学（硕士）	2011
07501	面向对外汉语教学的强调句式研究	李佳慧	沈阳师范大学（硕士）	2011
07502	面向对外汉语教学的条件复句研究	黄金	沈阳师范大学（硕士）	2011
07503	面向对外汉语教学的现代汉语"使"字句研究	黄姝	南京林业大学（硕士）	2011
07504	能否式"V 得 / 不 C"的多视角研究	孙岚	浙江师范大学（硕士）	2011
07505	趋向动词"来""去"的分析研究	杨爱凤	山东师范大学（硕士）	2011
07506	"去 + VP"和"VP + 去"的本体及对外汉语教学策略研究	高娟	湖北大学（硕士）	2011
07507	日本学生趋向补语"起来"的习得研究及教学建议	杨丽华	复旦大学（硕士）	2011
07508	双音节动词和形容词的重叠形式研究	李丹	吉林大学（硕士）	2011
07509	泰国留学生汉语存现句习得过程和言语加工策略研究	龙俊宇	西南大学（硕士）	2011
07510	外国留学生汉语线状量词习得研究	李巧珍	南京师范大学（硕士）	2011
07511	外国人学汉语话语主体观点表达形式的考察分析	刘静	复旦大学（硕士）	2011
07512	外国学生动词重叠式习得研究	吴慧平	南京师范大学（硕士）	2011
07513	外国学生汉语语气助词"吧"的习得情况的调查研究	王曦萌	复旦大学（硕士）	2011
07514	《围城》中的"呢"字句研究	杜云帆	华中师范大学（硕士）	2011
07515	文化因素对对外汉语语法教学的影响	郭丹	黑龙江大学（硕士）	2011
07516	"无 X 无 Y"格式的句法、语义及语用研究	张容书	曲阜师范大学（硕士）	2011
07517	现代汉语"A 里 AB"格式的研究	伍艳	南京师范大学（硕士）	2011
07518	现代汉语"来"的分布及用法研究	毛雪蓉	西南大学（硕士）	2011

07519	现代汉语“使”、“令”、“让”字句比较研究	陈长虹	苏州大学（硕士）	2011
07520	现代汉语“同意、不同意”表达方式研究	张艳	安徽大学（硕士）	2011
07521	现代汉语“一＋量＋形”结构的认知性研究	宗铁丽	复旦大学（硕士）	2011
07522	现代汉语“越来越A”格式的多角度考察	梁炳磊	郑州大学（硕士）	2011
07523	现代汉语表伴随义的格式辨析	郭倩	湖南师范大学（硕士）	2011
07524	现代汉语抽象名词和量词的搭配研究	孙燚兵	大连理工大学（硕士）	2011
07525	现代汉语带“得”字的程度补语和状态补语的纠葛研究	杨文娟	西北师范大学（硕士）	2011
07526	现代汉语短时时间副词用法考察	王灵霞	上海师范大学（硕士）	2011
07527	现代汉语复合趋向补语与宾语的语序问题	覃有志	南京师范大学（硕士）	2011
07528	现代汉语是非问句功能偏移研究	王雪	黑龙江大学（硕士）	2011
07529	现代汉语语序的认知研究与对外汉语教学	李薇	黑龙江大学（硕士）	2011
07530	现代汉语中“信任”“怀疑”的表达方式研究	张秀芳	安徽大学（硕士）	2011
07531	现代汉语中表遭受语义的句模研究	曾丽	四川师范大学（硕士）	2011
07532	新时期新语法现象探究	包晗	辽宁师范大学（硕士）	2011
07533	虚词“就是”的多角度分析	陆晔	苏州大学（硕士）	2011
07534	疑问标记、焦点与对外汉语疑问句教学	刘延华	吉林大学（硕士）	2011
07535	印尼学生汉语动结式理解与输出情况研究	李连芳	暨南大学（硕士）	2011
07536	英语为母语的留学生汉语特殊句式教学初探	王卓	东北师范大学（硕士）	2011
07537	由语法偏误分析引发的逆向中介语模型的构建	郝康	西安外国语大学（硕士）	2011
07538	语气副词“其实”的多角度研究	孟祥尧	吉林大学（硕士）	2011
07539	越南留学生汉语有标转折复句习得研究	孔凡花	华中师范大学（硕士）	2011

07540	越南学生汉语状语的习得情况考察	陈氏碧苍	复旦大学（硕士）	2011
07541	“在+处所词语”习得研究与教学对策	曹静	上海外国语大学（硕士）	2011
07542	“在NP”和“到NP”的比较	孙晓晶	辽宁师范大学（硕士）	2011
07543	“在NPL”句法位置的制约因素研究	张娟	辽宁大学（硕士）	2011
07544	“怎么”的非疑问用法研究	杨伶俐	华中科技大学（硕士）	2011
07545	针对韩国汉语学习者的“被”字句教学研究	朴恩枝	山东大学（硕士）	2011
07546	指示代词“本”和“该”对比及教学考察	王晓荟	南京师范大学（硕士）	2011
07547	中动构式“NP+V起来+AP”的认知研究	赵雯	西华大学（硕士）	2011
07548	中高级韩国学生“得”字状态补语习得研究	李高恩	山东大学（硕士）	2011
07549	中高级阶段对外汉语教学语法点偏误研究	纪东清	黑龙江大学（硕士）	2011
07550	中高级留学生汉语反问句习得研究	尹楠	东北师范大学（硕士）	2011
07551	中高级水平韩国留学生汉语连词使用情况研究	郭丽娟	南京师范大学（硕士）	2011
07552	中级阶段对外汉语语法教学模式探索	王翠清	黑龙江大学（硕士）	2011
07553	中级日本留学生汉语条件复句习得研究	段婷	华中师范大学（硕士）	2011
07554	中级水平韩国学生汉语能愿动词习得顺序考察	王路	吉林大学（硕士）	2011
07555	中级水平留学生汉语趋向补语认知情况考察分析	王甜	西安外国语大学（硕士）	2011
07556	中亚留学生汉语“比”字句的习得研究	李玲	新疆大学（硕士）	2011
07557	中亚留学生汉语复合趋向补语教学研究	方超	新疆大学（硕士）	2011
07558	中亚留学生汉语趋向补语习得顺序的考察	张博贤	新疆大学（硕士）	2011
07559	作定语的“好好儿”的考察与对外汉语教学	李小聪	华中师范大学（硕士）	2011

07560	“差一点 VP”句式研究	唐芝	华中科技大学（硕士）	2011
07561	常用 AA 重叠式副词的多角度研究	曾琼	上海外国语大学（硕士）	2011
07562	“我”族插入语施为特点的研究及其对对外汉语教学的启示	王宏伟	上海外国语大学（硕士）	2011
07563	现代汉语 N + V 结构歧义研究	刘洪宇	青海师范大学（硕士）	2011
07564	韩国留学生现代汉语复句习得及选择策略研究	余敏	华中师范大学（博士）	2012
07565	基于言语行为理论的“把”字句研究	赵志清	北京大学（博士）	2012
07566	“得”字句的最简方案研究	何熙	中南大学（硕士）	2012
07567	“非 X 不 Y”及其相关构式研究	程一飞	上海师范大学（硕士）	2012
07568	“VA 了”述补结构语义分析及对外汉语教学策略研究	宋庆慧	湖北大学（硕士）	2012
07569	表方位时反义词“里—外”的不平衡发展	单丽芳	湖南师范大学（硕士）	2012
07570	“别说”句式及其习得状况研究	杨飞	陕西师范大学（硕士）	2012
07571	并列式奇位嵌数短语“七 X 八 Y”考察	陈慧	上海师范大学（硕士）	2012
07572	“不”和“没（有）”的习得研究	叶舒	渤海大学（硕士）	2012
07573	程度副词的对外汉语教学研究	刘洁	西北师范大学（硕士）	2012
07574	初级阶段“把”字句的教学	田菲	西北大学（硕士）	2012
07575	初级阶段韩国学生语气词“吧”、“呢”教学设计	郭娜	辽宁大学（硕士）	2012
07576	初中级水平留学生习得“把”字句的发展过程研究	薛羽	南京大学（硕士）	2012
07577	初中级水平留学生习得汉语比较句语法项目的发展过程研究	冯瑶	南京大学（硕士）	2012
07578	“除非”类条件句及其对外汉语教学策略研究	忻樱	湖北大学（硕士）	2012
07579	“从此”的多角度分析	杨文	南昌大学（硕士）	2012
07580	从对外汉语视角看现代汉语量词教学	张淋润	四川师范大学（硕士）	2012
07581	“从来”持续性时间副词对外汉语教学研究	张吉晴	湖北大学（硕士）	2012

07582	从认知视角看对外汉语趋向补语教学	冯骏	浙江大学（硕士）	2012
07583	从与动词的搭配看“不”和“没”的区别	周彬	华中科技大学（硕士）	2012
07584	从韵律句法学角度看“三音节动宾短语＋数量短语”结构及其对对外汉语教学的启示	张钰崇	西安外国语大学（硕士）	2012
07585	动宾加宾形式及其对外汉语教学中应用研究	薛凯传	青岛大学（硕士）	2012
07586	对俄汉语祈使句教学设计	刘影	吉林大学（硕士）	2012
07587	对韩初级汉语教学中的能愿动词“能”“会”“可以”研究	慕海珑	吉林大学（硕士）	2012
07588	对韩汉语教学中的介词教学研究	张学瑶	黑龙江大学（硕士）	2012
07589	对句式“一边A一边B”中B的限定研究	李喜凤	陕西师范大学（硕士）	2012
07590	对蒙古国留学生汉语教学视野下的“让”字句研究	梁国栋	内蒙古师范大学（硕士）	2012
07591	对蒙古国留学生汉语教学视野下的存在句研究	孙福增	内蒙古师范大学（硕士）	2012
07592	对外汉语“比”字句的教学探析	薛雅琴	西北大学（硕士）	2012
07593	对外汉语并列连词教学初探	丁嘉懿	苏州大学（硕士）	2012
07594	对外汉语程度副词教学策略研究	车雪	吉林大学（硕士）	2012
07595	对外汉语初级语法教学的课堂教学游戏研究	石薇	陕西师范大学（硕士）	2012
07596	对外汉语初中级阶段课堂量词教学研究	王轶	河北师范大学（硕士）	2012
07597	对外汉语对象类介词教学初探	王微	苏州大学（硕士）	2012
07598	对外汉语简单趋向补语教学研究	王海玉	山东师范大学（硕士）	2012
07599	对外汉语教材中语法点“着”的设计	叶青	西北大学（硕士）	2012
07600	对外汉语教学中“把”字句偏误分析与对策	徐德芳	辽宁师范大学（硕士）	2012
07601	对外汉语教学中“比较”功能项目研究	曹娟	华中师范大学（硕士）	2012
07602	对外汉语教学中“了”字教学的研究和探讨	杨铄	吉林大学（硕士）	2012

07603	对外汉语教学中“连”字句习得及其教学策略	杨晓辉	吉林大学（硕士）	2012
07604	对外汉语教学中的“不 Va 不 Vb”研究	张晓东	吉林大学（硕士）	2012
07605	对外汉语教学中的复合趋向补语教学	郭子萱	吉林大学（硕士）	2012
07606	对外汉语教学中的量词研究	熊玲玲	兰州大学（硕士）	2012
07607	对外汉语教学中的名量词教学分析	许冰	西安外国语大学（硕士）	2012
07608	对外汉语教学中的名量词研究	林小琳	山东师范大学（硕士）	2012
07609	对外汉语教学中的歧义现象研究	刘琴琴	山东师范大学（硕士）	2012
07610	对外汉语教学中的主谓谓语句研究	王如	山东师范大学（硕士）	2012
07611	对外汉语教学中多义副词“就”的教学研究	韩丹	兰州大学（硕士）	2012
07612	对外汉语教学中关联词课堂实例教学难点及对策	岳翔	西北大学（硕士）	2012
07613	对外汉语教学中汉语量词教法研究	陈苗	西北大学（硕士）	2012
07614	对外汉语教学中兼语词“在”的研究	曹永欣	西安外国语大学（硕士）	2012
07615	对外汉语教学中时间副词的教学研究	王煜涵	黑龙江大学（硕士）	2012
07616	对外汉语教学中易混量词研究	李丹青	山东师范大学（硕士）	2012
07617	对外汉语教学中有关“把”字句否定形式的教学研究	李晓雯	上海师范大学（硕士）	2012
07618	对外汉语教学中语块习得的必要性及教材语块处理研究	龙海英	暨南大学（硕士）	2012
07619	对外汉语教学中语气词“呢”“吧”“吗”的研究	刘雅文	西北大学（硕士）	2012
07620	对外汉语结果补语教学研究	周聪	湖南师范大学（硕士）	2012
07621	对外汉语量词教学特点及方法探析	邵珺	兰州大学（硕士）	2012
07622	对外汉语流行语教学研究	程远萍	吉林大学（硕士）	2012
07623	对外汉语名宾语义格教学研究	马玲	新疆大学（硕士）	2012
07624	对外汉语视阈下程度副词与否定副词连用分析	李成	湖南师范大学（硕士）	2012
07625	对外汉语小班综合课趋向补语教学设计	赵鑫	云南大学（硕士）	2012

07626	对外汉语语法练习题型的考察与研究	李丹	东北师范大学（硕士）	2012
07627	对外汉语中“被”字句教学新论	刘江波	四川师范大学（硕士）	2012
07628	对外汉语中“主语省略”的教学研究	马丽君	吉林大学（硕士）	2012
07629	对外汉语中的趋向补语教学探究	康晓芳	曲阜师范大学（硕士）	2012
07630	对外汉语中语气助词的教学研究	李锐	西北大学（硕士）	2012
07631	俄罗斯留学生汉语转折复句的习得研究	暴雨	吉林大学（硕士）	2012
07632	“反诘”类语气副词与对外汉语教学	林雪梅	辽宁师范大学（硕士）	2012
07633	泛用量词“个”的对外汉语教学	朱卓然	广西师范大学（硕士）	2012
07634	“非A不B”格式与对外汉语教学	马宁	山东师范大学（硕士）	2012
07635	否定副词“不”、“没”的比较研究及对外汉语教学策略	武妍妍	吉林大学（硕士）	2012
07636	否定副词“没（有）”与“了（le）”的共现研究	李敏	吉林大学（硕士）	2012
07637	副词“光”和“净”的比较分析	张倩颖	上海师范大学（硕士）	2012
07638	概数词“成”“上”“近”“约”及其对外汉语教学研究	章徽	湖南师范大学（硕士）	2012
07639	“跟”字句及其相关问题研究	薛兰兰	辽宁大学（硕士）	2012
07640	关于存现句的教学设计	安玲玲	苏州大学（硕士）	2012
07641	关于趋向动词“来/去”的立足点问题	张贺	吉林大学（硕士）	2012
07642	关于责训句的对外汉语教学研究	吴柳	东北师范大学（硕士）	2012
07643	哈萨克斯坦留学生取舍式复句习得研究	陈林强	西北大学（硕士）	2012
07644	“还NP呢”句式研究	闫姝	辽宁大学（硕士）	2012
07645	“还X就Y”超前夸张格式研究	王勇	南京大学（硕士）	2012
07646	韩国本土“A不比BX”与“A没有BX”的习得研究	国佳	吉林大学（硕士）	2012
07647	韩国初中级汉语学习者的名量词习得难点及名量词搭配研究	Jung Yeonk-yeong（郑渊暻）	山东大学（硕士）	2012

07648	韩国留学生汉语趋向补语习得研究	李超	黑龙江大学（硕士）	2012
07649	韩国留学生习得汉语复合趋向补语的偏误分析	朴子姬	中南大学（硕士）	2012
07650	韩国学生习得汉语介词的顺序研究	周仁芝	湖南师范大学（硕士）	2012
07651	韩国语连接词尾“—면서”与汉语对应表达研究	崔福实	湖南师范大学（硕士）	2012
07652	汉语存现句任务型教学设计	彭莎莎	山东大学（硕士）	2012
07653	汉语对象介词研究及对韩教学对策	KIM MINK-YUNG（金民庆）	山东大学（硕士）	2012
07654	汉语否定式能性表达结构研究	许帅	青岛大学（硕士）	2012
07655	汉语复句关系分类及“三分法”系统在对外汉语教学中的应用研究	任丽慧	陕西师范大学（硕士）	2012
07656	汉语副词“就”与“才”及其对外汉语教学研究	曹妍	新疆大学（硕士）	2012
07657	《汉语教程》趋向补语的教学设计	张曦	河南大学（硕士）	2012
07658	汉语介词对母语为英语的学习者困难层级分析及教学对策	蒋淑慧	上海外国语大学（硕士）	2012
07659	汉语量词本体研究与对外汉语量词教学	王小静	兰州大学（硕士）	2012
07660	汉语语法的理据性及其对对外汉语教学的启示	胡向辉	复旦大学（硕士）	2012
07661	汉语语法化及其在对外汉语教学中的意义研究	廖程峰	兰州大学（硕士）	2012
07662	汉语语块及其语言习得策略的研究	才金慧	吉林大学（硕士）	2012
07663	汉语语气词研究与对外汉语教学	杨艳	西安外国语大学（硕士）	2012
07664	汉语致使义动结结构的构式研究	朱伟	中南大学（硕士）	2012
07665	汉语中含有两个否定词的四字格研究	李文华	中南民族大学（硕士）	2012
07666	汉语作为第二语言差比句习得研究	陶婷	上海师范大学（硕士）	2012
07667	基于“HSK 动态作文语料库”的韩国留学生“是”字句习得情况考察	魏洪艳	吉林大学（硕士）	2012
07668	基于“HSK 动态作文语料库”的韩国学生“被”字句习得研究	贾晓露	南京师范大学（硕士）	2012

07669	基于“构式—语块”理论的对外汉语“比”字句教学	杨露	吉林大学（硕士）	2012
07670	基于CP与DP平行性的“的”字结构再分析	黄腾翔	北京第二外国语学院（硕士）	2012
07671	基于大规模语料库的方式描摹性副词搭配研究	周璐	暨南大学（硕士）	2012
07672	基于第二语言教学与习得的汉语语块研究	袁瑞玲	山东大学（硕士）	2012
07673	基于对外汉语教学的“由”字句研究	王思	湖南师范大学（硕士）	2012
07674	基于对外汉语教学的程度副词研究	金铭霞	黑龙江大学（硕士）	2012
07675	基于对外汉语教学的介词“对”和“给”的对比研究	钟芳杰	湖南师范大学（硕士）	2012
07676	基于对外汉语教学的介词“在”和“于”研究	胡颖	湖南师范大学（硕士）	2012
07677	基于对外汉语教学的连词“和”研究	邓蓉	湖南师范大学（硕士）	2012
07678	基于对外汉语教学的连词系统研究	李莉	鲁东大学（硕士）	2012
07679	基于多媒体环境下的汉语比较句的视频教学效果研究	陆瑛	华东师范大学（硕士）	2012
07680	基于汉英对比的“V着”类存在句偏误分析及教学对策	张鸽	沈阳师范大学（硕士）	2012
07681	基于汉语中介语语料库的日、美留学生“有”字句习得对比研究	刘剑	浙江大学（硕士）	2012
07682	基于建构主义的对泰汉语名量词教学设计	杨渊源	广西大学（硕士）	2012
07683	基于中介语语料库的汉语介词习得研究	刘乐乐	辽宁师范大学（硕士）	2012
07684	结合功能法的“把”字句教学设计	俞红	福建师范大学（硕士）	2012
07685	介词“把”的构句机制及情景语义分析	张新新	辽宁师范大学（硕士）	2012
07686	介词标记“比”的构句机制及情景语义分析	刘晓玲	辽宁师范大学（硕士）	2012
07687	介词标记“给”的构句机制及情景语义分析	江利	辽宁师范大学（硕士）	2012
07688	介词标记“由”的构句机制及情景语义研究	侯盼盼	辽宁师范大学（硕士）	2012

07689	介词标记“连”的构句机制及情景语义研究	于淼	辽宁师范大学（硕士）	2012
07690	介词标记句式的羡余现象研究	熊文菊	辽宁师范大学（硕士）	2012
07691	近三十年来新生事物名词与量词搭配情况考察	张兰月	暨南大学（硕士）	2012
07692	可能补语的对外汉语教学研究	潘璇	湖南师范大学（硕士）	2012
07693	框架语块及其在对外汉语教学中的应用	湛欣	四川外语学院（硕士）	2012
07694	“了”字的对外汉语教学	毕崇毅	河南大学（硕士）	2012
07695	类固定结构“X 是 X”格式的探究	桂文怡	福建师范大学（硕士）	2012
07696	“连……都 / 也……”及其习得研究	李燕辉	北京大学（硕士）	2012
07697	量词重叠研究及对外汉语教学策略	武小敬	西北大学（硕士）	2012
07698	留学生“把”字句习得情况与回避情况的相关性研究	李慧卉	南京师范大学（硕士）	2012
07699	留学生动词重叠带宾语情况考察	应佳鑫	复旦大学（硕士）	2012
07700	留学生副词“就”和“才”的学习情况调查及教学建议	曹素丹	西北大学（硕士）	2012
07701	留学生汉语动词带宾语能力习得情况研究	朱婧晶	南京大学（硕士）	2012
07702	留学生习得动结式“V 见”、“V 到”的分析研究	张园	陕西师范大学（硕士）	2012
07703	留学生现代汉语语气词“吧”习得研究	阴佳宁	吉林大学（硕士）	2012
07704	留学生选择复句习得研究	郦琳琳	东北师范大学（硕士）	2012
07705	论对外汉语教学中的流水句教学	杜婷	西南大学（硕士）	2012
07706	面向对外汉语表强度的程度副词研究	雷雯	湖南师范大学（硕士）	2012
07707	面向对外汉语教学的“V+X+Q$_{动}$”结构研究	蔡颖	沈阳师范大学（硕士）	2012
07708	面向对外汉语教学的“使”字句研究	文婧	湖南师范大学（硕士）	2012
07709	面向对外汉语教学的程度副词定量研究	李杰	西北大学（硕士）	2012
07710	面向对外汉语教学的程度副词研究	李秦	兰州大学（硕士）	2012
07711	面向对外汉语教学的范围副词考察	张妍	广西大学（硕士）	2012

07712	面向对外汉语教学的复合趋向补语与宾语位置关系考察	孙艳玲	北京大学（硕士）	2012
07713	面向对外汉语教学的弱度副词研究	朱春林	湖南师范大学（硕士）	2012
07714	面向对外汉语教学的时间词研究	刘晓楠	辽宁师范大学（硕士）	2012
07715	面向对外汉语教学的条件关系连词研究	王玉华	辽宁师范大学（硕士）	2012
07716	面向对外汉语教学的现代汉语形式动词研究	周媛媛	沈阳师范大学（硕士）	2012
07717	面向对外汉语教学的一组语气副词的对比探究	王芳	湖南师范大学（硕士）	2012
07718	面向对外汉语教学的疑问代词“怎么”的研究	周岩	华中师范大学（硕士）	2012
07719	面向对外汉语教学的语气副词研究	董丽玲	兰州大学（硕士）	2012
07720	面向留学生的“知道”类动词教学研究	周慧莲	华中师范大学（硕士）	2012
07721	模因论视角下的对外汉语句式教学研究	郑红	上海外国语大学（硕士）	2012
07722	母语为英语的留学生汉语存现句教学的认知探索	杨箐	渤海大学（硕士）	2012
07723	“能、能够、会、可以”的对外汉语教学研究	钮丽莺	吉林大学（硕士）	2012
07724	趋向补语的对外汉语教学与游戏设计	陈真	广西师范大学（硕士）	2012
07725	趋向补语及其对外汉语教学策略初探	赵莉	兰州大学（硕士）	2012
07726	趋向补语引申意义的显性教学设计研究	郑煜诗	山东师范大学（硕士）	2012
07727	趋向动词“上”和“起”及相关动趋式的比较研究	高怡	上海交通大学（硕士）	2012
07728	任务型教学法在对外汉语语法教学中的应用	常心平	郑州大学（硕士）	2012
07729	任务型语言教学理论在对外汉语语法教学中的应用研究	罗永华	暨南大学（硕士）	2012
07730	日本留学生 HSK（高等）作文中“的”的使用情况考察	魏娟	中山大学（硕士）	2012
07731	日本留学生汉语趋向动词习得研究	陈明明	华中师范大学（硕士）	2012
07732	日韩学生“得”字补语句的习得对比	刘倩	复旦大学（硕士）	2012

07733	“尚且……何况……”句式与对外汉语教学	李瑞贤	山东师范大学（硕士）	2012
07734	“谁是NP”中“谁”的语义研究	赵志敏	湘潭大学（硕士）	2012
07735	“什么X不X”结构研究	王庆	上海外国语大学（硕士）	2012
07736	十二类常用肯定句的习得顺序考察	陈静	安徽大学（硕士）	2012
07737	时间介词及其框架研究与对外汉语教学	白慧洁	广州大学（硕士）	2012
07738	实用汉语语块界定、筛选和教学研究	鲁波	广州大学（硕士）	2012
07739	述宾式动词带宾语现象的对外汉语教学研究	朱天娇	渤海大学（硕士）	2012
07740	述补结构的语义指向考察及教学策略研究	罗作勤	云南大学（硕士）	2012
07741	述程结构“V/A＋得＋程度补语”研究	武钦青	上海师范大学（硕士）	2012
07742	泰国初级汉语语法教学研究	周哲明	上海师范大学（硕士）	2012
07743	泰国学生汉语副词“在”、“正在”与“正”习得研究	王腊	湖南师范大学（硕士）	2012
07744	泰国学生汉语语气词教学与研究	李俊香	广西师范大学（硕士）	2012
07745	泰国学生转折复句习得研究	蒋洁	曲阜师范大学（硕士）	2012
07746	土库曼预科生汉语存现句习得研究	董玲	华中师范大学（硕士）	2012
07747	外国留学生复合趋向补语引申义习得情况考察与分析	贺一凡	复旦大学（硕士）	2012
07748	外国学生初级汉语常用交际图式结构研究	李玉	中央民族大学（硕士）	2012
07749	现代汉语“把”字句的第二语言习得研究	周雨	四川师范大学（硕士）	2012
07750	现代汉语“了”和“把”字句的第二语言习得研究	周建宇	四川师范大学（硕士）	2012
07751	现代汉语“-死”构式研究	张艳	南京林业大学（硕士）	2012
07752	现代汉语宾语语义类型分析及习得研究	蒋吉灵	中南民族大学（硕士）	2012
07753	现代汉语单纯动趋式及其对外汉语教学研究	周成	湖北大学（硕士）	2012
07754	现代汉语副词“倒”的焦点敏感特性及组句模式研究	王正蓉	华中科技大学（硕士）	2012

07755	现代汉语副词“再”的义项与习得研究	宋璟瑶	北京大学（硕士）	2012
07756	现代汉语功能句型及其语料库建设	王美馨	上海交通大学（硕士）	2012
07757	现代汉语话语标记“X了”的研究	孙晨阳	南京师范大学（硕士）	2012
07758	现代汉语句尾助词“了”的功能及其英译	康卫华	广西师范大学（硕士）	2012
07759	现代汉语量词与对外汉语教学	潘雪柯	陕西师范大学（硕士）	2012
07760	现代汉语强调表达研究	刘鹏	黑龙江大学（硕士）	2012
07761	现代汉语述程式的不对称研究	肖彪	吉林大学（硕士）	2012
07762	现代汉语形容词重叠形式AABB变调规律调查	徐京魁	湖南师范大学（硕士）	2012
07763	现代汉语中的“在LV”与“V在L”结构及对外汉语教学策略研究	田玉琼	湖北大学（硕士）	2012
07764	现代汉语助词项目的对外汉语教学研究	李荫	鲁东大学（硕士）	2012
07765	“羡余”现象在对外汉语教学中的影响	王超	黑龙江大学（硕士）	2012
07766	《新汉语水平考试大纲》中并列连词研究	承倩	安徽大学（硕士）	2012
07767	疑问代词“怎么”与“为什么”对比研究	张肖如	西南大学（硕士）	2012
07768	以介词“在”为标记句式的构句机制与情景语义研究	文丽	辽宁师范大学（硕士）	2012
07769	印尼、泰国、韩国留学生动态助词“着”习得研究	吕圆	湖南师范大学（硕士）	2012
07770	应用多媒体技术进行对外汉语常用量词教学	段懿芝	西北大学（硕士）	2012
07771	游戏在汉语语法教学中的运用	Ryu Miseon（柳美善）	山东大学（硕士）	2012
07772	有关对外汉语插入语教学的考察	贺业轩	复旦大学（硕士）	2012
07773	语块理论及其在对外汉语教学中的应用	刘焕利	黑龙江大学（硕士）	2012
07774	语气词“了”的情态与体研究	罗娟	湖南大学（硕士）	2012

07775	语气词“呢”、“吧”、“吗”、“啊”的语义分析及其对外汉语教学	曾岑	江西师范大学（硕士）	2012
07776	语气副词“毕竟、到底、究竟、终究”的对外汉语教学研究	李莉	新疆大学（硕士）	2012
07777	语气副词“可”的对外汉语教学研究	李海霞	吉林大学（硕士）	2012
07778	“越X越Y”句式与对外汉语教学	史学文	山东师范大学（硕士）	2012
07779	越南学生汉语中介语（句子成分）初探	臧传勇	广西民族大学（硕士）	2012
07780	越南学生介词“给”的习得研究	黎氏青和（LE THI THANH HOA）	吉林大学（硕士）	2012
07781	怎么教“了”？——针对将汉语作为外语的日本学生	带谷朋子	苏州大学（硕士）	2012
07782	针对韩国人的汉语“过去时”的教学对策	崔珉琼	东北师范大学（硕士）	2012
07783	中高级阶段留学生复合趋向补语“起来”的习得研究	陆芳	江西师范大学（硕士）	2012
07784	中亚留学生并列复句的教学研究	安娜·安瓦尔	新疆大学（硕士）	2012
07785	中亚留学生汉语“有”字句习得研究	张燕平	新疆大学（硕士）	2012
07786	重动句及其对外汉语教学研究	贺忠华	辽宁大学（硕士）	2012
07787	主观量视角下的副词歧义研究	张璐	辽宁师范大学（硕士）	2012
07788	从“一边……一边”分句语序原则看对外汉语教学的语用优先法则	余瑾、卢晓	广西师范学院学报（哲学社会科学版）	2013（1）
07789	对外汉语教学语法课的探索与实践	郑军	语文天地（高教·理论）	2013（1）
07790	对外汉语教学中“不一会儿VP”格式的探究与讲练	张秋红、毛瑞	长春工业大学学报（高教研究版）	2013（1）
07791	评注性副词“并”、“倒”、“也”的对比考察	丁石林	红河学院学报	2013（1）
07792	谈量词“条”的对外汉语教学	杨晓辉	桂林航天工业学院学报	2013（1）
07793	现代汉语判断句的表达功能及教学建议	何庄、王振来	辽宁医学院学报（社会科学版）	2013（1）
07794	“被”字句和意义被动句的教学构想	吕文华	语言教学与研究	2013（2）

07795	对外汉语教学中副词“都”的用法	毛向樱	淮北师范大学学报（哲学社会科学版）	2013（2）
07796	否定副词“不”和“没（有）”的对比分析	赵丹	济源职业技术学院学报	2013（2）
07797	复合趋向补语引申用法教学顺序探究	李恒敏、谭慧	长江大学学报（社科版）	2013（2）
07798	老挝留学生汉语单项定语习得考察	陈海燕、薄巍	云南师范大学学报（对外汉语教学与研究版）	2013（2）
07799	浅谈外国留学生口中的泛义动词“做”和“干”	梁茜	语文建设	2013（2）
07800	语法的三个平面理论在HSK教学中的体现	付文萍	语文建设	2013（2）
07801	动态助词“了1”和语气词“了2”的习得比较初探	王青云	安徽职业技术学院学报	2013（3）
07802	对外汉语语序教学的有效方法	王娇娇	西昌学院学报（社会科学版）	2013（3）
07803	汉语名量词的隐喻分类与对外汉语名量词教学	金枚	赤峰学院学报（汉文哲学社会科学版）	2013（3）
07804	浅析副词“再”和“又”在对外汉语初级阶段中的教学	钟桂兰	潍坊学院学报	2013（3）
07805	语义特征分析概述及其在对外汉语教学中的作用	孙丹	商	2013（3）
07806	“不＋V-C”与“V＋不＋C”的语义背景分析——兼论其在对外汉语教学中的应用	谭飞	临沂大学学报	2013（4）
07807	对外汉语句式习得策略——以“是”/“有”存在句的习得为例	曾常红、江瑜	湖南科技学院学报	2013（4）
07808	象似性动因与对外汉语语法教学	高娟	现代语文（语言研究版）	2013（4）
07809	由量词“匹”引发的对外汉语量词教学思考	董琼瑜	辽宁经济管理干部学院（辽宁经济职业技术学院学报）	2013（4）
07810	“不很A”在对外汉语教学中的应用	王采秋、魏晓辉	文学教育（下）	2013（5）
07811	对外汉语语法教学与语用交际能力培养	张咏群	宁夏大学学报（人文社会科学版）	2013（5）
07812	对外汉语量词教学方法	高元穗	黑龙江生态工程职业学院学报	2013（6）

07813	概念隐喻及意象图式与汉语语法教学——以英语母语者的汉语第二语言教学为例	赵梦丹	剑南文学（经典教苑）	2013（6）
07814	“了[1]”在行为承接复句中的隐现及对外汉语教学	郭力铭、孙迪	现代语文（语言研究版）	2013（6）
07815	留学生“为”和“为了”的用法考察	孙迪、郭力铭、郤冬梅	现代语文（语言研究版）	2013（6）
07816	语义指向分析在对外汉语教学中的操作方式	李侠	理论界	2013（6）
07817	汉语句法象似性与对外汉语语法教学	田永芳	赤峰学院学报（汉文哲学社会科学版）	2013（7）
07818	“A 跟 B 不一样 X”句式的性质及其教学	苑逸豪	黑龙江科技信息	2013（8）
07819	对外汉语教学中歧义与消歧探析	许杨	学理论	2013（8）
07820	改进对外汉语语法教学	杨哲华	现代语文（学术综合版）	2013（8）
07821	基于对外汉语教学的“很”字用法分析	李珂	剑南文学（经典教苑）	2013（8）
07822	基于中介语语料库的无条件让步复句连词研究	周桐	现代语文（学术综合版）	2013（8）
07823	“算”一词小补	宫领强	电影评介	2013（8）
07824	外国人汉语句式习得研究的方法论思考——以形容词谓语句的习得研究为例	许诺	科教文汇（中旬刊）	2013（8）
07825	动态系统理论视角下汉语作为外语的磨蚀研究	姚永晶、丁宁、郭鑫	产业与科技论坛	2013（10）
07826	对外汉语教学中“无时无刻”肯定否定之辨	徐军妮	剑南文学（经典教苑）	2013（10）
07827	对外汉语语法教学浅析	卢兴艳	现代语文（学术综合版）	2013（10）
07828	句法象似性理论与对外汉语教学	李广玉	现代语文（语言研究版）	2013（10）
07829	浅谈对外汉语语法教学中的偏误分析	李红营、王珏平	中国—东盟博览	2013（10）

07830	动量词“遍”的认知基础及用法——对外汉语动量词个案研究	王艳芳、奚英芳、江进	语文建设	2013（11）
07831	对外汉语教学中结构和功能的关系	李丹青	内蒙古师范大学学报（教育科学版）	2013（11）
07832	基于语义地图模型的对外汉语教学研究——以汉英人体名量词为例	魏海平	西南农业大学学报（社会科学版）	2013（11）
07833	从对外汉语角度谈谈对“都”的认识	康燕	重庆科技学院学报（社会科学版）	2013（12）
07834	对外汉语教学中的反问句教学	罗庆	学习月刊	2013（14）
07835	从对外汉语教学角度谈语言和言语的二元对立	战怡如	中国科技投资	2013（20）
07836	论语气词“了”的语用功能	王巍	东南亚地区汉语国际教育趋势与前沿问题研究 / 邱鸣、谷天刚主编 / 中国社会科学出版社	2013
07837	浅谈对外汉语语法教学的层次性——以“NPL + V + 着 + NP”教学为例	刘玮	东南亚地区汉语国际教育趋势与前沿问题研究 / 邱鸣、谷天刚主编 / 中国社会科学出版社	2013
07838	对外汉语初级阶段语块构建研究	王文龙	北京大学（博士）	2013
07839	“A 的 A，B 的 B”格式考察	高珊	吉林大学（硕士）	2013
07840	HSK 同义副词辨析	李雅楠	山西大学（硕士）	2013
07841	“V + 个 + X”结构的主观性研究与对外汉语教学	王文玉	山东师范大学（硕士）	2013
07842	报刊句式框架结构的对外汉语教学研究	刘阳	渤海大学（硕士）	2013
07843	表程度义的“有 + X”句式研究	刘微	华中师范大学（硕士）	2013
07844	初级汉语教材动宾式离合词及相关语法点研究	于洋洋	南京大学（硕士）	2013
07845	初级阶段留学生对象类介词教学设计	张川钰	辽宁大学（硕士）	2013
07846	词块教学法在对外汉语教学中的应用	李梦梅	辽宁大学（硕士）	2013
07847	从构式语法角度看对外汉语初级阶段“把”字句的教学	徐佳	吉林大学（硕士）	2013

07848	单、双音节方位词对比及教学策略	程超	吉林大学（硕士）	2013
07849	“得”字补语类型的习得难度研究	冯丽莉	上海师范大学（硕士）	2013
07850	动补式复合词的对外汉语教学研究	周晓宇	渤海大学（硕士）	2013
07851	对外汉语副词“才”、“就”教学初探	钱康敏	苏州大学（硕士）	2013
07852	对外汉语教学视野中量词搭配个案研究	黄菁菁	杭州师范大学（硕士）	2013
07853	对外汉语教学下的连谓句研究	程文文	山东师范大学（硕士）	2013
07854	对外汉语教学中“是”字存在句及教学设计	赖珊	苏州大学（硕士）	2013
07855	对外汉语教学中“有”字句教学初探	严娟	苏州大学（硕士）	2013
07856	对外汉语教学中常用动宾式惯用语研究	冯亚利	吉林大学（硕士）	2013
07857	对外汉语教学中的“比”字句研究	王丽元	山东师范大学（硕士）	2013
07858	对外汉语教学中的“给”字句研究	王美艳	山东师范大学（硕士）	2013
07859	对外汉语教学中的量词教学探究	孙彬	内蒙古师范大学（硕士）	2013
07860	对外汉语教学中的示形量词教学方法研究	杨波	内蒙古师范大学（硕士）	2013
07861	对外汉语教学中两种否定比较句研究	董慧	吉林大学（硕士）	2013
07862	对外汉语量词的教学方法探讨	杨帆	河南师范大学（硕士）	2013
07863	对外汉语虚词教学策略探析	陈洁	华中师范大学（硕士）	2013
07864	对外汉语中助词“了”的教学研究	寇咪	兰州大学（硕士）	2013
07865	高级水平日本留学生汉语语气词“吧”使用情况分析及教学建议	叶绿	华东师范大学（硕士）	2013
07866	关联词语“如果”、“一旦”、“万一”的用法考察分析	丁丽	上海师范大学（硕士）	2013
07867	韩国留学生汉语动量词习得情况考察分析	冯丽	吉林大学（硕士）	2013
07868	韩国全罗南道务安地区汉语初级水平的中小学生数量词教学研究	白鸽	吉林大学（硕士）	2013
07869	汉语比较句习得研究	李筱筱	兰州大学（硕士）	2013
07870	汉语方位词“里”、“外”的语义认知与教学对策	牟道玉	山东大学（硕士）	2013

07871	汉语句法象似性研究与对外汉语语法教学	宋亮	兰州大学（硕士）	2013
07872	汉语重动句教学研究	刘佳	吉林大学（硕士）	2013
07873	基于大规模语料库的 HSK 名量词搭配研究	凌远娟	暨南大学（硕士）	2013
07874	基于对外汉语教学的“V 一下”研究	孙越	山东大学（硕士）	2013
07875	基于可及性理论的英语母语者的汉语隐现句习得研究	沈洁	南京大学（硕士）	2013
07876	基于认知语言学的“给”类介词对外汉语教学语法研究	孙庆芳	山东师范大学（硕士）	2013
07877	“既然”复句的语义、语用研究	刘畅	吉林大学（硕士）	2013
07878	介词“对”和“向”的意义及用法考察	逄洁冰	吉林大学（硕士）	2013
07879	“界变”论下的句末“了”及其教学	蔡瑞岚	吉林大学（硕士）	2013
07880	量词理据在对韩汉语教学中作用的调查	潘亚男	吉林大学（硕士）	2013
07881	留学生汉语比较句教学研究	曹金玲	兰州大学（硕士）	2013
07882	留学生汉语称谓语学习使用状况调查与教学建议	麻皓博	吉林大学（硕士）	2013
07883	论对外汉语教学中的使令类兼语句	周梦瑶	山东师范大学（硕士）	2013
07884	论中级阶段的动量词教学	陈淑洁	上海外国语大学（硕士）	2013
07885	蒙古国汉语量词教学研究	郑先华	内蒙古师范大学（硕士）	2013
07886	蒙古留学生汉语量词习得偏误研究	包建华	吉林大学（硕士）	2013
07887	蒙古学生汉语让步复句习得研究	曙勒	山东师范大学（硕士）	2013
07888	面向对外汉语教学的“X 比 YW”句式研究	李捷	沈阳师范大学（硕士）	2013
07889	面向对外汉语教学的“越 X 越 Y”格式的研究	刘淑一	沈阳师范大学（硕士）	2013
07890	面向对外汉语教学的几组时间副词研究	刘凯	山西大学（硕士）	2013
07891	面向汉语作为第二语言教学的单音节动词重叠式制约因素研究	姜静	沈阳师范大学（硕士）	2013

07892	母语负迁移影响下日本学生常见的数量词语法错误分析	李明月	兰州大学（硕士）	2013
07893	母语为韩语的学习者汉语易混淆虚词使用情况考察	胡勃	吉林大学（硕士）	2013
07894	母语为英语的留学生频度副词习得顺序研究	沈宇真	南京大学（硕士）	2013
07895	内蒙古对外汉语教学中“很＋N”结构教学略探	李赞	内蒙古师范大学（硕士）	2013
07896	“能／不能＋V（C）”与“V＋可能补语”的语义用法差异及相关教学研究	刘慧芳	中央民族大学（硕士）	2013
07897	趋向补语的对外汉语教学与研究	臧杰	渤海大学（硕士）	2013
07898	认知法在对外汉语句法教学中的运用	任斐菲	兰州大学（硕士）	2013
07899	认知语言学视角下汉语介词“在”研究	郑攀	沈阳师范大学（硕士）	2013
07900	日本留学生疑问句习得研究	江雯琴	西南大学（硕士）	2013
07901	时间副词“就”的多角度研究	高璐璐	沈阳师范大学（硕士）	2013
07902	“是……的”结构与对外汉语教学	沈敏	山东师范大学（硕士）	2013
07903	“数＋形＋名量”结构的语法研究及对外汉语教学	高颖华	山西大学（硕士）	2013
07904	泰国留学生汉语动量词习得研究	王燕晶	西南大学（硕士）	2013
07905	泰国学生对结构助词“的”、“地”、“得”的学习情况调查	马丽丽	吉林大学（硕士）	2013
07906	外国留学生汉语平比句的习得情况考察分析	王美丁	吉林大学（硕士）	2013
07907	乌克兰学生学习汉语趋向补语的问题	丽丽	上海师范大学（硕士）	2013
07908	现代汉语中含“连”的频率副词比较研究	吕金漪	吉林大学（硕士）	2013
07909	“一向”与“向来”的多维考察及教学策略研究	广丽媛	吉林大学（硕士）	2013
07910	以“怪不得”为代表的现代汉语悟因句研究及对外汉语教学策略	孙胜男	吉林大学（硕士）	2013
07911	印尼留学生中高级汉语转折类复句习得研究	黄嘉玲	上海师范大学（硕士）	2013
07912	英语国家留学生的动补式离合词教学研究	刘彩华	内蒙古师范大学（硕士）	2013

07913	英语母语学生汉语二项定语习得研究	王紫琬	南京大学（硕士）	2013
07914	英语母语学习者汉语名量词习得研究	刘铧	南京大学（硕士）	2013
07915	语气词“呢”的对外汉语教学研究	詹务本	渤海大学（硕士）	2013
07916	中韩初级汉语综合教材语法项目的对比研究——以《成功之路》和《美味汉语》为例	金炫政	上海外国语大学（硕士）	2013

语篇教学研究

07917	连接推理与世界知识——英汉语篇的词汇衔接实验研究	索玉柱	外国语（上海外国语大学学报）	1996（2）
07918	试论文化与语篇模式的相互作用性——英汉语篇对比研究	李汉之	武汉大学学报（哲学社会科学版）	1996（4）
07919	俄汉语篇衔接对比	史铁强	中国俄语教学	1997（1）
07920	英汉语篇逻辑联结词的实验研究	索玉柱	外语与翻译	1997（4）
07921	从话题持续性看句式在语篇中的性质差异	王静	汉语速成教学研究（第一辑）/ 北京语言文化大学汉语速成学院篇 / 北京大学出版社	1997
07922	关于叙述体的篇章教学——怎样教学生把句子连成段落	刘月华	世界汉语教学	1998（1）
07923	汉语留学生写作指导	蔡希勤	中国出版年鉴（1998）/ 中国出版年鉴社编辑 / 中国出版年鉴社	1998
07924	读者构系与华语文本阅读理解	吴英成、梁荣源	语言教学与研究	1999（3）
07925	从语篇表层谈中、美拒绝策略	马月兰	齐齐哈尔大学学报（哲学社会科学版）	1999（4）
07926	论副词“倒”的语篇功能——兼论对外汉语语篇教学	彭小川	北京大学学报（哲学社会科学版）	1999（5）
07927	从系统功能角度分析语篇教学	田然	汉语速成教学研究（第二辑）/ 北京语言文化大学汉语速成学院编 / 华语教学出版社	1999

07928	对外汉语语篇教学初探	罗青松	芝兰集（迎澳门回归语言与文化学术研讨会论文选）/《芝兰集》编委会编/人民教育出版社	1999
07929	从排序看汉语学习者的局部连贯障碍	杨翼	世界汉语教学	2000（1）
07930	韩国留学生汉语语篇指称现象考察	曹秀玲	世界汉语教学	2000（4）
07931	叙述中的紧张要素——中德语篇的跨文化比较分析	刘齐生	现代外语	2000（4）
07932	对外汉语语段教学的重点——衔接	涛亚	首都师范大学学报（社会科学版）	2000（S3）
07933	语篇结构规律与话题表达教学	龚常庚	语言文化教学研究集刊（第四辑）/北京语言文化大学汉语学院编/华语教学出版社	2000
07934	语篇对留学生句式选择使用的制约简析	田然	海外华文教育	2001（3）
07935	语篇的衔接机制在教学中的应用	耿妍	哈尔滨工程大学（硕士）	2001
07936	英汉第三人称代词语篇照应功能对比研究	赵宏、邵志洪	外语教学与研究	2002（3）
07937	语篇层面的“被”字句及其教学	洪波	云南师范大学学报（对外汉语教学与研究版）	2003（3）
07938	篇章语言学与语段、语篇口语教学	郭颖雯	语言教学与研究	2003（5）
07939	关于对外汉语语篇教学的新思考	彭小川	汉语学习	2004（2）
07940	对留学生在叙述语篇中时间表达方式的考察	郭颖雯	海外华文教育	2004（3）
07941	功能语篇分析在对外汉语教学中的运用	贺文丽	云南师范大学学报（对外汉语教学与研究版）	2004（4）
07942	论词语的组织方式与语篇难度及词语教学	田然	云南师范大学学报（对外汉语教学与研究版）	2004（4）
07943	从指称类型考察中高级阶段越南留学生的语篇连贯性问题	王瑶	广西师范大学（硕士）	2004
07944	述题为主谓结构的话题句的语篇功能考察——兼议在对外汉语教学中应引进话题句教学	罗燕玲	暨南大学（硕士）	2004
07945	语言水平、主题熟悉度和语篇类型对越南留学生听力理解的影响	孙文晶	西南交通大学（硕士）	2004

07946	主位—述位理论和留学生汉语语篇教学	孙新爱	暨南大学（硕士）	2004
07947	论诗歌翻译中英汉词义和语篇的结构差异	黄俊彦	云南师范大学学报（对外汉语教学与研究版）	2005（1）
07948	高年级留学生汉语阅读理解难易语句分析	马燕华	语言文字应用	2005（S1）
07949	关于语篇—词汇主导教学——从对日汉语教学中词汇的地位谈起	史有为	对外汉语研究（第一期）/上海师范大学《对外汉语研究》编委会编/商务印书馆	2005
07950	语篇关系和语篇模式——英文写作的语言文化对比研究	杨玉晨	东北师范大学（博士）	2005
07951	通过“词汇分析策略”提高语篇整体理解的教学尝试	刘雅文	首都师范大学（硕士）	2005
07952	留学生限定话题语篇中词汇衔接状况考察	田然	云南师范大学学报（对外汉语教学与研究版）	2006（1）
07953	“情景组合模式”与留学生语篇感塑造	孙雁雁	云南师范大学学报（对外汉语教学与研究版）	2006（4）
07954	韩国大学生同文体汉韩篇章阅读眼动研究	于鹏、焦毓梅	云南师范大学学报（对外汉语教学与研究版）	2006（5）
07955	韩国留学生自我介绍文的“中介语篇”分析	亓华	语言文字应用	2006（S2）
07956	语篇分析理论在听力教学中的应用	朱子辉	汉语研究与应用（第四辑）/中国人民大学对外语言文化学院编/中国社会科学出版社	2006
07957	换言连接成分研究	常娜	广西师范大学（硕士）	2006
07958	外国留学生习得汉语常用篇章衔接手段考察	高宁	北京语言大学（硕士）	2006
07959	语篇衔接教学对外语学习者阅读理解的影响	邵银花	贵州大学（硕士）	2006
07960	从语段修改探索语段运用的原则	柴俊星	修辞学习	2007（1）
07961	对外汉语中语篇衔接与连贯问题的探讨	李虹飞	天津职业院校联合学报	2007（6）
07962	从衔接理论探讨对外汉语教学的语篇教学——重点谈写作教学	张洁	四川大学（硕士）	2007

07963	中级阶段以英语为母语的留学生叙事文体篇章照应使用情况分析	杨丽赟	华东师范大学（硕士）	2007
07964	运用幻灯片进行高级语篇导读的教学实践	张连跃、杨上元、张海云	世界汉语教学	2008（4）
07965	HSK 高等作文中因果关系的表达——以越南应试者为例	范海莲	北京语言大学（硕士）	2008
07966	HSK 高等作文中转折关系的表达——以英语国家应试者为例	蒙泰赛尔	北京语言大学（硕士）	2008
07967	欧美学生叙述语篇中的“回指”习得过程研究	周晓芳	北京语言大学（硕士）	2008
07968	泰国初级汉语学习者叙述体语篇衔接之研究	林雪凤	厦门大学（硕士）	2008
07969	外国学生汉语记叙文语篇衔接研究	张晓丽	南京师范大学（硕士）	2008
07970	“万一”的语篇分析	张雪平	世界汉语教学	2009（1）
07971	从外语教学理论的角度解读“阅读学习法”	李晓莲	四川警察学院学报	2009（3）
07972	英语国家留学生汉语语篇衔接手段使用研究	孔艳	中央民族大学（博士）	2009
07973	留学生汉语语篇中衔接手段之连接使用研究	袁丽	华东师范大学（硕士）	2009
07974	美国中高级汉语第二语言学习者汉语篇章指称的习得研究	骆健飞	北京语言大学（硕士）	2009
07975	以英语为母语的高水平汉语学习者语篇衔接使用情况研究	张颖	浙江大学（硕士）	2010
07976	时间连接成分“然后、以后、后来”的篇章功能与习得情况考察	刘育雁	吉林大学（硕士）	2011
07977	对外汉语教学中级阶段的篇章训练研究	程楠	辽宁大学（硕士）	2012
07978	对外汉语语篇阅读的信息提取和预期推理	韩丹	郑州大学（硕士）	2012
07979	关于中高级阶段韩国留学生语篇衔接的研究	马艳荣	陕西师范大学（硕士）	2012
07980	基于语料的韩国学生汉语语篇衔接手段缺失研究	包丹凤	华东师范大学（硕士）	2012
07981	面向对外汉语教学的篇章连接成分“此外”“除此之外”研究	侯佳佳	河北大学（硕士）	2013

07982	主位—述位理论和中高级汉语学习者的语篇教学	王雨薇	云南大学（硕士）	2013

语用教学研究

07983	汉语语段教学初探	李守田	汉语学习	1980（4）
07984	可能补语用法的研究	刘月华	中国语文	1980（4）
07985	《文选》课要重视语言能力的培养	吴叔平	语言教学与研究	1981（3）
07986	话语分析与对外汉语教学	杨石泉	语言教学与研究	1984（3）
07987	语用分析说略	范开泰	中国语文	1985（6）
07988	语境和对外汉语教学	常敬宇	语言教学与研究	1986（2）
07989	谈对外汉语教学的言语教学	常敬宇	世界汉语教学	1987（1）
07990	语用学与对外汉语教学	孙秋秋	世界汉语教学	1987（4）
07991	从歧义看句法、语义、语用之间的关系	王维成	语言教学与研究	1988（1）
07992	汉英翻译中的语用对比研究	何自然、段开诚	现代外语	1988（3）
07993	不同华人社区词语差异浅论	张维耿	语言教学与研究	1988（4）
07994	对外汉语教学应重视语气情态表达——兼谈汉语语气情态的语用功能	常敬宇	世界汉语教学	1988（4）
07995	中、英、日礼貌用语比较刍议	方家树	福建外语	1990（Z1）
07996	汉语“手”与朝鲜语“合”（Son）的语用特征对比	金基石	双语双文化论丛 / 延边大学汉语系《双语双文化论丛》编委会编 / 延边大学出版社	1990
07997	把语境引入对外汉语教学	程朝晖	汉语学习	1991（1）
07998	“把字结构”的语义及其语用分析	张旺熹	语言教学与研究	1991（3）
07999	篇章与语用和句法研究	廖秋忠	语言教学与研究	1991（4）
08000	话语语用结构对比刍议	许余龙	外国语（上海外国语学院学报）	1991（6）
08001	论双音节动词的重叠性及其语用制约性	王希杰、华玉明	中国语文	1991（6）

08002	论汉语交际能力的培养	范开泰	世界汉语教学	1992（1）
08003	对外国人用汉语表达时出现的几个问题的探究	王魁京	语言教学与研究	1992（2）
08004	“汉语交际语法”的构想	卞觉非	汉语学习	1992（3）
08005	汉语“应对句”说略	吕明臣	汉语学习	1992（6）
08006	汉语语感说略	赵双之	天津师大学报（社会科学版）	1993（1）
08007	外国人学汉语的语用失误	吕文华、鲁健骥	汉语学习	1993（1）
08008	语用价值等级与教学效益	周思源	世界汉语教学	1993（1）
08009	语用推理的新发展	徐盛桓	思维与智慧	1993（1）
08010	关于中高级对外汉语教学的社会语言实践问题	刘士勤	汉语学习	1993（2）
08011	汉语“连”字句的语用分析	崔希亮	中国语文	1993（2）
08012	简论修辞学与语用学的关系	高万云	修辞学习	1993（2）
08013	语用频率效应刍议	邹韶华	语言教学与研究	1993（2）
08014	试论能愿动词的句法结构形式及其语用功能	郭志良	中国语文	1993（3）
08015	试论跨文化交际中的语用迁移与语用失误	张辉	山东外语教学	1993（4）
08016	“预设”在对外汉语教学中的运用	温洁	汉语学习	1993（4）
08017	“把 OV 在 L”的语义、句法、语用分析	金立鑫	中国语文	1993（5）
08018	华人社区学生语文应用能力调查	〔香港〕施仲谋	语言教学与研究	1994（1）
08019	跨文化词汇的语义语用问题	沈履伟	天津外国语学院学报	1994（1）
08020	论语段表达的系统训练	吴晓露	世界汉语教学	1994（1）
08021	称呼的类型及其语用特点	卫志强	世界汉语教学	1994（2）
08022	语用的最高原则——得体	李瑞华	外国语（上海外国语大学学报）	1994（3）
08023	对外汉语教学要求加强汉语语用研究	任瑚琏	西南民族学院学报（哲学社会科学版）	1994（4）
08024	汉语语法中的语用研究综述	熊文	语文建设	1994（4）

08025	谈留学生的汉语交际能力的培养	常敬宇	汉语学习	1994（4）
08026	汉语双宾语句的语用限制	宋玉柱	学汉语	1994（9）
08027	“不”否定的对象和“不”的位置——兼谈“不”、副词“没”的语用区别	史锡尧	汉语学习	1995（1）
08028	“不但…而且…”的语用分析	周换琴	语言教学与研究	1995（1）
08029	副词“只”和“only”的句法语义和语用比较	卢英顺	汉语学习	1995（1）
08030	略谈语言、文化差异与语用失误	蒋澄生、朱崇平、廖定中	黄淮学刊（社会科学版）	1995（1）
08031	言语行为与文化模式——中国人的交际方式三例	任甫、勇毅（执笔）、刘方、子亮	汉语学习	1995（1）
08032	语用疑问句	史金生	世界汉语教学	1995（2）
08033	语用分析在高级汉语教学中的运用	杨翼	世界汉语教学	1995（3）
08034	论语感的性质、特征及类型	李泉	中国人民大学学报	1995（4）
08035	“失”与“丢”的语义语用分析	张凤格	中国人民大学学报	1995（4）
08036	对外汉语教学中的语感培养	谭德姿	山东师大学报（社会科学版）	1995（6）
08037	日汉人称指示的对比分析——对比语用学的尝试	余维	修辞学习	1995（6）
08038	“礼貌”的文化特性研究	毕继万	世界汉语教学	1996（1）
08039	“请求”与“恭维”：汉英言语行为的实现与语用失误	陈光伟	广西师院学报	1996（1）
08040	语用学与对外汉语教学	邓恩明	世界汉语教学	1996（3）
08041	从口语到书面——中级汉语教学课题之一	〔英〕佟秉正	世界汉语教学	1996（4）
08042	从语用角度看跨文化交际中的禁忌问题	杨平	外语与外语教学	1996（4）
08043	空间位移中主观参照“来/去”的语用含义	齐沪扬	世界汉语教学	1996（4）

08044	言语交际中的歧解现象	张黎	语言教学与研究	1996（4）
08045	MISS 与“小姐”——社会语用学的实例剖析	李凡	江苏外语教学研究	1997（2）
08046	论副词“再”的“推延”义——兼论加强对汉语副词的语用研究	吴中伟	世界汉语教学	1997（3）
08047	言语交际中的礼貌原则与语用失误	朱金华	淮北煤师院学报（社会科学版）	1997（3）
08048	语境与对外汉语教学	娄秀荣	沈阳师范学院学报（社会科学版）	1997（3）
08049	语境与语用能力	刘绍忠	外国语（上海外国语大学学报）	1997（3）
08050	试析文化和语系对汉德语用的影响	洪玮	世界汉语教学	1997（4）
08051	论跨文化交际中语言的语用失误	彭增安	汉语学习	1997（5）
08052	浅谈汉英语用文化	刘宏	宁夏教育学院、银川师专学报（社会科学版）	1997（5）
08053	语用学与英汉局部会话结构之比较	唐艳萍	社科信息	1997（5）
08054	句子生成的语用制约	谭春健	汉语速成教学研究（第一辑）/ 北京语言文化大学汉语速成学院编 / 北京大学出版社	1997
08055	两个语用原则与英、法、汉反身代词长距离照应特性	李燕玉	现代外语	1998（1）
08056	汉英语言的文化差异的语用表现	王育英	黑龙江教育学院学报	1998（2）
08057	汉语的言语礼节特点	肖莉	修峰学习	1998（2）
08058	礼貌准则与语用失误——英汉语用失误现象比较研究	曹春春	外语学刊（黑龙江大学学报）	1998（2）
08059	论汉语中介语生成的语用机制	潘先军、马叔骏	汉字文化	1998（2）
08060	试论英汉礼貌用语的语用差异	辜同清	四川师范学院学报（哲学社会科学版）	1998（2）
08061	影响言语礼貌性的语用因素	耿有权	世界汉语教学	1998（2）
08062	英汉语词的抽象意义和语用意义	张宁	殷都学刊	1998（3）
08063	华语教学的语用学思考	刘正文	暨南学报（哲学社会科学）	1998（4）

08064	亲疏尊轻的理论框架与人称指示的语用对比分析——汉外对比语用学的尝试	余维	外国语（上海外国语大学学报）	1998（4）
08065	对外汉语教学中社交称呼语的教学	张莉	语言文化教学研究集刊（第二辑）/北京语言文化大学汉语学院编/华语教学出版社	1998
08066	留学生汉语语用情况调查	刘颂浩、田俊杰	语言文字应用	1999（1）
08067	关于语感与流通度的思考	张普	语言教学与研究	1999（2）
08068	英汉语用对比与翻译	戴瑞亮	石油大学学报（社会科学版）	1999（2）
08069	语用迁移与中德跨文化交际	刘越莲	外语教学	1999（2）
08070	地域差异对汉语言行为“借用”的影响	洪玮	世界汉语教学	1999（3）
08071	汉英称赞语应对中的语用原则与文化差异	蒋平	南昌大学学报（社会科学版）	1999（3）
08072	情境在对外汉语教学中的作用及其运用	李海鸥	语言文字应用	1999（3）
08073	副词“反正”的语义语用分析	李宏	语言教学与研究	1999（4）
08074	言语交际语用差异归因的理论探究——兼作英汉对比	李刚	徐州师范大学学报（哲学社会科学版）	1999（4）
08075	英汉语用预设与信息中心对比	杨石乔	外语学刊	1999（4）
08076	从礼貌语用看英、汉语言文化的价值差异	姚俊	嘉应大学学报	1999（5）
08077	汉语说话课要讲清语境	朱其智	中山大学学报论丛	1999（5）
08078	“合作准则”的违反与“会话含意”的产生——对外汉语教学中的“会话含意”分析	吕俞辉	北京师范大学学报（人文社会科学版）	1999（6）
08079	关于英汉对比语用学的几点思考	陈治安、文旭	外语与外语教学	1999（11）
08080	谈语用对比与翻译	朱秋娟	山东教育	1999（26）
08081	对外汉语教学中的得体性问题	陆庆和	得体修辞学研究/李名方主编/河海大学出版社	1999

08082	言语得体性与对外汉语教学	常敬宇	汉语速成教学研究（第二辑）/ 北京语言文化大学汉语速成学院编 / 华语教学出版社	1999
08083	夸张和低调的语用对比分析	徐强、苏晓军	山东外语教学	2000（1）
08084	英汉语用失误的对比分析及对策	郑志进	贵州师范大学学报（社会科学版）	2000（2）
08085	跨文化交际中的英汉语言对比与语用失误	林绿竹	黎明职业大学学报	2000（3）
08086	委婉表达法的语用功能与对外汉语教学	常敬宇	语言教学与研究	2000（3）
08087	英汉语用意义中表示“强调”的手段的对比	周秀娟	延边大学学报（社会科学版）	2000（3）
08088	语义的先决性・句法的强制性・语用的选定性——基于三个平面理论的汉语信息语法的构思	鲁川	汉语学习	2000（3）
08089	话语标记语的语用学研究综述	冉永平	外语研究	2000（4）
08090	论语用学与修辞学中的语境因素	张燕春、祝克懿	汉语学习	2000（4）
08091	英汉词汇中的色彩与语用差异	陈鲁宁	济宁师专学报	2000（4）
08092	“由”字句的句法、语义、语用分析	李卫中	汉语学习	2000（4）
08093	“请”字用法汉英对比与语用负迁移	刘绍忠	外国语（上海外国语大学学报）	2000（5）
08094	文化差异影响称赞语的应答模式	岑静	韶关大学学报（社会科学版）	2000（5）
08095	语境在汉语作为外语学习中的认知作用	徐子亮	南京大学学报（哲学・人文科学・社会科学版）	2000（5）
08096	称呼语在中西文化交际中的语用差异	陈俊、彭仁忠	培训与研究（湖北教育学院学报）	2000（6）
08097	语境理论在对外汉语教学中的作用	王未	江苏社会科学	2000（6）
08098	试谈“才、就、V到”的语用条件及教学	卫斓、朱俐	首都师范大学学报（社会科学版）	2000（S3）
08099	“把”字句的语用、语法限制及语义解释	刘一之	语法研究和探索（十）/ 中国语文杂志社编 / 商务印书馆	2000

08100	汉韩语用于转折复句的语法手段的比较	杨澈淑	双语学研究（《民族教育研究》2000 年增刊）	2000
08101	体态语与对外汉语教学	孙雁雁	华中师范大学（硕士）	2000
08102	外国人学汉语的语用失误探析	毛嘉宾	华中师范大学（硕士）	2000
08103	“把”字句的语用功能调查	李宁、王小珊	汉语学习	2001（1）
08104	欧美留学生实施“建议”言语行为模式分析	丁安琪	语言教学与研究	2001（1）
08105	日汉亲属称谓的语用情境对比研究	方经民	语言教学与研究	2001（2）
08106	语气副词“都”的语义、语用分析	王红	暨南大学华文学院学报	2001（2）
08107	绰号的社会语用分析	侯广旭	语言教学与研究	2001（3）
08108	汉语告示语的语用研究	陈新仁	暨南大学华文学院学报	2001（4）
08109	认知模块的选择与淘汰——“荒谬”句法的语用解释	钱冠连	暨南大学华文学院学报	2001（4）
08110	语境分析与语言教学取向	黄仁峰	北方论丛	2001（5）
08111	语际语用学与对外汉语教学	祖晓梅	汉语言文化研究（第八辑）/谢文庆、孙晖主编 / 天津人民出版社	2001
08112	口语交际的语用研究	宋元祁	西南师范大学（硕士）	2001
08113	论对外汉教学中汉语交际能力的培养	朱光胜	北京语言文化大学（硕士）	2001
08114	从言语奢化现象看语言环境公平问题	黄知常	语言教学与研究	2002（1）
08115	对外汉语教学初级阶段语感培养的原则	赵春利、杨才英	语言教学与研究	2002（1）
08116	对外汉语语感教学探析	王玲娟	重庆交通学院学报（社会科学版）	2002（1）
08117	“非 X 不可”句式的语义类型及其语用教学	杨玉玲	汉语学习	2002（1）
08118	隐性否定的语用分析	李宝贵	辽宁师范大学学报（社会科学版）	2002（1）
08119	语用含糊的元语用分析	吴亚欣	暨南大学华文学院学报	2002（1）
08120	对外汉语教学的语用观	吕俞辉	上海大学学报（社会科学版）	2002（2）

08121	“了”与“的”的语用差异及其教学策略	卢福波	暨南大学华文学院学报	2002（2）
08122	领主属宾语分裂移位句的语义、句法及语用分析	逯艳若	暨南大学华文学院学报	2002（2）
08123	言语策略与语言教学——中高级汉语教学向语用扩展	张黎	语言文字应用	2002（2）
08124	假说的语用研究	熊学亮	暨南大学华文学院学报	2002（3）
08125	论仿拟辞格的语用理据	徐国珍	语言教学与研究	2002（3）
08126	浅述对韩国儿童汉语教学的言语技能训练	萧素秋	海外华文教育	2002（3）
08127	“洋”词“中”用的社会文化背景及其语用价值	王崇义	语言教学与研究	2002（3）
08128	跨文化交际中的语用失误与英语教学	薛毅	扬州教育学院学报	2002（4）
08129	试论“简直+……”结构的句法、语义、语用	丁险峰	语言文字应用	2002（4）
08130	语用分析在语法教学中的作用及必要性——从语气助词“了”的教学谈起	杨太康	西南民族学院学报（哲学社会科学版）	2002（S4）
08131	口语教学中的语用问题	金红莲	对外汉语教研论丛（第二辑）/华东师范大学国际中国文化学院编/华东师范大学出版社	2002
08132	口语与书面语用语区别举要	刘士勤	考试研究文集（第1辑）/谢小庆、鲁新民主编/经济科学出版社	2002
08133	语境假设和对外汉语教学	刘弘	对外汉语教研论丛（第二辑）/华东师范大学国际中国文化学院编/华东师范大学出版社	2002
08134	语用含糊——汉语言语交际中的策略	吴亚欣	广东外语外贸大学（博士）	2002
08135	从言语交际角度论语言运用能力的培养	陈左力	湖南师范大学（硕士）	2002
08136	汉语批评言语行为研究及其对对外汉语教学的启示	朱湘燕	暨南大学（硕士）	2002
08137	言语行为中的礼貌策略	赵翠芳	广东外语外贸大学（硕士）	2002

08138	从“修辞技巧”到“言语行为”——试论中国修辞学研究的语用学转向	胡范铸	修辞学习	2003（1）
08139	对外汉语教学中的插语教学	陈作宏	云南师范大学学报（对外汉语教学与研究版）	2003（1）
08140	加强对外汉语教育——中国和世界的需要	谭一红	云南师范大学学报（对外汉语教学与研究版）	2003（1）
08141	谈对外汉语语气教学	赵春利	暨南大学华文学院学报	2003（1）
08142	语气副词的语用功能分析	齐沪扬	语言教学与研究	2003（1）
08143	语用分析在汉语中级口语教学中的运用	陈作宏	语言与翻译	2003（1）
08144	日本人言语行为特征及其对学习汉语的影响分析	段银萍	南开语言学刊	2003（2）
08145	语境的语法学功能透视	刘顺	云南师范大学学报（对外汉语教学与研究版）	2003（2）
08146	外国人学汉语的语用失误成因探析	毛嘉宾	云南师范大学学报（对外汉语教学与研究版）	2003（3）
08147	试析中国学生的语用失误及其对教学的启示	朱小平、苏丽琴	新余高专学报	2003（4）
08148	提高留学生汉语语言能力的几点思考	董新	宁波大学学报（教育科学版）	2003（4）
08149	副词“只”和“only”的语用歧义探讨	丁后银	运城学院学报	2003（6）
08150	对外汉语语法、词汇教学中的语用分析问题	赵淑华	对外汉语教学语法探索/国家汉办教学处编/中国社会科学出版社	2003
08151	大学生英语语用能力分析与大学英语教学	张菅	中国海洋大学（硕士）	2003
08152	现代汉语中的假拒绝言语行为研究	卢志芳	广西师范大学（硕士）	2003
08153	第二语言汉语教学中语用知识的合理利用	陈作宏	民族教育研究	2004（1）
08154	对语用能力的认知与综合知解	陈作宏	云南师范大学学报（对外汉语教学与研究版）	2004（1）
08155	关于留学生语言交际能力的培养	李春玲	沈阳大学学报	2004（1）
08156	汉语批评语用策略调查	朱湘燕	语言文字应用	2004（1）
08157	汉语拒绝言语行为及东南亚华裔留学生习得情况分析	唐玲	暨南大学华文学院学报	2004（2）

08158	当代文学作品中的超常语言形式及其语用价值	岳立静、黄永红	语言教学与研究	2004（3）
08159	非言语行为对交际能力的影响	李果红	云南师范大学学报（对外汉语教学与研究版）	2004（3）
08160	课堂教学中怎么进行近义词语用法对比	杨寄洲	世界汉语教学	2004（3）
08161	跨文化语用失误	赵彩瑞	吕梁教育学院学报	2004（3）
08162	跨文化语用失误研究及其对大学英语课堂教学的启示	李元胜	华中师范大学	2004（4）
08163	“兼指性提问”行为的语用分析	郑颖	云南师范大学学报（对外汉语教学与研究版）	2004（5）
08164	试论对外汉语教学中的语感培养	姜美子	延边教育学院学报	2004（5）
08165	对外汉语教学如何实现语言交际能力	孙瑞	北京教育（高教版）	2004（9）
08166	恭维语应答策略的社会变异研究	佴云国	西南交通大学（硕士）	2004
08167	汉语感谢言语行为分析及其教学探讨	李丽娜	暨南大学（硕士）	2004
08168	礼貌现象的跨文化语用分析及外语教学	李旭清	福建师范大学（硕士）	2004
08169	“那么”的认知语用分析及其教学启示	贺文丽	暨南大学（硕士）	2004
08170	日本学生初级汉语叙述体语篇衔接手段问题研究	霍静宇	中央民族大学（硕士）	2004
08171	日本学生汉语不足句现象考察	邹红琼	北京语言大学（硕士）	2004
08172	语用标记语动态研究及其对大学英语教学之启迪	解修振	吉林大学（硕士）	2004
08173	从语用学发展历程看中国语用学研究的发展方向	刘根辉	外语学刊	2005（1）
08174	英语国家学生中高级汉语篇章衔接考察	陈晨	汉语学习	2005（1）
08175	影响批评语用策略选择的文化因素	朱湘燕	暨南大学华文学院学报	2005（2）
08176	关于汉语道歉语“对不起”的话语功能分析	郝晓梅	沈阳师范大学学报（社会科学版）	2005（3）
08177	关于离合词的语用问题	〔越南〕华玉山	云南师范大学学报（对外汉语教学与研究版）	2005（3）
08178	试论“的”字语用功能的同一性——“的”字逆向凸显的作用	徐阳春、钱书新	世界汉语教学	2005（3）

08179	也谈“语感”	〔美〕牟岭	国际汉语教学动态与研究	2005（3）
08180	英语国家学生中高级汉语篇章偏误成因探析	陈晨	海外华文教育	2005（3）
08181	从跨文化语用学的角度谈对外汉语教学	余宏波	海外华文教育	2005（4）
08182	对外汉语教学中的语码转换和语码选择	刘英、刘华	南京航空航天大学学报（社会科学版）	2005（4）
08183	对外汉语语法、语用的情境教学	蔡海燕	台州学院学报	2005（4）
08184	请求句中“V”、“V一下”与“VV”的语用差异	卢福波、吴莹	语言教学与研究	2005（4）
08185	言语进程中问语的选择	聂丹	中国社会科学	2005（4）
08186	语用学与对外汉语教学	马杰	渤海大学学报（哲学社会科学版）	2005（4）
08187	对外汉语教学中言语行为的语用条件研究	张鲁昌	云南师范大学学报（对外汉语教学与研究版）	2005（5）
08188	留学生“请求”言语行为的语用水平调查	朱勇	云南师范大学学报（对外汉语教学与研究版）	2005（5）
08189	特殊“比”字句的语用分析	季艳	宿州学院学报	2005（5）
08190	中动句的语用特点及教学建议	曹宏	汉语学习	2005（5）
08191	试论语法分析中句法、语义、语用的三位一体性	刘淑芬	唐山师范学院学报	2005（6）
08192	语用能力、语境与对外汉语教学	王凤兰	西南民族大学学报（人文社科版）	2005（6）
08193	语用失误与跨文化交际能力的培养	王闽汕	鸡西大学学报	2005（6）
08194	浅谈对外汉语教学中的社交—语用失误问题	何山燕	广西民族学院学报（哲学社会科学版）	2005（S2）
08195	“不礼貌”背后的礼貌——试论礼貌原则中的反语原则和玩笑原则	姚远	对外汉语论丛（第四集）/王德春主编/学林出版社	2005
08196	汉语“离”和日语“から”“まで”的认知模式和语用特征之对比	周刚	对外汉语研究（第一期）/上海师范大学《对外汉语研究》编委会编/商务印书馆	2005
08197	汉语作为第二语言教学应突出语感培养	周健	对外汉语研究（第一期）/上海师范大学《对外汉语研究》编委会编/商务印书馆	2005

08198	“也”与“还”的句法语义语用分析	易丽丽	对外汉语论丛（第四集）/王德春主编/学林出版社	2005
08199	“一直”和“始终”的句法/语义/语用比较	刘建平	对外汉语论丛（第四集）/王德春主编/学林出版社	2005
08200	称呼语的社会语用功能及翻译策略	高春明	长春理工大学（硕士）	2005
08201	从语用失误角度看文化教学的重要性	黄雪颖	江西师范大学（硕士）	2005
08202	汉语道歉策略的性别差异研究	郭敏	西南交通大学（硕士）	2005
08203	留学生实施汉语请求言语行为调查及习得研究	薛秋宁	暨南大学（硕士）	2005
08204	面向对外汉语的话题研究	杨眉	华中科技大学（硕士）	2005
08205	冗余的人际交流和语用观	万成兵	四川大学（硕士）	2005
08206	语用能力与文化教学	魏丽	山东师范大学（硕士）	2005
08207	汉语教学中的语用点：由点到面的教学实践	吴伟平	世界汉语教学	2006（1）
08208	从外交语言看语用含糊	魏在江	外语学刊	2006（2）
08209	对外汉语的语用修辞教学	陈光磊	修辞学习	2006（2）
08210	基于礼貌原则的英汉感叹句跨文化语用对比分析	陈艳芳	云南师范大学学报（对外汉语教学与研究版）	2006（2）
08211	谈对外汉语教学中的语感培养	张韫	沈阳农业大学学报（社会科学版）	2006（2）
08212	语用环境：释义·认知·接受策略	梁蕾	暨南大学华文学院学报	2006（2）
08213	从语用的认知分析看“不是+NP+VP，+后续句”	乐耀	暨南大学华文学院学报	2006（3）
08214	“好不A”诸现象的语义语用考察	邹立志	世界汉语教学	2006（3）
08215	“很”和韩国语“매우”的名法功能对比	〔韩〕金琮镐	汉语学习	2006（3）
08216	留学生汉语语用失误的归类分析	孙德华	现代语文（语言研究版）	2006（3）
08217	“不是……就/便是”与“语用数”	陈振宇、刘承峰	世界汉语教学	2006（4）
08218	从奥克兰华人日常对话看语码转换和母语保持	于善江	语言教学与研究	2006（4）
08219	“汉语是主题突出的语言”在对外汉语教学中的应用	任玉华	社会科学战线	2006（4）

08220	论对外汉语教学中语用层次上的同义差异	董茜	云南师范大学学报（对外汉语教学与研究版）	2006（4）
08221	对外汉语教学中的“脑筋急转弯”	刘瑛	云南师范大学学报（对外汉语教学与研究版）	2006（5）
08222	对外汉语教学中如何培养外国学生汉语语感初探	周冬梅、李春玉	井冈山学院学报	2006（6）
08223	浅议汉语教学中语感能力的培养	江承凤	和田师范专科学校学报	2006（6）
08224	在汉语综合技能课生词教学中培养学生的语用能力	李丹丹	大理学院学报（社会科学版）	2006（7）
08225	留学生汉语语用能力调查研究	孙德华	语文学刊	2006（8）
08226	初级汉语教学中的“语篇意识”与“语篇教学意识”	杨春	玉溪师范学院学报	2006（10）
08227	语境在对外汉语教学中的运用	宋月波	辽宁教育行政学院学报	2006（11）
08228	论语用学理论在对外汉语教学领域中的运用	杨淑云	广西财经学院学报	2006（S1）
08229	语用学视野中的对外汉语教学	张平、梁正宇	社会科学家	2006（S1）
08230	基于中国主流报纸动态流通语料库的对外汉语报刊新闻主题词群及相关研究	史艳岚	北京语言大学（博士）	2006
08231	从句中语用迁移问题研究	张扬	东北林业大学（硕士）	2006
08232	从社会语用学角度谈口语教学	陈昭霞	西南大学（硕士）	2006
08233	汉语语感的认知研究——兼谈对外汉语教学中的语感培养	许旭光	云南师范大学（硕士）	2006
08234	建立在认知基础上的对外汉语语段训练策略	王晨	广西大学（硕士）	2006
08235	拒绝语的语用迁移研究	刘学军	湖南师范大学（硕士）	2006
08236	跨文化语用失误研究与英语教学中文化导入的必要性	张兰欧	对外经济贸易大学（硕士）	2006
08237	留学生的汉语否定言语行为表达的习得研究	廖舞艳	暨南大学（硕士）	2006
08238	留学生汉语招呼言语行为研究及教学探讨	张汉娇	暨南大学（硕士）	2006
08239	论中学生英语写作中的语用迁移及其对教学的启示	杨金凤	广西师范大学（硕士）	2006

08240	日韩和东南亚留学生习得汉语拒绝言语行为的调查研究	蔡晓丽	暨南大学（硕士）	2006
08241	日韩留学生汉语道歉言语行为及其应答策略习得研究	李艳洵	暨南大学（硕士）	2006
08242	现代汉语语境的制约功能研究	付宁	曲阜师范大学（硕士）	2006
08243	语言礼貌的语用研究	雷珍容	湖南师范大学（硕士）	2006
08244	语义、语法、语用三结合辨析几组常用近义虚词	王华	广西大学（硕士）	2006
08245	道歉行为的话语模式与语用特点分析	李军	语言教学与研究	2007（1）
08246	浅析汉语交际中的隐性语用否定	冯学民、王珍	河北北方学院学报	2007（1）
08247	社会心理对词语用字影响小议	师玉梅	暨南大学华文学院学报	2007（1）
08248	“为了”与“以便”的语义、语用比较	王永娜	汉语学习	2007（1）
08249	英汉购物对话的语用对比——兼谈在对外汉语教学中的启示	马杜娟	邯郸职业技术学院学报	2007（1）
08250	语际语用学及其应用	李军、薛秋宁	语言文字应用	2007（1）
08251	跨文化交际中英汉礼貌语言的语用差异分析	崔莉	浙江青年专修学院学报	2007（2）
08252	一类接续性拷贝式及其相关格式的语用考察	张治	江汉大学学报（人文科学版）	2007（2）
08253	语用象似论	侯国金	语言教学与研究	2007（2）
08254	论对外汉语中的语境教学	李雷	辽宁教育行政学院学报	2007（3）
08255	论学生的英语语用失误及其英语语用能力的培养	孟天	中共山西省委党校学报	2007（3）
08256	试析“老百姓”一词的语用模糊性	黄明明	语言教学与研究	2007（3）
08257	插入成分的语用功能及教法	封小雅	广西教育学院学报	2007（4）
08258	跨文化交际背景下的语用失误研究	李清源	云南师范大学学报（对外汉语教学与研究版）	2007（4）
08259	论对外汉语教学中的语感培养	孙永红	长春大学学报	2007（5）
08260	语境理论和对外汉语教学	方艳	现代语文（语言研究版）	2007（8）
08261	对外汉语教学中外国学习者的语码转换分析	张译方	语文学刊	2007（13）

08262	对外汉语教学中的语用测试	王婷	科技信息（科学教研）	2007（33）
08263	对外汉语语段教学的评估设计研究	王晨	广西师范学院学报（哲学社会科学版）	2007（S1）
08264	试论汉语教学中的语感培养	孙立峰、王倩	语言文字应用	2007（S1）
08265	话语误解动态研究	张少云	上海外国语大学（博士）	2007
08266	称呼语的社会语用研究——英汉称呼语对比研究	周卫东	上海交通大学（硕士）	2007
08267	初中级留学生实施汉语告别言语行为的调查研究	何华	暨南大学（硕士）	2007
08268	从文化和语用的视角探究汉英言语幽默	吴斯书	华东师范大学（硕士）	2007
08269	对非英语专业学生语用失误的实证研究及课堂教学中的文化对策	陶志平	南昌大学（硕士）	2007
08270	对话语中的矛盾修辞的语用分析及其对英语教学的启示	杨华	华中师范大学（硕士）	2007
08271	对外汉语教学中言外之意现象的考察	周之畅	北京语言大学（硕士）	2007
08272	汉语请求策略的性别差异研究	汪云芳	江西师范大学（硕士）	2007
08273	汉语言语交际中移情策略的语用学研究	周琳	山西大学（硕士）	2007
08274	跨文化交际语用失误研究与中学英语教学	汤利平	华中师范大学（硕士）	2007
08275	论留学生汉语语用失误分析与对策	朱海群	广东外语外贸大学（硕士）	2007
08276	美国学生汉语习得中社交语用失误的考察与分析	刘蕊	北京语言大学（硕士）	2007
08277	日韩和东南亚留学生实施汉语建议言语行为的调查分析	王霞	暨南大学（硕士）	2007
08278	现代汉语中“间接拒绝”言语行为研究	徐慧	广西师范大学（硕士）	2007
08279	羡余否定的语用认知分析	曹婧一	首都师范大学（硕士）	2007
08280	言语交际中的误解现象探究	李菁	华中师范大学（硕士）	2007
08281	一项基于非英语专业学生语用失误分析的语用能力调查研究	袁芳	兰州大学（硕士）	2007
08282	英汉禁忌语的语用研究	陈松	上海海事大学（硕士）	2007

08283	语境在对外汉语教学中的作用	李映霏	上海外国语大学（硕士）	2007
08284	指示现象在对外汉语教学中的研究	祝玉华	广西大学（硕士）	2007
08285	“比”字句的否定形式“不比”的语用分析	余敏	重庆三峡学院学报	2008（1）
08286	对外汉语教学中多维文化交流的语用讹误述评	常瑜	安徽文学（下半月）	2008（2）
08287	论体态语在对外汉语教学中的运用	关英明、刘晶晶	沈阳师范大学学报（社会科学版）	2008（2）
08288	对外汉语教学中低语境文化学生的社交语用教学研究	闫静	时代文学（下半月）	2008（3）
08289	对外汉语教学中的插入语教学	白晓红	汉语学习	2008（4）
08290	语用描述与对外汉语实意副词教学	刘丽艳	绥化学院学报	2008（4）
08291	面向对外汉语教学的话题聚类研究	刘华	外语研究	2008（5）
08292	频率副词“连连”与“一连”的语用功能比较	施伟伟	湖州师范学院学报	2008（5）
08293	冗余否定的语用条件——以“差一点＋（没）V、小心＋（别）V”为例	侯国金	语言教学与研究	2008（5）
08294	对外汉语教学中的“非语言”因素和文化因素	冯艳	齐齐哈尔师范高等专科学校学报	2008（6）
08295	论语境与对外汉语教学	苏芳芳	韶关学院学报	2008（10）
08296	语码转换在对外汉语教学的应用	蒋永芳	科教文汇（下旬刊）	2008（10）
08297	会话含义在对外汉语成语教学中的应用	黄蓉、张贯之	乐山师范学院学报	2008（11）
08298	论对外汉语教学中的语感	钱珍	文学教育（上）	2008（12）
08299	浅析汉英语言的语用差异及其在对外汉语教学中的影响	罗艳梅	吉林省教育学院学报（学科版）	2008（12）
08300	中高级阶段越南学生汉语语体偏误分析	张春玲	语文学刊	2008（14）
08301	新加坡的社会语言研究	崔东红	复旦大学（博士）	2008
08302	新加坡华社的多语现象与语言接触研究	潘家福	复旦大学（博士）	2008
08303	沉默、面子、礼貌，及跨文化交际——一项关于英语语言学专业研究生课堂沉默现象的民族志学研究	牟小梅	中国海洋大学（硕士）	2008

08304	从顺应理论的角度研究跨文化语用失误	夏翠青	华东师范大学（硕士）	2008
08305	对外汉语教学中的会话结构意识研究	宋晓	山东大学（硕士）	2008
08306	对外宣传材料汉译英中语用负迁移现象的研究	李敬梅	南京师范大学（硕士）	2008
08307	多元智能理论对语文学困生语感培养的启示	程丽英	福建师范大学（硕士）	2008
08308	高级阶段留学生书面语体意识的考察与培养	刘圣心	暨南大学（硕士）	2008
08309	汉语不赞同言语行为性别差异研究	杨燕	西南交通大学（硕士）	2008
08310	留学生汉语语感培养研究——人文和生态视角的整合性探索	姚建光	四川师范大学（硕士）	2008
08311	汉语称赞言语行为特征分析	陈亭伊	西南交通大学（硕士）	2008
08312	汉语语言情感表达手段与对外汉语教学	赵询思	广西大学（硕士）	2008
08313	合作—关联—顺应模式下的日常交际语语内语用失误研究	李红	山东师范大学（硕士）	2008
08314	口语交际中的语用失误研究及其对英语教学的启示	程欣	华中师范大学（硕士）	2008
08315	《老友记》中英剧本幽默言语的语用对比研究	王志萍	山东师范大学（硕士）	2008
08316	留学生社交称谓语运用调查研究与教学探讨	何洪霞	吉林大学（硕士）	2008
08317	中美大学生课堂讨论话语性别差异对比	尹弢	山东师范大学（硕士）	2008
08318	论感和论感培养——兼论语感和论感的关系	施春宏	语言教学与研究	2009（1）
08319	数词的逻辑意义与语用意义	吴庄、戴悉心	语言教学与研究	2009（1）
08320	语用失误与对外汉语教学	马树华	玉林师范学院学报	2009（1）
08321	对外汉语教学中的插入语教学考察	张静	北京教育学院学报	2009（2）
08322	试论姿态语的艺术品格和操作技巧	齐冲、傅秋敏	长江学术	2009（2）
08323	东南亚留学生汉语语用能力调查研究	谭宏	襄樊职业技术学院学报	2009（3）
08324	时间词的语用特点及其与范围副词“都”的语序	刘富华、祝东平	世界汉语教学	2009（3）

08325	“已经”和“曾经”的语义及语用特征	曲殿宇、徐秀芝	硅谷	2009（3）
08326	论留学生的汉语语感培养	刘艳琳、褚俊海	湖南师范大学教育科学学报	2009（4）
08327	谈语用能力和语境与对外汉语教学	陈杰	农业科技与信息	2009（16）
08328	从语用学的角度分析言语交际的经济性	刁徐君	北京语言大学（硕士）	2009
08329	汉语语用否定研究	张喜芹	暨南大学（硕士）	2009
08330	留学生汉语“请求”言语行为习得考察	陈克禄	北京语言大学（硕士）	2009
08331	留学生日常交际语的语用失误研究	徐剑	华中科技大学（硕士）	2009
08332	语言能力和语用能力的相关性研究	陈丽	西南大学（硕士）	2009
08333	汉语状态词缀构成的语用词缀系统	马彪	世界汉语教学	2010（2）
08334	固化结构“说是”的演化机制及其语用功能	陈颖、陈一	世界汉语教学	2010（4）
08335	汉语句子话题链的认定及其意义研究	吴碧宇	中央民族大学（博士）	2010
08336	插话现象的性别差异研究及其对对外汉语教学的启示	王磊	东北师范大学（硕士）	2010
08337	对外汉语教学中隐性否定应答的语用策略研究	王明珠	新疆大学（硕士）	2010
08338	对外汉语课堂话轮转换中的语用标记研究	马宁	东北师范大学（硕士）	2010
08339	副语言在对外汉语教学中的应用研究	李沫薇	吉林大学（硕士）	2010
08340	哈萨克斯坦哈萨克族来华留学生汉语招呼语使用情况调查	惠慧	新疆师范大学（硕士）	2010
08341	认知科学视角下的假信息话语研究及对对外汉语教学的启示	田胜参	陕西师范大学（硕士）	2010
08342	EFL 和 CSL 课堂话语对比研究	崔媛媛	济南大学（硕士）	2011
08343	初级阶段对外汉语语用教学浅谈	张寒随	华中师范大学（硕士）	2011
08344	从语感研究看汉语教育	王新林	华中师范大学（硕士）	2011
08345	对外汉语教学话语构建研究	林继瑶	辽宁师范大学（硕士）	2011
08346	对外汉语教学中“谦虚”功能项目教学研究	李婷婷	华中师范大学（硕士）	2011

08347	对外汉语课堂教学中语码转换的研究	张文静	湖南大学（硕士）	2011
08348	俄罗斯留学生主观情感类汉语话语标记语习得研究	樊庆辉	东北师范大学（硕士）	2011
08349	汉语虚假邀请言语行为的语用研究	王燕	郑州大学（硕士）	2011
08350	基于对外汉语教学的话语标记语考察与研究	庞恋蕴	山东大学（硕士）	2011
08351	跨文化交际视角下审视对外汉语课堂的静默语	张楠	吉林大学（硕士）	2011
08352	论留学生汉语初学阶段的语感培养教学	高辛凡	浙江大学（硕士）	2011
08353	浅谈对外汉语教学中语境的运用	袁玉帅	黑龙江大学（硕士）	2011
08354	谈语境与对外汉语教学过程交际化	侯涛	华中师范大学（硕士）	2011
08355	体态语与对外汉语教学	杨玲	吉林大学（硕士）	2011
08356	现代汉语语境的解释功能与对外汉语教学	魏欣	华中科技大学（硕士）	2011
08357	预设在对外汉语教学中的应用	蒋颖	暨南大学（硕士）	2011
08358	中俄大学生拒绝言语行为策略研究	黎婷婷	辽宁师范大学（硕士）	2011
08359	中高级阶段留学生标点符号使用情况研究	夏语曼	华东师范大学（硕士）	2011
08360	培养成段理解和表达能力的对外汉语初级教材设计	甘娟	上海外国语大学（硕士）	2011
08361	当今汉语通称与非通称语用研究	温敏	内蒙古大学（硕士）	2012
08362	对外汉语教学语码转换现象研究	暴婕	四川师范大学（硕士）	2012
08363	对外汉语教学中“拒绝”功能项目的教学研究	杨雪	华中师范大学（硕士）	2012
08364	对外汉语教学中“批评”功能项目教学研究	唐晓婷	华中师范大学（硕士）	2012
08365	对外汉语教学中的汉语问候语分析	牟茜	黑龙江大学（硕士）	2012
08366	对外汉语教学中的语感教学	温桂松	黑龙江大学（硕士）	2012
08367	对外汉语教学中动物隐喻的教学策略	高文嘉	西北大学（硕士）	2012
08368	对外汉语教学中拒绝表达研究	王雪	吉林大学（硕士）	2012
08369	汉语委婉语与对外汉语教学	沈玉皎	西北大学（硕士）	2012

08370	话语标记语的动态研究及在对外汉语课堂教学中的作用	周学玲	黑龙江大学（硕士）	2012
08371	来华留学生寒暄语教学研究	陈爽	吉林大学（硕士）	2012
08372	马来西亚华裔语码混用现象探索	林采淇	北京大学（硕士）	2012
08373	浅谈对外汉语教学中的礼貌用语教学	樊蓉	华中师范大学（硕士）	2012
08374	顺应理论视角下的外国留学生日常交际语用失误研究	唐敬伟	山东大学（硕士）	2012
08375	网络流行语与对外汉语教学	葛甲	广州大学（硕士）	2012
08376	语境在非目的语国家汉语课堂教学中的应用研究	潘宏英	云南大学（硕士）	2012
08377	中级阶段汉语留学生的语体意识及教学对策	刘婕	复旦大学（硕士）	2012
08378	对外汉语教师话语标记语赘言——以西南某大学为例	姜有顺	云南师范大学学报（对外汉语教学与研究版）	2013（1）
08379	预设分析及对外汉语教学研究	江安琦、邵千文、刘乃仲	现代交际	2013（1）
08380	语境与对外汉语教学	孟凡婷	佳木斯教育学院学报	2013（2）
08381	对外汉语课堂语用教学探索	施仁娟	湖北民族学院学报（哲学社会科学版）	2013（4）
08382	留学生汉语语用能力发展状况研究	施仁娟	绍兴文理学院学报（哲学社会科学）	2013（5）
08383	语码转换在对外汉语教学中的运用	徐欢、付艳华	文学教育（下）	2013（5）
08384	对外汉语教学中的语感培养	王学凯	学理论	2013（11）
08385	浅谈对外汉语教学中的副语言教学——以体态语教学为例	吴龙伟	长春教育学院学报	2013（11）
08386	初级水平常用交际项目图式分析及教学研究	王银凤	中央民族大学（硕士）	2013
08387	对外汉语教师课堂用语语用策略研究	张艳华	内蒙古师范大学（硕士）	2013
08388	对外汉语教学中的话语标记语研究	方梅	山东师范大学（硕士）	2013
08389	对外汉语委婉语教学研究	孙丽丽	辽宁大学（硕士）	2013
08390	俄罗斯留学生习得汉语拒绝言语行为的研究	潘璐	沈阳师范大学（硕士）	2013

08391	基于话题的汉语会话教学常用句交际构式研究	党瑞霞	暨南大学（硕士）	2013
08392	来华汉语学习者课堂会话交际策略调查	刘珊珊	暨南大学（硕士）	2013
08393	论语境在对外汉语教学中的应用	王雪松	吉林大学（硕士）	2013

修辞教学研究

08394	论语体	王德春	语言教学与研究	1980（1）
08395	《红旗谱》的比喻、摹拟和俗语——教学札记	李玉敬	语言教学与研究	1983（3）
08396	“是……的”句式的语气及语体色彩	徐静茜	修辞学习	1985（1）
08397	对外汉语教学中文学作品的修辞分析问题	姜德梧	语言教学与研究	1987（1）
08398	句式与语体	郑远汉	语文研究	1987（2）
08399	俄、汉语对应词的语体色彩比较	石俊平	华中师范大学学报（哲学社会科学版）	1988（1）
08400	论修辞学的对象	王希杰	语言教学与研究	1988（4）
08401	从相异点谈汉日用言修饰语	秦礼君	日语学习与研究	1988（6）
08402	关于“无标点文字”和它的修辞作用	田懋勤	语言教学与研究	1989（1）
08403	北京口语的语体	劲松	中国语文	1989（5）
08404	浅谈对外汉语修辞教学内容	金路	复旦教育	1992（1）
08405	语体和语法	胡明扬	汉语学习	1993（2）
08406	俄汉词序语体特点的对比	钱洪良	四川外语学院学报	1993（3）
08407	谈谈四字语的修辞作用	王化鹏	语言教学与研究	1993（4）
08408	跨文化交际中的语体学问题	盛炎	语言教学与研究	1994（2）
08409	从四本修辞学专著看修辞格和 Figures of Speech 的比较与翻译	郭著章	外语教学与研究	1995（1）
08410	关于汉日用言修饰语的语法标志	秦礼君	外语与外语教学	1995（1）
08411	汉语外交语体考察及其教学尝试	刘亚林	世界汉语教学	1996（2）

08412	汉语比喻在西方的可接受度	李国南	四川外语学院学报	1996（3）
08413	应该重视作为口语体的口语教学	申修言	汉语学习	1996（3）
08414	对外汉语教学中的语体意识	丁金国	烟台大学学报（哲学社会科学版）	1997（1）
08415	语体的普遍性与语体文化	丁金国	青岛海洋大学学报（社会科学版）	1997（1）
08416	METONYMY 与“借代”：分类对比研究	李国南	外语与外语教学	1998（1）
08417	对外汉语教学中的修辞问题	陆庆和	语言教学与研究	1998（2）
08418	文艺语体和文艺作品教学中的语体训练	黄岳洲、陈本源	语言教学与研究	1998（4）
08419	再论对外汉语教学中的语体意识	丁金国	语言文字应用	1999（2）
08420	试论语体分类的语法学意义	陶红印	当代语言学	1999（3）
08421	关于第二语言学习的语体偏误及对策	王晓娜	大连外国语学院35周年校庆学术系列丛书——对外汉语卷/校庆丛书编委会编/长春出版社	1999
08422	从喻体对比的角度谈《红楼梦》比喻辞格英译	刘晓峰	合肥工业大学学报（社会科学版）	2000（4）
08423	关于重叠的若干问题：重叠（含叠用）、层次与隐喻	马庆株	汉语学报·第1期（2000年上卷）/邢福义、萧国政主编/湖北教育出版社	2000
08424	常见的几种英汉修辞对比	李芳元	云梦学刊	2001（4）
08425	试论修辞教学在对外汉语教学中的地位	杨德峰	修辞学习	2001（6）
08426	语体意识与对外汉语教学	罗丽	中国高教研究	2001（9）
08427	汉语对话语体中的“拼合”现象	郑贵友	汉语学报·第2期（2000年下卷）/邢福义、萧国政主编/湖北教育出版社	2001
08428	日常会话语体与文学艺术语体之差别——日常语言与文学语言关系一窥	秦曰龙	现代语文（教学研究版）	2002（4）
08429	语体研究和语言特征	霍四通	暨南大学华文学院学报	2002（4）
08430	汉语口语体口语教学语法体系的建立与量化	郭颖雯	汉语学习	2002（6）

08431	动物比喻与翻译	张雪	语言研究	2002（S1）
08432	第二语言语体能力的培养与教材虚拟语境的设置	王晓娜	汉语学习	2003（1）
08433	基于语体的对外汉语教学语法体系构建	李泉	汉语学习	2003（3）
08434	现代修辞学与对外汉语	吴土艮	浙江树人大学学报	2003（5）
08435	汉韩公文语体对比研究	赵娟廷	复旦大学（博士）	2003
08436	面向对外汉语教学的语体研究的范围和内容	李泉	汉语学习	2004（1）
08437	简论以修辞为纲的对外汉语教学理念	陈汝东	云南师范大学学报（对外汉语教学与研究版）	2004（2）
08438	对外汉语写作教学中的修辞教学	于宏梅	乐山师范学院学报	2004（6）
08439	现代汉语修辞造词考察	张红霞	四川大学（硕士）	2004
08440	政论语体常用词的统计研究	刘玉	云南师范大学（硕士）	2004
08441	对外汉语教学修辞的特性	马明艳	绍兴文理学院学报（社科版）	2005（3）
08442	对外汉语教学中修辞教学与修辞能力的培养——第二届对外汉语修辞教学国际学术研讨会综述	侯友兰	绍兴文理学院学报（社科版）	2005（3）
08443	浅谈初级对外汉语教学中的修辞导入	冯晓鸿	绍兴文理学院学报（社科版）	2005（3）
08444	中高级汉语教学应突出修辞能力培养	周健、彭彩红	汉语学习	2005（3）
08445	论汉语教学中的语体习得	于灵子	社会科学家	2005（5）
08446	回指形式选择的修辞制约	姚远	上海外国语大学（硕士）	2005
08447	口语语体形容词的运用规律	王景丹	云南师范大学学报（对外汉语教学与研究版）	2006（1）
08448	对外汉语中的修辞教学	吴迪	渤海大学学报（哲学社会科学版）	2006（3）
08449	论汉语书面正式语体的特征与教学	冯胜利	世界汉语教学	2006（4）
08450	论文艺语体词	张礼	暨南大学华文学院学报	2006（4）
08451	谈对外汉语修辞的教学	董明、桂弘	语言文字应用	2006（S2）

08452	汉语修辞与词义发展	张院利	华中科技大学（硕士）	2006
08453	对外汉语教学中的颜色隐喻输入	杨惠茹	绵阳师范学院学报	2007（1）
08454	论修辞原则在中介语中的体现	张舸	暨南大学华文学院学报	2007（2）
08455	现代修辞学在对外汉语教学中的民俗元素	沈玮、王蕾	云南师范大学学报（对外汉语教学与研究版）	2007（4）
08456	近三十年语体教学研究综述	张海洲	内蒙古师范大学学报（教育科学版）	2007（6）
08457	对外汉语教学中的消极修辞教学	李哲	科教文汇（下旬刊）	2007（7）
08458	对外汉语教学中如何强化语体意识	李春林	成功（教育）	2007（12）
08459	浅论对外汉语教学中的修辞教学	廖佳	四川大学（硕士）	2007
08460	试析留学生汉语写作中的口语体倾向	胡晓慧	华侨大学学报（哲学社会科学版）	2008（3）
08461	留学生口语修辞运用情况调查分析	刘权、黄薇	红河学院学报	2008（4）
08462	浅谈如何将语体观引入对外汉语词汇教学	毕彦华	和田师范专科学校学报	2008（5）
08463	试论对外汉语教材生词编排中的语体意识	赵永桂	和田师范专科学校学报	2009（3）
08464	对外汉语辞格教学研究	彭云	上海交通大学（硕士）	2009
08465	中高级留学生汉语中介语辞格使用情况考察	周小兵、洪炜	世界汉语教学	2010（4）
08466	对外汉语修辞教学与 HSK（高等）难点	田志华	陕西师范大学（硕士）	2011
08467	基于修辞结构理论的留学生汉语议论文篇章结构研究	廉爱宁	东北师范大学（硕士）	2011
08468	关于对外汉语修辞教学的研究	刘洋	广西大学（硕士）	2012
08469	韩国留学生书面修辞格的运用情况分析及教学策略	宫衍英	山东大学（硕士）	2012
08470	浅论对外汉语修辞教学的内容与方法	刘智超	辽宁大学（硕士）	2012
08471	结合“中国风”歌词探讨汉语修辞教学	王萌	中国—东盟博览	2013（1）
08472	对外汉语教学的修辞形象	李丹丹	教育教学论坛	2013（52）

附录 1

年份索引（上）

附录 2

年份索引（下）

附录 3

篇名索引（上）

附录 4

篇名索引（下）

附录 5

著者索引（上）

附录 6

著者索引（下）